CONSCIOUS LEADERSHIP AND RESILIENCE

ORCHESTRATING INNOVATION AND FITNESS FOR THE FUTURE

의식 리더십과 회복 탄력성

조화로운 혁신과 미래 적합성

Robert B. Dilts 저 | 이성엽 역

Success Factor Modeling
Volume III

박영story

| 한국어판 서문 |

이 책이 출간된 이후 몇 년 동안, 의식 리더십의 필요성이 점점 더 분명해지고 있습니다. 기후변화, 세계 보건 및 경제 위기, 기술 발전, 사회 불안, 국제사회 갈등의 위협 등 세계에서 일어나는 크고 작은 일들은 우리 모두에게 영향을 미치고 있습니다. 우리 인류가 생존을 넘어 더욱 발전하며 나아가 미래 적합성을 유지하기 위해서는 다양한 '이해관계자' 모두를 고려한 비전을 만들 수 있고, 더 높은 목적의식을 가지며, 강한 책임감을 가지고 행동하는 리더의 능력이 점점 더 중요해지고 있습니다.

마찬가지로, 회복 탄력성은 우리의 생존과 성장은 물론 번영의 가능성을 높이기 위해 필수적인 역량입니다. 회복 탄력성을 갖추기 위해서는 우리 모두가 어떤 식으로든 리더가 되어야 합니다-리더가 된다는 것은 우리 자신을 잘 이끄는 것에서부터 시작합니다. 또한 회복 탄력성은 지금까지 해 오던 오래된 방법들이 더 이상 효과적이거나 지속 가능하지 않다는 것을 깨달았을 때 우리가 더욱 유연하고 혁신적일 수 있도록 도와줍니다.

이 책은 도전적이고 변화무쌍한 세상을 운영할 수 있는 핵심 원리와 기술, 도구를 제공합니다. 이 책에 쏟은 나의 열정과 귀한 땀의 결과를 한국의 독자들에게 나누기 위해 상당한 시간과 에너지를 기울인 이성엽 박사에게 감사를 전합니다. 그는 Dilts Strategy Group의 성공 요인 모델링 공인 트레이너이자 캘리포니아 산타크루즈에 있는 NLP University의 공인 마스터 트레이너로 오랜 시간 저와 함께 전 세계 NLP전문가들을 지도하고 있습니다. 저는 이성엽 박사가 우리 NLP University의 일원인 것을 매우 자랑스럽게 생각합니다. 그는 성공요인 모델링의 SFM의 열렬한 지지자이며, 이미 성공 요인 모델링에 관한 이 시리즈 「실리콘밸리의 최고 기업은 어떻게 협업하는가」를 포함하여 여러 권의 제 책을 한국에 소개했습니다.

독자들께서는 시간을 내셔서 이성엽 박사와 함께 〈의식 리더십〉 교육 프로그램을 나눌 수 있다면 이 책에 담긴 모델과 여러 실천들을 생활 속의 리더십 운동으로 생활화할 수 있을 것이라 믿습니다.

로버트 딜츠

산타크루즈, 캘리포니아

|헌정사|

더 높은 목표를 향해 나아가도록 의식 리더십과 회복 탄력성을 갖추기 위해 헌신하셨고 나아가 자신의 앎을 전생애를 통해 몸소 실천하신 나의 소승 그레고리 베이트슨Gregory Bateson과 밀튼 에릭슨Milton Erickson께 이 책을 바칩니다.

로버트 딜츠Robert Dilts

내가 바랄 수 있는 의식 리더십과 회복 탄력성의 가장 좋은 예를 선보여주신 부모님,
안토니오 메자Antonio Meza와 암파로 안드라드Amparo Andrade에
큰 감사를 표하며 이 책을 바칩니다.

안토니오 메자Antonio Meza

| 감사의 글 |

성공 요인 모델링 시리즈의 앞선 2권의 책과 마찬가지로, 책의 디자인은 물론 창의적이고 계몽적인 삽화 작업을 해준 안토니오 메자Antonio Meza에게 특별한 감사의 말을 전한다. 안토니오Antonio는 이 책을 출간하는 데 있어 다양한 방법으로 귀중한 조언자 및 파트너 역할을 해주었다.

특히 이 책을 통해 논의되는 주요 원칙과 성공요인에 대한 예시뿐만 아니라 성공요인 사례로 소개된 개인, 단체 그리고 조직을 그림으로 설명하는 데 큰 기여를 했다. 또한 이 책을 저술하는 데 도움을 준 일론 머스크Elon Musk(스페이스엑스, 테슬라, 솔라시티), 스티브 잡스Steve Jobs(애플, 넥스트, 픽사), 리차드 브란슨Richard Branson(버진 그룹), 버락 오바마Barak Obama(미국 대통령), 필 잭슨Phil Jackson(시카고 불스, LA 레이커스), 체즐리 설런버거Chesley Sullenberger(US 항공), 제프 베조스Jeff Bezos(아마존 닷컴), 에니타 로딕Anita Roddick(바디샵), 무함마드 유누스Muhammed Yunus(그라민 은행), 하워드 슐츠Howard Schultz(스타벅스), 존 요코야마John Yokoyama(파이크 플레이스 생선가게), 윌리엄 맥나이트William McKnight(3M)와 월트 디즈니Walt Disney(월트 디즈니 프로덕션)에 큰 존경과 감사를 표한다.

특별히 톰 치Tom Chi(구글엑스), 의사 림 수에트 운Lim Suet Wun(싱가포르 탄톡생 병원), 찰스 매튜스Charles Matthews(롤스 로이스), 데이비드 구오David Guo(Display Research Laboratories), 잔 스미스Jan E. Smith(디즈니 스토어, 디즈니 인터랙티브), 바헤 토로시안vahe Torossian(마이크로소프트)과 스타이그 웨스터버그Steig Westerberg(Stream Theory)에게 특별히 감사를 드린다. 이들은 다양한 방법으로 SFM연구에 참여하여 의견을 주었을 뿐만 아니라 그들이 가지고 있는 경험과 지식을 나와의 개별 인터뷰를 통해 아낌없이 나눠주었다.

이 모두가 차세대 기업가이자 의식 리더십과 회복 탄력성을 갖춘 진정 생생한 사례였다.

이름을 나열하기엔 너무나도 많은 리더와 기업가들의 경험과 자기성찰 그리고 조언들을 이 책 전반에 걸쳐 인용문으로 기술하였다. 그들의 지혜와 영감에 깊이 감사한다.

또한 협업을 통해 전작들처럼 이 책의 완성에 중요한 기여를 해준 나의 동료들에게도 감사의 마음을 표하고 싶다. 성공마인드셋 지도Success Mindset Map 작업을 함께 작업한 미키Miklos(Mickey), 성공적인 천재와 의식 리더십 마스터마인드 그룹(SGCM: Successful Senius and Conscious

Leadership Mastermind Group) 공동 설립자인 미첼Mitchell과 올가Olga Stevko박사, 그리고 스티븐 길리건Stephen Gilligan과 생성적 변화Generative Change의 원칙과 교육프로그램 개발팀, 그리고 이안 맥더모트Ian McDermott와 전 세계에 있는 나의 NLP 동료들의 노력에 감사를 표한다.

초안을 읽고 피드백과 의견을 제공하는 데 시간과 노력을 나눠 주신 글렌 베이컨Glenn Bacon과 마이클 딜츠Michael Ditls 그리고 브노아 사라장Benoit Sarazin에게도 감사의 인사를 전하고 싶다. 두 권의 전작과 마찬가지로 탁월한 전문성으로 이 책을 교정해주신 아만다 프로스트Amanda Frost에게도 깊이 감사드린다.

마지막으로, 사람들이 함께 협력하는 것에 대한 사랑과 비전을 나누는 기업가 양성에 대한 열정과 서로가 이익을 얻는 상생의 협상과 메타 리더십meta leadership에 대한 깊은 관심을 가지고, 우리의 역작인 성공 요인 모델링Success Factor Modeling의 기초를 닦고 정신적으로 이끌어 준 나의 동생 존 딜츠John Dilts에 깊은 감사를 전한다.

로버트 딜츠Robert Dilts

|머 리 말|

성공 요인 모델링(SFM: Success Factor Modeling-TM)에 대한 이 세 권의 책은 꿈의 완성체다. 1999년 막내 동생 존 딜츠(SFM 2권인 「실리콘밸리의 최고 기업은 어떻게 협업하는가」, 4장 참조)와 내가 딜츠 전략 그룹Dilts Strategy Group을 설립하고 성공 요인 모델링의 탐색을 시작하였다.

우리가 답을 찾고자 던졌던 질문들은 이러하다. "벤처, 팀, 리더 또는 기업가들의 성공과 실패를 가름하는 차별화의 주된 요인은 무엇인가? 무엇이 그러한 차이를 만드는가?", "사업을 잘 성장시키고 꾸준히 지속시키는 데에 무엇이 결정적인 요인으로 작용하였을까?"

우리가 찾은 많은 발견들은 전작 「차세대 기업가: 당신의 꿈을 이루어 사업을 통해 더 나은 세계를 창조하라」와 「실리콘밸리의 최고 기업은 어떻게 협업하는가」에 잘 설명되어 있다. 다른 사람들과 협업하고 혁신함으로써 "성공의 원"을 구축하고 성공의 원을 이루는 열정passtion, 비전vision, 앰비션ambition, 그리고 역할role의 정의에 대해 상세히 다룬다. 예를 들어 성공 요인 모델링 제1권에서는 열정과 비전에 기반해서 착수하는 모험적 기업과 관련된 정신을 담아냈다. 성공 요인 모델링 제2권은 존과 내가 "생성적 협업"이라 부르는 과정을 탐구한 책이다. 이 책에서는 사람들이 그들의 꿈과 비전을 이루기 위해 어떻게 서로 창의적이고 생산적인 일을 할 수 있는 상태를 만드는지를 보여준다.

이번 책 성공 요인 모델링 제3권은 의식 리더십과 회복 탄력성에 대한 책이다. 다른 사람에게 의미 있는 행동을 하도록 영감을 부여하며 도전을 견뎌내고 역경으로부터 다시 일어서는 것에 대한 내용이다. 이 책의 부제는 오케스트라 같은 혁신과 미래 적합성인데, 다른 사람의 삶에 긍정적인 영향을 주는 번창하고 지속가능한 기업을 만드는 데 기여하는 중요한 요소인 창의성과 지속력에 대한 것이다. 이 책은 리더십leadership, 어웨어니스awareness, 회복 탄력성resilience, 혁신innovation, 공헌contribution과 지속가능한 성공sustainable success 사이에서 역동적인 상호작용을 관리하고 추적하는 데에 도움을 줄 것이다.

이 책의 주요 주제 중 하나인 모든 분야에 대한 성공 요인 모델링 접근법은 개인적 성장과 직업적 성장 간의 관계에 있어 친밀성을 보는 것이다. 어느 한 분야에서 최고의 조직을 만들고자 한다면 먼저 구성원 개인이 성장하고 발전하는 것이 전제되어야 한다. 이것이 성공 요인 모델링의 주요한 발견이다. 더 많은 기여를 하려면 우리는 더 많이 성장해야 한다.

다시 말해 직업적 전문성이나 사업 또는 삶을 다음 단계로 진전시키고자 할 때 우리는 우리의 마음가짐인 마인드셋mind-set을 개발하고 더욱 변혁해야 한다. 미래를 위해 우리에겐 새로운 마인드셋이 필요하다. 앞으로 계속될 이 책의 내용에서는 비전을 실행하며 원칙에 입각한 설득을 통해 다른 사람들에게 긍정적인 영향력을 주며 자신과 다른 사람들을 임파워먼트 할 수 있는 "혁신 조직하기"와 같은 다양성을 이야기 할 것이다. 그리고 이를 통해 여러분들의 마음가짐을 가늠하고 향상시켜줄 수 있는 로드맵과 실제 활용할 수 있는 도구들이 제공된다.

존John과 SFM에 대한 생각을 공유하고 시작했을 때 우리는 이 프로젝트가 효과적인 사업에 대한 지식 그 이상을 넘어선 무엇이 있을 것이라 생각했을 뿐만 아니라, 나아가 우리의 노력이 사람들의 삶을 풍요롭게 하고 더 나은 세상을 만드는데 도움이 될 운동movement이 될 것이라고 생각했다. 내가 성공 요인 모델링 접근법에 의해 확인된 원칙, 방법 그리고 모델을 적용해 온 지도 어느덧 20년이 다 되어간다. SFM에서 활용되는 도구들은 나 자신만의 사업에서 뿐만 아니라 많은 사람들, 즉 신생 기업에서부터 오랜 역사를 지닌 거대 다국적 기업에 이르기까지 다양한 회사와 조직에서 경영의 도구로 사용해 왔다. 이런 움직임이 모여 더 많은 운동이 되는 것을 보게 되어 기쁘다.

존John과 내가 그랬던 것처럼 여러분도 성공 요인 모델링과 의식 리더십의 세계를 탐험하며 신나고 보람 있는 세계를 발견하게 되길 바란다. 또한 여러분이 미래를 위한 혁신과 훈련을 조직하고 힘차게 준비하는데 무한한 성공과 만족을 가져다 줄 수 있을 것이라 믿는다.

로버트 딜츠Robert Dilts

2017년 6월

캘리포니아 주 산타크루즈

| 역자 서문 |

리더십은 동서양을 막론하고 가장 오랫동안 논의되어온 주제로 지난 수십 세기 동안 철학, 법학, 역사학, 정치학 등 다양한 분야에서 지속되어온 오래된 담론이다. 조직의 리더가 얼마나 중요한지 우리는 너무나 잘 알고 있다. 구성원이 단 한 명도 바뀌지 않았는데 리더 한 명이 들어와 환골탈태하는 조직을 본 적도 있고, 탄탄대로만 걸을 것 같던 조직이 리더 한 사람 때문에 와르르 무너지는 것도 우리는 종종 목도해 왔다. 스포츠팀이든, 공조직이든, 국가적 차원의 조직이든 예외는 없었다. 블록체인기술이 사회 전반의 구조와 체계에까지 영향을 미치는 세상이 되면 한 사람 또는 한 곳에 집중되는 힘의 논리는 옅어질 것이라는 통합과 해체의 시대에 살고 있다지만, 그럼에도 불구하고 사람이 모인 곳이라면 그곳이 어떠한 성격을 지닌 곳이든 리더의 자리에 있는 사람의 리더십은 조직의 본질적 목적을 달성하는 데 있어 우선순위가 매우 높은 화두일 것이다. 리더십이 중요한 또 하나의 이유는 우리가 매일 같이 직면하게 되는 삶의 현실에서 늘 작동하는 것이기 때문이다. 적지 않은 시간 동안 조직 생활을 하면서 다양한 이들을 상사, 동료, 또는 부하라는 이름으로 만났다. 대학에 와서도 지난 13년간 원장, 센터장, 본부장 등의 직함으로 많은 교내외 사람들과 소통하고 있다. 이런 생활 속에서 내 삶의 행복에 가장 큰 영향을 미치는 매 순간 순간 마음의 평화가 궁극적으로는 사람과 일을 함께 다루는 관계에서 나오는 결과임을 점점 또렷이 느끼고 있다. 그리고 이 모든 것의 정점에는 리더십이란 화두가 떡하니 똬리를 틀고 있다는 점 역시 분명해지고 있다.

일과 관련하여 나는 언제 행복했지? 언제 신이 났지? 지난 약 30년 가까이 되는 사회생활을 돌아보면 놀랍게도 마음으로 따를 수 있는 멋진 상사나 선배 동료들과 함께 일을 할 때였다. 지난 시절 만났던 많은 선배들을 회상해보면 그들을 마음으로 따르게 된 이유는 다양하다. 따스한 인품 때문이기도 했고, 빛나는 혜안과 전문성 때문이기도 했고, 모두가 주저할 때 과감히 결단하고 돌파하는 모습이기도 했고, 때론 불확실함 속에서도 끝까지 버텨내는 모습이기도 했으며, 경우에 따라서는 모든 책임을 스스로 떠안는 모습이기도 했다. 그런 멋진 모습을 보여주었던 옛 직장 상사나 동료들은 퇴직한 지 18년이 지난 지금도 그립고, 만나면 언제나 반갑다. 물론 반대의 경우로 안타까웠던 일도 있었다. 책임을 지려고 하지 않거나, 앞에서 했던 말과 뒤에서 하는 말이 다르거나, 혹은 혼자만의 착각으로 있지도 않은 사실을 진실로 믿고 감정적인 반응을 해 갈등을 일으키는 사람들, 그가 상사든 부하든 안타깝기 그지없었다. 그런 경우엔 가급적 그들의 부정적 감정에 반응하지 않고 그런 그들과 시간과 공간을 함께 하는 불편한 경험 또한 나의 배움이고 좋은 마음공부거리라고 의미 부여하며 의도적으로 자비심을 끌어내고자 했고 그들을 마음으로 이해하려고 노력했다. 그런데 문제는 그런 나의 노력에도 불구하고 함께 보내는 시간이 누적되면 될수록 그런 부정적 에너지는 나와 팀을 서서히 잠식한다는 것이었다. 분명 우리는 이처럼 부지불식간에 서로에게 영향을 주고받으며 살아가고 있다. 이런 관점에서 리더십은 이제 더 이상 조직의 성과향상, 실적완수를 위해 감투를 쓴 자들만의 도구에 머물 것이 아니라, 모든 조직의 모든 구성원들이 갖추어야 할 역량이자 덕목이 되어야 하지 않을까.

이러한 측면에서 「의식 리더십과 회복 탄력성」은 매력적인 책이다. 탁월한 성과를 내는 많은 리더들의 실제 사례를 통해 리더가 갖추어야 할 덕목과 역량을 매우 세밀하게 분석하였을 뿐만 아니라 우리가 현장에서 활용할 수 있는 아이디어를 꼼꼼하게 제공하고 있기 때문이다. 특히 인적자원개발은 물론 코칭, 컨설팅 및 상담 분야에서 지난 수십 년간 탁월한 성과를 내고 있는 NLP(Neuro Linguistic Programming)의 원리와 도구들을 의식 리더십이란 개념과 회복 탄력성의 기법에 적용하고 있기에 매우 실용적이다. 그리고 모델 구성의 방법 면에서도 통계를 활용한 양적 방법이 아니라 독특한 실존적 사례들을 오랜 기간동안 다양한 방법으로 살펴본 질적 연구에 더 가깝다는 점, 저자가 지난 40년 이상 현장에서 컨설턴트 혹은 코치라는 이름으로 활동하고 있는 현장 실천가라는 점, 그리고 논의하는 담론이 우리의 지성을 넘어서는 선험적 지혜까지 포괄하는 주제까지 다룬다는 점 등이 신선하다. 이 책의 성격을 형식적인 면에서 규정한다면 개념서나 이론서보다는 워크북workbook에 가깝다. 저자와 DSG(Dilts Strategy Group)는 10여 년의 시간에 걸친 작업을 통해 앞서가는 조직과 리더들의 성공요인을 분석했고 그 결과를 공유하는 64시간의 리더십 개발 프로그램을 완성했다. 본 도서는 그러한 성공요인 모델링 중 리더십 분야의 결과이며 그 프로그램의 교재이기도 하다. 책에 담겨 있는 실천과제들을 하나씩 차근차근 이해하고 적용한다면 분명 우리의 의식을 높이는 데 도움이 되는 귀한 도구가 될 것이다. 워크북이라 짧게 기술되고 있지만 홀라키라는 초연결성을 전제하고 있는 의식 리더십의 철학적 배경은 간단치 않다.

초연결 사회라는 4차 산업혁명이란 말은 우리나라에선 이미 익숙해진 말이다. 하루가 멀다 하고 새로운 기술이 나온다. 디지털 기술을 통해 우리는 초연결 사회를 경험하고 있다. 페이스

북 같은 SNS를 통해 멀리 떨어진 친구들의 일상을 실시간으로 확인할 수 있고, 카톡은 몇 번의 클릭만으로 수많은 정보를 많은 이들과 나누게 해준다. 밴드는 말 그대로 구성원들을 휴대폰 안에서 똘똘 뭉치게 한다. 종이 한가득 서류철로 정리하던 문서나 자료도 언제부터인가 물리적 실체가 보이지 않은 클라우드에 저장하고 있다. 자동차렌트가 대세가 되고 있고, 앱을 통해 쏘카 같은 공유자동차를 심심찮게 활용하는 지인들을 자주 만난다. 캠퍼스에선 모바일 앱에 연동된 퀵보드를 이용해 이동하는 학생들로 가득하다. 우리는 이미 '소유의 시대'는 가고 '접속의 시대'가 온다며 경제사회구조의 변혁을 예견했던 제레미 리프킨(jeremy Rifkin)의 이야기가 이미 현실이 된 소위 '접속의 시대'를 경험하고 있다.

허나, 잠시 생각해보자. 이러한 초연결, 초융합, 초지능이라는 4차 산업혁명을 마주한 우리 인류는, 국민은, 시민은, 직원들은, 아니… 나는… 진정 행복한가? 만약 이 본연의 질문에 쉽게 '그렇다'라고 답하지 못한다면 여기에 뭔가 더 채워져야 할 것이 있다는 본능적인 감지 때문일지도 모른다. 빠져 있는 것이 뭘까? 어쩌면 지금 공유경제라 불리는 것들은 사실 무늬만 공유이지 참 공유가 아니기 때문일지도 모른다. 거대 자본이 만든 플랫폼은 무에서 유를 창조하여 파이를 키우는 블루오션 같은 플러스섬(plus sum)이 아닌 레드오션인 제로섬(zero sum)게임을 하고 있는 것처럼 보인다. 우버Uber나 리프트Lyft 같은 거대 플랫폼은 참여자들이 노조를 결성할 권리도 없기에 산업 재해 보상의 사각지대를 만들어 일하는 이들의 복지를 크게 후퇴시켰다. 타다도 택시 사업자들의 반발을 불러 일으켰고, 집을 공유한다는 아이디어로 시작한 에어비앤비airbnb 역시 거대 자본의 플랫폼 사업이 되어 오히려 개인들의 자발적 참여가 어려워지게 된 소위 숙박계의 젠트리피케이션gentrification 현상을 초래했다. 공유의 시대, 연결의 세상이라고 이야기하지만 알렉산드리아 레브넬Alexandrea Ravenelle의 이야기처럼 공유 경제는 공유하지 않고 있고, 연결 되었다는 세상에는 진정한 연결이 빠져 있다.

「의식 리더십과 회복 탄력성」의 핵심 주제인 홀론(holon)과 홀라키(holachy) 관점에서 본다면 현재 4차 산업혁명이 주장하는 연결은 공허하게 들린다. 대부분의 논의가 기술적, 기계적, 정보시스템적 연결일 뿐 진정한 '내적 자아'의 연결을 이루는 것이 아니기 때문이다. 자본과 경제의 원리가 지배하는 작금의 시대에 인간의 내재적 가치는 효용가치에 밀려 우리는 자기 정체성을 잊고 산다. 손바닥에 딱 감기는 스마트폰의 다양한 앱들을 통해 수많은 사람들과 연결되어 있지만 외로움과 고독은 오히려 더 짙어진다. 기술만으로는 사람과 사람 사이의 진정한 연결을 완성할 수 없기 때문이다. 요즘 유행처럼 회자되는 융복합이나 통섭도 가만히 들여다보면 그저 여러 전공 분야를 물리적으로 집합시켜 놓은 것일 뿐 본질적인 연결, 화학적으로 서로 하나 되는 통합과는 거리가 멀어 보인다. 지금 우리에게 필요한 것은 과학문명의 발전 못지 않은 정신문명의 발전이다. 미래의 세계는 과거의 리더십 프레임으로 해결 불가능하다. "너 커서 미래에 무슨 일을 하고 싶어?"라는 질문보다는 "우리는 어떻게 지구의 모든 생태계와 하나 될 수 있을까?"라는 질문을 던질 수 있는 교육을 해야 한다는 홈즈 롤스톤(Holmes Rolston)의 이야기처럼 기존 프레임(frame)을 해체해야 한다. 전체에서 분리된 에고(ego)와 결별하고 우주적 자아로 확장되는 소위 홀라키적 개념을 이젠 가슴을 열고 받아들여야 할 시간이 되었다. 분명 세상 만물이 연결되어 있다는 비분리성은 의식 리더십의 전제로 이는 미래를 열어갈 새로운 리더십 프레임이다.

성공 요인 모델링을 통해 정리된 이 책 「의식 리더십과 회복 탄력성」은 '의식 리더'가 추구해야 하는 연결은 내면에서 상호 연대감을 이루고 함께 장(field)을 만들어 나가야 한다는 점을 강조한다. 人間이라는 말은 사람(人)과 사람(人)이 함께 어우러져 살아가는 존재라는 말이고, 사람과 사람의 사이(間)를 통해 완성되는 존재라는 뜻 아니겠는가. 그렇다. 인간은 결국 함께 살아가는 존재다. 연결성을 잊은 분리의 시간 동안 인간은 시든다. 의식 리더는 만물은 서로 돕고 있다는 상호 연결성을 알아차리고 깨어나 초연결자가 될 때 완성된다. 지구상의 모든 생명체는 공생이라는 고리로 상호 연결되어 있다. 생명체는 공생진화 덕분에 존재하는 것이다. 모든 유기체는 상호 적응을 통해 공진화한다. 모든 이가 궁극에는 인드라망으로 연결된 하나(oneness)임을 알아차리고 행동하는 그가 바로 의식 리더이다. 그런데 이러한 의식 리더십의 핵심 화두인 홀론(holon)과 홀라키(holachy) 개념을 한 발짝 뒤로 물러서 살펴보면 사실 완전히 새로운 개념이라 하긴 어렵다. 애당초 세계는 분리할 수 없는 거대한 하나의 지성(그것을 집단 지성, 공적 영지, 소스필드, 우주심, 통합장, 수퍼의식…또는 무엇이라 명명하든!)으로 단 한순간도 연결되지 않은 적이 없기 때문이다. 단지 우리가 잊고 있었을 뿐이다. 태초부터 하나였던 것이다. 양자 물리학에 따르면 우주는 분명 부분들의 단순한 합이 아니라 유기적 통일체다. 이미 100여 년 전 만물은 서로 돕는다고 주장한 크로포트킨(Pyotr Alekseyevich Kropokin)의 '상호부조론'처럼 세계는 상호 의존의 구조로 그물망처럼 긴밀하게 연결되어 있다. 양자역학에서 두 입자가 아무리 공간적으로 멀리 떨어져 있어도 비국소적으로 연결되어 있기 때문에 하나의 입자에서 일어나는 변화는 즉시 다른 입자에 영향을 미친다는 '양자 얽힘' 역시 우리의 연결성을 훌륭히 뒷받침하는 개념이다.

의식 리더십 논의의 철학적 기반이 되는 전체성 즉, 홀라키는 물질계뿐만 아니라 인간의 의식 세계까지 포함한다. 아무리 초연결, 초융합의 4차 산업혁명을 외쳐도 기술의 진보를 정신이 따라가지 못한다면 허상일 것이다. 진정 우리가 앞으로 관심을 보여야 하는 것은 리더십의 업그레이드이다. 기존의 리더십 차원의 논의를 뛰어넘어 인간의 영성과 의식을 논하는 '의식 리더'에 대한 담론은 이미 와 있는 미래다. 스코튼(Bruce W. Scotton)이 지적한 것처럼 현대의 정신과학 수준이 영적 경험과 비일상적인 실재의 경험을 설명할 수 있는 데이터를 검토하고, 이론을 만들어내고, 나아가 치료로서 다루는 데 비록 실패했다고 하더라도 아브라함 매슬로(Abraham Maslow), 칼 융(Carl Jung), 윌리엄 제임스(William James), 켄 윌버(Ken Wilber) 그리고 스타니슬라프 그로프(Stanislav Grof)가 이야기하는 인간 의식의 발달, 자아 초월, 그리고 영성(spirituality)에 대한 논의는 지속되어야 한다. 여기서 분명히 해두어야 할 것은 영성이란 단어는 특정 집단의 신념 체계를 일컫는 종교 분야에서 이야기하는 영성과는 관련이 없다는 점이다. 이 책「의식 리더십과 회복 탄력성」에서 수없이 반복되어 나오는 spirituality라는 말은 인간 정신의 영적 영역, 육체적 경험으로 제한되지 않는 인간성의 한 부분을 언급하는 것이다. 자아 초월학 분야에서 다루는 영적 자아 초월의 화두는 자기를 넘어선 보편 원리에 대한 탐구, 인간과 세계 사이의 연결에 대한 추구 등을 논할 때 사용하는 비종교적 성격의 보편단어다.

물론 이 책「의식 리더십과 회복 탄력성」을 자아 초월 분야의 리더십 도서라고는 할 수 없다. 저자는 매우 실질적인 리더십 논의를 하고 있고, 실제 조직에서 리더들이 갖춰야 할 중요한 덕목과 역량을 면밀하게 논하고 있으며 구체적인 실천방안까지 제시하고 있는 실천가들을 위한 워크북이다. 지금껏 장황히 이어진 설명은, 이 책에서는 가볍게 언급되고 있으나 책 전반에 빈번히 등장하는 단어들, 의식으로 번역한 consciousness, 영성 또는 정신으로 번역한 spirituality, 장으로 번역한 field, 그리고 홀론(holon)과 홀라키(holarchy)라는 제4세대 NLP의 핵심 개념에 대한 독자의 이해를 조금이라도 넓히고자 발동된 역자의 오지랖 정도로 이해하는 것이 좋겠다. 그렇긴 해도 우리 인간이 '의식 리더'로서 초연결하는 존재임을 자각하는 것이 중요하다고 역자의 변을 통해 거듭 강조하고 싶은 이유는 이러한 우리 자신의 정체성을 알아차리는 그 자체가 우리에게 위로가 되고 치유가 되는 속성을 지니고 있기 때문이다. 게슈탈트(gestalt)의 창시자이자 NLP(Neuro Linguistic Programming) 기법의 기초를 제공한 프리츠 펄스(Fritz Perls)에 따르면 자기 자신에 대한 자각과 알아차림은 그 자체가 치료적 속성을 지니고 있다고 한다. NLP전문가 훈련에서 수없이 반복하는 관조 훈련, 지각적 입장에서 관찰자 되기, 메타포지션에서 알아차리기 등을 통해 우리는 잠시라도 그에 대한 통찰을 경험할 수 있다. 분리된 에고(ego)가 아닌 하나이고 전체인 홀라키(holarchy)에 접속함으로써 이루어지는 '의식 리더'로서의 자각과 통찰은 그 자체만으로 배움과 치유가 동시에 되는 큰 공부다. 이 책의 가치는 이러한 자각을 위한 다양한 훈련까지 제공하고 있다는 데 있다.

또 다른 '의식 리더십'의 담론이 가지고 있는 가치는 리더십에 대한 논의 수준을 한층 더 높일 수 있는 촉매로서의 역할을 한다는 것이다. '종교에서 영성으로'라는 탈종교적 시대의 관점에서 보면 우리는 물질적 존재이면서 동시에 영적 존재다. 따라서 인간의 영성에 대한 담론은 철학과 종교 분야를 거쳐 이제는 리더십 분야에서도 논의가 되어야 하는 시간인 것이다. '영적 휴머니즘'은 이미 와 있는 미래다. 반형이상학이 논리적으로 이성적으로 아무리 완벽히 들어맞는다 해도 인간은 영혼의 선험성을 인정하고 보편성을 찾아가고 싶은 욕망에 흔들린다. 마음 속 깊은 곳에서 진동하는 말로 표현할 수 없는 떨림에 응답할 수 있는 것은 결국 형이상학임을 알고 그래서 비실존적 세계에 대한 끈은 놓지 않고 배움을 이어가고 싶다는 역자의 사심의 연장선에서 이 책의 번역은 진행되었다. 배움은 외적 지식을 구하고 내면 성품을 닦아가는 모든 활동을 아우른다. 배움은 끊임없이 진화를 추구하는 생명체에겐 빛이다. 프랑스의 철학자 앙리 베르그송(Henri Bergson)의 이야기처럼 끊임없이 창조적 진화를 해나가는 모든 생명체들에게 배움은 생명 연장의 희망이자 도구이다. 생명이란 성숙한 유기체를 매개로 한 씨앗이 다른 씨앗으로 옮겨가는 흐름이다. 늘 펼쳐지는 우주(unfolding universe)에서 우리는 배움이 창발의 형태로 연속됨을 선험적으로 알고 있다. 상승생성의 노력은 하강생성으로 확인되는 것이다. 따라서, 사이코메트리(pychometry), 채널링(channeling) 같은 자아초월 분야의 논의나 마음이 물질을 지배한다는 '싯디(siddhi)'와 같이 지금껏 전통과학으로부터 조롱의 대상이었던 '초자연적 현상'까지 논리적이고 이성적인 과학적 검증과 논의의 주제가 될 수 있다. 이러한 관점에서 리더의 '의식'이란 화두는 아브라함 매슬로우, 켄 윌버, 스타니슬라프 그로프 등이 주창해온 자아초월(transpersonal) 인간학의 연장으로 향후 성인교육학 분야에서 그 면면을 이어가야 하는 중요한 과제라 할 수 있다.

기존의 리더십에서 논하는 내용과는 다른 결을 가진 이 책의 내용이 새롭고 또 낯설 수도 있다. 하지만 행여 인간이 존재 자체로서 완전히 전체적이고 또한 독립적인 존재임과 동시에 우리보다 더 큰 시스템의 일부라는 홀론과 홀라키의 관점이 독자에게는 생경하다 하더라도, "학생이 준비될 때 스승은 나타난다(When the student is ready, the teacher appears)"라는 파푸아뉴기니의 속담처럼 언제나 어디서나 누구에게나 배우려는 의지가 있으면 배움은 시작된다고 할 수 있다. "진정 어려운 일은 새로운 생각을 해내는 것이 아니라, 다른 이들과 어울려 마음 구석구석까지 뿌리내린 낡은 생각에서 벗어나는 것"이라고 한 존 메이너드 케인스(John Maynard Keynes)의 이야기처럼 새로운 무엇인가를 알아가는 것은 기쁨이고 이를 나누며 함께 나아간다는 것은 참 행복감을 느끼는 활동이다. 이 책의 중요 전제인 홀론, 홀라키 그리고 장(field) 개념은 NLP의 탄생에 큰 영향을 미친 그레고리 베이트슨(Gregory Bateson)의 생태학적 관점과도 일맥상통하며 이 책에서 제공하고 있는 많은 훈련은 이미 수십 년간 상담, 코칭, 팀빌딩 등의 현장에서 검증된 탁월한 기법들이다. 독자들께서 조금 더 마음을 열고 부족한 번역이지만 행간까지 읽어가며 함께 호흡한다면 우리 모두가 하나의 '장'을 이루며 살아간다는 '의식 리더십'의 철학적 개념을 조금은 더 편안하게 받아들일 수 있을 것이라 믿는다. 부디 이 책이 독자들에게 행복한 독서의 시간을 선사할 수 있길 희망한다.

책이 나오기까지 많은 분들의 응원과 지지가 있었다. 지난 20년간 우정을 나누고 있는 나의 동료이자 저자 로버트 딜츠(Robert Dilts), 책 출간의 모든 판권 관리와 행정지원을 아낌없이 해주는 저자의 친형 마이클 딜츠(Michael Dilts) 그리고, 흔쾌히 역자의 캐리커처까지 그려준 나의 동료 안토니에 메자(Antonio Mesa)에게 감사를 전한다. 2018년 우리나라에서 열린 8일간의 「의식 리더십과 회복 탄력성」 첫 워크숍에 탁월한 호기심으로 참여한 열두 분(권병희, 김연정, 김영경, 남기영, 신원학, 신현정, 전사랑, 주충일, 최현정, 탁제운, 한우식, 한창수)의 훈련생들에게도 감사를 전한다. 이들은 탁월한 프런티어 정신의 소유자들이다. 2017년 이 책이 출간된 후 대학원 수업에서 함께 발표하고 토론했던 아주대학교 교육대학원 평생교육 및 HRD전공 석사과정 학생들에게도 감사하다. 단박에 이해하기 어려운 훈련도 적지 않았지만 맑은 마음으로 함께 해주었다. SFM시리즈의 매력을 알아보시고 대중들과도 나누자며 격려해 주신 러너코리아의 도흥찬 대표님께 감사드린다. 또 특별히 감사한 분들이 있다. 먼저, 「의식 리더십과 회복 탄력성」의 가치를 알아보시고 이 책을 기반으로 진행되는 교육 프로그램을 국내에 도입하신 퀀텀어웨이크닝스쿨의 최현정 대표님께 감사의 말씀을 전한다. 대표님의 열정과 아낌없는 나눔이 책 출간으로까지 이어졌다. 「의식 리더십과 회복 탄력성」 교육프로그램을 회사의 대표 프로그램으로 선정하고 짧지 않은 기간 동안 전문교수진 양성과 프로그램 한국화에 공을 기울이신 루트컨설팅의 박우춘 대표님과 최성한 이사님께도 큰 감사를 전한다. 두 분은 분명 이미 '의식 리더'의 길을 가고 계신 도반이시다. 긴 시간 교수훈련과정에 참여했던 루트컨설팅의 김현주, 장정관, 박우근 본부장님께도 감사드린다. 지금은 조직을 옮겨 마지막까지 함께하지 못했지만 워크숍 참여 이후 본 도서의 초벌 번역을 함께 하며 큰 힘을 나눠준 임선예 이사님께도 감사의 말씀 전한다. 마음의 결이 맞는 분들과 함께한다는 것은 그 과정만으로 기쁨과 감사가 넘쳐흐른다는 것을 새삼 깨닫게 해준 루트컨설팅이 '의식 리더십' 전파의 메카가 되길 기대한다. 책의 완성도를 높이기 위해 마지막 교정 교열작업에 귀한 에너지를 나눠주신 퀀텀어웨이크닝스쿨의 손민서 이사님, 언제나 응원의 메시지를 보내주시는 박영스토리의 이선경 차장님, 여러 차례의 수정작업에도 든

든하게 함께 해주신 배근하 과장님께도 감사의 말씀 전한다. 마지막으로 이 책을 만난 독자 여러분들의 행운을 기원한다.

2022년 여름, 율곡관 연구실에서 이성엽

차례

3장 의식 리더십과 차세대 기업가 정신

4장 의식 리더십과 SFM 리더십 모델

5장 SFM 리더십 모델 적용하기

결 론

Leadership, Consciousness and Fitness for the Future

CHAPTER 01

미래를 위한 리더십, 의식 그리고 훈련

리더십이란 사람들을 모아 공동의 목적을 이루고, 그 목적을 달성하기 위해 계획을 짜고, 목적달성이 될 때까지 그 일에 열중하는 것이다. 리더십은 또한 앞으로 닥쳐올 뜻밖의 문제나 기회에 대응하는 능력을 필요로 한다. [리더에게 필요한 것]은 자신이 가려고 하는 길에 대한 비전을 분명하고 확실하게 표현할 줄 아는 것 그리고 목표 달성을 위한 현실적인 전략을 개발하고 보다 폭넓고 다양한 지식과 관점을 가지고 있고 실행능력을 갖춘 재능 있고 헌신적인 사람들을 끌어 모을 줄 아는 것이다. 오늘날 긍정적인 결과가 오래 지속되려면 일방적 권위주의보다는 리더들의 참여와 협력이 수반되어야 한다고 생각한다. 새로운 길을 열어가는 리더라고 해도 모든 답을 아는 것은 아니다.

빌 클린턴 Bill Clinton

• 성공 요인 모델링 개요 •

Overview of Success Factor Modeling™

의식 리더십과 회복 탄력성은 성공 요인 모델링(Success Factor Modeling; 이하 성공 요인 모델링과 SFM을 혼용함) 시리즈 중 세 번째 책의 주제다. 성공 요인 모델링(SFM)은 방법론으로써 나와 내 동생 존 딜츠John Dilts(자세한 사항은 SFM 2권 「실리콘밸리의 최고 기업은 어떻게 협업하는가」, pp. 268-278, 박영스토리 참조.)가 뛰어난 사람들, 단체 또는 조직을 지원하고 이끌 수 있는 결정적인 성공 요인들을 확인하고 이해한 후 적용하기 위해 만들었다. 성공 요인 모델링은 원하는 바람직한 결과에 도달하기 위해 효과적인 개인, 팀 또는 기업의 눈에 띄는 탁월한 업무 수행과 뛰어난 행동요령을 분석하여 독창적이고 고유한 차이점을 정리한 원칙과 특징들을 바탕으로 개발되었다. SFM의 전 과정은 영향력을 확장하고 성공의 기회를 확대시킨 회사 또는 팀의 리더들 그리고 비즈니스 분야의 탁월한 지도자들이 공통적으로 지닌 특성과 능력을 밝혀냄으로써 이루진 것이었다.

성공 요인 모델링 과정의 중요한 목적은 지도map를 만드는 것이다. 성공 요인 모델링이라는 지도는 주어진 환경 안에서 중요한 결과Outcome를 달성하고자 할 때 사람들이 모델링 된 요인들을 적용해볼 수 있도록 다양한 도구와 도표를 제공할 것이다.

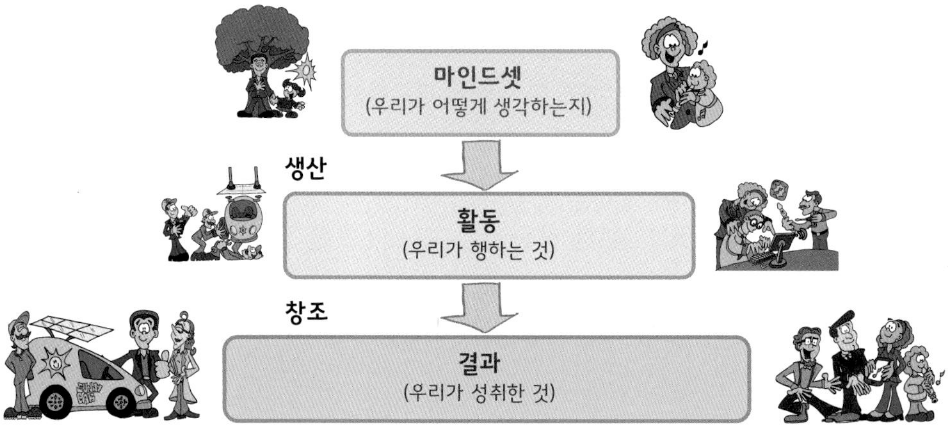

기본적 성공 요인 모델링 과정

우리의 내면 상태와 태도 그리고 사고과정이 담긴 마음가짐인 마인드셋mindset은 우리의 외적인 행동을 이끌어낸다. 특정 상황에서 어떤 **활동**action을 하는지 결정하는 것은 우리의 마인드셋이다. 이런 활동들은 결국 우리를 둘러싼 외부 세계의 **결과**outcome를 만들어낸다. SFM의 중요한 전제는 "적절하고 필연적인 활동을 이끌어내기 위해 환경에 부응하는 마음가짐으로 열망하는 결과를 달성한다"이다.

이 시리즈의 첫 번째 책(차세대 기업가: 당신의 꿈을 이루어 사업을 통해 더 나은 세계를 창조하라)에서 여러분 인생의 목적에 걸맞는 수익을 창출하는 사업을 조직하고 "성공의 원"을 창조하는데 필요한 기술과 단계를 확립하기 위해 SFM 과정을 적용했다. 시리즈 두 번째 책(「실리콘밸리의 최고 기업은 어떻게 협업하는가」)에서는 팀원들과 더욱 창의적이고 효과적으로 협업하는 능력을 가진 사람들의 행동과 태도를 탐구하였다.

성공 요인 모델링을 리더십과 회복 탄력성에 적용하기

이 책은 리더십, 혁신 그리고 회복 탄력성에 초점을 맞췄다. 이 세 가지 능력은 탄탄하고 지속적인 성공을 위해서 기업경영은 물론 많은 프로젝트를 수행함에 있어 매우 필요한 능력이다. 회복 탄력성은 개인, 팀, 또는 조직이 직면하고 있는 어려운 상황에서 잘 버티고 빠르게 회복하며 역경을 이겨내 다시 균형을 유지하는 능력을 말한다. 사람들이 큰 어려움에 직면할 때면 가끔 임기응변적 요령으로 피하기도 한다. 하지만 직면한 역경이 너무나도 큰 경우 사람들은 "완전히 실패"할지도 모른다.

리더십 능력이 가장 필요할 시기가 바로 이때다. 리더십이란 사람들이(자기 자신을 포함하여) 어떠한 도전에 직면하더라도 장애를 극복하여 핵심 목적을 달성할 수 있도록 최대한 준비할 수 있도록 하는 것이다. 리더십은 보통 "작전, 행동 또는 수행을 지휘하는" 능력(오케스트라를 "지휘"하는 것처럼) 또는 "결론이나 상태에 이르게 하는"(예, 목적을 달성하도록 "이끄는") 능력으로 설명된다.

사실 "leading"과 "leadership"은 고대 영어단어 lithand에서 유래됐는데 "가다" 혹은 "여행하다"라는 뜻이다(힘을 가지고 있거나 통제권을 가지고 있다는 의미와는 반대다). Laedan은 고대 영어에서 말 그대로 "출발의 유래"라는 뜻으로 쓰였다. 미리암 웹스터Merriam Webster's 사전에 따르면 리더십의 뜻은 "가는 길을 안내하는 일로 특히 앞서 나가는 일"을 뜻한다. 그러므로 리더십은 종종 "선구하는 것"이라는 의미이고, 한편으론 타인에게 말이나 행동으로 줄 수 있는 최대의 영향력을 발휘하는 것을 뜻한다.

분명히 리더십은 사람들이 행동을 취하도록 동기를 불어 넣어주고 영향을 주는 활동과 밀접한 관련이 있다. 사업이나 조직에서 "리더십leadership"은 종종 "관리management"와 대조를 이룬다. 관리는 보통 "다른 사람을 통해 일을 마무리 하는 것"으로 정의된다. 이와 비교해 볼 때 리더십은 "다른 사람들이 이 일을 하길 원하도록 만드는 것"으로 정의된다. 관리는 주로 일의 우선순위를 정하여 생산성을 높이는 것 그리고 일을 보다 효율적이고 매끄럽게 운영하는 것과 관련이 있다. "리더십"은 불확실한 상황과 격변, 사회적 변화와 탈바꿈의 시기에서 계속해서 앞으로 나아가야 할 때 더욱 필요하다.

리더십, 혁신, 회복 탄력성은 어떤 기업이든 성과를 달성하기 위해 필수적으로 요구된다.
리더십은 특히 불확실한 변화의 시대에도 계속해서 앞으로 나아가기 위해 필요하다.
혁신은 변화하는 조건에 꾸준히 적응하고 가능성을 창조하기 위해 필요하다.
회복 탄력성은 어려운 상황에서 잘 버티고, 빨리 회복하며, 균형상태를 잘 유지하기 위해 필요하다.

• 리더십의 기본 스킬 •

Basic Skills of Leadership

어딘가를 향해 “가려면” 최소한 두 가지가 필요하다. (1) 가고자 하는 방향과 (2) 에너지다. 방향이 없으면 우리는 목적없이 떠돌기 마련이다. 에너지가 없으면 무기력해지거나 마비상태에 갇혀버린다. 보다 쉽게 어딘가를 향해 가기 위해 가능하다면 따라갈 경로가 있거나, 우리를 실어다 줄 차가 있다면 도움이 될 것이다. 기업가의 경우 차량은 기업을 뜻한다. 길은 “스토리보드storyboard”, 즉 계획 또는 전략을 뜻한다. 많은 경우, 차량을 만들고 이미 시작된 여정을 따라 길을 개척하는 것, 이 두 가지 모두를 계속하는 것이 필요하다.

리더십은 사람들이 어디로(대개 어떤 새로운 곳) 가야 할 지 방향과 에너지를 제공한다. 즉 사람들에게 비전을 제시하고 동기를 부여하는 것이다.

광의의 시각에서 보면, 리더십은 어떤 큰 시스템 하에서 어떤 목표를 달성하는 과정에 사람들이 참여하게 하는 능력을 의미한다.

따라서 리더십의 본질은 방향을 제시하고 에너지를 불러일으키는 것이다. 즉 사람들에게 비전을 제시하고 동기를 부여하는 것이다. 이전 시리즈에서 우리의 삶과 일에 대해 방향과 지침을 제시한다고 말한 것처럼, 미래에 대한 비전은 우리의 성장과 변화에 대한 영감과 추진력을 제공한다. 비전은 효과적인 팀워크를 형성하기를 원하는 사람들에 의해 공유될 뿐만 아니라 벤처기업의 기초가 된다. 비전은 조직, 커뮤니티, 문화, 궁극적으로는 문명 진보의 기본을 형성한다.

기업가 정신entrepreneurship과 같은 리더십은 오랜 세월 동안 나의 열정을 이끌어왔다. 1980년대부터 세계 곳곳의 영향력 있는 리더들과 임원들을 관찰하고 인터뷰해 왔고, 내 책 「Visionary Leadership Skills(1996)」에서 넓은 의미의 리더십은 더 큰 환경이나 시스템 내 목표 달성 과정에 사람들을 참여하게 하는 능력으로 비춰질 수 있음을 언급하였다. 즉 리더는 솔선수범하여 구성원들에게 더 큰 시스템의 맥락 하에서 성과를 달성할 수 있도록 영향력을 발휘하는 것이다. 이 관점에서 리더십을 다음과 같은 능력으로 정리할 수 있다.

1. 비전을 표현한다.
2. 결과를 내기 위해 타인에게 영향력을 발휘한다.
3. 팀 협업을 장려한다.
4. 본보기가 된다.

아래의 도표에서 이 능력들 간의 관계에 대해 살펴볼 수 있다.

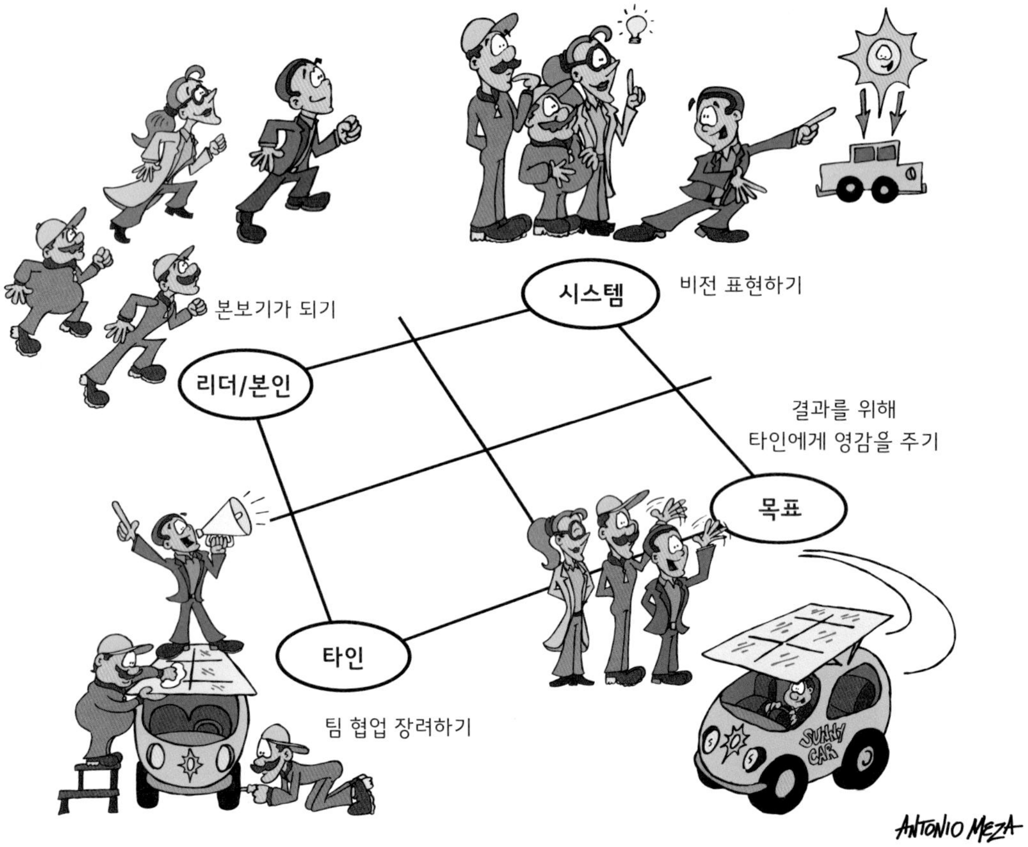

리더는 방향을 제시하고, 타의 모범이 되며 시스템 내 목표 달성에 있어 사람들을 참여시킨다.

이전 시리즈에서는 각각의 이런 능력들을 어떻게 실천에 옮기는지에 대한 핵심 원칙/방법들을 설명했다:

1. 미래를 창조하고 벤처기업을 설립하기 위해 비전을 만들고 표현하기(SFM 1권, pp. 193~213 참고)
2. 자신을 돌아보고 스스로 영감을 받을 수 있도록 자신의 미션, 앰비션, 동기 등을 명확하게 하기(SFM 1권, pp. 213~235 참고)
3. 공동작업을 통해 팀의 협력을 장려하고 집단지성이 발현될 수 있는 환경만들기(SFM 2권, 실리콘밸리의 최고 기업은 어떻게 협업하는가, pp. 128~142 참고)
4. 서로가 이익이 될 수 있는 협업과 벤처를 성공으로 이끌 수 있도록 사람들을 참여시키고 동기부여하기

리더십의 기본 스킬 중 하나는 비전을 표현하는 능력이다.

위에 열거된 능력들은 역경을 극복하고 혁신능력을 향상하며 회복 탄력성을 키우는데 어느 하나 뺄 것 없이 모두 중요하다. 이 책에서 나는 이 능력들을 깊게 이해하고 확장시키는 데 도움이 될 훈련과제와 사례들을 제시하여 여러분 각자가 추구하는 기업의 혁신과 회복 탄력성, 특히 변화와 역경의 시기에 맞설 수 있는 능력을 최대화할 수 있도록 자세하게 설명할 것이다.

변화의 도전에 맞서기 *Meeting the Challenges of Change*

모든 것은 항상 변한다고 말한다. 그러나 항상 진보하는 것은 아니다. 낯선 상황과 불확실함 속에서 역경의 순간을 맞이할 때 많은 도전들은 나약함, 상실감 또는 공포와 같은 모습으로 나타난다. 이런 형태의 도전들은 우리에게 도움이 되지 않는 생존 전략인 공격, 탈출, 경직(싸움, 도피, 냉담) 속으로 밀어 넣거나 때로는 퇴보, 무기력, 모순, 혼란 속으로 직행하게 한다.

변화를 통해 진보하기 위해서는 집중력, 유연성, 안정성, 균형 및 자원들을 결합시키는 자질을 길러야 하고, "미련 없이 그만둘 줄 아는 능력"도 키워야 한다. 삶이 무난하게 흘러간다면 균형을 유지하는 것이야 쉽지만, 혼란의 시기에도 균형을 유지하려면 이런 자질 하나 정도는 "몸에 체득되어 근육이" 될 때까지 끊임없이 연마해야 한다. 변화에 대비하려면 훈련이 필요하다.

이 책에서는 여러 상황에서 직면하는 역경을 극복할 수 있도록 다양한 자원과 도구들을 개발하고 연습할 수 있도록 안내할 것이며, 이를 통해 효과적이고 보다 근원적으로 변화할 수 있을 것이다.

또 다른 중요한 스킬은 팀 협동 Cooperation**과 "생성적인 협업**Generative Collaboration**"을 장려하는 것이다.**

회복 탄력성과 미래 적합성 *Resilience and Fitness For the Future*

적합성이란 조직체계의 일반적인 건강상태와 환경에 대응하는 준비도를 말한다. 적합성은 수명과 밀접한 연관이 있다. 사실 미래 적합성(Fitness for the Future)(Organizations in Action, J. Thompson, 1968을 참고하라)은 기업은 물론 어떤 형태의 조직에서든 장수와 생존이라는 면에서 가장 중요한 기준 중 한 가지로 꼽히는데 이는 그 어떤 성공보다 훨씬 중요하다. 과거의 방식이 통하지 않는 역동적이고 변화무쌍한 환경에서 특히 그렇다.

역동적이고 변화하는 환경 하에서 모든 조직 또는 기업의 지속가능성과 생존을 위해 미래 적합성(Fitness for the Future)은 필수불가결한 것이다.

체계적으로 볼 때, "적합성"은 시스템 이론가 로스 애슈비ROSS Ashby가 내세운 다양성 필요의 법칙과 관련돼 있는데 이는 **주위에서 일어나는 변화에 효율적으로 적응하기 위해서는 시스템에 충분한 변화가능성이 있어야 한다**는 법칙이다. 이 시각에서 보면 시스템은 변화와 자원의 범위를 넓히면서 더욱 그것에 맞춰진다. 이는 활동, 피드백, 메커니즘 등의 폭과 범위를 늘리기도 하고, 조직체계 내에 적용할 수 있는 전략들을 외부에서 벤치마킹하면서 달성될 수 있다. 따라서 혁신은 미래 적합성을 위한 핵심 조건이다.

미래 적합성(Fitness for the Future)은 주변 세계 변화에 대응하고 빠르고 효율적으로 적응하기 위한 유연성을 가져야 하기 때문에 혁신이 필요하다.

예를 들어, 신체적, 정신적 적합성은 유연성과 체력을 수반한다. 이는 특별한 비법이나 일회성의 개입으로 얻어지는 것이 아니라 지속적인 훈련과 연습을 통해서 얻을 수 있다. 따라서 적합성Fitness은 특정 사건이나 일회성 개입보다는 개인의 '삶의 방식' 또는 조직문화와 더 큰 관련이 있다.

미래 적합성은 많은 경우 예기치 못한 상황에서 나타나는 변화에 대해, 개인, 그룹, 벤처로서 대응하고 그것을 기회로 활용하는 능력이라고 할 수 있다. SF 작가 아서 클라크Arthur C. Clarke는 "미래는 이제 더이상 옛날 같지 않다."는 설득력 있는 지적을 했다.

"1온스의 예방은 1파운드 치료와 같은 가치"라는 격언이 있다. 여러 불확실한 도전들에 맞서기 위해서는 다양한 자원들을 한발 앞서서 개발할 필요가 있다. 미래 적합성은 예기치 못한 문제나 상상하지 못했던 일이 벌어지는 상황에 대비할 수 있다. 이러한 자원들이 잘 개발되면 '위기관리'가 되는 것이다.

지속가능한 성장은 "미래 세대가 요구하는 수요를 충족시키는데 지장이 없을 만큼 오늘날의 요구를 충족할 수 있는 능력"이 포함된다.

미래 적합성을 촉진하고 지속 가능한 성장을 도모하는 마음가짐과 리더십 스킬을 통합함으로써 "의식 리더십Conscious leadership"이라 불릴 수 있는 새로운 종류의 리더십을 만들어 낼 것이다.

지속가능한 성장 *Sustainable Development*

미래 적합성은 지속가능한 성장과 깊은 관련이 있다.

지속가능한 성장은 오늘날의 기업가와 조직이 맞이하고 있는 가장 중요한 문제 중 하나이다.

지속가능한 성장은 "미래 세대의 본질을 유지하면서 지속가능한 경제적 성장을 가능할 수 있도록 하는 '성장'으로 정의한다. 다시 말해, 미래세대에 대한 편견 없이 그들이 필요로 하는 것이 현재 우리의 요구와 잘 맞닿을 수 있도록 개발하는 능력이라고 할 수 있다." 넓게 보면 자원 경영과 활용에 있어서 책임과 관리의 원칙이 되며, 경제 성장과 기술 발전 그리고 환경 사이의 균형을 찾는 것이다. 성공적으로 지속가능한 성장을 이루는 것은 다음 세대의 기업가들과 "젠터프레뉴어zentrepreneurs"의 주요 관심사이다.(SFM 1권, pp. 66-73 참고)

지속가능한 성장은 차세대 기업가들과 "젠터프레뉴어"의 주된 관심사이다.

지속가능한 성장은 단순히 생존하는 것을 넘어 개인과 팀, 조직이 번영할 수 있는 능력을 완벽하게 얻는 것을 말한다. 생존은 "힘든 시련에도 살아남고 존재하는 것" 또는 "어려운 환경 속에서도 계속 나아갈 수 있도록 위기를 모면하는 것"이라고 정의된다. 이것이 암시하는 것은 우리가 생존을 위해서는, "일상적인 비즈니스"를 유지하는 것에 최대한 노력하면서도 동시에, 성장과 발전을 위한 준비도 해야 한다는 것이다. 번영이란 "훌륭한 혹은 더 큰 성장이나 발전을 말하는데 성황을 이룸 또는 흥하게 됨"을 뜻한다. 따라서 번영을 위해서는 능동적으로 우리를 둘러싼 환경에 적응해야 하며 그 과정에서 미래에 적합한 방식으로 자원을 지혜롭게 사용해야 한다는 것이다.

생존 모드에서 번영의 상태로 가기 위해서는 완전히 새로운 방법을 통해 기존의 제약들을 파악해야 하며, 우리가 누구인지, 세상에서 무엇을 할 수 있는지를 보여주는 멘탈 지도mental map를 반드시 확장해야 한다. 이 과정을 해내려면 우리의 고착화된 사고방식을 부숴야 하고 "정해진 틀을 벗어나야" 하며 인류학자 그레고리 베이트슨 Gregory Bateson이 네 번째 학습이라고 부르는 어떤 "완전히 새로운 것"의 창조를 배워야 한다.[1] 이런 생성적 상태는 우리가 가지고 있는 기존의 지식과 인식을 "포함시키고 나아가 초월하여" 미래 적합성과 회복 탄력성을 키워주는 능력을 증진시키는 주요 부분이다. 마인드셋mindset, 즉 마음가짐이 달라지는 통합된 기술을 포함하는 "의식 리더십"은 새로운 리더십이라 할 수 있다.

의식 리더십 *Conscious leadership*

의식 리더십은 지속 가능한 기업을 만들고 자신과 팀을 이끌어 집단지성에 접근하게 하고, 스스로 최고의 가치를 추구하는 삶을 살고 모든 투자자들의 이익을 위하는 데서 나아가 더 큰

---

1 NLP의 철학에 큰 공헌을 한 그리게리 베이트슨Gregroy Bateson은 문화인류학적 관점에서 학습의 관점을 논리적계층으로 구분하며 설명한다. 먼저 '제로학습'은 생명체가 자극에 반응하며 진화하는 학습으로 생물학적 본능의 배움이라 할 수 있다. '제1학습'은 동일한 대안 내에서 이미 선택한 것을 수정하는 것이다. 반응을 통한 '제로학습'은 그 결과가 맞든 틀리든 수정이 불가능하지만 '제1'학습은 대안들 안에서 잘못된 선택을 수정하는 것으로 반응의 구체성이 생기는 변화다. '제2학습'은 '재학습 deutro-learning', '세트학습set learning으로도 불리는데 '제1학습'의 과정으로 생기는 변화로 앞으로 선택할 대안 자체를 수정하는 것을 말한다. '제3학습'은 기존의 모든 전제조건이라는 속박에서 자유로워짐을 통한 학습을 말한다. 기존의 사고에서 벗어나 완전히 새로운 영역을 창조하는 학습이다. 베이트슨은 이 단계를 인간이 구현하기 참으로 어려운 단계라고 말하면서도 기존의 속박이나 습관에서 자유로워지는 '제3학습'은 인간지성이 추구해야 하는 노력이라 설명한다. 자아 초월분야에서 종종 베이트슨의 '제3학습'을 인용하며 인간지성을 넘는 영성에 대한 담론을 펼치기도 하는데, 이 책의 저자 로버트 딜츠가 언급하는 '4번째 학습' 역시 베이트슨의 '제3학습'의 관점으로 리더십을 바라보자는 요청이다. (역자주)

목적에 이르게 한다. 리더십의 기본적인 스킬과 더불어 의식 리더십은 다음과 같은 능력을 요구한다:

- 진정성authentic
- 정서 지능emotional intelligence
- 목적성purpose
- 책임감responsible

아래를 실천한다면, 우리는 의식 리더십의 중요한 역량을 획득할 수 있다.

1. 모든 이해관계자들을 위한 뜻깊고 포괄적인 비전을 만들고 의견을 나누기
2. 더 큰 목적에 집중하기
3. 영감을 통해 영향력 발휘하기
4. 개인의 이익과 공공의 이익 간의 균형 맞추기
5. 다양한 관점을 존중하고 통합하기
6. 모범 보이기
7. 마음이 풍요로워지는 셀프 리더십을 연습하고 경험을 통해서 얻은 교훈들을 성찰하기

진정성 정서지능 목적성 책임감

의식 리더십의 자질

• 성공 요인 사례 : 일론 머스크 •

페이팔, 솔라시티, 테슬라 모터스, 스페이스엑스 창립자

Success Factor Case Example : Elon Musk:

Founder of PayPal, SolarCity, Tesla Motors and SpaceX

일론 머스크

"지속적으로 생각하라. 어떻게 하면 더 나은 방법으로 일을 할 수 있을지, 그리고 당신 자신에게 계속 질문하라"

오늘날 비즈니스 세계에서 의식 리더십과 혁신 그리고 회복 탄력성의 대표적인 사례로 기업가 일론 머스크Elon Musk를 뽑을 수 있다. 머스크는 23세에 그의 첫 회사(Zip2– 다양한 언론을 위한 온라인 콘텐츠 출판 소프트웨어 사이트)를 설립했으며 1999년에 3억 달러에 회사를 매각했다. 그가 설립한 벤처 기업은 온라인 금융결제 플랫폼 페이팔PayPal이었는데 이는 소비자가 온라인에서 안전하게 구매하고 팔 수 있도록 하는 플랫폼이었다. 페이팔은 이베이ebay에 2002년에 15억 달러에 팔렸는데 여기서 머스크는 1.65억 달러를 받았다. 이후로 머스크는 그의 비전을 그의 회사 솔라시티(SolarCity, 2006년 설립)로 옮겨 태양열 에너지를 저렴한 가격에 널리 사용 가능하게 하였고 테슬라 자동차(2003년 설립)를 통해 경제적인 전기차를 운행할 수 있는 꿈을 실현하게 하였다. 이를 넘어 그의 스페이스엑스SpaceX 우주 여행사(2002년 설립)는 사상 최초로 개인의 자금으로 액체연료 발사체를 만들어 인공위성을 지구 궤도에 올리고 발사체를 국제 우주 정거장에 도킹시킨 최초의 민간 상업 회사가 되었다.

머스크는 현대인들의 삶의 방식을 바꾼다는 명확한 의도를 가지고 자신의 비전인 '미래 적합성'과 '지속가능한 성장'을 이루어 내는 사업에 집중했다. 그는 의식적이고 의도적으로 인류의 미래를 가장 긍정적으로 변화시킬 것이라고 생각하는 것들(인터넷, 청정에너지, 우주 탐사)을 선택했다. 그리고 이러한 사업들이 번창할 수 있도록 키워낼 방법을 찾으려 애썼다. 그는 다음과 같이 묘사했다.

"이 과정은 마치 '관련성 최적화relevance optimization' 작업 같다. 내가 하는 생각들은 인류의 미래에 큰 변화를 만들 것이다. 그리고 사업에 들어간 비용보다 사업이 창출한 가치가 더 클지를 검토해보는데 이는 현재 사업을 하고 있는 사람들 모두에게 필요한 덕목이라고 생각한다. 하지만 이런 고민이 '투자 대비 최고의 수익률 추구' 는 분명히 아니었다. 누군가가 투자대비 수익창출을 우선순위로 여긴다면 우주 산업과 자동차 사업에 투자하는 것은 리스크 관점에서는 최악의 선택이었다. 처음부터 진짜 나의 고민은 '내가 하는 사업이 미래에 큰 영향을 줄 수 있을까?'라는 것이었다. 물론 경제적 효과성을 고려하지 않은 것은 아니다. 만약 경제적으로 효과가 없으면 미래에 어떤 영향도 끼칠 수 없기 때문이다."

일론 머스크의 "관련성 최적화" 개념은 인류를 향한 공헌과 재정적 환원 그리고 경제적 실현 가능성의 균형을 수반한다.

머스크가 십대 때 경험한 존재적 위기는 그가 긍정적인 변화를 할 수 있는 열정의 원천이 되었다. 머스크는 남아프리카 공화국에서 인종차별을 당하며 자랐다. 그는 인종 차별과 편견을 직접 목격했을 뿐 아니라, "괴짜"라는 이유로 종종 무자비하게 괴롭힘을 당했다. 부모님의 이혼은 가혹했던 경험이었으며 더불어 이러한 경험들은 삶에 대한 커다란 의문점과 존재 이유에 대한 질문을 남기며 그를 몹시 의기소침하게 만들었다. 이러한 상황에서 머스크는 다른 많은 사람들처럼 냉소적인 행동을 하거나 중독의 길로 도피하는 대신에, 전 지구적 차원의 의식 확대와 "집단적 깨어남Collective enlightment"에 대한 의지를 키워나갔다. 그는 만약 인류의 의식이 전지구적으로 확장될 수 있다면, 아마도 미래에는 인류가 올바른 질문을 던질 수 있게 되리라고 확신하게 되었다. 그는 이렇게 말했다:

집단 계몽의 방법으로 긍정적인 변화를 만들고자 하는 머스크의 열정은 남아프리카 공화국에서 인종차별을 받으며 자라온 그의 경험에서 비롯되었다.

"나는 우리가 어떤 질문을 던져야 할 지를 잘 알아내기 위해 인간 의식의 범위와 규모를 넓히는 것에 열망해야 한다는 결론에 도달했다. 실로 가장 중요한 일은 더 많은 사람들의 의식이 확장될 수 있도록 노력하는 것이다."

이러한 "인간 의식의 범위와 규모 키우기"에 대한 열망과 "인류의 미래를 긍정적으로 변화시키기"라는 꿈은 의식 리더십의 핵심이다. 기업에서 의식 리더들의 비전은 언제나 많은 이해관계자들에게 이익이 될 수 있는 더 높은 수준의 목적을 달성하게 한다.

머스크는 자신의 역할을 "변화를 위한 촉매 역할"로 인식하고, 테슬라 자동차에서 개발 된 기술에 대한 전례 없는 "오픈 소스" 접근 방식을 취했다.

예를 들어 단순히 자동차를 만드는 것이라는 수준과 달리 테슬라 자동차의 더 중요한 미션은 "지속적인 운송수단의 출현을 가속화하는 것"이다. 즉 그들은 만들어 낼 수 있는 전기차 중 최고의 전기차를 만들어내며, 그저 전기차 완성에만 의의를 두는 것이 아니라 사람들이 타고 싶은 전기차를 만들어 실제 수익을 창출해 내고, 나아가 다른 자동차 회사들까지 전기차를 생산할 수 있도록 돕겠다는 미션을 가지고 있었다. 실제, 2014년 테슬라 자동차는 전기 자동차 개발을 장려하기 위해 독특한 움직임을 선보이는데 그것은 200개 이상의 특허를 자신들의 독점기술로 소유하지 않고 모든 기업과 나누는 기술에 대한 "오픈 소스"접근 방식을 채택했다는 것이다. 머스크는 "테슬라는 선의로 우리 기술을 사용하고자 하는 사람을 상대로 특허 소송을 제기하지 않을 것"이라고 공표했다. "그는 나의 첫 번째 회사인 Zip2를 시작했을 때 특허권을 가지는 것은 좋은 일이라 생각하고 이를 얻기 위해 열심히 노력했다."라고 이야기하며, "그러나 그것이 아마 옛날에는 좋았을지 몰라도, 요즘은 오히려 산업의 진화를 막고, 대기업의 힘만 키우며, 실제 특허기술을 만든 사람보다 오히려 법조계 종사자들을 풍요롭게 한다… 테슬라 자동차Tesla Motors는 지속적인 운송수단의 출현을 가속화하기 위해 설립한 것이다. 우리가 주목할 만한 강력한 전기 자동차를 만들기 위한 길을 개척한 다음, 다른 사람들을 못 오게 막으려고 지뢰를 설치해버린다면, 이는 우리의 원래의 창업 목표와 반대되는 것이다."라고 말했다.

마찬가지로 스페이스엑스SpaceX의 궁극적인 핵심 목표는 단지 로켓 우주선을 만드는 것이 아니라 인류가 "여러 행성에서 살 수 있게 하는 것"으로 나아가는 훨씬 더 큰 목적을 수행하는 것이다.

일론 머스크의 더 큰 비전에서 인터넷은 전 지구적 신경 시스템 역할을 하며, 재생 가능한 에너지는 인류가 경제적, 환경적 붕괴에 이르기 전에 올바른 질문을 할 수 있는 시간적 여유를 만들어 주고, 우주 탐사는 그 자체로 생명을 위한 보험 역할을 담당하고 있음을 제시한다. 머스크는 우주여행이 가능한 단계에 도달한다는 것은 문명 발전에 있어 중요한 단계에 이르른 것이라고 생각하는데, 그 중요한 단계란 인류가 밭을 처음 갈았던 단계와 비슷한 의미이다. 다음은 머스크의 말이다.

> **나의 목표는 지속 가능한 에너지로의 세계 전환을 가속화하고 인류가 여러 행성에서 문명을 이룰 수 있도록 만드는 것이며, 이를 통해 수십만 개의 일자리를 창출하고 모든 사람들을 위해 더 활기찬 미래를 만드는 것이다.**

생성적 비전 *A Generative Vision*

일론 머스크Elon Musk의 사업에 대한 비전과 미션은 개인의 이익에 초점을 맞춘 고립된 개인의 관점을 넘어 자신보다 훨씬 큰 부분의 관점에서 기인한다. 그의 비전은 더 나은 방향으로 변화하려는 깊은 열정과 의지에서 비롯된 것이다. 이런 유형의 비전은 발전하고 진화해 나가는 생성적 비전generative vision을 내재하고 있다. 생성적 비전은 변화하고 발전하는 비전으로 새로운 미래 시나리오를 지속적으로 창출한다는 것을 의미한다. 이는 어떤 특정한 상황이나 환경의 세부사항에 단단하게 고정되어 있는 모습의 비전과는 다르다.

생성적 비전은 어느 한 가지 특정 목표점에 초점을 맞추지 않는다. 오히려 새로운 특정 기업 및 제품이 출현할 수 있는 방향을 제시하는데 목적이 있다. 머스크의 "인간 의식의 범위와 규모 키우기"와 "보다 큰 집단적 깨어남을 위한 노력"이라는 열정과 의도, 그리고 인류의 미래에 미칠 긍정적인 영향력은 연속적으로 이어

일론 머스크의 보다 나은 지속 가능성에 대한 비전은 신제품과 벤처를 창출하고 있다.

지는 프로젝트와 기업들을 만들어 냈고 세상을 계속해서 변화시키려는 새로운 기업들을 탄생시키고 발전시켰다.

예를 들어, 머스크는 2013년 8월 로스앤젤레스와 샌프란시스코 간의 "하이퍼루프Hyperloop"라는 개념을 발표했다. 이는 선형 유도 전동기 및 공기 압축기에 가압 캡슐을 탑재한 감압 튜브가 내장된 고속 운송 시스템이라는 비전이었다. 머스크의 설계는 그 어떤 장거리 운송수단보다 값싸게 여행을 즐기도록 할 것이다.

머스크의 비전 범위는 재생 에너지에서부터 인공 지능, 지속 가능한 운송 수단 그리고 궁극적으로 우주여행에 이르기까지 다양하다.

2015년 12월 머스크는 비영리 인공 지능 연구 회사인 OpenAI을 만들 것이라고 발표했다. OpenAI는 인류에게 안전하고 유익한 방식으로 인공 지능을 개발하는 것을 목표로 한다. 모든 사람들이 인공지능을 사용할 수 있게 함으로써, 머스크는 "권력을 얻거나 심지어 시민을 억압하는데 인공지능을 사용할지도 모를 정부와, 영리적 이익만을 위해 초인공지능 시스템을 소유하여 엄청난 권력을 손에 넣을 지도 모를 대기업에 대응하고 싶다."라고 말했다.

"인간 의식 범위와 규모를 확대하면서" 미래 인류에 있어 긍정적인 변화를 만들고자 하는 머스크의 열망은 전기차, 태양 에너지, 재생 가능한 로켓과 "여러 행성에서 살아가는" 인간을 향한 꿈으로 바뀌었습니다.

2016년 후반에 머스크는 전통적인 지붕을 대체하는 동시에 전기를 발생시키도록 설계된 "태양열 지붕" 생산 계획을 발표했다. 테슬라의 지붕은 전기를 만들어 내면서도 일반 지붕보다 내구성과 지속성이 우수했으며 가격도 저렴했다. 기본 계획은 다음과 같다. "일반 지붕보다 보기 좋고 더 적은 비용에 두 배나 오래가며 전기를 생성하는 지붕은 어때요?"라고 머스크가 말했다. "무엇을 더 바라겠습니까?"

머스크는 우리 종족의 생존을 보장하기 위해 2023년 초에 인류가 살 수 있도록 화성을 개척하겠다는 계획은 미래 적합성을 촉진시키기 위한 분명한 예이다.

2015년 초 머스크는 파워월Power Wall이라는 가정용 배터리를 출시하여, 큰 전력 회사에 대한 소비자 의존도를 낮추는 것을 목표로 하였다. 배터리는 태양열 패널과 태양열 집열판처럼 태양열을 저장하는 수단으로 사용된다. 머스크는 정전이 발생하면 배터리는 더욱 요긴하게 사용될 것이며 "안전과 자유 그리고 마음의 평화를 줄 것이다." 라고 말한다. 예를 들어 가장 최신 버전의 파워월 배터리는 하루 종일 평균 침실 두 개에 전력을 공급할 수 있다. "우리의 목표는 세계의 에너지 사용 방식을 근본적으로 변화시키는 것"이라고 머스크는 주장한다. "미친 소리 같겠지만 우리는 세계의 모든 에너지 기반 시설에 탄소가 전혀 필요치 않도록 바꾸고 싶다." 그는 "우리에게 필요로 한 것은 단지" 전 세계의 에너지 수요를 충족시키기 위해 20억 개의 파워월을 출시하는 것이며, 전력선이 없는 가장 가난한 지역 사회가 가장 혜택을 입을 것이라고 덧붙인다. "20억 개라니 정신나간 것 같네요."라고 머스크는 20억이라는 수치를 인정하면서 "하지만 이는 전 세계의 자동차와 트럭의 수와 비슷하다. 그리고 이 차들은 20년마다 완전히 새롭게 탈바꿈 한다"라고 말했다.

파워월의 개발을 지원하고 테슬라 자동차에 필요한 배터리를 생산하기 위해 머스크는 네바다주에 14만 평 규모의 거대 공장을 만들고 있다. 수십억 달러 규모의 시설은 물론 태양열로 가동될 것이다. 머스크는 "공장 자체가 하나의 제품"이고 "기계를 만들고 그 기계가 만드는 제품보다 문제 해결력이 더 좋은 기계를 만드는 것도 바로 기계이다… 공장은 제품 자체보다 혁신 가능성이 훨씬 뛰어나다."라고 했다.

2017년 3월 머스크는 인간 뇌, 컴퓨터 및 인공 지능 사이에 직접적인 연결 고리를 만드는 것을 목표로 한 뉴럴링크Neuralink라는 새로운 사업을 발표했다. 회사의 비전은 머스크가 "신경끈neural lace"이라고 부르는 것을 사용하여 사람들이 컴퓨터에 자신의 생각을 직접 올리거나 내려 받을 수 있도록 인간의 뇌에 이식할 수 있는 장치를 만드는 것이다.

기업가로서 머스크의 가장 큰 야망은 화성을 개척하는 것이다. 머스크는 다단계 발사체 시스템을 설계 중인데 재사용 가능한 추진 로켓이 이에 포함된다-스페이스엑스는 이미 시험에 성공하였다. '행성간 모듈interplanetary module'을 장착한 추진로켓은 보잉 747기와 맞먹을 정도로 길다. 초기 설계에는 100명까지 승객을 태울 수 있었다. 머스크는 이미 2018년이 되기 전에 최초의 무인 화성 여행을 시작하고 싶다고 말했다. 그는 2023년 화성에 도달할 첫 인간을 2022년에 보내길 희망한다.[2] 이 일의 궁극적인 목적은 현재 우리 삶의 지속성을 보장하는 것이다. 머스크는 주장한다. "우리가 영원히 지구상에 머문다면, 멸종을 피할 길이 없다! 개인적으로 우주사업을 위해 자산을 적립하는 이유는 인류가 멸종을 피하는 것을 지원하기 위해서이다. 나는 지구 밖에 있는 다른 행성으로 인간의 삶의 영역을 넓히려는 목적 외에는 다른 목적은 없다."

---

2 2020년 11월 15일 머스크의 스페이스엑스(Space X)는 유인우주선 발사에 성공한다.(역자주)

업무의 중요성과 팀워크 *Task Significance and Teamwork*

이러한 유형의 더 큰 비전과 목적은 "업무의 중요성"(SFM 2권, 「실리콘밸리의 최고 기업은 어떻게 협업하는가」, pp.59-60 참조)을 더 크게 인식하도록 한다. 업무의 중요성을 아는 것은 타인에게 영향을 주는 자신의 일과 행동이 얼마나 중요한지를 아는 것과 관련된다. 연구에 따르면 업무의 중요성에 대한 인식은 동기와 성과에 큰 영향을 미친다. 그들이 하는 일이 타인에게 엄청나게 긍정적 영향을 미칠 것을 알게 되면 사람들은 에너지와 노력의 수준을 높이고 사명감을 더욱 강하게 느낀다. 이는 자신의 이익을 뛰어넘어 타인을 위해 봉사하려는 "강력한 목적의식과 소명의식"이라고 정의된다(SFM 1권, pp. 45-47 참조). 이것은 동기 부여, 팀 협력 및 회복 탄력성에 매우 큰 영향을 미친다. 일론 머스크는 지적한다. "기업을 위해 오랜 시간을 투자하는 것은 어렵습니다. 큰 목적을 위해 오랜 시간을 투자하는 것은 쉽습니다."

지속 가능한 에너지로 전이를 가속화 하고 인류가 여러 행성에 문명을 만드는 것을 돕는 일론 머스크의 사명은 세계에서 가장 재능 있는 인물을 끌어들이고 가장 중요한 문제를 해결하기 위한 노력을 할 수 있게 하였다.

여러 도전과 문제들의 가치를 잘 정의하고 우선순위를 정하는 일론 머스크의 능력은 세상의 재능 있는 사람들이 기꺼이 그를 따르도록 만들었다. 머스크의 사업에서 업무가 가지는 높은 의미가 그의 주변에 많은 세계적 전문가들이 모이도록 하는 요인이 되었다. 그리고 그는 그렇게 모인 전문가들이 인류가 직면한 가장 야심차고 흥분되는 문제들을 해결하도록 만들었다. 이것은 그들이 현재 수행하고 있는 일들이 인류의 발전에 가장 중요한 기여를 할 수 있다는 믿음이 강한 자극이 되어준 결과이다. 머스크는 이렇게 강조했다.

> 만약 여러분이 도전을 향해 진정으로 재능 있는 사람들을 모아서 그들을 단결시키고 그들의 능력을 최대한 발휘할 수 있게 한다면, 그 회사는 위대한 업적을 이룰 것입니다.

그리고 머스크와 그의 팀이 위대한 업적을 달성한 것은 부인할 수 없다. 예를 들어, 2015년 초 파워월을 출시한 지 10일 만에 2016년 중반까지 생산예정인 배터리를 모두 팔아 8억 달러 상당의 유보가치를 인정받았다. 이는 아이폰iPhone 판매에 필적하는 몇 안 되는 제품 중 하나가 된 것이다.

테슬라는 2016년 4월, 보다 저렴한 세 가지 종류의 전기 자동차를 발표한 지 불과 1주일 만에 잠재 고객으로부터 325,000건 이상의 선주문을 받아 고객당 1,000만 달러를 계약 선금으로 받았는데 이는 그 어떤 제품과 비교할 수 없는 큰 성공이었다. 회사가 어떤 보증도 제공하지도 않았고, 특별한 광고를 하지도 않았다는 것을 고려할 때 그 성과는 더욱 놀랍다. 테슬라란 기업이 큰 성취를 할 것이라고 굳게 믿는 열성적인 현재 고객과 미래 고객 덕분에 테슬라 전기 자동차에 대한 관심은 더 자연스럽게 확산되었다. 첫 번째 모델 S를 판매한 지 5년이 채 되지 않은 지금 이 글을 쓰는 시점에서 테슬라는 미국에서 가장 가치 있는 자동차 제조업체가 되었다.

회복 탄력성과 피드백 *Resilience and Feedback*

물론 머스크의 여정이 언제나 잘 풀렸던 것은 아니었다. 사실, 그의 여정은 엄청난 회복 탄력성을 요구했다. 소위 "연쇄 사업가serial entrepreneur(새로운 기업을 연속해서 설립하는 기업가)"로서 머스크는 단순한 몽상가가 아니다. 그는 신생 기업 창업에 관련한 도전에 대해 잘 알고 있다. 그는 이렇게 주장한다.

머스크와 그의 팀은 역사상 가장 크고 가장 성공적인 판매 실적을 기록해왔다.

일론 머스크가 향한 더 높은 목표에 대한 초점은 다른 사람들이 기꺼이 감당할 수 있는 것보다 더 큰 위험을 감수할 수 있게 해주고, 회복 탄력성을 향상시키는 놀라운 능력을 개발했다.

> 회사를 설립하는 것은 매우 힘든 일입니다. 아주 고된 일이라는 것을 분명히 알아야 합니다. 꽤 괜찮은 연봉의 일자리를 구하는 것보다 어려울 것이며, 당신이 투자한 돈이나 친구가 투자한 돈을 잃을 확률은 아주 높습니다.
> 제가 말하는 것은 단지 기본적인 사실에 불과합니다. 따라서, 만약 정말 어렵고 위험한 일을 하는 것에 개의치 않는다면 회사를 시작하는 것은 좋은 생각입니다. 그렇지 않다면 창업은 현명하지 못한 일이 될 것입니다. 그건 분명히 당신에게 스트레스를 줄 것입니다. 그래서 나는 당신이 성공적인 창업을 하기 위해 많은 투지를 쏟아야 한다고 생각합니다. 그렇지 않으면, 자신을 비참하게 만드는 것 밖에 되지 않습니다.

이것은 본인의 열정과 기업가적 야망에 대한 필수적인 요소로서 '비전'과 '업무의 중요성'을 강조한다. 성공요인 모델링 1권(SFM Vol. 1, pp. 41-44 참조)에서 지적한 바와 같이, 성공적인 차세대 기업가 및 리더가 되겠다는 비전의 핵심적인 특징은 항상 자신을 초월한 방향으로 설정한다는 것이다. 즉, 자신을 초월한 더 큰 세계에서 보다 다양하고 더 많은 것을 보고 싶어하는 것이고 그것은 "사람들이 속하고 싶어 하는 세상을 창조하는 것"이다. 머스크가 조언하는 바는 다음과 같다:

일론 머스크에 따르면, 기업가들은 "실제로 당신의 이념을 믿고 이를 지속하는 것과 쓸데없는 비현실적인 꿈을 추구하는 것과 다름"을 구분할 수 있어야 한다."

머스크는 3개 회사가 동시에 붕괴되기 시작한 2008년 세계 금융 위기 이후, 놀라운 회복 탄력성을 보여주었다.

> 인간은 긍정적인 방향으로 생각하는 성향이 있기 때문에, 누군가가 매우 가치가 있다고 생각하는 것에 대해 더 엄격하게 평가할 필요가 있습니다. 이런 성향 때문에 전혀 이익이 되지 않는 허황된 꿈을 추구하는 것과 반대되는 이상적인 목표를 추구하는 것 사이의 차이에 대해 항상 기업가는 도전을 받게 됩니다.

우리의 열정과 앰비션이 비전과 미션의 경험과 강하게 연결되어 있을 때, 그것은 강력한 동기 부여를 만들어 낸다. 이것이 바로 차세대 기업가들과 의식 리더conscious leader들이 큰 위험을 감수하면서 다른 사람들이 불가능하다 여기는 일을 가능하게 하는 이유이다. 머스크가 주장하는 것처럼, "만일 무언가가 충분히 중요하다면, 그 일이 아무리 확률적으로 당신에게 불리하더라도, 당신은 그것을 해야 한다."

이처럼 강렬하고 높은 동기는 모든 프로젝트나 기업에서 반드시 생기는 어려운 시기를 극복하는 데 꼭 필요하다. 머스크는 이렇게 설명한다.

> 당신이 처음 회사를 시작하면, 모든 것들이 장밋빛으로 보이며 상황을 낙관적으로 생각하게 됩니다. 처음 6개월, 1년은 순조롭게 흘러가죠. 그러나 조금씩 잘못되는 것들이 발생하고, 실수를 하게 되며, 예상치 못한 문제들이 발생합니다. 지뢰밭에 발을 디디게 됩니다. 보통 2년에서 5년 사이는 꽤 어렵습니다. 얼마나 시간이 걸리든 무슨 일을 하든 간에 이러한 상황에 대해 준비가 되어 있어야 합니다. 그 어떤 업무도 하찮은 일은 없습니다. 나는 이러한 태도야말로 신생 기업의 CEO가 꼭 가져야 할 태도라고 생각합니다.

위기 대처 능력과 끈기로 만든 변화
혁신과 결단력

일론 머스크는 자신이 한 말에 대한 진정한 본보기이다. 3개의 큰 회사를 동시에 운영하면서, 큰 장애물을 극복했는데, 그 때 일주일에 무려 80-100시간 일한 것으로 알려져 있다.

예를 들어 2008년의 글로벌 금융 위기 직후 그는 그의 경력에서 가장 큰 도전에 직면했다. 그의 회사 3개가 동시에 무너지기 시작한 것이다. 테슬라의 첫 번째 승용차인 로드스터Roadster 준비를 마쳤고 실전에 들어가 스페이스엑스Space X의 로켓을 안전하게 우주에 보내기 위해 이베이EBay의 페이팔PayPal 인수로 얻은 자금 대부분을 두 회사에 쏟아 부었다. 위기 상황을 처리하려고 직원의 1/3을 줄이고 테슬라의 디트로이트 지점을 해산시켜야 했다. 솔라시티SolarCity 또한 비틀거리기 시작했다. 대출 계약을 맺은 은행이 계약을 철회하였다. 게다가 그의 힘겨운 이혼 절차는 대중들에게 낱낱이 공개되었다.

은행에 남아 있는 현금은 바닥을 드러내 일주일이면 없어질 정도였고, 여러 상황은 암울해 보였다. 2008년 크리스마스 이브인 일요일에 깨어나 혼자 이런 생각을 했다며 회상한다. "거, 참! 내가 신경 쇠약 증세를 보일 줄이야 누가 상상이나 했겠어.'" 그는 이어서 말했다. "처음으로 여기서 끝나는구나! 라는 생각을 했었죠. 상황이 매우 나빴거든요."

그런데 기적적이게도 2008년 12월 23일 스페이스엑스는 최소 20미터톤의 화물을 실을 우주선을 국제 우주 정거장으로 12회 이상 운항할 것을 내용으로 한 16억달러 규모의 계약을 나사NASA와 체결하게 된다. "나사에서 전화가 왔는데 우리가 16억달러 규모의 계약을 따냈다고 했어요."라고 머스크는 회상했다. "나는 전화기를 들고 있을 수조차 없었습니다. 나는 무심결에 '여러분 사랑해요!'라고 외쳤어요. 약 3개월 전, 2008년 9월 28일, 4년간의 노력 끝에 세 번의 실패를 했던 스페이스엑스의 팔콘Falcon 1 로켓으로 모형 화물을 마침내 궤도에 올려놓는데 성공했습니다. 그 시점에서 우리는 진이 다 빠져 있었죠."라고 머스크는 말한다. "우리는 사실상 자금이 바닥났었습니다. 네 번째 도전이 실패로 끝나면 돌이킬 수 없었을 것입니다. 끝이었던 것이죠" 그 이후로, 그의 화물 캡슐은 우주 정거장에 여러 차례 도킹을 성공시키고 지구로 안전하게 다시 착륙했다.

나사와의 통화 이틀 후, 크리스마스 이브에 테슬라의 투자자들은 회사에 더 많은 자금을 투자하기로 결정했다. 머스크의 꿈이 완전히 실패로 돌아가려던 찰나 3일 만에 그의 꿈은 구원받았다. 그가 먼저 무너져서 포기해버렸다면, 이렇게 회복되는 일은 당연히 없었을 것이다.

일론 머스크의 독특한 사고방식, 끈기와 결단력으로 인해 재난의 위기에서 벗어나 불가능한 것처럼 보이는 것을 해낼 수 있었다.

머스크의 주요 성공 요인 중 하나는 분명 모든 위험을 기꺼이 감수할 의지가 있다는 것인데 특히 여러 번의 실패에 맞닥뜨렸을 때가 그러하다. 인터뷰에서 "세 번째 로켓 발사로 연이은 실패를 했을 때, 이것을 접어야 할까라고 생각했나요?"라는 질문을 받았을 때 그가 한 대답은 "전혀요! 저는 포기하는 법이 없어요. 죽거나 의식불명 상태가 되지 않는 한 말이죠."였다.

머스크는 기업가들과 지도자들에게 "피드백 고리는 당신이 한 일에 대해 끊임없이 생각하고 어떻게 일을 더 잘 할 수 있는지에 대한 생각을 하는 것이다"라며 피드백 고리를 가지도록 조언했고, "가능한 한 많은 사람들로부터 많은 피드백을 받아라"라고도 한다.

이런 종류의 확고한 결단은 머스크와 견줄 만한 거대 다국적 기업의 최고 경영진에게서는 기대할 수 있는 것이다. 보통의 기업 리더들은 위험을 최소화하고 주주들의 수익을 극대화시켜야 자리가 보장된다고 믿는다. 머스크의 미션은 포기하지 않고 계속해서 시도하여 근본적으로 세상을 바꾸는 것인데, 이는 보통 기업의 CEO가 일반적으로 평균 수익보다 약간 높은 수준으로 목표를 설정하고 잠재적으로 부정적인 면은 최소화하면서 실패를 피하는 것을 목표로 하는 것과 반대된다. 머스크는 분명하게 주장한다.

> 여기서 실패는 선택지입니다. 만약 실패가 없다면, 당신은 충분한 혁신을 이루지 못할 거예요. 정말 마인드셋Mindset에 달린 문제라고 생각합니다. 당신은 결정해야 합니다. "우리는 일을 다르게 해보려고 할 것이다"라고. 그러면 더 좋아지게 되지 않을까요.
> 그들이 다르다고 해서 당신까지 일을 다르게 해야 한다는 것은 아닙니다. 그들은 다르거나 더 좋아야 할 필요가 있습니다. 하지만 나는 당신이 어느정도 결정을 지어야 한다고 생각합니다. "일반적인 상황을 넘어서서 실패를 해도 격려와 칭찬받는 환경을 만들도록 하자." "새로운 것을 시

도할 때 당신은 이런 저런 아이디어를 시도해 본다." 등등… 대부분은 효과가 없을 테지만 그래도 괜찮아야만 합니다. 만약 누군가가 아이디어를 떠올릴 때마다 그 아이디어가 성공해야 한다고 생각한다면 당신은 사람들이 어떤 생각이든 마음껏 떠올리는 것을 막게 될 것입니다.

독특한 사고방식, 끈기 그리고 결단력의 결과로 머스크는 재앙의 위기에서 벗어나 큰 발전을 이룰 수 있었다. 예를 들어, 2008년의 위기 이후 4년 만에 테슬라는 승용차 모델 S를 생산했는데, 디트로이트의 회의론자들조차도 지금까지 만들어진 자동차 중 최고라고 환호했다. 스페이스엑스SpaceX는 국제 우주 정거장에 로켓을 도킹시키고, 솔라시티Solar City는 상장이 됐다. 머스크는 총체적 재앙의 길 위에 있었지만 재앙을 벗어나 역사상 가장 대단한 기업가로 자리매김 하게 되었다.

일론 머스크는 다음과 같은 조언을 통해 자신의 사고방식의 본질을 요약한다.

일을 더 잘할 수 있도록 스스로 자문할 수 있는 방법에 대해 끊임없이 생각해보세요. 자기 점검을 엄격하게 하고 결연한 의지를 가지고 지옥에 있는 것처럼 일해야 합니다. 주당 80-100시간을 일에 투자해보세요. 이 모든 것들이 성공 확률을 높이게 됩니다.

머스크는 "스스로에게 질문을 계속하고 어떻게 하면 일을 더 잘 할 수 있는지에 대해 끊임없이 생각하라"고 말하면서 이것이 의식리더의 중요한 실천사항 중 하나임을 강조한다. 마음챙김의 셀프리더십을 통해 훈련하고, 경험으로부터 얻은 교훈을 신중히 성찰하라. "나는 피드백 루프feedback loop를 갖는 것이 매우 중요하다고 생각하는데 이는 당신이 한 일에 대해 끊임없이 돌아보고 어떻게 일을 더 잘 할 수 있는지에 대한 생각을 하는 것입니다"라고 머스크는 말한다. "당신이 가지고 있는 아이디어에 대해 최대한 많은 피드백을 받아라. … 비판적인 피드백을 찾아라. 무엇이 잘못되었는지 질문하라. 당신은 종종 무엇이 잘못되었는지 그들의 어감에서까지 끌어내 파악하고 생각해야 한다."

외부에서 피드백을 얻는 것 외에도 머스크는 정확한 자기 분석을 통해 자신에게 질문을 계속하고 자신이 가진 신념, 정신 지도 및 생각을 면밀히 살펴보는 것이 중요하다고 주장한다. 그의 이야기다:

정확한 자기 분석. 당연하지만 당신은 너무 자신과 밀접하기에 스스로를 정확히 파악하기 어렵습니다. 사람들은 충분하게 비판적인 생각을 하지 않죠. 사람들은 충분한 근거가 없음에도 쉽게 믿음을 사실로 간주하기도 합니다. 진실이라고 생각되는 것을 철저히 분석하고, 그 분석을 토대로 생각을 세워야 합니다. 유추나 관습에 따르는 것이 아니라 일체의 선입관 없이 분석하는 것이 매우 중요합니다.

감사와 관대함

머스크의 자선 활동과 박애주의 노력은 진정으로 성공적인 사람들이 가진 높은 수준의 감사함과 관대함을 보여준다.

성공 요인 모델링 1권(pp. 131-132)에서 나는 진정으로 성공한 사람들은 감사와 관대함에 대한 내적 경험을 가지고 있다고 지적했다. 그들은 그동안 성취한 것에 대해 감사하며, 동시에 그들이 가지고 있는 것을 다른 사람들과 공유한다. 즉, 성공한 사람들은 자신이 필요로 하는 것을 충분히 가지고 있으며 뭔가를 돌려주고 싶어 한다. 성공한 기업가이자 의식 리더로서 일론 머스크는 이에 대한 훌륭한 사례이다.

머스크는 동기가 넘치고 야심찰 뿐만 아니라, 엄청난 관대함까지 가지고 있다. 예를 들면 머스크는 회사의 회장으로 소아 건강과 청정에너지를 위한 자선활동을 중요하게 여긴다. 그는 또한 재생 에너지 기술을 장려하는 엑스프라이즈재단X Prize Foundations의 신탁 관리자이기도 하다. 그는 우주 재단, 국립 아카데미 항공 우주 공학회, 행성 협회, 스탠포드 엔지니어링 자문위원회의 이사회에서도 활동하고 있다. 머스크는 또한 캘리포니아 공과대학교의 이사회 멤버이기도 하다.

그는 재난 지역에 꼭 필요한 태양광 발전 시스템을 기부건설하기 위해서 2010년 그의 재단을 통해 한 프로그램을 시작했다. 최초의 태양열 발전소는 주 정부와 연방 정부의 지원을 받지 않았던 알라바마의 허리케인 대응 센터에 기부설치되었다. 상업적 이익 없이 행해졌다는 것을 분명히 하기 위해 솔라시티Solar City는 지금은 물론 앞으로도 알라바마에선 어떠한 영리사업 활동을 하지 않겠다고 발표했다. 2011년에 그는 쓰나미로 피폐해진 일본 후쿠시마 현에 있는 소마 시를 방문하여 25만 달러 상당의 태양광 발전 시설을 기부했다.

머스크는 2012년 4월(SFM Vol. I, p. 129) 더기빙플레지The Giving Pledge에 가입하여 재산의 대부분을 사회에 기부하겠다는 윤리적인 약속을 했다. 머스크는 워렌 버핏Warren Buffett과 빌 게이츠Bill Gates가 처음으로 대중화 한 기부 캠페인의 일원이 된 것이다. 더기빙플레지에는 세계에서 가장 재정적인 성공을 거둔 사람들 81명 이상이 참여하고 있는데 이들은 자신의 재산 최소

절반 이상을 기부하고 있다.[3]

결론

일론 머스크는 의식 리더십, 혁신 및 회복 탄력성이라는 성공 요소를 뒷받침으로 하는 리더십에 대한 매우 좋은 본보기이다. 전례 없는 그의 성공은 그가 직면했던 많은 어려움에도 불구하고 마인드셋mindset이 프로젝트를 만들거나 기업을 설립하고 생존을 지나 궁극적으로 번영으로 나아가는 데 있어 가장 중요한 요소라는 것을 명확하게 보여준다. 머스크의 정신 자세는 끊임없이 혁신, 끈기 있는 결단력, 그리고 지속적인 개선을 만들어낸다. 이는 충분한 재정적 성장 및 탄력성을 유지하면서 그와 그의 벤처 기업이 의미 있는 기여를 하도록 해 주었다.

일론 머스크가 가진 회복력과 생존력은 그가 마주한 많은 어려움에도 불구하고 마인드셋이 프로젝트나 기업 설립 그리고 지속적인 성공을 거두는 데에 가장 중요한 요인이라는 점을 확실히 보여준다.

머스크의 지속성과 위험에 대한 저항력은 그가 초점을 둔 더 높은 목표, 그리고 그가 하고 있는 일과 팀 및 자신의 성취 능력에 대한 자신감에 의해 주도된다.

리더로서 일론 머스크는 이 장의 앞에서 설명한 리더십의 모든 기본 기술을 분명히 보여준다.

1. 미래가 어떨지에 대해 다채롭고 강력한 비전을 표현한다.
2. 자신들이 지금 수행하고 있는 일들이 인류의 발전에 가장 중요한 기여를 할 수 있다는 믿음으로 사람들을 고무시킨다.
3. 가치 있는 도전에 맞춰 팀 구성원들을 정렬시키고 협동시키며 혁신을 지원하고 실패를 위한 공간을 두는 문화를 만듦으로써 팀의 협력을 독려한다.
4. 본보기가 되며 큰 위험을 무릅쓰고 임무를 성취하기 위해 어느 누구보다도 가장 열심히 일한다.

3 더기빙플레지에 참여하기 위해선 재산이 10억달러 우리돈으로 약 1조 1천억 이상이 있어야 하며, 기부금은 최소 5억달러 이상이어야 가입할 수 있다. 2022년 4월 기준으로 28개국에서 231명이 가입했는데, 한국인으로선 배달의 민족으로 유명한 우아한형제 김봉진의장이 2021년 550억을 기부하며 한국인 최초로 가입하였으며 카카오 이사회의 김범수 의장이 5조 기부를 밝히며 전세계 220번째이자 한국인으로 두번째로 가입을 했다. (역자주)

분명히 머스크 성공의 대부분은 지속성과 회복 탄력성에 대한 그의 능력의 결과이다. 위험을 감수하려는 인내력, "힘들더라도 버티는" 끈기와 가능성 있는 여러 재난들을 극복하기 위한 노력은 그가 초점에 둔 더 큰 목적과 신념(그가 하고 있는 일과 팀, 성취 능력에 대한 믿음)에 의해 주도된다. 또한 확실해 보이는 것은 머스크가 더 큰 목적에 중점을 두면서 자기 이익과 공익을 조화시키는 것과 함께, 지속 가능한 성장과 "미래 적합성"을 추구하는 비전과 기업들을 탄생시켰다는 점이다.

머스크의 또 다른 성공요인은 "일을 다양하고 더 나은 방법으로 처리하고자 한다."는 헌신하는 마음가짐이다. 머스크는 애쉬Ashy의 다양성 필수 법칙을 명확하게 이해하고 적용했다. 이는 현실세계의 변화에 효율적으로 적응하려면 생존과 번영을 도모하기 위한 시스템에 충분한 정도의 다양성이 필요하다는 법칙이다. 사실상, 그의 모든 활동은 지속적인 혁신이야 말로 오랫동안 지속되는 기업의 기초가 된다는 생각에 근거한다.

요약하자면, 일론 머스크의 예는 앞에서 언급한 의식 리더십이 가지고 있는 주요 특징의 강력한 원형을 제공한다.

1. 다른 주요 프로젝트와 함께 그가 일군 3개 기업의 성공은 모든 주주에게 이익이 되는 의미 있고 포괄적인 비전을 제시하고 소통할 수 있다는 것을 보여준다.
2. "인간의 의식 범위와 규모를 확대" 하고자 하는 그의 열망과 "인류의 미래에 긍정적인 변화를 가져 오려는" 비전은 더 큰 목적에 확고하게 초점을 맞추고 있다.
3. 사람들에게 지금 당장 수행하고 있는 일이 인류의 발전에 매우 중요하게 기여할 수 있다는 믿음을 전달하는 능력은 영감을 통해 영향을 미치는 업무의 중요성을 보여주는 강력한 묘사이다.
4. 경제적으로도 생존하면서 동시에 인류에 대한 기여도 할 수 있는 균형을 유지하기 위한 머스크의 "관련성 최적화(relevance optimization)" 능력은 자기 이익과 공익의 균형을 일관성 있게 추구하는 방법의 한 예이다.
5. "어떤 아이디어든 가능한 한 많은 사람들로부터 많은 피드백을 받아라"라고 한 충고는 다양한 사람, 다양한 방법으로 피드백을 구함으로써 여러 관점을 존중하고 통합할 수 있는 그의 강력한 능력을 보여준다.
6. 머스크의 높은 노동 윤리와 벤처기업의 위험 감수에 대한 단호한 의지는 (언행일치에 대한) 모범 사례이다.
7. 지속적으로 자문하며 "정확한 자기 분석"에 중점을 두겠다는 그의 의지는 진중하게 셀프리더십을 발휘하고 자신의 경험에서 얻은 교훈을 진지하게 성찰하겠다는 결심을 나타낸다.

물론, 완벽한 사람은 없기에 누구라도 완벽한 "의식 리더십"을 보여주는 것이 쉽지 않다는 것이 중요하다. 일론 머스크는 또한 부족한 점이 있었으며 소위 "맹점 영역Blind spot"도 가지고 있었다. 그가 이혼했다는 사실은 (그것도 같은 여성과 두 번) 사생활, 직업인으로서의 관계맺음 그리고 자기 관리 면에서 더 섬세한 관심과 균형이 필요하다는 것을 보여준다. 의식 리더십, 혁신 및 회복 탄력성에 대한 길은 평생의 여정이다.

일론 머스크의 사례는 의식 리더십의 핵심 특성을 보여주는 강력한 원형이다.

누구도 완벽하거나 또는 완벽하게 "의식적"일 수는 없으며, 의식 리더십, 혁신 및 회복 탄력성에 대한 길은 평생의 여정임을 명심해야 한다.

실제 이 책의 주요 목표는 우리 모두를 보다 의식 있고 창조적인 삶으로 움직이도록 돕는 많은 원칙, 도구, 실습 및 훈련을 제공하는 데 있다. 이러한 과정에서 성공요인의 다양한 수준을 다루게 될 것이다.

일론 머스크의 사례는 의식 리더십의 핵심 특성을 보여주는 강력한 원형이다.

• 성공 요인의 핵심 수준 •

Key Levels of Success Factors

SFM 시리즈 1권에서 개인과 팀, 그리고 조직이 효과적으로 성과를 만드는 것과 관련된 여러 가지 다양한 수준의 성공요인을 제시했다. 이러한 단계는 전작인 SFM 시리즈 두 권과 차세대 NLP II Next Generation NLP II, 2010에서 깊이 다루고 있다.

일론 머스크의 사례는 또한 개인, 팀 및 조직이 효과적으로 성과를 만들어 내는 것과 관련된 몇 가지의 핵심 성공 요인을 보여준다.

- **환경 요인**은 개인, 팀 또는 조직이 알아차리고 대처해야 하는 외부적인 기회나 제약조건들을 말한다. 환경 요인이란, 우리가 살고 행동하는 외부상황의 상태와 관련된 것으로 우리가 언제 어디서 행동하는지와 관련된 부분이다. 개인, 팀, 조직의 목표와 성과는 환경에 분명한 영향을 받는다. 전기 자동차를 만들고, 탄소 배출량을 줄이며, 우주에 로켓을 발사하는 것이 이러한 예라고 할 수 있다. 우리의 행동에 대한 일차적인 피드백은 우리 주변의 구체적 환경에서부터 비롯된다.

  확실히, 지속적인 성공과 미래 적합성fitness for the future은 우리가 환경에 끼치는 영향을 이해하고, 효과적이고 유연하게 그리고 생태학적으로 대응

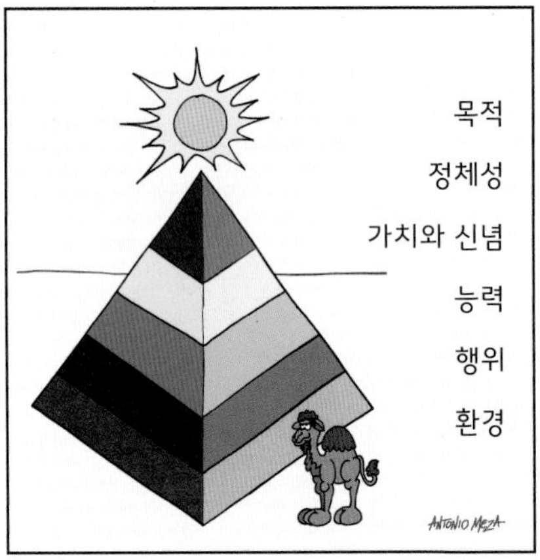

피라미드 구조와 유사하게, 성공 요인의 다양한 수준은 행동과 외부적 환경의 구체적인 양상(언제, 어디서, 무엇을 할지 등)들에 근거한다.

하는 능력, 나아가 불확실한 환경을 변화시키고자 하는 능력에 기반한다. 일론 머스크는 환경적 요소를 비즈니스 전략의 중요한 부분으로 고려하여 변화와 도전에 유연하게 대처하며 단기적으로는 물론 장기적인 관점에서도 긍정적인 영향을 최대한 끌어올리고자 하는 노력을 보여준 의식리더의 좋은 예이다.

* **행위 요인**은 환경에 효과적으로 대응하며 결과에 도달하기 위해 취해진 특정행동 단계와 관련된다. 이 단계에는 환경변화에 대응하거나 기회의 이점을 최대한 활용하기 위해 해야 할 것을 구체화하는 것이다. 리더십의 "행위적" 단계는 리더로서 해야 할 구체적인 활동과 관련이 있는데, 예를 들면 역경과 어려움에서 회복하고 목표와 성과를 추구하기 위해 기업 또는 사람들과 협업을 해야 하는 경우이다. 업무를 수행하고 사람들과 상호작용하는 것과 같은 적극적인 행위들은 조직의 목표를 달성하기 위한 기본적인 도구가 된다. 돈을 모으고, 파산 선고를 내리는 행위 등은 기업가가 성취를 했거나 하지 못한 것에 대해 구분을 해준다. 따라서 우리가 취하는 행위는 우리가 달성한 결과를 창조한다. 일론 머스크가 지적했듯이, 만약 다른 사람들이 일주일에 40시간 쏟을 것을 당신은 100시간씩 쏟는다고 가정하면 다른 사람들이 1년에 걸쳐 달성할 일을 당신은 4개월 만에 달성하게 된다. 모든 리더십은 궁극적으로 행동에서 나온다.

사다리의 궤적과 마찬가지로 우리의 능력, 신념 및 가치는 우리가 어떻게, 왜, 무엇을 해야 하는지를 더 큰 목적에 비추어 명확하게 하여, 적용하고 정렬할 수 있도록 해준다.

피라미드 구조와 유사하게, 성공 요인의 다양한 수준은 행위와 외부적 환경의 구체적인 양상들(언제, 어디서, 무엇을 할지 등)에 근거한다.

- **능력 요인**은 멘탈 지도Mental Map, 계획, 전략, 그리고 혁신, 탄력성 및 성공을 이끄는 여러 방법을 말한다. 능력은 어떤 행동을 하는 것이 가장 적절한지를 결정하고 살펴볼 수 있는 역할을 한다. 역경으로부터 회복하고, 성공을 이루는 것에 대한 중요한 질문은 얼

마나 많은 행동을 해야하는가가 아니라 얼마나 필요한 행동을 해야 하는지를 알아내는 것이다. 성공을 하는 것은 더 열심히 일하기보다 더 현명하게 일하는 것과 관련되어 있다. 일론 머스크가 보여준 대로, 우리의 마인드셋mindset은 우리의 행동을 결정한다. 능력은 구체적인 행동과 방향을 안내 할 수 있도록 하고 서로 협업할 수 있도록 하는 리더의 멘탈 전략과 관련이 있다. 단순히 지시적 행동을 한다고 해서 과업을 완료하고 목표에 도달하는 것이 보장되는 것은 아니다. 능력 단계의 기능은 특정 목표를 달성하기 위해 필요한 적절한 행동을 만들고 선택할 수 있도록 방향성을 제공하는 것이다.

능력 단계의 리더십은 본질적으로 사고 리더십thought leadership이다. 그것은 사람들의 마음과 사고방식에 영향을 미친다. 일론 머스크의 조언에 따르면 "어떻게 하면 더 잘 할 수 있을지에 대해 끊임없이 생각하고 스스로 계속 질문하는 것"은 능력 개발 수준에 이르게 한다. 머스크의 "관련성 최적화"에 대한 개념은 경제적 이익과 인류에의 공헌 사이의 균형을 유지할 수 있도록 하는 의식리더의 주요능력의 또 다른 예이다. 이것은 어떤 행동이 선택되고 실행되는지를 안내한다.

신념과 가치는 의식리더의 사고방식에서 가장 중요한 것 중 하나로, 특정 능력과 행동을 지지하거나 억제하는 동기와 강화 방안을 제공하고 있다.

- **신념 및 가치 요인**은 특정 능력을 억제하거나 지지하는 것에 대한 동기와 강화를 제공한다. 신념과 가치요인은 특정 경로가 택해진 이유와 관련되어 있기도 하고, 사람들이 하는 행동 또는 인내할 수 있도록 하는 동기와 관련되어 있다. "신념과 가치" 단계의 리더십은 소위 마인드, 즉 생각처럼 사람들의 마음에 영향을 끼친다. 게다가 행동 스킬이나 능력을 개발하기 위해 효과적인 리더는 고객, 동료, 이해관계자 그리고 파트너들의 가치와 신념을 중요하게 다룬다. 어떤 제품이나 서비스 또는 일은 개인이 가지고 있거나 그가 속한 문화의 가치체계에 얼마나 적합한지의 정도에 따라 선택될 수도 또는 거질될 수도 있다.

신념 및 가치 요인은 의식리더의 마인드셋mindset에서 가장 중요한 측면 중 하나이다. 기업가 산다나 투르카트Cindana Turkatte (SFM Vol., pp. 163-171)는 벤처 기업의 성공은 그들이 하는 일에 대한 사람들의 "헌신과 공감"에 달려 있다고 주장한다. 그녀는 언제나 이야기한다. "당신, 포기하면 안돼요." "당신은 당신이 하는 것을 믿어야 합니다. 만약 여러분이 하고 있는 것을 믿지 않는다면, 다른 일을 하세요." 앞에서 살펴본 것처럼 일론 머스크는 지금 당장 수행하고 있는 일들이 "인류의 발전에 있어서 가장 중요한 기여를 하고 있다"라는 믿음으로 사람들에게 영감을 줄 수 있었다.

- **정체성 요인**들은 사람들이 생각하는 그들의 미션, 역할, 즉 다른 사람들과 관련된 지위와 관련이 있다. 정체성 요인은 사람이나 집단이 스스로 무엇이 될지 인식할 수 있도록 기능한다. "정체성"단계는 개인, 그룹 또는 조직을 정의하는 그것만의 고유함이나 독특한 특성과 관련되어야 한다. 이는 개인, 그룹 또는 기업의 "브랜드"와 "이미지"의 근간이다.

정체성의 단계는 여러 측면에서 가치관 및 신념, 능력과 행동 단계의 통합 및 완성이라 할 수 있다. 리더로서 모범이 되는 것이 리더십 특히 의식 리더십에서 중요한 이유가 되는 것도 정체성을 보여주는 것이기 때문이다. 정체성 단계에서 우리는 "존재being"로서 살아간다. 간디Gandhi가 명확하게 설명한 것처럼, "당신은 세상에서 보고 싶은 변화가 되어야 합니다." 무언가가 정체성의 수준에 도달하면 그것은 우리의 "DNA"의 일부가 된다. "나는 포기하는 법이 없다."와 "내가 죽거나 의식불명 상태가 되지 않는 한"이라는 일론 머스크의 선언은 그의 목표 및 목적이 곧 사명과 정체성이라는 것을 보여준다. 정체성 단계의 동기는 신념과 가치보다 훨씬 심오하다.

과녁의 한복판을 맞춘 화살처럼 우리의 정체성과 목적은 우리가 누구이며, 누구를 위해, 그리고 우리 행동이 무엇을 위해 헌신적인지를 정의함으로써 우리의 행동에 대해 명확하고 설득력 있는 방향을 제시한다.

- **목적 요인**은 그들이 속한 더 큰 시스템에 기여하는 사람들의 경험에 관한 것이다. 여기엔 누구를 위해, 또는 무엇을 위해 특정한 행동 단계 또는 경로를 지나왔는지를 포함한다. 목적에 대한 우리의 인식은 우리 자신보다 큰 시스템에 속해 있다는 사실과 더 거대한 시스템의 일부라는 인식에서 비롯된 것이다. 목적은 개인, 팀 또는 조직의 정체성, 능력, 행동의 의미 그리고 전체적인 방향성을 결정한다.

목적에 대한 우리의 지각은 우리 자신보다 큰 것에 속해 있다는 사실과 더 큰 뭔가를 제공 하고자 하는 인식에서 오는 것이다.

목적은 아마도 모든 동기 중에서 가장 강력한 동기일 것이다. 그것은 바로 "업무의 중요성"이 노력과 성과에 주요한 영향을 미치는 이유이다. 사람들은 자신의 이익보다 더 큰 무언가를 위해 기꺼이 더 큰 희생과 더 큰 위험을 감수하기도 한다. 더 큰 목적에 초점을 두는 것은 의식 리더십의 가장 중요한 특징 중 하나이다. 일론 머스크가 "인간 의식의 폭과 범위를 확장" 하려는 헌신과 "인류의 미래에 긍정적인 변화를 만들고자" 하는 열망을 최우선으로 하는 것이 목적의 주요한 사례다.

• 홀론, 홀라키 및 의식 리더십 •

Holons, Holarchies and Conscious Leadership

SFM 시리즈 1권과 2권에서 이야기한 바와 같이, 우리는 부분의 전체인 "홀론holons"이며 상호 연결된 전체인 "홀라키holarch"의 부분이라는 것을 지각하는 것에서 '목적'의 의미를 이해한다. 우리 존재의 현실은, 한편으로 전체이면서 독립적인 존재이고, 또 한편으로는 우리보다 더 큰 시스템의 부분인 것이다. 아서 쾨슬러Arthur Koestler는 이 관계의 역학 관계를 설명하기 위해 홀라키라는 용어를 사용했다. 쾨슬러는 다음과 같이 설명했다.

> 살아있는 유기체 또는 사회 본체는 기본 입자나 기본 과정의 집합체가 아니다. 그것은 아주 작은 전체sub-sub wholes로 구성된 반-자율적인 하부 전체semi-autonomous sub-wholes의 통합 계층 구조다. 따라서 계층에서 모든 단계에 있는 기능 단위는, 다음과 같이 두 가지 측면으로 나타나는데, 아래쪽으로 향할 때는 전체whole로서, 위쪽을 향할 때는 부분으로parts 행동한다.

더 큰 전체 안에 하위단계에 있는 부분들을 통합하는 것은 그것보다 더 큰 단계에서는 부분 자체가 된다. 예를 들어, 물은 수소와 산소의 융합으로 나오는 독특한 물질이다. 그러나 물 자체는 오렌지 주스에서 바다에 이르기까지 다른 많은 거대한 전체의 일부가 될 수 있다. 따라서 물은 작은 부분과 다른 더 큰 전체의 부분으로 두 가지의 전부로 구성되어 있다.

우리 존재의 흥미로운 현실은 한편으로는 우리가 전체적인 존재이며 독립적인 존재인 반면에 동시에 또한 우리보다 큰 시스템의 일부이기도 하다.

「모든 것의 간략한 역사A Brief History of Everything(1996)」를 저술한 자아 초월분야의 교사이자 작가인 캔 윌버Ken Wilber는 다음과 같은 방식으로 이 관계를 설명했다.

"홀론holon"과 "홀라키holarchy"의 개념은 존재하는 모든 것이 연속적인 더 작은 유기적 통합체와 연속적으로 더 큰 유기적 통합체의 일부로 구성된다는 사실을 묘사한다.

> 아서 쾨슬러는 "홀론"이란 용어를 만들어 그 자체가 전체이고 동시에 다른 일부 전체의 일부를 지칭하는 개체로 지칭했다. 그리고 실제로 존재하는 것들과 과정들을 면밀히 살펴보기 시작한다면, 그것들이 단지 전체일 뿐만 아니라 어떤 것의 일부라는 것이 분명해진다. 그것들은 전체/부분이며, 홀론이다.
>
> 예를 들어, 전체 원자는 전체 분자의 일부이고, 전체 분자는 전체 세포의 일부이고, 전체 세포는 전체 유기체의 일부이다. 이러한 개체 각각은 전체도 아니고 일부도 아니며, 전체/일부인 홀론이다.

켄 윌버에 따르면, 각각의 새로운 전체는 그 아래에 있는 부분을 포함도 하지만 초월하고 있기도 하다. 요컨대, 홀라키에서 그러한 시스템의 낮은 단계에서 그 이상의 단계들을 표현하지 못한다면, 완전한 전체를 표현할 수 없다는 점이 중요하다. 하위 단계는 모든 상위 단계에서 필요한 구성 요소다.

그렇다면 우리 각자는 홀론이다. 우리는 전체인 분자를 구성하는 원자이며, 전체 세포를 만들어 내고, 전체 조직을 만들어 전체 신체를 구성하는 전체적인 상호 연결된 신경계를 만들어 우리 몸 전체를 이룬다. 우리는 차례차례 점진적으로 커져가는 전체의 일부이다. 가족, 전문가 집단, 행성에 살아있는 생명체들의 모든 시스템, 그리고 그것이 태양계의 일부가 되고 나아가 궁극적으로 우주 전체가 된다.

의식 리더에게 "홀론"과 "홀라키"라는 개념은 단지 흥미로운 지적 개념이 아니라, 그들의 개인적인 삶은 물론 전문가로서의 활동을 위한 원칙이다. 일론 머스크의 예시에 자세하게 묘사되었듯이, 의식 리더들은 그들 스스로를 훨씬 더 큰 덩치의 홀라키 일원으로 인식한다. 머스크의 의식과 비전의 범위는 지구 밖 행성 전체를 포함하고 있으며, 심지어 인류를 위한 계획인 여러 행성에서 살아가는 인류가 되도록 하기 위해 의식과 비전의 범위를 태양계 전체로까지 펼치고 있다.

개인은 전체이며 다른 전체(세포, 기관, 심리적 상태 등)를 구성하고 더 커다란 전체(예 : 가족, 그룹, 커뮤니티 등)의 부분이다.

따라서 우리는 의식 리더의 "의식"의 주된 척도는 사람들이 미래를 계획하고 결정을 내리고 행동을 취할 때 자신의 의식이 얼마나 더 큰 홀라키holarchy를 유지할 수 있냐는 것이다.

따라서 의식 리더가 가진 "의식"의 주된 척도는 사람들이 미래를 계획하고 결정을 내리고 행동을 취할 때 자신의 의식이 얼마나 더 큰 홀라키를 유지할 수 있느냐이다. 의식리더일수록 더 많은 사람들이 해냈다는 성취감을 느낄 수 있도록 더 큰 홀라키를 고려한다(또는 적어도 승패가 없는 결과). 그리고 당연히 홀라키의 규모가 커질수록 그것을 이해하는 사람들도 더 많아질 것이다. 이것은 분명히 의식 리더십의 주요 과제이며, 오늘날 인류의 주요 난제이기도 하다.

당신은 당신이 속해있는 홀라키의 경계선이 어디에 있다고 생각하는가? 당신의 범위와 한계를 어디에 두고 있는가? 우리 자신, 가족, 사업체, 지역, 국가, 대륙, 행성에 이르기까지 어디쯤 당신의 홀라키의 한계를 정해 두었는가?

개인은 전체이면서 다른 전체(세포, 기관, 심리적 상태 등)를 구성하는 더 커다란 전체 (예 : 가족, 그룹, 커뮤니티 등)의 부분이다.

의식의 한계 다루기

요즘 세상에서 만날 수 있는 대부분의 문제는 우리의 의식에 달려있다. 우리의 의식이 제한적일 때 홀라키 일부분의 '승리'는 다른 부분으로까지 확장하여 성취되는 것이다. 이 말은 우리는 직업적 성공을 위해, 가족 또는 개인적인 삶까지 희생시켜야 할지도 모른다는 말이고, 또는 사업의 성공을 위해 행성의 건강을 희생시킬지도 모르고, 가족과 조직에 대한 의무를 위해 우리 몸의 건강을 희생시킬지도 모르며, 한 사람의 성공을 위해 집단, 문화, 또는 국가를 희생시킬지도 모른다는 말이기도 하다.

예를 들어, 영국에 회사를 공동으로 설립한 창업자들이 있었는데 회사는 빠른 성장세를 보였고 재무적으로도 매우 성공적이었다. 그러나 회사가 설립된 후 2년 만에 7명의 창업자 중 2명은 이혼했으며 2명은 암에 걸렸고 다른 동료는 쇠약해져 버렸다. 이것은 분명 지속적이지도 번성하지도 않은 상황이었다.

나는 코칭이나 컨설팅을 수행하면서 이러한 상황이나 에피소드를 수없이 접해왔다. 홀라키 전체가 아닌 한 부분에서 성공을 성취하려는 시도는 결국 실패하게 되며 다른 사람들까지 무너뜨린다.

우리가 심장을 돌보지 않는다면, 심장 마비를 일으킬 수 있다는 것은 상식이다. 우리가 가족이나 결혼 생활을 돌보지 않으면 가족이나 결혼 생활에 어려움이 있을 수 있다. 우리가 기업을 돌보지 않는다면 붕괴되기 시작한다. 우리가 우리 지역 사회를 돌보지 않는다면, 그 지역 사회는 부패하기 시작한다. 우리가 환경을 소중히 하지 않으면 오염되고 불안정해질 수 있다.

지속적인 성공을 창출하는 것은 시스템의 모든 부분에 대한 의식과 균형에 달려있다. "세계적으로 생각하고 국소적으로 행동하라"라고 충고하는 오래된 격언이 있다. 의식 리더십의 관점에서, 소 우주와 대 우주를 모두 고려하는 것은 매우 중요하다. 나는 우리 자신을 포함한 "사람들이 살기 원하는 세상을 창조하는 것"으로써 의식 리더십이라는 목표를 표현해 왔었다. 우리 자신과 가족을 돌보는 방식은 팀 구성원, 고객 및 지역 사회에 적용되는 것과 동일한 의식과 가치를 표현하는 것이다. 나의 스승 그레고리 베이트슨Gregory Bateson(현대 시스템 이론의 핵심 인물)은 "모든 것은 그 밖에 모든 것에 대한

홀라키에 대한 우리의 의식이 제한될 때, 시스템의 한 부분에 "승리"를 불러오는 행동을 취하는데 이는 다른 부분을 희생시킨다. 이는 중대한 위기에 빠질 수 있는 불균형을 초래한다.

지속 가능한 성공의 창조는 소우주와 대우주인 시스템의 모든 부분에 대한 의식과 균형의 문제이다.

은유Everything is metaphor for everything else"라고 가르쳤다. 진정성, 책임감 및 지지는 모든 단계의 홀라키에 의식 리더십을 가져오는 것이다. 나무의 가지가 하늘을 향해 뻗어가는 것처럼 나무의 뿌리는 깊게 땅으로 내려야 한다.

일론 머스크와 같은 의식 리더에게조차도 여러 차례의 이혼과 관리하지 못한 건강처럼 더 큰 홀라키 모든 부분의 지속적인 승리를 달성한다는 것은 쉽지 않다.

의식의 범위 확대시키기

인지적 이해만으로는 조화롭고 지속적인 결정을 내리는 홀라키의 모든 차원을 유지하는 데 필요한 의식 수준을 완성하기에 충분하지 않다.

직관력과 "창조적 무의식"에 대한 접근은 의식 리더십, 혁신 및 회복 탄력성에 필수적이다.

의식의 범위 확대를 위한 의식 리더십의 중요한 기술로 간주되는 '장field(「실리콘밸리의 최고 기업은 어떻게 협업하는가」, pp. 401~406 참조)'을 조정하는 능력에서는 신체적 지능과 집단지성의 중요성을 다룬다. 인지적 이해만으로는 조화롭고 지속 가능한 결정을 내리는 홀라키의 모든 차원을 유지하는 데 필요한 의식 수준을 완성하기에는 부족하다. 이러한 인지적 이해의 한계를 넘기 위해서는 성공 요인 모델링에서 언급한 "창조적 무의식creative unconscious"을 활용할 수 있어야 한다. 창조적 무의식은 인지의 한계를 넘어 확장된 의식의 형태로, 인지적 마인드의 한계를 초월하여 우리를 더 현명하게 만들어준다.

스티브 잡스(SFM Vol. 1, pp. 252-280)는 리더의 역할을 하면서 다른 형태의 인식을 하는 것이 얼마나 중요한지 알아차렸다.

> 나는 직관적인 이해와 의식이 추상적인 생각과 지적 논리 분석보다 더 중요하다는 것을 깨닫기 시작했다. 내 생각에 직관력은 지성보다 더 강하고 매우 영향력이 있다. 직관력은 내가 하는 일에 큰 영향을 미쳤다.

사람들에게 "당신의 마음과 직관을 따라갈 수 있는 용기를 가져라"고 조언하면서, 그의 이야기처럼 젊은 시절 잡스는 의도적으로 자신의 의식 확장을 위한 도전을 했는데 LSD실험이

그중 하나다. "LSD를 해본 것은 내 인생에서 가장 중요하고 심오한 경험이었습니다."라고 이야기했다. "당신은 동전의 다른 면이 언제 닳아 없어진 건지 기억하지 못하지만 LSD를 하면 동전에는 또 다른 면이 있다는 것이 보이기 시작합니다. 그것은 무엇이 중요한 것인지에 대한 나의 감각을 강화시켰어요. 내가 할 수 있는 한 인간 의식에 대한 역사의 흐름을 되돌려 놓으려고 했고 돈을 버는 대신 물건을 만들어냈습니다."[4]

때 이른 요절과 몇몇 동료들에게서 회자되는 "공포스러운 이야기" 등을 볼 때 잡스 자신에게 분명 어떤 결점이 있었던 것 같다. 하지만 그의 개인적인 삶과 직업적인 삶의 영역을 살펴보면 의식 리더십의 많은 특징들을 보여준다. 잡스가 의식 리더십을 발휘한 많은 분야에서 엄청난 성공을 거둔 것 또한 부정할 수 없다. 그는 이렇게 이야기한다.

> 우리는 우주를 놀래키기 위해 이곳에 있습니다. 안 그러면 여기 있을 이유조차 없지 않은가요? 우리는 예술활동을 하거나 또는 시를 쓰는 것처럼 완전히 새로운 의식을 만듭니다. 이런 식으로 여러분은 생각해야 합니다. 우리는 생각에서 시작해 행동하는 것을 통해 인류의 역사를 다시 쓰고 있습니다.

> 우리는 우리의 깊은 감정을 표현하는데, 우리를 위한 모든 공헌들에 대한 감사를 보여주기 위해, 그리고 그 흐름에 무언가를 추가하는데 필요한 재능들을 사용하려고 노력합니다. 나를 이끌어내는 것은 그런 것입니다.

골다 메이어 전 이스라엘 총리는 "이제 더 이상 살아 계시지 않은 증조할머니와 아직 태어나지 않은 나의 증손녀, 적어도 이 두 사람과 먼저 상의하지 않고서는 결코 중요한 결정을 하지 않았다"고 주장했다.

잡스가 말한 "인간 의식의 역사 속으로 원위치 시키기", "인간 사고의 역사에 대해 재구성하기", 그리고

4 LSD(Lysergic acid diethylamide)는 환각제의 일종으로 무색무취의 화학제다. 서구권에서는 60년대 사회지향운동을 하던 청년층이 꽤 사용한 것으로 알려져 있다. LSD는 사용 후 환각재현작용이 심하고, 뇌에 손상을 주는 것으로 알려져 있다. 현재는 당연히 불법이다. 다만, 존스 홉킨스 대학 정신과 교수였던 스타니슬라프 그로프(Stanislav Grof) 박사 처럼 LSD의 정신의학적 용도를 연구하며 환각제를 맹목적 남용과 목표지향적 사용으로 구분하여 필요에 따라 치료목적으로는 활용해야 한다고 주장하는 학자들도 있다.(역자주)

"우리를 위한 이전의 헌신들에 대한 감사를 보여주고 그 흐름에 무언가를 추가하기"는 의식 리더십에서 중요한 부분을 차지함을 시사한다. 우리가 부분으로 있는 더 큰 홀론은 공간의 문제만이 아니다. 이는 또한 시간이라는 홀론에도 해당한다. 우리는 조상으로부터 우리를 따르는 세대까지 이어지는 유산의 일부이다. 이스라엘 최초의 여성 총리인 골다 메이어Golda Mier(1969-1974)는 시간의 홀론 관점에서 이야기한다. "이젠 더 이상 살아 계시지 않은 증조할머니와 아직 태어나지 않은 나의 증손녀, 적어도 이 두 사람과 먼저 상의하지 않고서는 결코 중요한 결정을 하지 않았습니다."

골다 메이어의 이야기는 사람들이 과거 7세대를 기억하고 향후 7세대를 고려하여 신중한 결정을 내릴 것을 권고하는 북미 원주민이었던 인디언들의 생각을 반영한 것이다. "일곱 세대의 청지기seven generation stewardship"의 원칙은 이로쿼이Iroquois의 위대한 법에서 기원 되는데, 이 법칙에 따르면 오늘 결정을 내릴 때 앞으로 7세대(약 150년 후의 미래)를 생각하는 것이 중요하다. 이는 지금의 결정이 미래의 7세대 걸쳐 살 아이들에게 도움이 될 지를 확신하기 위해서다.

의식 리더십은 여러 차원에서 의식의 범위를 확장해야 한다. 이것은 분명히 도전적이지만 우리의 진화와 회복 탄력성, 그리고 생존 능력에 있어 중요한 단계다. 위대한 과학자 알버트 아인슈타인Albert Einstein이 쓴 아래의 글은 위대한 의식에 대한 최고의 설명이다.

> **인간은 우리가 우주라 부르는 전체의 일부이며 제한된 시공간의 일부분이다. 그는 자기 자신과 생각 그리고 느낌을 다른 나머지와 분리된 것으로 경험하는데 이는 의식의 광학 망상optical delusion of consciousness의 일종이다. 이 망상은 우리에게 가장 가까운 소수의 사람들에 대한 우리의 개인적인 욕구와 애정을 제한하는 일종의 감옥이다. 우리의 임무는 모든 생명체와 자연의 아름다움을 포용하고 동정심을 넓혀 이 감옥에서 우리 자신을 해방시키는 것이어야 한다.**

우리는 어떻게 우리의 의식과 연민의 범위를 넓힐 수 있을까? 무엇이 우리를 가로막는가? 우리가 서로 분리되어 있다는 망상에 사로잡힌 우리의 의식에 의해 만들어진 감옥으로부터 어떻게 자유로워질 수 있을까? 이런 망상은 우리의 삶과 우리의 모험에 대한 결정에 어떤 영향을 미치는가?

여기 이 책의 다음 장에서 우리가 실제로 다룰 질문들 중 몇 가지가 있다.

알버트 아인슈타인은 "인간은 우리가 우주라 부르는 전체의 일부이다"라고 주장했다. 그러나 우리는 "시간과 공간이 제한되어 있기 때문에"우리는 자신과 생각과 감정을 "나머지와 분리된"것으로 경험한다. 아인슈타인에 따르면, 우리의 임무는 "모든 생명체와 자연의 모든 것을 받아들이도록 자비심의 원을 넓히는 것"이 되어야 한다고 한다.

더 큰 "홀라키" 로의 연결점 찾기 *Finding your Connection to the larger "Holarchy"*

우리가 속해 있는 더 큰 홀라키에 대한 연결을 경험하는 것은 목적의식과 집중력, 헌신하는 마음을 되찾는데 도움이 된다. 우리를 즉시 연결시키거나 우리가 우리 자신보다 더 큰 무언가의 일부임을 인식시킬 수 있는 자연적 유발 요소로서 몇가지 참고할 만한 것이 있다. 기도, 아이콘, 제사 등이 바로 그러한 예에 해당한다. 어떤 사람, 자극 또는 색다른 현상들은 우리가 더 큰 무언가의 일부라는 인식을 연결시켜주는 앵커anchor가 될 수 있다.

구글의 개발 연구소인 구글엑스Google X의 공동 창업자인 톰 치Tom Chi는 흥미로운 예를 제공한다. 구글엑스는 다음과 같은 것을 개발 연구하여 소위 혁신을 추진하는 패러다임을 개발하는 부서이다. 예를 들면,

- 구글 안경
- 자율 주행 차량

- 눈물로 포도당을 모니터링하는 콘택트 렌즈
- 전 세계에 인터넷을 제공하는 성층권 풍선

실리콘밸리 의식리더들의 마스터마인드 그룹 과정에 참여했던 치Chi는 그의 의식을 확장하고 더 큰 홀라키에 연결하는 연습 중 하나를 공유했는데 주요 내용은 그가 생활 환경에서 단순히 어떤 물체를 선택하고 "그것이 거기 있기까지 손으로 행해진 모든 노동력"에 대한 상상을 자극하는 것이다.

예를 들어, 근처에 있는 테이블에서 물 한 잔을 본다고 하자. 물을 채우는 손과 테이블 위에 유리잔을 놓는 손이 있다. 찬장에서 유리잔을 가져간 손이 있다. 찬장에 컵을 넣는 손이 있다. 찬장에 넣기 전에 유리잔을 씻는 손이 있다. 컵을 씻기 전에 물을 마시는 손, 현재 위치에 포장을 풀어 낸 손, 배달을 한 손, 배달을 위해 그것을 포장한 손, 그것을 포장업자에게 수송한 손, 그것을 만든 기계에서 꺼낸 손, 그 기계를 만든 손, 기계를 디자인한 손, 유리잔을 디자인한 손, 유리잔이 만들어진 원재료를 수확한 손, 특정 유리잔의 디자인에 영감을 준 손 등등.

톰 치는 그가 자신보다 더 큰 무언가의 일부라는 것을 즉시 상기시키는 계기 중 하나가 자신의 직장생활 초기에 앓았던 심각한 질병의 기억이라고 설명한다. 이 병의 치료로 자신의 몸에 있는 거의 모든 혈액을 대체하는 일련의 응급 수혈을 받아야 했다. 그가 회복하고 있을 때, 치는 갑자기 "다른 사람들도 대부분 나 같잖아"라는 사실을 깨달았다. 동시에 "나는 만난 적도 없는 최소 10명의 관대함 때문에 살아있다."라는 생각이 분명하게 다가왔고 그 순간 그는 누군가를 잡아주는 많

어떤 과정, 계기 또는 참고할 수 있는 과거 경험이 자동적으로 당신을 분리된 개인으로서의 정체성을 초월한 더 큰 자아의 감각으로 연결시켜 주는가?

톰 치 Tom Chi
구글엑스의 공동 창립자

만난 적도 없는 "최소 10명의 관대함 때문에 살아있다"는 톰 치의 깨달음은 그에게 다음과 같은 근본적인 질문을 하도록 자극했다. "우리가 원하는 세상을 가지려면 어떻게 생각해야 하는가? 구글의 소위 문샷Moonshots이라 불리는 토대에 대한 질문은 다음과 같다. "어떻게 10억 명의 삶을 긍정적으로 변화시킬 수 있을까?

은 사람들에게 "보이지 않는 관대함"과 같이 감사함을 실행할 것을 약속했다.

이것은 또한 그로 하여금 다음과 같은 근본적인 질문을 하도록 자극했다. "우리가 원하는 세상을 만들려면 어떻게 생각해야 하는가?" 그리고 소위 구글 문샷Moonshots의 토대라 불리는 것에 대한 질문을 했다. "어떻게 10억 명의 삶을 긍정적으로 변화시킬 수 있을까?" 이러한 질문이 그를 구글엑스를 공동 설립하도록 영감을 주었다.

요즘 톰 치는 내일의 세계를 창조할 혁신을 가속화하는 수단으로 여겨지는 "쾌속조형rapid prototyping"을 지지하고 있다.

지금 당신을 둘러싼 환경에서 바로 어떤 물건을 들고 당신 스스로 자문해보라, "그것이 여기에 있기까지 얼마나 많은 손을 거쳐 왔는가?"

• 에고와 소울 •

Ego and Soul

요약하자면, 의식 리더십에선 우리 현실의 두 가지 보완적인 측면에서 생기는 동기를 고려해야 한다. 즉, (1) 독자적이고 완전히 독립적인 존재로서의 우리와 (2) 더 큰 전체의 일부로서의 우리 존재다(예: 가족, 직업, 지역 사회 등). 우리 존재의 일부는 에고ego라 불리는 개별체로서 전체를 경험한다. 또한 우리 존재의 일부는 소울soul이라는 홀론으로서 경험한다.

"에고ego"는 분리된 자아, 개인의 정체성 및 분리된 전체라는 우리의 인식이다.

"소울soul"은 우리보다 더 큰 통합 된 홀론의 일부로서 우리의 경험에서 나온 것이다.

우리의 최고 수준의 성과와 가장 큰 만족은 우리의 에고와 소울의 동기 균형을 맞추고 조정할 때 온다. 우리는 동시다발적으로 분리된 전체 및 통합된 홀론이라는 이중현실을 포용해야 한다.

성공 요인 모델링Success Factor Modeling의 관점에서 볼 때, 에고와 소울 이 두 양상은 건강하고 성공적인 존재를 위해 필수적이다. 우리의 에고와 관련된 주요 질문은 앰비션ambition과 역할role에서 우리가 달성하고자 하는 것에 관한 것이다. "나 자신을 위해 어떤 유형의 삶을 만들고 싶은지?" 그리고 "내가 원하는 삶을 창조하기 위해서는 어떤 유형의 사람이 필요한지?", 즉 우리가 꿈을 이루며 살아가는 것과 관련된다. 소울과 관련한 주요 질문은 우리가 속한 더 큰 시스템들을 위한 비전vision 및 미션mission과 관련된 것이다. "나를 넘어선 세상에서 창조하고 싶은 것은 무엇인지?" 그리고 그 비전을 표현하기 위한 나의 독특한 공헌은 무엇인지?"

SFM 접근법에서, 에고(독자적 전체로서의 자아)와 소울(더 큰 시스템의 일부인 홀론으로서의 자아)의 이러한 특징은 다음 도표와 같이 다양한 성공 요인 레벨과 결합된다.

에고와 소울의 상호 보완적인 차원은 각각의 성공 요인에 대한 다른 관점을 불러일으키는 경향이 있다. 에고 측면은 앰비션, 역할, 권한의 크기, 전략, 그리고 환경의 잠재적 위험에 대한 적절한 반응의 중요성을 강조한다. 소울 측면은 비전, 미션, 내적 동기에 우선순위를 두고 환경적 기회를 적극적으로 활용하는 데 필요한 에너지와 감성 지능을 활성화한다.

성공 요인 모델링을 통한 연구는 개인, 팀 또는 조직이 만들어 내는 최고 수준의 성과는 에고 및 소울과 관련된 성공 요인의 수준이 균형잡히고, 조정되고, 통합될 때 만들어 진다는 것을 보여준다. 의식 리더십은 이해관계자들을 위한 가치를 창조하는 것에 국한하지 않는다. 아직 존재하지 않는 모든 "이해관계자"를 포함한 가치를 창조하고 있는 것이다.

자신의 비전, 미션, 앰비션 및 역할을 명확히 하고 조정하는 것은 이러한 균형과 통합을 달성하는 데 필수적인 요소이다. 이 네 가지 지침은 성공적인 기업가 정신의 토대이며 기업가로 불리는 사람들이 수행하는 프로젝트와 벤처기업의 기반을 형성한다.

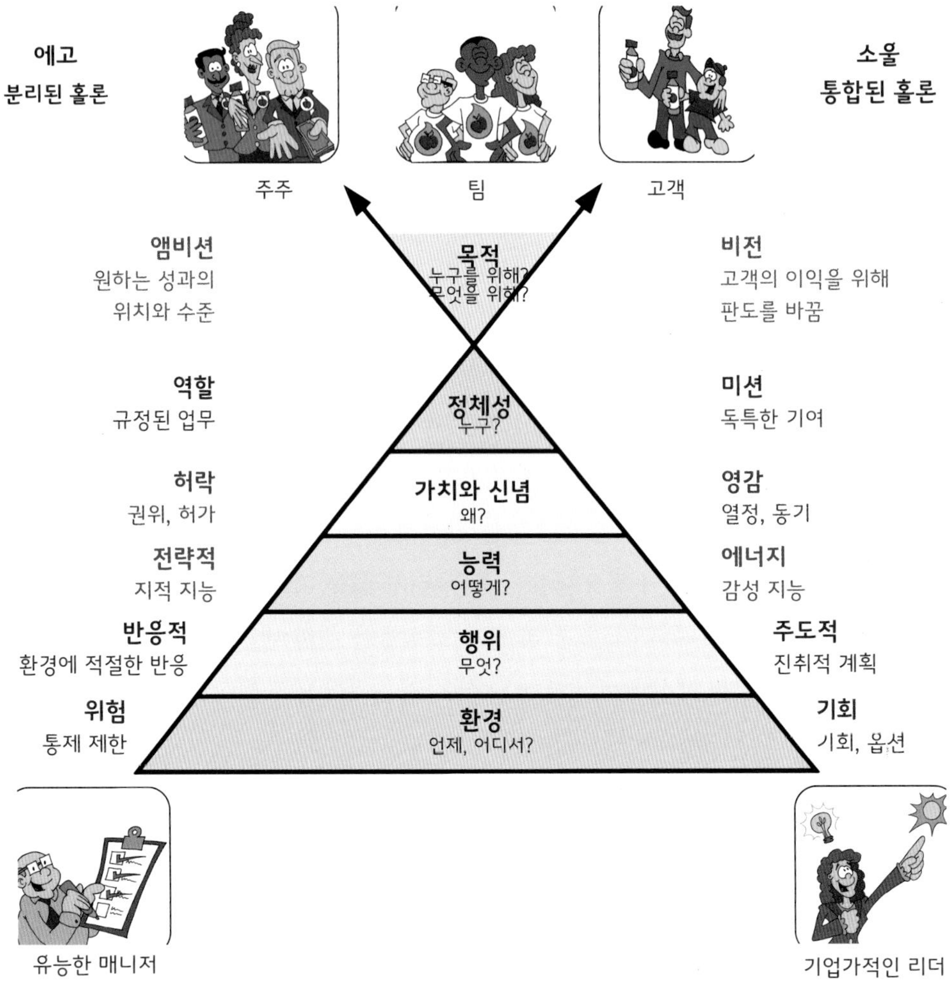

"에고"와 "소울"과 관련된 요소들의 단계

지혜 계발하기

의식 리더십을 위해서는 상술한 네 가지 지침에다 또 다른 차원인 지혜를 더해야 한다. 비전, 미션, 앰비션, 역할에 더해, "미래에 적합한" 성공적이고 지속 가능한 벤처를 만들기 위해서는 지혜로움 수준의 마인드셋mindset이 필요하다. 지혜는 지식, 경험, 이해, 상식 및 통찰력을 사용하여 사고하고 행동하는 능력으로 정의된다. 이러한 "사고방식"은 "어떤 행동을 취해야 하는지에 대한 최적의 판단"을 할 때 적용된다. 따라서, 지혜는 사람이나 집단이 더 나은 생태학적 선택과 결정을 할 수 있도록 하는 넓고 균형 잡힌 시각을 갖는 것에 관한 것이다.

지혜는 개인이나 집단이 더 나은 생태학적 선택과 결정을 할 수 있도록 하는 광범위하고 균형 잡힌 관점을 수반한다.

보다 현명한 지혜는 의식 리더십의 자연스러운 결과이다.

2013년 11월 링크드인LinkedIn 기사, 현명한 사람처럼 생각하는 법how to Think like a Wise Person의 저자이자 와튼 대학교 교수인 애덤그랜트Adam Grant(「실리콘밸리의 최고 기업은 어떻게 협업하는가」, pp. 59, 102, 336 참조)는 더 큰 지혜를 발전시키는 단계에 대해 다음과 같이 설명한다.

1. 경험에서 얻은 교훈을 신중하게 생각해 보라.
2. 세상을 흑과 백이 아닌 회색 그림자로 보라.
3. 자기 이익과 공동선의 균형을 유지하라.
4. 현재의 정체상태에 도전하라.
5. 판단 하기 보다는 이해하려고 하라.
6. 즐거움보다 목적에 중점을 두라.

이러한 단계는 의식 리더십을 특징짓는 사례와 명확하게 일치한다. 분명하게 우리는 의식리더들이 현명한 리더이고 현명한 리더들은 의식리더라고 말할 수 있다.

이어지는 장에서는 의식 리더십의 핵심 역량을 개발하는 데 도움이 되는 원칙과 모델 그리고 도구를 제공할 것이다. 특히 기업가 되기라는 맥락에서 일론 머스크Elon Musk의 말을 빌리자면 우리의 목표는 "인류의 미래에 긍정적인 변화를 주기 위해 인간 의식의 범위와 규모를 확대시키는 것"이다. 이는 우리의 현재 세계와 미래, 우리 자신을 위해 할 수 있는 것 중 가장 중요한 과업일 것이다.

제1장 요약

◇

의식 리더십은 "지속 가능한 벤처를 구축하고 자신과 팀을 중심을 잡고 평정한 상태로 안내하고, 여러 지성을 활용하고, 모든 이해관계자의 이익을 위해 더 큰 목적으로 봉사하면서 최고의 가치를 지키며 살아갈 수 있는 능력"을 수반한다.

성공 요인 모델링은 "차이를 만드는 차이"가 되는 핵심적인 성공 요인을 파악하려는 목적을 가진 방법론이다. 이는 성공하고자 하는 사람이나 조직의 기회와 영향력을 크게 확대하고 키우기 위해 탁월한 기업가, 팀 또는 조직에서 발견되는 성공요인을 분석하여 구체적인 모델, 도구 또는 기술로 세분화하여 정의 하려는 목적으로 만들어졌다. 모델링을 위해 탁월한 성과를 낸 개인, 팀, 또는 기업들이 원하는 결과를 달성하기 위해 수행한 다양한 실천과 행위 등에서 가장 핵심적이고 재현 가능한 패턴을 찾기 위해 SFM은 마인드셋mindset, 실행action, 결과outcome의 관계를 조사했다.

본서 성공 요인 모델링 제3권은 리더십, 혁신 그리고 회복 탄력성에 주목한다. 회복 탄력성은 개인, 팀 또는 조직이 어려운 상황에서 빠르게 회복하는 능력이며, 성공적인 상태이든 역경에 처한 상태이든 언제나 균형을 유지할 수 있는 능력이다. 이를 실현하려면 혁신과 리더십 모두가 필요하다.

효과적 리더십은 방향을 제시하고 에너지를 나누는, 즉 비전을 표현하고 사람들에게 동기를 부여하는 것이다. 나아가 팀의 협력을 장려하고 리더가 스스로 모범을 보이는 것을 포함한다. 훌륭한 리더는 방향을 제시하고 모범적인 역할을 하며 다른 사람들이 의미 있는 목표에 도달하도록 효과적인 협력을 하게 한다.

훌륭한 리더는 또한 벤처 기업의 "미래 적합성Fitness for the future"을 확실히 보장할 수 있어야 한다. 즉, 이는 필연적으로 발생할 수 있는 변화에 적절히 대처할 수 있어야 한다는 것이다. 다양한 선택의 기회와 자원의 범위를 확장하기 위해서 충분한 유연성과 혁신이 필요하다.

'미래 적합성'은 미래 세대의 요구를 충족시킬 수 있는 능력을 침해하지 않으면서 "현재 세대의 요구를 만족시킬 수 있는 성장을 가능하게" 하는 것이다. 이를 위해서는 창조적이고 책임 있는 자원의 활용과 경영 관리가 요구되고 경제 성장, 기술 개발 및 환경 간의 균형이 요구된다.

이 모든 것들을 함께 달성하려면 의식 리더십이 필요한데 이는 "지속 가능한 벤처 기업을 구축하고 팀을 중심으로 다중 지능을 활용하며, 모든 이해관계자의 이익에 부합하는 보다 큰 목적에 봉사하면서 최고의 가치를 위해 사는 능력이다." 의식리더는 진정성 있고 정서지능이 뛰어나고, 목적의식과 책임감이 있다.

일론 머스크는 의식 리더십의 주요 핵심 요소에 대한 좋은 예를 제공했다. 페이팔PayPal(인터넷을 이용한 결제서비스), 스페이스엑스(SpaceX; 미국의 민간 우주개발업체), 테슬라 자동차(Tesla Motors) 및 솔라시티(SolarCity; 테슬라의 자회사인 태양광업체)와 같은 미래 지향적 기업의 창업자인 머스크는 "인간 의식의 범위와 규모의 확대"를 추구함으로써 "인류의 미래에 긍정적인 변화를 추구"하는 것을 열망한다. 그의 기업을 통해 명시된 목표는 "지속 가능한 에너지로 세상의 변화를 가속화하고, 인류가 여러 행성에서 살아가게 되며, 수십만 개의 일자리를 만들어내고 모든 사람들에게 더 영감을 주는 미래"이다.

이를 실현시키기 위해 엄청난 집념과 결단력 그리고 혁신이 필요했다. 머스크는 수많은 좌절을 이겨내야 했고 세 개의 회사가 실패할 위기에서도 살아남아야 했다. 혁신과 자아성찰 능력 그리고 높은 목표를 위한 헌신 덕분에 그는 역사상 가장 위대한 기업가 중 한명으로 돌아올 수 있었다. 다른 리더들과 기업가들에게 그는 이렇게 충고한다. "당신이 어떻게 하면 더 잘할 수 있는지 생각하고 스스로에게 계속 질문하라"

일론 머스크의 사례는 성공요인 모델링에 의해 확인된 다양한 성공 요인 단계인 환경, 행동, 능력, 신념과 가치, 정체성 및 목적의 핵심 요소를 보여준다. 또한 리더가 의식 리더들을 하위 원자 입자에서 우주로 확장되는 통합된 부분으로서, 동시에 전체 시스템인 큰 홀라키에 공헌한 일원으로서 인식할 수 있는, 의식 능력이 얼마나 중요한지 잘 설명해준다.

홀라키 개념에 따르면, 우리는 전체 분자를 구성하는 전체 원자들로 전체 세포를 만들고 결합하여 전체 기관을 구성하고, 신체를 형성하는 상호 기관이 전체로 연결되는 신경계로 구성되어 있다. 우리는 점진적으로 커져가는 매우 큰 전체의 일부분으로 가족, 전문가 집단, 태양계의 일부인 행성에 살아있는 생명체들의 모든 시스템 그리고 궁극적으로 우주 전체가 이에 해당한다. 의식 리더의 "의식"을 가늠하는 가장 중요한 척도는 그들이 미래를 계획하고 결정하고 행동을 취할 때 인지할 수 있는 더 큰 홀라키의 정도이다. 더 의식적인 사람일수록, 더 큰 홀라키를 생각하여 모두가 다 이뤄내는 결과를 낼 수 있도록 고려한다.

따라서 성공 요인 모델링의 목표 중 하나는 리더와 기업가가 실질적으로 "의식의 범위와 규모"를 확장하는 데 도움을 주는 것이다. 그 출발점은 당신의 더 거대한 홀라키로의 연결점을 발견하는 것이다. 이는 어떤 과정, 계기 또는 참조된 경험이 각 개인으로서의 정체성을 넘어선 큰 자아라는 감각과 자동적으로 결합되는지를 살펴봄으로써 이루어질 수 있다. 스티브 잡스Steve Jobs(애플사의 공동 창업자), 골다 메이어Golda Meir(최초의 이스라엘 여성 총리)와 톰 치Tom Chi(구글엑스의 공동 창업자)와 같은 사람들은 이러한 연결이 어떻게 이루어지며 왜 중요한지에 대한 흥미로운 예를 제공한다.

아마도 의식 리더십, 혁신, 회복 탄력성에 관한 가장 중요한 성공 요인 중 하나는 에고(독립된 전체로서의 우리의 존재)와 소울(더 큰 전체의 일부로서의 우리의 존재)과 관련된 균형 문제이다. 개인, 팀 또는 조직의 최고 수준의 성과는 에고와 소울이 관련된 다양한 수준의 성공 요인이 균형, 조정 및 통합될 때 발생한다.

궁극적으로 미래 적합성 달성, 지속 가능한 성장, 혁신 및 회복 탄력성에는 어느 정도의 지혜가 필요하다. 지혜의 개발은 경험에서 얻어진 교훈에 근거한 것으로 세상을 흑백으로 보지 않고 회색 그늘로 보는 것, 개인의 이익과 공동선의 균형을 잡는 것, 현재에 도전하고, 판단보다는 이해하는 것, 기쁨을 목적으로 한 의식에 초점을 맞추는 것 등이 이에 해당한다.

이들 모든 문제, 능력, 성공 요인은 본서의 다음 장에서 상세히 기술된다.

Rebounding From Adversity – Developing Resilience

CHAPTER 02

역경으로부터 다시 튀어 오르다 – 회복 탄력성 기르기

모든 사람들이 이성을 잃고 너를 탓할 때 자기 자신을 믿을 수 있다면, 네 주위의 사람들이 너를 믿지 않더라도 자기 자신을 믿으며 그들의 의심까지도 받아들일 수 있다면

기다림 속에서도 기다림에 지치지 않고 거짓이 다가와도 거짓으로 대하지 않고 미움을 받더라도 미움에 굴하지 않으며 나를 내세우거나 현명한 척을 하지 않을 수 있다면

꿈은 간직하되 꿈의 노예가 되지 않을 수 있다면

생각을 계속하되 생각 자체가 목적이 되지 않을 수 있다면, 승리 또는 패배가 다가와도 이 두 장난꾼을 똑같이 대할 수 있다면

네가 말한 진실을 나쁜 사람들이 바보들을 속이는데 이용하는 것을 참을 수 있다면

네가 최선을 다해 이뤄낸 것이 산산조각 나는 것을 보고 몸을 굽혀 낡은 연장을 들어 다시 짓기 시작할 수 있다면

네가 그동안 얻은 모든 것을 한데 모아 단 한 번의 승부를 걸 수 있다면

그래서 모든 것을 잃더라도 처음으로 돌아가 다시 시작할 수 있다면 그리고 잃어버린 것에 대해 아무말 하지 않을 수 있다면

네 몸과 마음과 신경까지 지쳐있을 때에도 자신의 의무를 다하기 위해 움직일 수 있다면 겨우 "버텨"라고 말할 정도로 한 줌의 의지밖에 남아 있지 않을 때에도 꿋꿋이 버티어 나갈 수 있다면

군중과 어울려 대화 나눌 때도 자신의 선함을 지킬 수 있고 왕과 함께 걸으면서도 겸손함과 소박함을 유지할 수 있다면

사랑하는 친구나 적들로 말미암아 상처입지 않을 수 있다면 모든 사람이 너를 믿더라도 지나치지 않게 할 수 있다면

가차없이 다가오는 1분의 시간을 최선을 다하여 60초의 장거리 달리기로 채울 수 있다면

그러면 온 세상과 세상 모든 것이 다 너의 것이 될 것이다. 그리고 무엇보다 중요한 건 네가 의식리더*가 되어 있을 것이다.

러디어드 키플링Rudyard Kipling

---

* 키플링은 원래 '인간'으로 썼으나, 본서 저자인 로버트 딜츠가 '의식리더'로 바꾸었다. (역자주)

• 반등하기 위한 규율 개발하기 •

Developing the Discipline to Rebound

일론 머스크Elon Musk의 예시에서도 분명하게 보여주듯이, 역경을 예측하고 대처하는 능력은 사업가와 리더 모두에게 중요한 성공 요인이다. 머스크는 "회사를 창업하는 것은 매우 힘든 일이다… 분명 아주 힘든 일이 될 것이라는 사실을 알아야 한다"라고 경고한다. 그는 창업할 때 "실수하는 것", "예상하지 못한 문제에 직면하는 것" 그리고 "지뢰를 밟는 것"은 불가피한 일이라는 것을 주지시킨다. 그가 지적했듯이, "어떤 일이 벌어지든 대처할 수 있는 준비가 되어 있어야 한다."

성공적인 사업가와 의식 리더들은 회복 탄력성, 미래 적합성 및 지속가능성(특히 어려운 때)에 대해 높은 수준의 훈련이 필요하다는 것을 인식하고 있다. 규율은 '응급조치'나 '일회성 개입'이 아니라 지속적으로 기능하기 위한 실천과 연습이다.

피터 센게Peter Senge는 그의 혁신적인 작품인 '제5의 수련The Fifth Discipline(1990)'에서, 영속적 조직, 즉 '학습조직learning organization'이 되려면 기업의 모든 구성원들이 익혀야 할 다섯 가지 규율이 있다고 했다. 이 다섯 가지 규율은 회복 탄력성 및 미래에 지속 가능한 발전의 토대로 여겨진다.

1. 개인 숙련의 달성 및 격려
2. 멘탈 지도mental maps와 가정assumptions들에 대한 인식과 검토
3. 비전 개발 및 미래 창조
4. 팀 학습 격려
5. 시스템 사고 능력 개발

만들어진 지 약 25년이 지났지만 제5의 수련은 지금의 개인, 팀, 그리고 조직에도 유효하다. 실제 이 법칙은 SFM 제1권(pp.70-71)에서 확인된 젠기업가정신Zentrepreneurship의 "세 가지 보

석[5]"인 다르마Dharma와 붓다buddha, 상하Sangha와 비슷하다.

- 개인적 숙련을 추구하고, 멘탈 지도에 대한 인식을 높이는 것은 우리 자신에 대한 최고의 표현이며 우리를 최고의 모습으로 이끄는 것과 연관된다.("붓다Buddha")
- 비전을 개발하고, 미래를 창조하며 전체를 보고 시스템적으로 생각하는 연습은 주어진 환경에서 우리의 목적을 조화롭게 달성하고 진정성 있는 삶을 살아가는 것과 연관된다.("다르마Dharma")
- 팀 학습을 장려하는 것은 같은 방법으로 동일한 목표를 향해 노력하는 공동체, 동료, 멘토, 후원자, 협력자를 발전시키는 것과 연관된다.("상하Sangha")

이전의 성공 요인 모델링에서 몇 가지 도구, 모델 및 방법들을 제시했는데 이는 센게의 제5의 수련과도 일맥상통하며 회복 탄력성과 미래 적합성(Fitness for the Future), 그리고 지속적 성장을 더 현실적으로 달성 가능하게 해준다. 이 책에서는 계속해서 센게의 '제5의 수련'의 실제 활동에 도움이 될 기술과 도구 그리고 훈련법을 알아볼 것이며 이는 개인과 조직의 두 차원에서 미래 적합성(Fitness for the Future)과 회복 탄력성을 증진시키기 위함이다.

먼저 우리는 정서적 지능과 개인적 숙련에 대한 탐구로 이를 시작해 볼 것이다.

---

5 이는 불교에서 가장 기본이 되는 세 가지 보배를 참조한 것이다. 불교에서 말하는 세 가지 보석은 불보(佛寶; buddha), 법보(法寶; dharma), 승보(僧寶; sangha)인데, 불보는 부처님과 같은 초탈한 존재, 법보는 진리의 가르침, 그리고 승보는 이런 가르침을 따르고 삶에 적용하는 수행자들을 말한다. 보배와 같이 고귀한 이 세가지에 귀의하는 것은 불교 수행의 중요한 기초가 된다. 저자는 이러한 불교철학을 의식 리더십에 적용하고 있다.(역자주)

• 정서 지능의 중요성 •

The Importance of Emotional Intelligence

개인적인 정서 지능은 우리의 감성적 반응을 인지하고 관리하는 능력이다.

앞서 제시한 의식 리더십의 정의에 있어서, 정서 지능을 의식 리더의 핵심적인 능력 중 하나로 꼽았다.

확실히 정서 지능을 개발하는 것은 회복 탄력성, 지속가능한 성공 그리고 미래 적합성(Fitness for the Future)을 달성하기 위한 필수적인 요소이다.

정서 지능(EQ)은 전통적이고, 추상적이며 이성적인 지능(IQ)과는 구별되는 사회적 지능의 유형이다.

작가 다니엘 골만Daniel Goleman에 따르면, 정서 지능은 "자기 자신의 감정과 다른 사람들의 감정을 관찰하여 식별할 수 있는 능력이며, 감정에 대한 정보를 활용하여 본인의 사고와 행동을 이끄는 능력"으로 정의한다.

따라서 정서 지능은 자신의 감정과 타인의 감정을 인식하고, 스스로 동기부여하며, 우리 안에 있는 감정과 나아가 관계를 둘러싼 감정들을 관리하는 능력이다. 이러한 능력들은 학문적 지능이나 IQ에 의해 측정된 순수 인지 능력과는 구별되면서도 상호 보완적이다.

많은 연구들은 전통적인 지능(IQ)이 삶의 성공을 결정짓는 유일한 요소라고 이야기 해왔다. 하지만 흥미로운 어떤 연구에서 EQ(정서 지능)는 IQ나 기술적인 능력보다 뛰어난 성과를 내는 데 있어 두 배나 중요하다고 이야기한다. IQ테스트 점수와 사람들이 직장에서 얼마나 일을 잘하는지에 대한 상관관계는 약 25% 정도로 나타났고 나머지는 EQ였다.

효과적인 리더십, 팀워크와 협업의 근본이 되는 정서 지능은 대개 학습으로 키울 수 있는 역량으로 간주된다.

정서 지능을 개발하는 것은 우리가 스스로 최선을 다할 수 있도록 도와주며, 도전하고, 장애물을 극복하고 나아가 우리가 원하는 상태에 머무르는 데 집중하게 해준다.

성공 요인 모델링의 핵심 목표는 리더들의 정서 지능을 개선하는 데 도움이 되는 기술과 도구를 제공하는 것인데 이는 다음의 두 가지다. (1) 개인적 EQ - 자신의 감정과 동기를 이해하는 능력, 그리고 (2) 사회적 EQ - 타인의 감정과 의도를 이해하는 능력.

사회적 정서 지능은 타인의 감정과 의도를 이해하고 반응하는 능력을 포함한다.

정서 지능의 5가지 구성 요소

골만에 따르면, 정서 지능은 다섯 가지 기본 요소로 구성되어 있다.

내적 상황이 의식적으로 만들어지지 않을 때, 그것은 운명이라는 모습으로 나타난다.

- 칼융Carl Jung

자기 인식 Self-Awareness

- 정서적 자기 인식
- 정확한 자기 평가("메타 포지션" 기술)

지식이란 근육처럼 내재되지 않는 한 근거 없는 말일 뿐이다.

- 뉴기니 속담New Guinea proverb

자기 조절 Self-Regulation

- 자제력 및 내적 상태 관리
- 행동 유연성
- 개인 정렬(personal alignment)

자기 동기부여 Self-Motivation

- 자기 훈련
- 인내심
- 책임감

공감Empathy

- 사회적 감수성("제2포지션" 기술력 강화)
- 다양한 지각적 위치 도입

사회적 관계 기술 Social Skills

- 라포 형성
- 대인 관계 영향("조율과 이끌기"의 기술)
- 의사소통 방식에 적응하기

다음 표에서는 정서 지능의 핵심 역량 및 특성을 요약한 것으로 계속 해서 다룰 내용이다.

	정의	특성	
자기 인식	자신의 기분과 감정을 알아차리고 이해하며 그것이 다른 사람에게 끼칠 영향에 대해서도 인지하는 능력	자신감, 현실적 자기평가, 진정성	
자기 조절	파괴적인 충동 및 기분을 통제하거나 방향을 바꾸는 능력. 행동하기 전에 생각하여 판단을 보류하는 성향	신뢰성과 진실성, 모호함에의 편안한 마음, 변화에 대한 개방성	
자기 동기부여	돈이나 지위를 넘어선 일을 하는 열정, 자신의 이익과 공동의 이익을 균형 있게 유지하는 능력	훈련된, 실패에도 불구하고 낙관함, 책임감	
공감	다른 사람의 감정 구조를 이해하는 능력, 사람들의 감성적 반응에 따라 그들을 대우하는 기술	재능 구축 및 보유, 서로 다른 문화 간의 민감성	
사회적 관계 기술	공통점을 발견하고 친근한 관계를 구축, 관계를 능숙하게 관리하고, 네트워크를 구축	변화 선도에 있어서의 효율성, 설득력, 팀 구축 및 선도하는 전문지식	

이러한 구성 요소들은 흥미롭게도 「실리콘밸리의 최고 기업은 어떻게 협업하는가」(pp. 300-301)에서 인용한 구글의 연구 "집단적 IQcollective IQ"에서 잘 나타난다. 구글 연구원들은 이 연구에서, 회사에서 가장 유능하고 효과적인 팀의 구성원들은 높은 수준의 공감능력과 사회적 관계 기술을 보여준다는 사실을 밝혀냈다. 이는 사람들의 목소리 톤과 표정, 다른 비언어적 신호들로 그들이 어떤 감정을 느끼는지를 인지하는 "사회적 민감성"과 서로에 대한 상호존중의 마음에 의해 형성되는 팀 분위기인 "심리적 안전감"을 포함한다. 분명히, EQ(정서지능)는 "집단적 IQ"를 위한 기초적인 요소이다.

정서 지능은 효과적인 기업가 또는 리더들이 역경을 대처할 때, 즉 회복 탄력성을 극대화시켜야 할 때 발휘하는 주요 성공 요인 중 하나다. 앞으로 이어지는 내용에서 여러분의 감정과 동기, 타인의 감정에 대한 더 높은 수준의 정서 지능을 개발하는 데 도움을 주는 통찰력과 실습을 계속해서 제공할 것이다.

정서 지능 개발하기

일반적으로 지능은 도전이나 변화에 직면했을 때 세상과 성공적으로 소통할 수 있는 능력을 말한다.

웹스터Webster 사전에서는 지능을 "알고 이해할 수 있는 능력" 그리고 "현명한 판단력"을 가지는 것이라고 정의한다.

그렇다면 정서 지능은 사람들을 이해함으로써 하게 되는 성공적인 정서적 교감 능력, 적절한 선택을 할 수 있는 좋은 판단력을 포함한다. 효과적인 정서 지능을 개발한다는 것은 (a) 우리 자신, (b) 다른 사람들 그리고 (c) 집단 내에서 이런 역량을 적용하는 것을 말한다.

리더나 기업가로서 정서 지능을 적용하는 주요 영역은 다음과 같다.

1. 곤란한 감정 상태 다루기
2. 자원이 풍부한 감정 상태를 이끌어내거나 자극하기

감정적 반응은 일반적으로 특정한 상황이나 상호작용에 에너지를 가져오는 "매력"으로 간주된다. 그러나 감정적 반응 자체는 "긍정적" 또는 "부정적"으로 인식될 수도 있다. 긍정적인 감정은 동기부여 및 열정과 연관되어 있다. 부정적인 감정들은 문제 또는 한계와 연관되어 있다. 그러나 보통 감정 자체는 문제가 아니다. 문제는 감정에 의해 만들어진 행동이고, 다른 사람에게 한 그 행동이 미치는 영향인데 이는 그 특정한 감정이 문제로 나타날 것인지 자원으로 나타날 것인지를 결정한다.

> 그로일러Grolier 백과사전에 따르면,
> 감정은 전체 유기체에 영향을 주고 그것이 환경과 어떻게 성공적으로 상호 작용하는지에 대한 상태이다. 감정은 위험 혹은 먹을 것이나 일을 위한 경쟁과 투쟁, 배우자 찾기나 부모님을 잃는 것 등등 삶에서 일어나는 중요한 문제들에 대한 반응이다. 이러한 반응은 싸우거나, 도망치거나, 사랑에 빠지거나 도움을 요청함으로써 개인의 문제해결을 도와준다. 감정은 사람의 내면적인 변화를 의미하지만, 또한 행동의 변화를 나타내기도 하며 가장 중요하게는 그 행동이 주위에 있는 사람들이나 사건에 영향을 미친다는 것이다.

따라서 정서는 내적, 외적 징후를 모두 포함한 복합적인 상태라고 할 수 있다. 정서의 내면적인 면은 "행복", "슬픔", "화", "역겨움"처럼 주관적인 양상을 띈다. 겉으로 드러나는 감정 표현은 행동으로 나타나는데 "웃기", "찡그리기", "울기", "포옹하기", "때리기", "도망가기" 등이 있다.

"부정적" 감정을 다루는 기술

정서 지능으로 "부정적인" 감정을 다루는 방법은 (a) 부정적인 감정의 생존 가치가 있다는 것을 인정하고, (b) 부정적 감정의 긍정적인 의도를 찾아보고 이해하려고 하며 (c) 발견한 의도 및 감정적 반응과 관련된 특정한 맥락을 고려하여 대처 가능한 대안적 행동을 제공하는 것이다. 성공 요인 모델링의 관점에서 볼 때, 감정적인 반응과 연합association된 행동은 감정적 반응의 근원인 이유(신념, 가치, 의도)와 분리돼야 한다. 감정적 반응에 숨겨진 의도는 그 감정의 의미나 목적이다. 예를 들어 "공포"의 긍정적인 의도는 "보호"일지도 모른다. "화남"의 긍정적인 의도는 "행동" 또는 "경계 정하기"의 동기일지도 모른다.

일단 의도나 목적이 명확해지면, 감정 뒤에 숨겨진 의도와 연계된 적절한 행동을 취할 수 있다. 예를 들어 화가 났을 때 화를 내는 대신에 분노의 의도를 만족시키는 다른 선택을 할 수 있는데 서로의 감정에 대해 이야기하고, 산책을 하고, 프로젝트에 집중하는 것 등이 여기 해당된다. 여기에는 다음과 같은 핵심 역량의 개발이 포함된다.

1. 특정 감정 상태의 존재를 인식하기(측정)
2. 판단 없이 상태의 존재를 인정하기
3. "차분한" 환경에서 감정적 상태를 유지하기(이를 위한 공간 만들기)
4. 정서 상태와 그 기능을 이해하기(긍정적 의도)
5. 또 다른 보완적인 감정이나 상태와 연계된 감정들을 찾아내기
6. 긍정적 의도와 관련하여 더 조화롭고 생산적인 상태를 표현할 수 있도록 감정을 변화 또는 개선하기
7. 더 큰 시스템에 기여하는 부분으로써 감정 상태를 통합하기

자기 인식

자기 규제

이번 장에서는 역경으로부터 회복하고 미래 적합성(Fitness for the Future)을 준비하기 위해 자신과 다른 사람들의 역량을 개발하고 적용하는 방법에 대해 살펴볼 것이다.

• 머리, 가슴, 그리고 직감을 조정하기 •

Coordinating Head, Heart and Gut

정서 지능은 우리가 인지하는 능력 이상을 활용한다. 그리고 신체적 지식과 정보에 접근하는 것까지 포함하는 지능이다. 우리는 배에 있는 두뇌를 활용해야 하고, 머리의 두뇌를 심장과 연결해야 한다. 일반적으로 학교에선 이러한 다른 두뇌들을 어떻게 사용하는지 가르쳐 주지 않지만, 이런 두뇌의 활용은 정서 지능의 기반이다.

배 속의 뇌

예를 들어 우리의 장내 신경계는 약 5억 개의 신경 세포로 이루어져 있는데 이는 인간의 척추에 있는 1억 개 뉴런의 5배, 그리고 고양이의 전체 신경계의 약 2/3 정도이다. 사실, 장내 신경계는 신체에서 종종 "제2의 두뇌"라고 불린다.

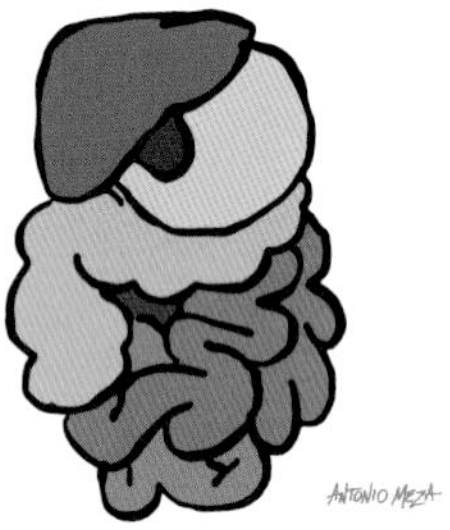

고양이의 뇌만큼이나 많은 뉴런을 가진 장내 신경계는 인체의 '제2의 뇌'로 여겨진다.

생물학자들은 포유류가 진화함에 따라, 배까지 이어지는 긴 줄을 가진 신생아의 머리 안에 장 신경계가 자리잡기 엔 너무 위험해서 지금의 배 속에 자리잡았다고 믿는다. 인간은 태어나는 순간부터 음식을 먹고 소화해야 한다. 그러므로 진화 과정에서 장내 신경계를 독립 회로로 보존한 것으로 보인다. 장내 신경계는 중추 신경계에 느슨하게 연결되어 있으며 뇌에 의해 통제되지 않고 홀로 대부분의 기능을 할 수 있다.

우리 머릿속에 있는 뇌처럼, "배 속의 뇌"는 우리 머릿속의 뇌 세포와 같은 신경전달물질을 사용하여 자극을 전달하고, 경험을 기록하며, 감정에 반응한다. 장내 신경계는 식도, 위장, 소장, 결장 등에 늘어선 조직들의 선상에 자리잡고 있고, 단일 독립체로 간주되는데 뉴런과 신경

전달물질 그리고 단백질을 전달하고 복잡한 회로를 형성하고 독립적으로 행동하고 학습할 수 있는 "직감gut feeling"을 선물한다.

예를 들어, 우리가 위험한 상황에 맞닥뜨리면 중추 신경계는 이에 맞서 싸우거나 달아나도록 몸을 준비시키는 스트레스 호르몬을 방출하는데, 이때 장내 신경계는 화학물질의 자극을 받는 많은 감각 신경을 포함하고 있어 우리가 '울렁거림'을 경험하도록 만든다. 이와 같이 배 속의 뇌는 일반적으로 직감을 사용하는 판단과 관련이 있다.

마음속의 뇌

배 속의 뇌에 더해, 심장은 기계적인 펌프 그 이상의 역할을 한다는 연구 결과가 나오고 있다. 신경계 영역에 관한 연구의 발전은 실질적으로 심장이 극도로 복잡하고 신경계 시스템과 호르몬 시스템 그리고 다른 경로를 통해 두뇌와 소통하고 영향을 주며 자신만의 기능적 "뇌"로 스스로 조직화된 정보를 처리 한다는 것을 증명했다. 심장시스템은 우리의 내적 상태에는 물론, 궁극적으로 삶의 질에 크게 영향을 미쳐 뇌의 기능과 신체 기관의 주요 장기 대부분에 깊은 영향을 끼친다.

장내 신경계와 비슷하게, 심장의 정교한 회로는 두개골에 있는 두뇌와 독립적으로 행동할 수 있게 되는데 배우고, 기억하고, 느끼고, 감지하는 것도 이에 해당한다. 심장 신경계는 감각 신경이라고 불리는 약 4만개의 뉴런을 갖고 있는데 이것은 신경 호르몬과 신경 화학 물질, 심장 박동수와 압력을 감지할 수 있다.

다양한 그룹, 특히 캘리포니아 볼더 크릭Boulder Creek에 있는 저명한 하트매스HeartMath 연구소에서는 '마음속의 두뇌'지능에 다가가려는 연구를 해오고 있다. 이 연구소의 연구진은 "심장은 신체에서 율동적인 정보 패턴을 구사하는 가장 강력한 발전기이다"라고 주장하며 "수많은 신체 교감 시스템에서 중요한 마디점으로써 심장은 신체와 마

심장에도 뇌가 있어 몸, 마음, 감정, 정신을 연결하는 소통망을 만든다.

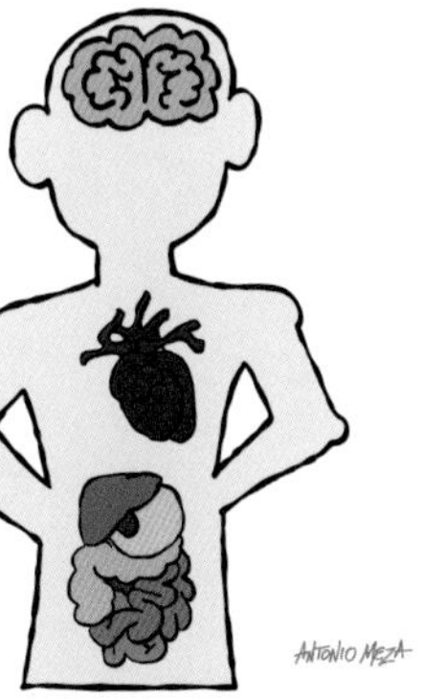

의식 리더는 머리, 마음, 장(직감)을 정렬하여 결정을 내리고 다른 사람들에게 영감을 준다.

음, 감정 그리고 정신을 연결하는 소통 네트워크로의 강력한 진입점이라는 독특한 위치를 정하고 있다."라고 한다.

사람들이 개인적으로 심장을 열정과 연결하여 이야기하는 것은 놀랄 일이 아니다.

분명히 의식리더들은 그들의 머리와 인지 지능을 사용해야 하지만, 그것만으로 충분하지 않다. 의식 리더십은 "두뇌와 스프레드시트" 이상의 것을 필요로 한다. 의식리더들은 분명 다른 사람에게 영감을 주고 결정을 내리기 위해 머리, 심장, 내장을 위시한 신체의 전체 신경 시스템인 홀라키를 사용하는 "마음과 직감heart and gut"의 정서 지능 리더들이기도 하다.

세 개의 뇌를 함께 사용하는 것을 배우는 것은 "내면 게임Inner Game"과 정서 지능을 통달함에 있어 꼭 필요한 일이다.

• 회복 탄력성과 “내면 게임” •

Resilience and the “Inner Game”

모든 인간의 노력에는 두 개의 영역이 관여되는데 이는 외적인 것과 내적인 것이다. 외부 게임outer game은 바깥 영역에서 작용하며 목적에 도달하기 위해 외부 장애물을 극복하는 것이다. 내면 게임inner game은 선수의 마음속에서 일어나며, 두려움, 자기 의심, 약해지는 집중 그리고 제한된 개념이나 가정 등의 장애물에 대항하는 것이다. 내면 게임은 개인이나 팀의 잠재력을 충분히 발휘하지 못하도록 하는 스스로 만든 장애물들을 극복하는 것이다.

티모시 겔웨이Timothy Gallwey

티모시 겔웨이
‘내면 게임 inner game’의 저자

의식 리더십을 위한 회복 탄력성과 미래 적합성(Fitness for the Future)의 핵심은 “내면 게임inner game”을 완전히 습득하는 것이다. 내면 게임은 우리 내면의 자원을 동원하고 자신이 스스로 만든 장애물을 극복하며 자신의 가치와 목적에 충실하는 일이다. 모든 성공한 운동선수, 리더와 배우들은 외부 게임에서 이기기 위해서는 먼저 내면 게임에서 성공해야 한다는 것을 알고 있다. 정서 지능은 내면 게임을 숙달시키는 핵심 요소이다.

한번씩 경험이 있겠지만 외적인 목표를 달성하려고 할 때 내적인 문제를 만나면, 외적인 목표를 달성하는 것이 매우 어렵다. 만약 우리가 내적인 자원을 가지고 있을 때 외부 장애물을 만난다면, 우리는 장애물에 도전하고 이겨내기 위해 최선을 다할 것이다(일론 머스크가 그랬던 것처럼).

내부 장애물이 외부 자원을 만난다면, 그것은 “행운”이고 도움이 된다고 느낄 것이다. 하지만, 내적 장애물이 있는 상태에서 외부 장애물에 마주치게 된다면 문제를 해결하지 못할 가능성이 크다.

다시 말하자면 이렇다.

- 외부 장애물이 내부 장애물을 만나는 경우, 그 결과는 풀지 못한 문제이다.
- 외부 장애물이 내부 자원을 만나면 그 결과는 달성 가능한 도전 과제이다.
- 내부 장애물이 외부 자원을 만나면 그 결과는 행운이다.
- 내부 자원들이 외부 자원들을 만나면, 그 결과는 마법이다!

"내면 게임"을 숙달하는 법을 배우는 것은 자기 단련을 위한 기반을 다지는 것인데, 이는 어떠한 환경에서든 성공적인 성과를 가져오는 근간이 된다. 어떤 활동을 하든 "외부 게임"의 활동은 행동적인 측면 및 환경적인 측면과 관련이 있다. 스포츠에서, 행동적 측면은 신체훈련이 수반됨을 말하며 환경적 측면은 시합을 할 때 장비를 사용하는 것과 관련된다(테니스라켓, 스키, 공, 배트, 글러브 등). 비즈니스 측면에서 이야기하자면 외부 게임은 중요 업무를 수행하고, 시장에서 효과적인 경쟁을 할 수 있도록 도구를 사용하고 절차를 통합하는 것 등과 관련이 있다.

보다 효과적인 외부 게임을 위해 리더들과 기업가들은 반드시 '내면 게임'을 숙달하는 법을 배워야 한다.

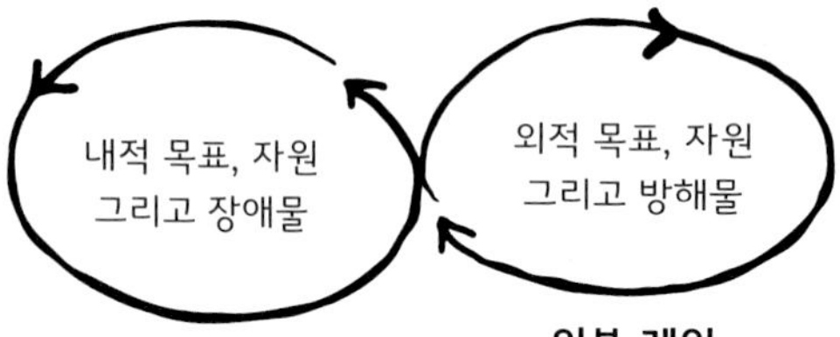

우리의 내면 게임의 상태는 우리가 외부 게임을 얼마나 효과적으로 처리하는지를 결정한다.

내면 게임을 한다는 것은 우리가 하는 일에 정신적이고 정서적인 접근을 한다는 말이다. 내면 게임은 자신의 태도, 자신과 팀에 대한 믿음, 잘 집중하는 능력, 실수와 압박을 다루는 능력 등을 포함한다. 티모시 겔웨이Timothy Gallway가 발전시킨 "내면 게임"이라는 개념은 다양한 스포츠(테니스, 골프, 스키 등), 음악, 그리고 비즈니스와 경영관리 훈련 분야에서 기량을 훌륭하게 발휘할 수 있도록 돕는 방법이다. 어느 분야에서나 성공하기 위해서는 우리의 몸뿐만 아니라 마음과 감정도 잘 활용하여야 한다.

내면 게임의 본질은 정신적 그리고 정서적으로 스스로를 준비시키는 것이다. 내면 게임의 본질은 어려운 상황에 직면했을 때 최선의 행동을 유지할 수 있는 능력이다. 역경이나 위기의 시기에, "우리는 탁월한 내면의 영역inner zone"을 찾아, 우리의 더 큰 목적과 내부 자원을 연결하여 재충전함으로써 직면하고 있는 도전과 장애물을 이겨낸다. 그러나 그게 아니라면 도전과 장애물에 굴복하거나 포기해버리게 된다.

외부게임

분명 일론 머스크가 경고했듯이, 불확실성에 대한 공포(내일은 무슨 일이 일어날까?), 상실감(직업, 팀 구성원, 집 등) 그리고 총체적 무력감(열악한 상황에서 어떻게 성공할 수 있는가?)과 같은 많은 도전들이 우리의 모험 앞에 나타날 것이다. 이것들은 우리에게 공격성, 도피 혹은 경직처럼 불필요한 생존전략에 빠지게 할 수 있다.

하지만 우리가 '탁월한 내면의 영역'의 기반을 착실히 다진다면, 애쓰지 않아도 놀라운 몰입flow을 만들어내는, '무아지경의 상태playing in the zone'가 지속된다. 여러분이 '무아지경'의 상태에서 있다는 일부 지표는 다음과 같다.

내면게임

- '겸손한 권위humble authority'의 느낌; 불안이나 자기 의심이 없는 확신, 자만심이 없는 자신감
- 아름답고 훌륭하게 수행할 수 있는 집중력
- 긴장 없는 이완된 신체 상태와 여유있는 마음에 집중하는 것
- 애쓰지 않고, 집착하지 않아도 나올 수 있는 성과

이 상태의 반대인 불안감, 자신감 부족, 낮은 에너지, 공포, 스트레스, 정신적 · 정서적 마비는 많은 어려움과 실패의 원인이 된다. 다시 말해, 사람들 자신이 한계를 설정하는 것은 성과를 제한하게 되고, 이는 곧 다양한 모험을 하지 못하게 만드는 원인이 되는 것이다.

당신의 내면 게임을 숙달시키는 기술

당신의 내면게임을 마스터하는 것과 회복 탄력성을 높이는 것은 자기관리 기술 개발에서 가장 중요하다.

정서지능이 높은 기업가들과 리더들은 그들이 내면의 '탁월함의 영역zone of excellence'에 있는지 그리고 언제 그 상태에서 벗어나는지 알고 있다. 또한 그 상태로 돌아가기 위해 무엇을 해야 하는지 알고 있다. 이렇게 되기 위해선 연습이 필요하다.

신체적인 연습은 외부 게임의 기술을 향상시키며 "근육 기억"을 키우기 때문에 수행하는 동안 의식하지 않아도 실력을 발휘할 수 있도록 만든다. 이런 신체 능력 개발과 비슷하게 정신능력 개발을 위한 훈련이 있는데 이는 내면 게임을 향상시키는데 도움이 된다. 이러한 내면 게임의 대표적인 기술은 다음과 같다.

자기 인식

- 자기 인식Self Awareness – 내면의 상태와 마음의 태도에 영향을 미치고 보완해주는 인지적, 신체적 주요 요소들에 대한 알아차림을 키운다.
- 자기 교정Self Calibration – 최상의 가치와 관련된 핵심 요소의 현재 상태를 평가한다.
- 자기 조정Self Adjustment – 핵심 요소를 조정하여 보다 적절하거나 좋은 표현을 만들고, 이런 조정이 만드는 새로운 선택지를 알아본다.
- 자기 앵커링Self-Anchoring – 마인드셋이나 내적 상태를 확고히 하고 최적화시키며 기억하는 것을 돕도록 단서와 계기를 찾는다.

자기 규제

최상의 마음상태를 유지하며 자신의 탁월성을 펼쳐 나가는 과정은 대체로 다음과 같다.

1. 최근에 있었던 문제 또는 "내면의 탁월성 영역"에 연결되지 않은 상황을 초래한 감정적 상태 또는 문제가 있다고 생각되는 마음 상태를 한번 떠올려 본다. 이때 깊은 숙고와 함께 몸의 상태까지 의식해 본다.
2. 현재 상태를 최적의 상태로 하여 이를 기준으로 측정한다. 이를 통해 자신의 사고방식에 영향을 미치는 주요 요인을 파악할 수 있는데 이는, 즉 '차이를 만드는 차이'라고 할 수 있다.
3. 더 적절하거나 보다 효과적인 수준으로 도달하기 위해 진행 중인 주요 요인의 강도나 활동의 정도를 조정한다. 이러한 조정을 통해 다른 선택을 하는 것이 문제 상태와 관련된 감정, 행동 및 상황에 어떤 영향을 주는지 알아본다. 여기서 최고 수준이 최적의 수준이 아니라는 것을 기억하는 것이 중요하다.
4. 특히 변화나 도전적인 상황에서 최적의 상태를 유지하기 위한 주요 요인들의 강도 또는 활동의 수준을 정한다.

자신의 내면 상태에 대한 자기교정과 자기조정을 배우는 것은 숙련에 필요한 중요한 기술이다.

자원이 되는 앵커들을 창조하기

내면 게임을 마스터하고, 회복 탄력성을 증가시키며 "탁월성의 영역"에 머물기 위해 중요한 기술은 자원 앵커를 만드는 것이다.

자원앵커는 내적 자원과 당신이 다시 연결되고 동시에 그것을 다시 떠올릴 수 있도록 도와주는 어떤 대상, 이미지 또는 그와 유사한 것들을 말한다.

앵커링Anchoring은 몇 개의 환경적 단서나 계기를 특정 내면 반응에 연결 짓는 과정을 말한다. 앵커링은 파블로프Pavlov가 사용한 "조건화conditioning" 과정과 비슷한데, 개들에게 들려주는 종소리와 그에 반응해서 나오는 침의 상관관계를 만드는 것과 유사한 방법이다. 개에게 먹이를 주는 행동과 연결 지어 파블로프는 그의 개들에게 종소리를 들려주었고, 나중에는 개들이 먹이가 없었음에도 불구하고 종소리에 침을 흘리게 된다는 사실을 발견했다.

우리는 앵커링 절차를 사용하여 내부 자원을 떠올리며 접근할 수 있다. 예를 들어, 특정 물체는 마음속에 긍정적인 앵커가 될 수도 있다. 옷은 자신감을 느끼게 해주는 앵커가 될 수도 있고, 음악 작품은 흥분이나 결심의 앵커가 될 수도 있다. 외적 대상 또는 자극과 마음이 연결되는 것은 자동적으로도 만들어지는 것으로 자연스러운 것이다. 또한 우리는 외부의 자극이나 환경에 의식적으로 우리의 마음을 긍정적인 상태로 연결할 수 있고 강화시킬 수 있으며 필요할 때 재점화할 수도 있다. 이러한 방법으로, 앵커는 당신의 내면 게임을 마스터하는 도구가 된다.

앵커링은 목표와 내적인 자원을 상기시키기 위한 단서나 계기를 만드는 과정이다. 우리는 긍정적인 변화를 만들고 필요한 것을 얻기 위한 모든 자원을 가지고 있다. 하지만 우리는 종종 자원이 가장 필요한 순간에 자신이 그러한 자원들을 이미 가지고 있다는 것을 잊어버린다. 때때로 우리에겐 자원에 연결하기 위한 계기나 '앵커'가 필요하다. 앵커링은 목적, 창의력, 학습, 집중 및 다른 중요한 내부 자원과 관련된 상태를 정립하고 재활성화하는 데 도움이 되는 아주 유용한 도구가 될 수 있다.

자원 앵커를 만들기 위한 위한 기본 단계는 다음과 같다.

1. 자원이 풍부한 경험 중에서 강렬했던 순간을 기억하라. 당신이 본 것, 들은 것 그리고 느낀 것을 가능한 최대한 생생하게 느껴보라.
2. 기억을 하는 데 도움이 될 수 있는 유발 요인, 즉 앵커를 찾고 그 경험에 재연결시켜보라.(물건, 사진, 옷들, 키워드, 몸짓 등)

3. 그 경험 속으로 들어가라. 당신이 경험에서 보이는 것을 보고, 들리는 것을 듣고, 할 수 있는 한 생생하게 느껴보라. 단서나 계기에 잠시 주의를 보내고 당신의 앵커와 기억하는 경험을 연결시켜라.
4. 정신을 맑게 하고 잠시 당신의 상태를 바꾸라. 주의를 다른 곳으로 돌리는 무엇인가를 하라.
5. 자신의 앵커에 집중하라. 동시에 스스로 자원이 풍부해짐을 느껴야 한다. 그렇지 않을 경우, 연결이 자동으로 이루어질 때까지 3단계와 4단계를 몇 번 더 반복하라.

필자가 운영하는 의식리더 마스터마인드 그룹 Conscious Leaders Mastermind Group모임에서(SFM 2권, 「실리콘밸리의 최고 기업은 어떻게 협업하는가」 참조), 우리는 "앵커를 가장 많이 가지고 있는 사람이 이긴다."라고 농담을 하곤 한다. 이 경우 '이긴다'라는 말은 다른 사람을 패배시킨다는 말이 아니라 최상의 마음상태를 지속시키고 어떤 일이 일어나도 탁월함의 무아지경을 지속시킬 수 있는 상태를 의미한다. 많은 앵커 자원을 보유하는 것은 어떤 상황에서도 최상의 상태를 유지할 수 있음을 보장할 수 있다.

전 미국 대통령이었던 버락 오바마는 자신의 최상의 목적을 상기시키기 위한 자원 앵커들을 가지고 다닌다.

이의 좋은 예가 있는데, 2016년 1월 16일 인터뷰에서 버락 오바마 전 미국대통령은 사무실을 운영하기 시작한 때부터 영감을 위해서 사람들에게 선물 받은 기념품을 가지고 다닌다고 밝혔다. 오바마 전 대통령은 기념품이 잘 풀리지 않는 날도 이겨낼 수 있게 도와준다고 했는데, 기념품이 "사람들에게 영향을 줄 문제들을 풀기 위해 일할 수 있다는 특권을 누군가 나에게 주었다"는 사실을 상기시켜주기 때문이라고 이야기했다. 이는 그를 더 높은 목적으로 연결시켜주었고, "다시 일하러 갈 수 있는" 에너지와 동기를 만들어 주었다.

오바마는 이러한 앵커들이 어려운 상황에 봉착할 때 마다 자신에게 "삶의 여정에서 만난 사람들과 그들이 자신에게 한 이야기"를 상기시켜준다고 이야기 한다.

이야기한 기념품을 보여 달라는 요청에 오바마는 그의 오른쪽 바지 주머니에서 흥미로운 물건들을 꺼냈는

데 교황 프란시스Francis의 묵주, 작은 부처상, 2007년 아이오와 주에서 만난 팔자 콧수염을 가진 대머리 오토바이 운전자가 준 메탈 포커 칩, 에티오피아의 콥틱Coptic 십자가 그리고 힌두교의 신 하누만Hanuman 조각상 등이 나왔다. 오바마 대통령은 피곤하거나 좌절감을 느낄 때 주머니에 손을 뻗는 것이 이를 극복하는데 도움이 될 수 있었다고 주장했다. 오바마 대통령은 함께 동행하기에 너무 많은 멘토들이 있어서, "여기까지의 여정에서 내가 만난 모든 사람들과 그들이 나에게 들려준 이야기들을 떠올리려고 몇 가지를 고르죠"라고 말했다.

오바마처럼, 나 또한 끊임없이 사용하는 많은 앵커자원이 있다. 어떤 것은 의미 있는 멘토들이고 다른 것은 내가 그린 멘토들의 초상화, 사진, 엽서, 상장 등이다. 내가 가장 좋아하는 것 중 하나는 태양열로 움직이는 알버트 아인슈타인의 피규어다. 태양 전지에 빛이 들어오면 오른쪽 팔이 그의 머리 오른쪽을 가리킨다. 이것은 나에게 논리적인 "좌뇌"와 더불어 상상력이 풍부한 "우뇌"의 중요성을 일깨워 준다.

에너지 관리하기

당신의 에너지를 관리하는 것과 당신의 내적 에너지 수준을 어떻게 회복하고 재설정하는지를 아는 것은 기업가 또는 리더로서 가져야 하는 또다른 중요한 내면 게임 능력이다.

자신의 "에너지 촉매제"를 정의하고 활용하는 것은 필요할 때 언제나 좋은 에너지 수준을 회복하고 만들어낼 수 있도록 하는 데 도움될 것이다.

내면의 에너지를 효과적으로 활용하는 소위 '탁월한 내적 무아지경의 상태'를 유지하는 데 도움이 되는 풍부한 앵커 자원 만들기, 자기 숙련 그리고 성공적인 내면 게임을 위해선 많은 연습이 필요하다. 몇 년 전에 나는 세계적인 기술을 가진 어느 유명한 회사의 고위 간부들을 위한 리더십 개발 프로젝트를 추진하고 있었다. 이 그룹은 전세계에서 가장 수익성이 높은 조직이었다. 우리가 효과적인 리더십에서 '차이를 만드는 차이'라는 것을 탐구한 것처럼, 이 조직을 담당하는 사람은 비전과 방향을 제시하는 것 외에도, 리더십의 본질은 상호 작용에 능동적인 에너지를 불어넣는 과정이라고 이야기했다. 그의 팀이나 특정 모임에서 또는 그의 전체 조직에서 리더로서 그가 해야 하는 일은 긍정적이고 주도적인 에너지를 가져다 주는 역할이었다. 그렇게 하기 위해서는 당연히 발생할 수 있는 에너지의 불안정이나 붕괴, 혼란을 다룰 필요가 있었다.

그가 계속해서 연습했던 것 중에 하나는, 매일 아침 출근하기 전에 자신의 몸에 집중하며 내면의 에너지가 어느 정도인지 느끼는 것과 하루 일과가 끝나고 난 후 같은 양의 에너지를 가지고 가족이 있는 집으로 돌아오겠다는 약속을 하는 것이었다.

이를 위해 그는 하루 종일 그의 에너지 수준을 조화롭게 유지해야 했다. 만약 에너지가 떨어진다면 그는 에너지를 증가시켰고, 에너지가 불안해지면 그는 에너지가 편안해지는 전략을 세웠다. 또 만약 에너지가 막힌다면 그는 막히게 하는 에너지를 차단하거나 '재설정'하는 등 자신만의 방법을 활용하였다. 우리는 이를 '에너지 촉매energy catalysts'라고 부른다.

예를 들어 나쁜 기분이나 부정적인 에너지를 다루는 방법 중 하나는 노래를 부르는 것이었다.(그는 재능이 있는 타고난 가수는 아니었다.) 그는 특히 새로운 계약을 위한 중요한 미팅에 참석하러 갈 때는 택시 안에서 기사님에게 미팅에서 생길 수 있는 분노와 긴장을 낮추기 위해 자신이 노래를 해야 한다는 것에 대해 양해를 구하고 실제 노래를 하는 등 재치 있게 에너지 관리를 했다.

자신의 에너지를 감지하고, 바로잡고 또 몸의 에너지 수준을 긍정적으로 유지하기 위한 최고 관리자의 능력은 특별한 유형의 신체적 그리고 정서적 지능을 요구한다. 우리가 자신의 에너지를 관리하는 것은 내면 게임의 중요한 부분이다. 다음과 같은 성찰을 통해 자신만의 '에너지 촉매'를 알아보라.

1. 지금 바로 여러분의 내부 에너지 수준을 조정해 보라. 얼마나 강인한가? 에너지가 어떤 종류의 자질을 가지고 있는가? 여러분만의 에너지 질을 느끼고 개발해 보라.
2. 에너지의 질을 좋은 수준으로 유지시키기 위해 가끔은 어렵거나 도전적이라 생각되기도 하는 몇 가지 상황을 찾아보라.
3. 과거에 성공적으로 자신의 에너지를 증가시키거나, 교정하거나, 교류하거나 또는 재설정했던 방법은 무엇인가? 에너지를 향상시키고 도전적인 상황에서도 사용할 수 있는 방법은 무엇일까?
4. 자신이 지금 느끼는 기분이나 도전적인 상황에서 에너지 질과 수준을 높이고 향상시키기 위해 자신의 신체, 목소리 또는 다른 내부 성공 요인 단계들(행동, 생각, 신념, 정체성, 목표로의 연결점 등)을 사용한 방법에는 어떤 다른 방법이 있을까?

자기 인식

자기 규제

의식 리더십은 당신과 당신 에너지의 질과 수준을 조절하며, 만약 당신의 에너지가 흐트러지면 에너지의 수준을 바로잡거나, 흐름을 막지 않게 또는 새롭게 설정할 수 있다.

• 현존의 힘 •

The Power of Presence

현존presence이란 기업가나 리더의 "내면 게임inner game"에 있어서 또다른 중요한 요소이다. 메리엄 웹스터 사전에서 정의하는 현존은 "수행자(연주자)와 보는 이(관객)의 편안하고 긴밀한 관계 형성을 돕는 균형과 효과의 질"이다. 침착하고, 효과적으로 우리가 소통하는 사람들과 가까운 연결감을 유지하는 능력은 성공적인 기업가나 리더에게 있어서 꼭 필요한 자질이다.

위의 '현존'에 대한 정의에 의하면, 침착성과 유대감은 존재감을 가지고, 스스로 중심 잡으며, 주변 사람과 관계를 맺을 수 있는 능력에서 생겨난다고 한다. 다른 말로 부분이나 전체를 아우르는 "홀라키holarchy"에서 생겨난다고 볼 수도 있다. 현존이라는 자질은 인생을 즐기고, 협력하고, 타인의 성장과 변화에 기여하는 능력의 핵심으로 흔히 '차이를 만드는 차이'이다. 현존은 살아있다는 느낌, 연결감, 창의성, 만족감 또는 몰입과 관련이 있다. 반대로 우리가 지금 여기에 존재하지 않고 단절된 상태라고 느낄 때, 공허감, 통제 불능, 동떨어짐 또는 쓸모없다는 느낌을 느낄 수 있다.

나의 동료이자 탁월한 교사인 리차드 모스Ricahrd Moss는 우리 자신과 타인들과의 거리와 자신과 자신과의 거리는 같다고 지적한다. 이 말은 우리가 타인 및 주변 세

필 잭슨 Phil Jackson
NBA 11회 우승팀의 감독

당신의 몸을 통해 매순간 현존할 수 있는 위대한 능력을 개발하는 것은 당신의 내면 게임을 완벽하게 해내고 내면의 '탁월성의 영역'으로 들어가는 또 다른 핵심 성공요인이다.

상과 관계를 맺는 방식이 우리가 자기 자신과 관계를 맺는 방식을 나타내는 거울이라는 말이다. 우리 자신이 맺고 있는 타인과 외부 세계와의 관계는 자기 자신과의 근본적인 관계에 기반한다. 즉, 이처럼 자기 자신과의 관계맺음은 우리가 자기 안에 있는 자신을 만나고, 수긍하고, 통합시키는 법을 모르기 때문에 종종 어려울 수 있다.

사람들은 자신과 이어져 있다고 느끼거나 동시에 서로의 존재를 공유할 때 연민, 공감, 서로에 대한 진정한 관심, 자발성, 진정성이라는 자연적인 감정이 생겨나기 마련이다. 이러한 감정은 충만감 가득한 개인으로서 존재하고 나아가 타인들과의 관계를 잘 맺는 것의 토대가 된다.

미국 NBA 역사상 가장 위대한 코치로 널리 알려진 필 잭슨Phil Jackson이 현존의 힘에 대해 한 말을 떠올려 보자. 그는 1989년부터 1998년까지 시카고 불스 감독으로 명성을 쌓았다. 그가 감독으로 있을 당시 시카고 불스는 NBA에서 6번 우승을 했다. 그가 맡은 다음 팀 LA 레이커스는 2000년부터 2010년 사이 5번의 우승을 거두었다. 모두 합쳐 잭슨은 감독으로서 11번 NBA 우승컵을 안게 된 것이다. 그는 NBA 농구선수와 감독으로 역사상 가장 많은 우승을 차지했다.

잭슨은 현존presence이 바로 내면의 탁월성의 영역으로 들어가기 위한 관문이라고 말한다.

그의 말을 들어보자;

> 농구처럼 인생도 혼란스럽고 예측 불가능합니다. 아무리 열심히 관리하려고 노력해도 제멋대로입니다. 비결은 또렷한 마음과 열린 정신으로 매 순간을 대하는 것입니다. 당신이 그렇게 할 수 있다면, 경기도 인생도 알아서 잘 돌아가게 되어 있습니다.
>
> 승리는 나에게 중요하지만 저를 진정으로 기쁘게 하는 것은 내가 무엇을 하던 그것에 완전히 몰입하는 경험입니다.
>
> 농구를 할 때나 인생을 살아가면서 신정으로 기쁨을 느끼는 순간은 내 의도대로 일이 착착 풀릴 때가 아니라, 각각의 매 순간에 완전히 내가 현존하고 있다고 느낄 때입니다. 물론 당신이 이길지 질지에 대한 걱정을 멈추고 지금 이 순간 벌어지고 있는 상황에 완전히 집중할 수 있을 때 당신의 일은 더욱 더 잘 풀릴 것입니다.

이기는 NBA 농구 감독, 필 잭슨은 매 순간 완전하게 자신의 존재를 믿고, 확신과 열린 마음으로 경기에 임한다면 자신감과 성과를 증진시킬 수 있다고 주장한다.

자기 규제

잭슨은 내면 게임을 완전히 숙달하는 것이 외부 게임 성공의 열쇠가 된다는 원칙을 확인했다.

당신을 위한 현존의 힘을 탐색해 보라.

- 현존을 느끼고 본인이 하고 있는 행동에 완전히 몰입할 때, 당신은 어떤 느낌을 받는가?
- 좋지 않은 상황에서 당신은 어떻게 '또렷한 마음과 열린 정신'으로 현존을 유지하는가?
- 어떤 외부 방해물과 내부 반응이 당신의 매 순간 '현존을 느끼려는 상태'를 방해하는가? 또한 무엇이 당신이 현재 일어나는 일에 완전히 다시 집중할 수 있도록 도움을 주는가?

코치COACH vs 붕괴CRASH

이전에 언급했듯이 우리의 상황은 계속 바뀌지만 항상 좋은 방향으로 바뀌는 것은 아니다. 극도로 힘든 시기에 우리는 붕괴CRASH라는 내적 고착 상태로 무너질 수도 있다.

- 위축Contraction
- 반응Reaction
- 얼어붙음Analysis Paralysis
- 분리Separation
- 적대감, 상처, 증오Hostility, Hurt or Hatred

붕괴 상태에서 당신은 위축되고, 감정적으로 반응하게 되며, 정신적으로 마비되고, 타인과 자기자신의 내적 자원과 멀어지게 되거나, 타인에게 적대적이게 되고 쉽게 상처입게 된다.

'붕괴'상태에서 우리는 "내면의 탁월한 영역"에서 멀어지게 되고 모든 상황들은 더 어려워지게 된다. 더 이상 우리 자신을 더 큰 홀라키holachy와 연결된 부분적 전체인 홀론holon으로 인식할 수 없으며 '소울soul'과의 연결도 끊어지게 된다. 붕괴상태에서 외부 장애물을 만나게 될 경우 우리는 그 상황을 해결 불가능한 문제로 여기게 된다.

변화 속에서 앞으로 나아가기 위해서는 융통성, 안전감, 균형, 자신보다 더 큰 무언가와의 연결감 그리고 포기할 건 포기하는 능력을 기르는 것이 중요하다. 이는 우리 '내면의 탁월성의 영역'안에서 언제나 센터링centering하여 중심잡고 우리의 개별적인 에고ego를 억압하는 장애물을 뛰어넘는 그 무엇과 연결되어야 한다. 이러한 과정을 우리는 소위 대문자 코치 상태COACH State라고 명명한다.(「실리콘밸리의 최고 기업은 어떻게 협업하는가」, pp. 79~81)

- 우리의 몸에서 중심잡고 현존

  Centered and present in our bodies
- 가능성과 타인에 대한 열린 마음

  Open to possibilities and to others
- 알아차리고 마음을 챙기는

  Aware and mindful
- 자신, 목적, 주변 사람과 연결된

  Connected to ourselves, our purpose and others around us
- 무슨 일이 일어나도 자원이 풍부한 상태, 호기심, 환대하는 마음 상태를 유지

  Holding whatever is happening from a state of resourcefulness, curiousity and hospitality

대문자 코치 상태에서 당신은 자신을 중심에 두고, 자기 자신을 믿으며, 열린 마음으로 타인과 주고 받을 수 있으며, 정신적으로 주의 집중하고 의식할 수 있으며, 자기자신과 타인을 완전하게 연결할 수 있고, 당신과 당신 주변에서 무슨 일이 일어나도 자원이 풍부한 상태를 유지할 수 있다.

이 다섯 가지의 자질은 자기 숙련을 위한 기둥이자 자아 회복의 열쇠이며, 어려운 상황에서도 우리 내면의 탁월함을 유지하는 능력이다.

코치의 상태는 정서 지능과 내면 게임 숙달을 위한 기초이자 성공적인 사고방식의 토대다. 코치 상태는 내적 존재감, 영민함, 호기심, 감수성이 근간을 이루고 있다.

우리 자신을 코치상태에 두어야 하는 이유는 우리의 소통 통로를 열고 전체인 개인으로서 그리고 우리에게 에너지와 목표 의식을 주는 우리보다 더 큰 무언가의 부분으로서의 경험에 연결하기 위함이다. 이 상태를 성취하고 유지하는 것이 바로 성공적인 행위의 주춧돌이 될 수 있다. 코치상태를 자기자신의 기준이 되는 상태로 만들 수 있느냐 없느냐가 의식 리더십과 회복 탄력성의 가장 중요한 성공 요소 중 하나라고 할 수 있다.

「실리콘밸리의 최고 기업은 어떻게 협업하는가」(78쪽)에서 언급한대로, 코치COACH상태에 들어가는 적절한 비유는 노트북, 태블릿pc, 스마트폰을 유선이든 무선이든 인터넷에 접속된 상태로 두는 것이다. 인터넷에 연결된 상태에선 기계는 언제나 '클라우드'에 접근할 수 있으며 자신만의 내부 프로그램과 데이터 그리고 동시에 '집단 지능'의 더 큰 영역에 연결되는 '홀론' 같은 상태가 된다. 인터넷 연결이 되고, 클라우드에 연결되면 태블릿pc과 스마트폰을 통해 실시간으로 전 세계 이곳 저곳에서 정보를 얻을 수 있다. 심지어 새로운 앱을 다운받을 수 있으며 이를 통해 다양한 기능을 폭넓게 사용할 수 있다. 또한 다른 기기나 무선인터넷 네크워크를 통해 클라우드에 정보를 전송할 수도 있다. 일반 클라우드에 정보가 저장되면 많은 다른 기기의 정보와 지식에 접근할 수 있고 활용할 수 있는 권한을 얻는 것이다.

코치COACH 상태의 5가지 자질은 극기의 핵심 요소이자 회복 탄력성의 주요 요소이며, 우리가 힘든 환경에서 내적 탁월성 영역에 남아 있도록 돕는 능력이기도 하다.

코치COACH 상태로의 진입을 비유하자면 당신의 신경계가 인터넷 연결 상태이며, 클라우드와 더 큰 집단 지성에 연결되어 있다는 것이라고 말할 수 있다.

그러나 태블릿이나 스마트폰으로 인터넷 접속이 불가능한 상황에서는 단지 현재 저장된 기존 데이터와 응용프로그램만 제한적으로 사용할 수 있고 새로운 정보는 얻을 수 없다.

어떤 면에서 우리 신경계는 이러한 전자기기와 비슷하다고도 할 수 있다. 신경세포는 다양한 프로그램과 응용프로그램이 끊임없이 작동하고 있는 일종의 전기회로망과 같다. 코치COACH상태에서 우리는 완전히 우리 개인의 응용프로그램과 데이터에 접근 가능해지고 인터넷 접속도 가능한 것처럼, 코치COACH상태에서는 주변의 집단지성 환경인 지적 클라우드에 닿을 수 있는 잠재력을 갖게 된다. 반대로 붕괴CRASH 상태에서 우리는 우리가 갖고 있는 자원과 타인으로부터 얻을 수 있는 지식과 아이디어에 접근하는 것이 제한적이다. 예를 들면, 우리가 움츠려 들고, 반응을 하고, 분석 마비 상태에 빠지고, 단절되고, 적대감을 갖게 되는 붕괴CRASH 상태에서는 잠재 지성과 영민함을 사용하는 것은 쉽지 않은 일이다.

• 코치COACH상태 연습하기 •
나의 '내면의 탁월성 영역' 찾기

Practicing The COACH State:

Finding Your "Inner Zone of Excellence"

외부 게임에서 성과를 내는 것과 마찬가지로, 내면 게임에서 이기기 위해서는 연습이 꼭 필요하다.

코치COACH상태를 연습하는 것은 외부 게임이 어떻게 흘러가고 있든 당신 본연의 상태가 작용하도록 도와준다.

자기 인식

회복 탄력성과 혁신 능력은 센터링centering을 유지하고, 탁월성 영역에서 자아를 제한하는 무언가를 넘어서는 것과 연결 짓는 것에서 생겨난다. 이는 우리가 대문자 코치COACH상태라 부르는 과정으로 특정할 수 있다.

탁월성 영역에 머물며 현재 하고 있는 일에 자신의 탁월성을 이끌어낼 수 있도록 코치COACH상태를 만들어 내고 단련하는 연습은 매우 중요하다. 인생이 잘 풀릴 때, 가지고 있는 기량을 유지시키는 것은 어렵지 않지만, 힘든 시련의 시간이 와도 평정심을 잘 유지할 수 있도록 하는 자질을 갖추기 위해서는 평소 몸에 완전히 익숙해지도록 계속 연습하고 발전시키는 노력이 필요하다.

1. 바닥에 두 발을 어깨 넓이로 하고 척추에 긴장을 풀고 꼿꼿하게 세운 채, 편안한 자세로 앉거나 선다(세로축). 규칙적인 복식호흡을 하고 있는지 체크한다(짧고, 급한 가슴 호흡은 당신이 스트레스 상태에 있다는 것을 암시한다).
2. 발바닥에 주의를 보낸다(정신을 발에 집중). 발바닥의 감각을 넓고 깊게 의식하라. 발꿈치, 발가락, 발바닥 홈과 발 근육 덩어리의 표면을 느껴보라.
3. 발이 닿고 있는 물리적 용적(3차원 공간)을 포함해 당신의 의식을 다음의 순서로 옮겨가며 서서히 확장시킨다. 종아리, 무릎, 허벅지, 골반, 엉덩이를 통해 서서히 의식을 위로 이동시

켜 본다. 배 한가운데에 주의를 보내고 깊게 복부 호흡을 하고, 자신에게 “난 여기에 있다”, “난 여기에 존재한다”, “내가 중심에 있다”를 작은 목소리로 외쳐본다.

4. 하반신을 계속 의식하면서, 명치, 척추, 폐, 갈비뼈, 가슴으로 의식을 옮겨 본다. 윗가슴쪽 심장 중앙으로 의식을 모으고, 가슴으로 호흡하며 “나는 열려 있다”, “나는 열리고 있는 중이다”라고 홀로 외쳐본다.
5. 이제 어깨, 팔꿈치 위, 팔꿈치, 팔꿈치 아래, 팔목, 손, 손가락 순서로 의식을 넓히고 계속해서 목, 식도, 얼굴로 의식을 넓힌다. 머리(눈, 귀, 코, 입, 혀)의 모든 감각을 꼭 포함시킨다는 것을 명심하라. 의식을 두개골, 뇌, 두부 중앙으로 집중시켜라. 마치 산소와 에너지를 두부 중앙으로 가져와 호흡하는 것처럼 해본다. 그런 후, “나는 깨어 있다”, “나는 의식하고 있다”, “나는 정신이 초롱초롱하고, 또렷한 상태이다”라고 선언해 본다.
6. 발부터 시작하여 몸의 중심부(배, 심장, 머리) 세 곳을 포함한 모든 감각의 지속적 접촉 상태를 유지한 채, 당신의 의식이 발 아래 지구 중심부까지 닿을 수 있도록 느껴 보아라. 당신 위의 모든 공간, 당신 뒤의 모든 공간, 당신 앞의 모든 공간을. 발, 복부 중심, 심장 중심, 머리 중심, 주변환경, 연결체가 깊게 연결되어 있는 것을 느껴 보라. 자신 내부와 주변에 있는 당신이 사용가능한 거대한 능력을 의식해 보라. 당신이 더욱 큰 자신과 연결되어 있다고 경험할 때, “나는 연결되어 있다”라고 홀로 선언해 보라.
7. 의식을 자신의 몸에 계속 집중하며 동시에 주변에도 집중하고, 본인을 둘러싼 모든 환경(공포, 화, 슬픔 등과 같은 불쾌한 기운뿐만 아니라 재치, 힘, 지성, 지혜)을 느껴 보라. 당신 자신에 집중하고, 존재감을 느끼며 자신의 환경에 열린 자세를 취한 상태에서, 어떤 힘든 상황에 처하든 이를 맞닥뜨릴 용기와 자신감을 느껴 보아라. “나는 준비되어 있다”라고 홀로 외쳐보라.

반복적으로 하는 우리의 행동이 우리 자신이다. 그러므로 우수함은 행동이 아니라, 습관에서 나온다고 할 수 있다.

-아리스토텔레스 Aristotle

연습이란 모든 장애물과, 비전과 믿음과 욕망의 행동에도 불구하고 계속해서 반복적으로 수행하는 것이다. 연습은 바라던 완벽함으로의 수단이다. 우리는 연습을 통해 배워 나간다. 춤을 행함으로써 춤을 배우든, 살아가면서 사는 법을 배우든, 원리는 같다. 우리는 이를 통해 어떤 분야에서든 신만큼 잘할 수 있는 선수가 될 수 있다는 것이다.

-마타 그래험 Martha Graham

자기 규제

회복 탄력성 예행연습하기 *Rehearsing Resilience*

물론 평온한 중립의 자세에서 우리의 상황을 깊이 살펴보며, 탁월성 영역을 찾아내는 것과 심신이 지쳐있는 힘든 상황에서 최적의 마음상태를 유지하는 것은 또 다른 문제이다. 연습과 훈련이 중요한 성공 요인으로 작용하는 순간이 바로 이러한 때다. 이런 상황에서 탁월성을 유지하는 것은 그야말로 당신의 삶뿐만 아니라 타인의 삶까지도 구할 수 있다.

내면 게임을 위한 기술을 익히기 위해서는 자신의 회복 탄력성을 향상시키는 능력이 필요하다.

다음 아래 단계를 연습한다면 자신의 힘을 더욱 강화할 수 있게 되고, 삶의 모든 분야에서 회복 탄력성을 잘 준비할 수 있을 것이다.

자기 인식

자기 규제

1. 자기 인식Self- Awareness: 탁월성 영역zone of excellence에 머무르는 것이 힘든 상황(예로, 붕괴하는 경향)일 때를 상상해 보라. 과거의 경험을 떠올려보거나, 상상을 해보라. 내적 상태나 내면 게임에 주목하라. 당신은 무엇을 자각하고 있는가?(영상, 소리, 감정, 감각, 등)
2. 자기 측정self-Calibration: 0부터 10점 중(0은 전혀 아닌 상태, 10은 완전한 상태), 그러한 상황에 있는 당신을 생각할 때 당신의 대문자 코치COACH 상태 점수는 몇 점을 줄 수 있는가?
3. 자기 조정self-Adjustment: 코치COACH 상태로 다가가기 위해 당신은 쉽고 간단하게 무엇을 조정할 수 있는가?(예로 호흡하기, 자세 교정하기, 혼잣말하기, 유용한 상황 이미지화 하기, 비슷한 긍정적 상황 떠올리기, 훌륭한 롤모델 생각하기, 마치 코치COACH상태에 있는 것처럼 행동하기 등)
4. 조정할 때 당신의 대문자 코치COACH상태는 어떤 수준으로 변화하는가? 그것이 이후, 어떤 차이를 만들어 내는가? 당신의 창의적 에너지에 어떤 영향을 주었는가? 자원의 풍부함에는 어떤 영향을 주었는가? 주변과의 관계에는 어떤 영향을 주었는가? 이제는 무엇이 가능해졌는가? 당신의 외부 게임에 어떻게 영향이 미쳤는가?

5. 자기 앵커링self-Anchoring: 다음 번에 또 이런 상황에 닥쳤을 때, 이러한 수준으로 대처할 수 있는 능력을 얼마나 만들어 낼 수 있을까? 어떤 장면의 시각적 기억이, 몸의 느낌이나 동작이, 또는 물건이 지금의 이 상태를 당신이 기억할 수 있게 도움을 줄 수 있을까?

회복 탄력성을 개발하는 것은 내면 상태를 조정하고
내면의 '탁월한 영역'으로 다시 돌아갈 수 있도록 조정하는 자기 인식이 수반된다.

• 붕괴CRASH상태에서 회복하기 •
힘든 감정들을 견디는데 필요한 능력 끌어 모으기

Recovering from a CRASH: Gathering the Resources Necessary to Hold Difficult Feelings

인간으로 존재한다는 것은 매일 아침 손님을 맞는 게스트 하우스라고 볼 수 있다. 기쁨, 절망, 하찮음, 이런 순간적 인식은 예기치 않은 손님처럼 우리에게 다가온다.

모든 손님을 환영하고 즐겁게 대하라!

가구조차 없는 집을 사납게 휩쓸고 지나가는 슬픔일지라도 존경심을 갖고 손님을 대접하라.

새로운 기쁨을 빼앗아 갈 지도 모를, 어두운 생각, 부끄러움, 적의를 문 앞에서 웃으며 맞아들이고, 집 안으로 초대하라.

누가 오든 감사히 여기라. 왜냐하면 이 하나하나가 저 미지의 곳에서 우리에게 보낸 안내자이기 때문이다.

- 루미Rumi

아무리 준비가 잘 되어 있어도, 완전한 붕괴CRASH 상태를 피할 수 없는 경우도 있다. 그럴 때는 내적 상태를 조정하기 보다는 전반적 내면 게임을 재설정하고 붕괴상태를 야기시키는 원인을 찾아 바꿔야 할 것이다. 내면 게임에 있어서 자기 완성과 성공의 중요한 부분은 '탁월성의 영역'에 붙어 있는 있는 내부 장애물로 탁월성 발휘를 간섭하는 것-장애물이나 간섭하는 것들은 종종 신경근육 잠금 상태를 유발하는 응어리진 감정이다-을 알아차리고 변형시키는 것이다.

우리의 내적 상태를 재설정하고 걸림돌이 되는 방해물을 변경시키기 위해서 우리는 아래로 '깊숙히' 내려가 그것과(우리 자신보다 훨씬 더 깊은 무엇) 연결되어야 하고, '저너머' 무엇(우리 자신보다 훨씬 큰 무엇)과 연결되어야 한다. 예를 들어 SFM 1권(158페이지)에서 기업가 마크 피츠패트릭Mark Fizpatrick은 "자신의 위치를 지키며 모든 것을 시야 안에 두는" 능력을 개발하는 것이 얼마나 중요한지 역설했다. 그는 자신보다 더 큰 무엇인가와 연결되어 있다고 느끼는 방법으로 기도를 예로 들었다. 이는 일론 머스크Elon Musk가 2009년 운영하는 세 개의 회사가 무너지려고 할 때, 어려움을 극복해 낸 방법으로 더 큰 목표의식에 연결되어 있다고 믿었다는 그 힘과 분명히 비슷하다.

응어리진 감정을 위한 "게스트 하우스*Guest House*" 짓기

우리가 갖고 있는 응어리의 큰 뼈대와 심리적 환경이 대개 우리가 받는 영향과 충격의 정도를 결정짓는다. 가족 치료 창시자인 버지니아 새티어Virginia Satir는 붕괴CRASH상태에 빠져 힘든 도전에 처한 내담자에게 두 가지 질문을 자주 했다. "지금 어떤 감정이 느껴지나요?" 이때 내담자들은 화가 나거나, 슬프거나, 두렵거나, 죄의식을 느끼거나 혹은 다른 불쾌한 감정을 느낀다고 대답할 수 있다. 그러면 새티어는 이어서, "그런 식으로 감정을 느끼는 것에 대해 어떤 생각이 드나요?"라고 물었다.

두 번째 질문에 대한 대답은 상당히 중요하고, 첫 번째 질문에 대한 대답의 의미와 영향을 결정할 수 있다. 화난 감정에 무력함이나 좌절감을 느끼거나, 죄의식을 느끼기보다 오히려 화난 감정에 대해 평온함이나 호기심을 느낄 때 큰 차이를 만들어 낼 수 있다. 언제나 센터링centering을 유지하며 첫번째 감정을 있는 그대로 받아들일 수 있는 자질을 결정하는 것이 두 번째 감정이다. 나의 동료 리차드 모스Richard Moss는 "당신의 두려움은 당신 안에서 안전한가요?"라는 질문을 종종 했다.

동료교수인 스테판 길리건Stephan Gilligan과 함께 개발한 생성적 코칭generative COACHing작업에서 붕괴상태를 야기시키는 감정들을 위해 긍정적인 정서 지능(루미의 시 "게스트 하우스guest house" 인용)을 만들어 내는 방법으로서 우리가 "만트라스mantras"라고 부르는 것이 있다. 네 가지 핵심 표현은 다음과 같다.

1. "참! 흥미롭네요!that's interesting"
2. "그거 말 되네요I'm sure it makes sense."
3. "들어주고, 지켜주고, 치유해줘야 할 게 있네요something needs to be heard, held or healed."
4. "환영합니다…… welcome......"

"참! 흥미롭네요"라는 말은 부정적 상황을 알고 더 잘 이해할 필요가 있다는 점을 상기시킨다. 왜냐하면 그 애매한 영역도 우리가 잠재적으로 진화하고 성장할 수 있는 곳이기 때문이다. "그거 말 되네요"라고 확언하는 것은 우리가 아직 이해하지 못했다 하더라도 상대방의 그러한 반응 뒤에는 무언가 더 큰 긍정적인 의도가 있을지도 모른다는 사실을 인정한 것과 같다. 이 말은 루미Rumi의 말로 "저 너머에서 온 안내자guide from beyond"라고 할 수 있다. "들어주고, 지켜주고, 치유해줘야 할 게 있네요"라는 말은 무슨 일이 일어나든 이는 더 큰 홀라키holachy의 일부분이고, 이해하고, 각각 잘 처리되어, 우리가 자원을 사용할 때 혜택을 받을 가치가 있다는 알아차림을 가져온다. "환영해요"라는 단언은 장소를 없애려고 하는 것이 아니라 의도적으로 장소를 제공하는 것을 의미한다.

우리는 이런 표현을 연습함으로써 우리 자신과 타인을 아주 강하게 만든다는 사실을 알게 됐다. 그들은 언제든 붕괴CRASH상태에서 즉각적인 이완 상태를 취할 수 있어 내적 혼동을 줄이곤 한다. 이렇게 함으로써 사람들은 그들 자신과 더 큰 홀론holon 그리고 그들의 자원들과 연결된다.

기분과 감정 상태에 대한 우리의 내적 반응은 우리가 맺고 있는 관계를 반영하기도 하고, 이 감정들이 앞으로 문제가 될지 또는 안 될지를 결정하기도 한다.

정서 지능은 호기심과 동정심을 가지고 감정 상태를 알아차리고 반응하는 것과 관련이 깊다. 여기에는 자기 인식self-awareness과 연습이 꼭 필요하다.

• 힘든 감정 견뎌 내기 •

Holding Difficult Feelings

버지니아 새티어Virginia Satir의 작업에 감명받은 나는 사람들이 강하고, 힘든 부정적인 감정과 맞닥뜨렸을 때 그런 감정을 알아채고 변형시킬 수 있게 붕괴CRASH상태에서 벗어나는 데 도움이 되는 다음의 연습방법을 개발했다. 앞으로 다루겠지만, 연습할 때 지성뿐만 아니라 몸의 움직임과 제스처를 통한 신체 지능까지 사용하기 바란다.

1. 자신의 자원들을 충분히 활용하지 못해 결과적으로 장애물을 만들어내고 자신을 붕괴상태로 끌고 갈 수도 있는 힘든 감정 상태를 겪는 상황이 무엇인지 찾아보라. 기억을 잘 되살리고 상상력을 조금 활용해 그 상황에서의 경험을 떠올려 보자. 주의attention를 내적 상태와 내면 게임으로 돌려보자. "흥미롭다", "그것도 일리가 있다", "들어주고, 지켜주고, 치유해줘야 할 게 있었구나", "언제든 환영한다". 이 네 가지 표현을 혼잣말로 반복해 보자. 그 감정을 의식하고 당신의 몸이 자연스럽게 그것을 표현하게 하라.(예: 주먹 꽉 쥐기)
2. 이제 자신이 겪었던 힘든 감정에서 한 발짝 뒤로 물러나 보라. 옮겨간 새로운 위치에서 힘든 감정을 겪고 있었던 자신을 되돌아 보라. 힘든 감정이 어떻게 느껴지는가? 그렇게 느끼는 자신에 대해 어떻게 느끼는가? 그 감정을 느낄 때 그 감정과 당신과의 관계가 어떻게 되는가? 확실히 좌절, 무력감, 자기 비난, 절망과 같은 전혀 도움이 되지 않는 감정의 형태를 경험하게 될 것이다. 다시, 이 두 번째 감정에 대해서, "흥미롭다", "그것도 일리가 있다", "들어주고, 지켜주고, 치유해줘야 할 게 있었구나", "언제든 환영이다"라는 네 가지 주문을 외워 보자. 몸으로 두 번째 감정을 표현해 보자.(예: 손 밀어내기)
3. 이제 다시 세 번째 장소로 한 발짝 더 물러나, 센터링centering되어 중심 잡고, 자신을 열고open, 깨어awaken 있으며, 더 큰 홀라키holachy와 연결connect된 코치COACH상태가 되어 자신이 자원이 가득찬 풍부한 상태에 있다고 생각해 보라. 분리된 개인이라는 정체성을 넘

어 더 큰 자신과 자동적으로 연결할 수 있도록 바로 이 전 단계에서 당신이 기억해냈던 부정적 감정 경험과, 유발 요인, 그리고 그 과정을 다시 떠올려 보라. 어떤 자원들(신뢰, 수용, 호기심, 힘, 등)이 "현실에 기반을 두고, 전체적 관점에서 이 모든 것을 유지"하는데 도움을 줄 수 있을까? 어떤 자원이 감정에 충돌하고 갇혀 있기 보다 더 큰 자기 자신으로부터 이런 감정을 견뎌내게 하는 데 도움이 될까?

4. 당신이 찾아낸 자원들을 당신의 몸과 내면 게임에 적용하라(필요하다면, 이 자원확보를 위해 참조할 수 있는 이전 경험을 찾아내고, 가능한 생생히 떠올려 촉진을 유발시킬 수도 있다.). 이런 자원을 표현할 몸짓을 발견하고 현재의 신체 속으로 자원을 끌어오라.(예: 머리 위로 팔 벌리기).
5. 네 번째 단계의 몸짓이 그대로 담긴 자원을 가지고, 두 번째 장소로 한 발짝 들어가 보라. 어떤 것도 바꾸려고 하지 말라. 단지 더 큰 환경 안에서 두 번째 장소와 연관된 반응과 감정을 유지해 보라. 당신이 선택한 자원과 관련된 몸짓과 제스처를 취해 보라. 힘든 감정에 대한 당신의 인식과 태도에 어떤 변화가 오며, 고난의 상황에서 그것들을 겪는 당신에게 어떤 변화가 일어났는지 알아보라.
6. 애초 당신이 힘든 감정을 겪고, 본인의 자원을 식별했던 순간으로 돌아가 보라. 다시 한 번 어떤 것도 바꾸려고 하지 말라. 더 큰 자원의 환경 안에서 두 번째 장소와 관련된 감정과 반응을 유지해 보라. 당신이 선택한 자원과 관련된 몸짓과 제스처를 취해 보라. 현재 이 힘든 감정들에 대해 어떻게 느끼는가? 이 힘든 감정을 견디는 당신의 능력에 어떤 변화가 있었는가? 무엇이 가능해졌는가?

힘든 감정을 견디는 법을 배우는 것은 당신의 더 높은 목적과 더 큰 홀라키에 연결을 통해 힘든 감정들을 위한 "게스트 하우스"를 만드는 것을 포함한다.

붕괴*CRASH*상태 변형하기

일단 힘든 감정들을 견딜 수 있고, 그 감정들을 당신의 "게스트 하우스guest house"로 받아들일 수 있게 되면 당신은 그 감정을 이해하고, 변화시키고, 통합할 수 있게 된다. 이번 장 초반에서 부정적인 감정을 다루는 일곱 가지 기술에 대해서 알아보았다.

1. 특별한 감정 상태의 존재를 인지하기(측정하기)
2. 비판 없이 그 상태의 존재를 인정하기

3. 평정의 환경에서 그 감정 상태를 유지하기(여유 가지기)
4. 감정 상태와 그 기능을 이해하기(긍정적 의도)
5. 다른 상호 보완적 감정과 상태를 연결시켜 감정 상태를 자원화 하기
6. 긍정적 의도의 관점에서 더 조화롭고 생산적일 수 있도록 감정 상태의 표현을 변화하거나 변형하기
7. 감정 상태를 더 큰 시스템의 부분에 기여할 수 있도록 통합하기

힘든 감정을 견뎌내는 과정은 자원이 풍부한 가운데 위의 1, 2, 3번 기술을 적용하여 문제적 감정 반응들을 인식하고, 인정하고, 유지하는 것이다. 반응을 달리하고 통합하기 위해서 힘든 감정의 긍정적 의도를 이해하고 긍정적 의도를 충족시킬 수 있는 다른 반응과 연결하는 것이 반드시 필요하다. 다음의 단계를 잘 밟아 나간다면 당신은 이전에 겪어야 했던 힘든 감정을 잘 풀어 나갈 수 있을 것이다.

힘겨운 기분과 붕괴상태를 바꾸기 위해서는 감정 상태의 긍정적인 의도를 이해하고, 상호 보완적인 내적 자원 상태로 연결할 수 있어야 한다.

자기인식

1. 이전 연습에서 경험한 붕괴CRASH상태를 유발한 감정들을 다시 떠올려보라. 당신의 내면 게임에 어떤 영향을 끼치는지 집중하며 그 감정 상태를 나타내는 몸짓이나 행동을 반복해 보라(주먹 꽉 쥐기). 어떤 동작이 당신을 코치COACH 상태에서 멀어지게 했는지 생각해 보라(이는 신경근육 멈춤을 더 증가시킬 수도 있다.).
2. 이제는 이전 연습 시 세 번째 단계에서 당신이 인식한 자원의 상태로 거슬러 올라가, 그 상태와 관련 있는 몸짓이나 행동을 해보라(머리 위로 팔 벌리기).
3. 코치COACH상태를 유지한 채, 천천히 힘든 감정과 관련된 몸짓으로 다시 돌아가 보라. 그 행동을 여러 번 천천히 자신을 중심에 두고, 의식을 더 집중시키며 반복해 보라. (주먹 꽉 쥐기). 이런 행동을 취하면서 그 행동의 긍정적 의도와 관련된 감정 상태를 곰곰이 생각해 보라. 그 감정으로 무엇을 하려는 것이며 무엇을 성취할 수 있을까?

4. 마음속에서 감정과 몸짓의 긍정적 의도를 유지하며 자원이 가득한 상태와 관련된 몸짓으로 천천히 되돌아가 보라(머리위로 팔 벌리기). 어떻게 이 자원이 긍정적 의도의 힘을 받아 힘든 감정을 보완할 수 있는지 의식해 보라.
5. 코치COACH상태를 유지하면서 이 두 개의 몸짓을 반복적으로, 천천히, 우아하게, 주의해서 연습해 보라. 두 가지 몸짓과 움직임 사이에 얼마나 많은 결합 방식과 다양한 표현방식이 있는지를 알아차려 보라. 이 두 가지 몸짓과 움직임을 하나의 방식으로 섞을 수 있는 방법을 찾아 보라. 통합된 움직임의 결과로 당신의 내면 게임과 외부 게임에서 무엇이 가능해졌는가?

당신은 이전 연습 당시 느꼈던 두 번째 감정을 가지고 똑같은 단계를 반복할 수 있다.

체조나 스트레칭 같은 운동이 건강과 신체단련을 도모할 수 있듯이 공부와 정신 수행은 당신의 인지 기능을 향상시킬 수 있고, 이 장 초반에 언급했듯이 연습이 감성과 회복 탄력성을 위한 수용능력을 강화시킬 수 있다. 이 수용능력은 성공적인 기업을 설립하고, 성장시키고, 지속하는 어려운 외부 게임을 다루는 데 중요한 역할을 할 것이다.

체조 같은 신체운동이 건강과 신체 단련을 도모할 수 있듯이, 정서 지능과 회복 탄력성을 강화하기 위해서도 이 연습이 꼭 필요하다.

자기 규제

• 집단 속에서 힘든 감정을 견뎌내는 연습하기 •

Practicing Holding Difficult Feelings in a Group

때때로, 당신이 어떤 위기에 빠지게 되는 경우, 이 위기에서 빠져 나올 수 있을지 확신할 수 없을 때도 있다. 하지만, 당신은 늘 해냈었다. 가끔씩 확신할 수 없을 때도 있지만, 분명 어느 정도의 자신감은 우리 속에 내재하고 있다.

중요한 것은 우리 모두가 동시에 겁을 먹어서는 안 된다는 것이다.

-스티브 잡스Steve Jobs

스티브 잡스Steve Jobs가 암시한 것처럼 팀원이 의심과 두려움에 휩싸인 경우, 서로 서로를 지지할 수 있도록 위험 상황을 대처하며 역경에서 다시 일어나는 방법의 핵심은 바로 자신감과 자원을 갖추는 '장field'을 만드는 것이다. 이를 위한 중요한 방법 중 하나는 리더로서 자신을 대문자 코치COACH상태에 두는 것이며 나아가 팀원들도 대문자 코치COACH상태를 유지할 수 있도록 격려하는 것이다. 이것이 가능하게 되면 서로에게서 최선을 이끌어 낼 수 있는데 도움을 주는 자원의 장을 마련할 수 있게 된다. 사실, 진정한 리더란 곤경에 빠졌을 때도 가장 힘든 감정을 원활히 소화해낼 수 있는 사람이라고 할 수 있다.

이런 특별한 관계를 통해 만들어진 집단의 장field상태를 우리는 코치 컨테이너COACH container라고 부른다. 협력자들과 함께 강하고 풍요로운 코치 컨테이너를 만드는 것은 어려움과 불확실에 대처하는 능력을 강화시킬 수 있고, 역경에서 다시 일어설 수 있는 잠재력도 증가시킬 수 있다.

「실리콘밸리의 최고 기업은 어떻게 협업하는가」(pp. 78~81)에서 필자는 단체 속에서 코치 컨테이너를 만드는 과정을 간단히 제시하였는데 다음은 그 단계들이다.

집단으로 대문자 코치COACH상태에 돌입한다면 강하고 끈끈한 상호연결성과 집단지성을 만들어 낼 수 있다.

1. 편안하고, 정렬된, 균형 잡힌 자세로 서로를 바라보며 앉거나 일어선다.
2. 의식을 몸, 호흡에 가져오며 그 상태에 존재한다.
3. 함께 코치COACH상태를 연습하며 각 단계를 경험한다.(pp. 69~70)
4. 각자 완전한 존재감을 느끼고 자신이 코치COACH상태에 있다고 생각하게 되면 다른 사람들에게 "저 여기에 있습니다", "저는 준비되었습니다."(한 명씩 순서대로)라고 큰 소리로 말한다.
5. 서로 눈을 바라보며 "나는 당신을 봅니다. 환영합니다"라고 말한다.

이러한 과정들이 진심으로 존재감을 느끼게 되는 상태로 마무리된다면 강하고 진한 상호관계와 풍부한 자원들을 만들어 낼 수 있다. 이를 우리는 장field 또는 컨테이너container라고 부른다. 관계에 대한 '컨테이너', 즉 '장field'에 대해 각자가 생각한 의미를 공유하는 일은 매우 유용하다. 은유나 상징을 사용해서 묘사해도 좋다. 당신이 만들어낸 코치 컨테이너COACH Container를 빠르고 완벽하게 경험하기 위해 함께 (행동, 동사화, 상징 등과 같은) 앵커anchor를 만드는 것도 도움이 될 것이다. 예를 들면, 스포츠팀들이 경기 전, 탁월성의 영역zone of excellence으로 모든 선수를 끌고 갈 수 있도록 간단한 의식을 치르거나 구호를 외치는 활동을 하는 것처럼 말이다.

이 연습의 목적은 모든 참가자가 최대한 상호작용을 활용할 수 있도록 하기 위해 구성원 모두가 최고의 상태에서 팀 상호작용에 참여할 수 있도록 하는 데 있다. 선수들이 경기를 준비하며 최상의 상태가 되도록 워밍업을 하는 것과 마찬가지로, 코치 컨테이너는 팀과 그룹에서 서로를 최고로 이끌기 위해 준비시킨다.

단체 동작처럼
공유된 "앵커anchor"를 만드는 것은 그룹 멤버들을 자원이 풍부한 상태로 빠르게 돌려놓는데 도움이 된다.

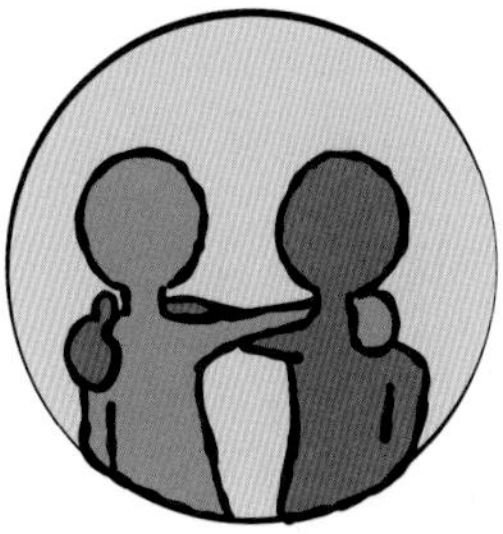

공감력

• 그룹에서 힘든 감정 회복하기 •

Welcoming Difficult Feelings in a Group

정서 지능의 원리와 연습을 집단에 적용하면 협력자들은 상호작용에서 생길 수 있는 감정 반응을 위해 공간을 만들어줄 수 있게 된다.

감정들이 비판적으로 다가오지 않고 인정이 되며, 긍정적 의도가 이해될 때, 이 감정들을 그냥 지나치게 할지, 변환시킬지, 아니면 집단경험의 생산적 부분으로 통합시킬 수 있을 지를 결정하는 능력을 갖게 될 수도 있다.

회복 탄력성과 함께 절망, 곤경, 불확실성에 효과적으로 대처하는 능력을 갖기 위해서 우리는 수많은 감정과 내적 상태를 받아들이고 통합할 수 있어야 한다. 이러한 그룹의 장field은 진정성 있고 생산성 있는 상태를 위해 모든 내적 상태와 에너지를 환영하고 인정해야 한다. 어떤 종류의 '그림자shadow'이든 당신을 주저주저하게 한다면 장field을 약화시킨다.

내면 게임의 일부로서 힘든 감정을 견뎌내는 기술을 개발하는 것과 유사하게, 미래가 불확실하거나 어떤 어려움에 처했을 때 협력자들이 상호작용을 통해 생긴 감정 반응을 위한 공간을 만들어내는 것도 아주 중요하다. 감정이 인지되고, 감정을 인정하고, 비판 없는 평온한 공간이 잘 유지되고, 그 감정의 긍정적 의도가 이해 받는다면, 이러한 감정들은 단순히 스쳐 지나가거나, 바뀌거나 혹은, 오히려 집단이 발전에 도움이 되는 생산적인 활동의 한 부분으로 통합되어 긍정적으로 활용될 수 있다.

다음의 연습은 여러 사람들 속에서 나타난 힘든 감정들을 인정하고 받아들이는 훈련인데 협업하는 사람들과 함께 해보라.

1. 강력한 코치 컨테이너를 이전 단계 연습을 거쳐 만들어 낸다.
2. 집단 내 한 사람이 다음의 힘든 감정을 겪었던 경험을 기억하며 시작한다.
   - 걱정/공포
   - 고집/저항

- 궁핍
- 적대감

  진정으로 어려운 감정이 있다는 것을 어느 정도 느낄 수 있을 때, "나는 …을 느낀다"라고 말하며 그 상태를 인정하고 말로 표현한다(감정을 정당화하거나 따로 설명할 필요는 없다).

3. 다른 사람들은 "흥미롭다", "그것도 일리가 있다", "들어주고, 지켜주고, 치유해줘야 할 게 있었구나", "언제든 환영이다"라는 말을 하며 힘든 감정이 머물 공간을 만들어 낸다.
4. 구성원들은 대문자 코치COACH상태를 유지한 채 더 큰 홀라키holachy와 공동의 목표에 마음을 열고, 집중한다.(이전 장에서 알아본 개인을 넘어서 더 큰 자기 자신을 집단 속의 개개인과 연결했던 과정, 유발요인, 참조경험을 기억한다면 가능해 질 수 있다)
5. 자신의 마음과 직감에 집중한 상태에서, 구성원들은 어떻게 하면 "현실에 기반을 두고 전체적인 맥락에서 모든 것을 유지하려는" 감정을 공유할 수 있을지가 궁금해지게 된다. 인지적으로나 이성적으로 이해하려는 시도보다는 오히려 집단 속에서는 정서 지능을 사용하거나 직관으로 이런 감정이 모두에게 '찾아 오도록' 하라. 단어나 이미지, 상징, 몸짓, 또 다른 감정의 형태로 나타날 수 있다.
6. 구성원들은 각자 차례로 "나에게 찾아온 이 자원들은 ....."이라고 큰 소리로 외치며, 나머지 사람들도 차례대로 찾아온 자원들을 공유한다. 그리고 단어, 이미지, 상징, 몸짓으로 표현해 본다.
7. 모든 구성원들이 이 자원들을 공유한 다음, 응어리진 감정을 겪고 있는 사람은 내면 게임 속에서 이 감정이 어떻게 바뀌었는지 이야기한다.

이 과정은 모두가 자신의 힘든 감정을 공유할 기회를 가질 때까지 계속된다.

물론 매우 의식적인 이 절차의 목적은 심리적으로 안정된 분위기에서 정서 지능의 자원들을 연습할 기회를 모두에게 주기 위한 것이다. 이 방법은 팀워크와 회복 탄력성 향상을 돕는 많은 방법 중 하나인데, 앞서 출간된 「실리콘밸리의 최고 기업은 어떻게 협업하는가」에는 다음과 같은 다양한 연습과 훈련방법이 제시되어 있다.

- 문제 해결을 위한 집단적 협력 증진으로 인터비전intervision을 적용하기(pp.130~134)
- 붕괴CRASH에서 대문자 코치COACH의 상태로 변화시키기(pp. 348~349)
- 테트라 레마Tetra Lemma를 통해 잠재적 충돌을 변화시키기(pp.350~352)

타인들이 힘겨운 기분을 대처하는 방법을 찾는 것을 돕다 보면 지지라는 긍정적인 영역을 만들어 내고, 또한 사회적 EQ를 발달시키는 것을 돕게 된다.

-스티브 잡스Steve Jobs

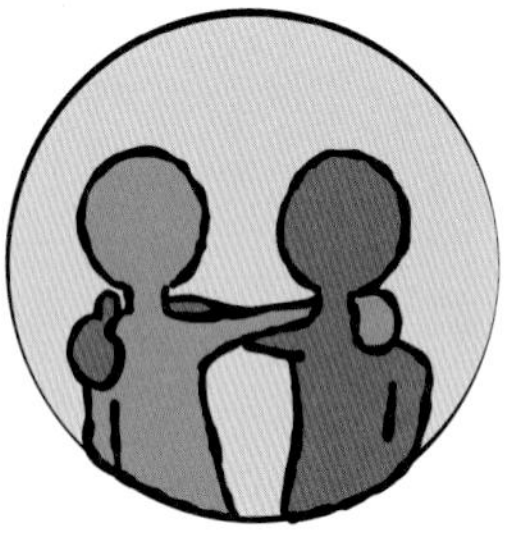

공감력

앞으로 다룰 장에서 "타운홀 미팅town hall"이나 "분위기 개선하기clearing the air" 과정처럼 집단 속에서 힘든 감정을 표현하고 처리하는 또 다른 방법과 도구를 많이 만나게 될 것이다. 적절한 방법을 적절한 시기에 사용할 수 있다면 이 가치있는 활동은 예기치 못한 불가피하고 곤란한 상황 속에서 실력을 발휘할 것이며 리더와 팀 구성원들은 빠르고 원활하게 대응할 준비를 할 수 있게 될 것이다.

다음에 나오는 성공 요인 사례에서 이와 관련된 좋은 실례를 보게 될 것이며 처음 두 장에서 언급한 원칙의 많은 사례들도 만나게 될 것이다.

• 성공 요인 사례 •
탄톡생 병원장 림 수에트 운 박사

Success Factor Case Example: Dr. Lim Suet Wun – CEO Tan Tock Seng Hospital

2003년 사스*SARS* 전염병에 대한 싱가포르의 "그라운드 제로*Ground Zero*"

림 수에트 운 박사

림 수에트 운 박사는 2003년 사스 발발 기간 동안 싱가포르의 『탄톡생』 병원의 CEO로서 정서 지능이 무엇인지 보여주었다.

림 수에트 운Lim Suet Wun박사가 탄톡생Tan Tock Seng 병원의 CEO가 되었을 당시만 해도 2003년 초에 싱가포르에 불어 닥친 사스SARS(중증 급성 호흡기 증후군) 위기에 대비할 수 있는 방법이 준비되어 있지 않았다. 탄톡생 병원은 싱가포르에 처음으로 사스라는 치명적인 질병이 나타난 곳이다. 결국 탄톡생 병원은 싱가포르에 나타난 사스에 대응하고 질병 봉쇄를 위해 "그라운드 제로Ground Zero"를 실시하게 되었다.

정부의 결정에 따라 병원의 모든 직원과 환자들은 병원 내에 수개월간 격리되었다. 그들은 질병을 더 감염시킬 수 있는 위험을 지니고 있었기에 병원 밖으로 나오지 못하게 격리되었다. 사람들은 알려지지 않은 전염성이 강하고 치명적인 질병과 마주하며 좁은 공간에서 함께 생활해야 했다. 그것은 '삶과 죽음이 공존하는 상황'이었으며, 감염자들 중 절반 이상은 병원 관계자 및 간부급 의사를 비롯한 의료 종사자였다. 사실상 병원 직원들은 질병이 감염될 가능성이 가장 큰 집단이었다. 게다가 다른 지역에서 추가적으로 발생된 환자들 또한 해당 병원으로 보내졌기에, 이미 병원에 있었던 환자들과 직원들은 감염 가능성이 더 높아질 수밖에 없었다. 초기에는 병의 원인이나 감염 경로는 물론, 예방하는 방법조차도 아는 사람이 없었다. "이것은 불확신이 만들어낸 복잡하게 얽힌 위기였다"고 박사는 설명했다.

운Wun 박사는 위기를 어떻게 해결했는지 회상하면서 의사 결정을 내리는데 필요한 3가지 성공요인을 확인했다.

1. 의사결정을 위하여 필요한 정보를 수집하고 고를 것

'유언비어'를 효과적으로 제어하는 데에 있어 이것은 운 박사에게 필수적이었다. 상황이 위험하거나 불확실 할 때에 '최악의 상황을 예상하는 것은 인간의 본성이다.' 라는 말이 있다. "이러한 상황에서 근거없는 소문은 마치 암과도 같다."고 운 박사는 말한다. 병원에는 다행히도 필요시 연락할 수 있는 커뮤니케이션 체계가 빠짐없이 잘 구축되어 있었고, 실제 잘 운영되고 있었다. 여기에는 비상 상황시 강당에 집합하기, 비상연락 체계 구축 등이 있었다. "위기상황은 이러한 시스템을 더욱 잘 돌아가게 했습니다"라고 박사는 설명했다. 사람들이 이미 커뮤니케이션 채널에 익숙했고 그 프로세스를 신뢰했기 때문에 더 큰 위기가 와도 피할 수 있었던 것이다.

사회적 기술

2. 정보와 결정을 빨리 알리고 협력을 확립하는 것

"중요한 것은 모두가 함께 일해야 하며 한 팀으로 협력해야 하는 것"이라고 박사는 설명한다. 이를 달성하기 위해 가장 중요한 것은 병원에서 직급에 관계 없이 모두가 '같은 처지'에 있다는 것을 확실히 하는 것이었다. 운 박사는 '기관실에 있는 사람들이 알아야 하는 것은 어디가 배의 머리 부분이냐'는 것이다. 의사 결정에 대한 준수와 책임 또한 매우 중요하다. 운 박사의 말에 따르면 삶과 죽음의 경계에 서있는 상황이라면 "필요시 연락할 수 있는 커뮤니케이션"이 때로는 필요하다는 것이다. 이는 개인이 공개적으로 처벌을 받거나 훈육을 받는다는 것을 의미한다. 그는 몇몇의 사람들에겐, "그들의

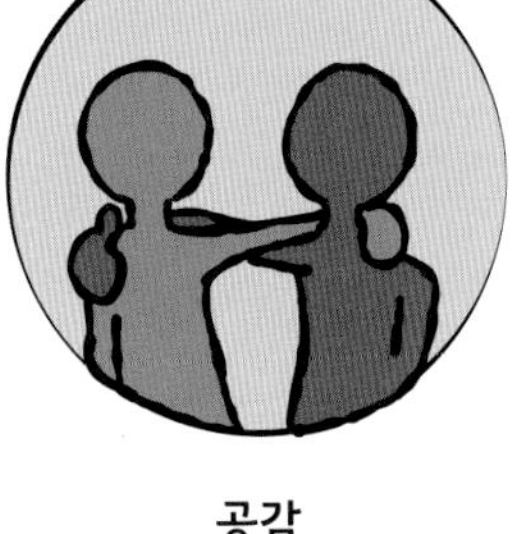

공감

꼬리를 쏘면 따라올 것이다”라는 것을 알려줄 필요가 있다고 이야기한다.

3. 예시를 통해 결정에 대한 믿음과 자신감을 증명하는 것

가장 어려운 도전은 불확실성이 어떻게 팀원들의 감정적인 상태에 영향을 끼치는지를 다루는 것이다. 불안과 공포에 대한 감정은 사람들을 쉽게 공황상태로 몰고 가거나 붕괴상태로 만든다. 이러한 위기의 상황에는 ‘말보다 행동이 더 효과적이다’는 말이 딱 들어 맞는다. 아주 좋은 예로, 사스가 발생된 초기에 일부 직원들은 마스크와 장갑이 감염으로부터 보호해 줄지를 의심했다. 리더이자 의사로서 운 박사는 보호장구를 착용하고 헌신적으로 매일 같이 병원 관계자와 환자들을 만나며 일일이 악수했다. 즉, 그의 행동으로 그는 이와 같이 말한 것이다. “나는 우리의 미션과 우리의 결정이 충분히 나의 생명을 걸 만한 것이라고 생각한다.”, “나는 나의 결정에 따른 결과를 제일 먼저 책임지는 사람이다.” 이것은 ‘말하는 대로 행동하라’라는 격언의 완벽한 전형이다. 운 박사가 병실을 회진하는 것은 물론 그 외 눈에 띄는 행동들은 환자들과 병원 직원들의 신뢰와 연결고리를 더욱 강화시키고 굳건히 하는데 효과적이었다.

자기 동기부여

운의 내면 게임의 숙달, 그의 차분한 태도와 큰 일치감, 그리고 두려움이란 잠재력을 지닌 불확실한 상황에서, 리더로서 일치하는 행동은 행동은 평온하고 자원이 풍부하며 협조적인 “장field”을 창출하여 위기를 억제하고 재앙을 피할 수 있었다.

운 박사가 탄톡생 병원에서 사스 위기를 성공적으로 처리한 것은 아래의 중요성을 증명한다.

(1) 준비와 실행

(2) 개인적인 에고를 뛰어넘어 더 큰 자아와 하나로 연결하고자 하는 사명감과 더 큰 목적

(3) 자원이 풍부한 지원의 “장field”을 창조하고 키워냄

몸에 밴 리더십과 정서 지능

운 박사의 차분한 태도와 언행일치의 모습은 차분하게 협력의 ‘장’을 창조했고, 이는 전염병을 억제하는데 효과적이었다. 이는 싱가포르처럼 작고 인구 밀도가 높은 국가에서 큰 재앙이 될 수 있었던 질병을 효과적으로 억제하는데 도움이 되었다.

운 박사의 성공과 탄톡생 병원의 상황을 성공적으로 처리한 것은 다음의 중요성을 입증한다.

1. 준비와 실행 - 협력적인 구조와 규칙을 평소에 잘 준비해 두는 것
2. 개인적인 에고를 뛰어 넘어 더 큰 자아와 하나로 연결하고자 하는 사명감과 더 큰 목적. 여기선 의사이자 리더로서 운Wun 박사의 미션에 대한 헌신
3. 자원이 풍부한 지원의 장(코치 컨테이너)을 만들고 키우는 것. 여기선 모든 직원, 환자들과 매일 악수를 하는 것

운 박사의 사례는 핵심적인 리더십 능력이 얼마나 중요한지 명백히 입증하고 있다. 즉, 1) 명확한 방향 지시(기관실 사람들이 어디가 배의 머리인지 알도록) 2) 다른 사람들에게 영향을 미치고 적절한 행동을 하도록 유도 3) 팀 협력을 장려 4) 본보기 되기가 그것이다. 운 박사의 행동은 정서 지능의 다섯 가지 요소에 대한 직관적인 이해도 증명하는데, 그 다섯 가지 요소는 자기 인식, 자기 규제, 자기 동기부여, 공감력, 관계기술이다.

그의 주요 과제 중 하나는 매우 강렬하고 힘든 감정을 인정하고 해결하는 것이었다. 그의 사례는 다음과 같은 능력을 보여준다.

- 감정을 인식하고 이해하는 것 그리고 타인에게 (특정한 행동을 하도록) 영향을 주는 것
- 파괴적인 충동과 감정을 관리하고 재설정하는 것
- 돈과 지위를 뛰어넘는 이유로 일하는 것
- 공동의 이익과 자신의 이익 사이에서 균형을 이루는 것
- 타인의 감정 구조를 이해하는 것
- 타인의 감정 반응에 맞춰 대하는 것
- 공통점을 찾고 관계를 형성하는 것
- 관계를 관리하며 신뢰를 강화시키는 것

이러한 역량은 위기를 성공 스토리로 전환하는 데 도움이 되었다.

제2장 요약

◇

역경을 예상하고 대처하는 능력은 기업가와 지도자 모두에게 필수적인 성공 요소다. 회복 탄력성은 연습과 수련을 통해 발전된다. 피터 센게Peter Senge의 학습조직을 위한 제5의 수련, 즉 개인 숙련의 달성 및 격려, 멘탈 지도와 가정들에 대한 인식과 검토, 비전 개발 및 미래 창조, 팀 학습 격려 그리고 시스템 사고 능력 개발은 미래를 위한 단련과 회복 탄력성 향상을 위한 강력한 길잡이가 된다.

의식 리더와 차세대 기업가에게 필요한 또 다른 역량은 정서 지능으로, 이는 우리 자신의 감정을 인식하고 타인이나 자신에게 동기부여를 하며 관계 속에서 감정을 관리할 수 있는 수용성과 연관이 있다. 작가 다니엘 골드만Daniel Goldman에 따르면, 정서 지능에는 기본이 되는 다섯 가지의 필수 구성 요소가 있는데, 이는 자기 인식, 자기 규제, 자기 동기부여, 공감력, 관계 기술이다.

우선되는 영역은 리더 또는 사업가로서의 정서 지능이다. (1) 자신과 타인의 힘든 감정 상태를 다루는 것 (2) 자원이 풍부한 정서 상태를 자극하거나 유발하는 것. '부정적인' 감정을 정서 지능 방법으로 다루는 것은, (a) 그들이 생존 가치가 있음을 인정하고 (b) 뒤에 숨겨진 긍정적인 의도를 찾고 이해하며 (c) 감정적인 반응과 관련하여 구체적인 문맥과 주의를 기울여 대안적인 행동을 추가하는 것이다.

정서 지능은 우리의 인지 능력 이상, 즉 신체적 지식과 정보에 접근하고 활용하는 능력까지 요구한다. 최근의 신경학 연구에선 배(장내 신경계)와 심장에는 머리 못지 않은 상당한 수준의 지능이 있음을 확인했다. 두뇌는 주로 이성과 계획과 연관되어 있지만 배에 있는 장기의 뇌는 대개 직관력 및 평가력과 관련이 있으며, 반대로 심장은 대인관계와 열정과 관계가 있다. 의식 리더는 세 가지 뇌인 머리, 심장, 그리고 몸의 직감을 활용하여 의사 결정을 하고 타인에게 영감을 일으켜야 한다.

회복 탄력성, 미래 적합성 및 의식 리더십의 또 다른 핵심은 우리의 내면 게임을 숙달하는 것이다. '내면 게임'은 자신의 내적 자원을 동원하고 부가된 장애물을 스스로 극복하고 자신의 가치와 목적에 충실하게 노력하는 것과 관련이 있다. 내면 게임은 자신이 하고 있는 것에 대한 정신적, 정서적 접근 방식과 관련이 있다. 또한 내면 게임에는 자신의 태도, 자신과 팀에 대한 믿음 그리고 효과적으로 집중하는 능력, 실수와 압박에 대처하는 능력 등이 포함되어 있다.

내면 게임을 통달하는 것은 겸손한 권위와 탁월한 태도에 힘입어 '내면의 탁월한 영역'을 확인하고 접속하는 것이다. 이를 달성하려면 자기 인식, 자기 측정, 자기 앵커와 같은 기본 기술이 필요하다.

내면 게임의 성공을 위해서는 '자원 앵커'를 만드는 능력이 필요하다. 앵커링은 신호를 만들거나 자신의 목표 또는 내부 자원을 상기시키는 과정이다. 많은 자원의 앵커를 보유하는 것은 어떤 상황에서도 자신감을 최대한 발휘할 수 있도록 만드는 것과 같다.

에너지 관리는 내면 게임을 마스터하는 또 하나의 핵심 역량이다. 긍정적이고 적극적인 에너지를 자신과 다른 사람들에게 가져오는 능력은 리더와 기업가에겐 필수적이다. 우리 내면의 수준과 에너지의 질을 인식하고 불가피한 추락 혹은 에너지의 방해물을 다루는 것은 우리의 성공에 결정적인 요소이다. 에너지의 수준을 향상, 수정, 교류 또는 재설정하는 연습을 꾸준히 하는 것은 의식 리더십을 발휘하는데 도움이 된다.

의식 리더십의 또 다른 중요한 특징은 현재에 집중하는 것, 즉 현존이다. 현존은 '수행자(공연자)가 대상(청중)과 밀접한 관계를 맺을 수 있는 균형과 효과의 질'로 정의한다. 잘 준비하여 효과적으로 우리가 상호 작용하는 사람과 긴밀한 관계를 달성할 수 있는 능력은 기업가나 리더로서 성공하기 위한 필수적인 자질이다. 사람들이 서로 연결되어 있고 서로 존재함을 인정할 때 나타나는 자연적인 감정은 연민, 공감, 서로에 대한 진정한 관심, 기대, 진정성 및 기쁨이다. 이 감정들은 개인적이든 직업적이든 효과적인 관계의 기초가 된다.

대문자 코치COACH 상태를 실천하는 방법은 우수한 내적 영역을 발굴하고 강화하여 에너지를 관리하고 힘을 강화하는 능력을 키우는 것이다. 대문자 코치 상태는 1) 우리의 깊은 자아에 중심을 두고 2) 모든 가능성을 열어두고 3) 알아차리고 4) 우리 자신과 우리 목적 그리고 더 큰 자원과 연결되며 5) 어떤 형태로든 일어날 수 있는 모든 가능성의 상태를 유지하는 능력이다.

대문자 코치COACH 상태의 반대되는 상태는 붕괴CRASH 상태로 수축, 반작용, 얼어붙음, 자신과 타인의 분리 그리고 적대감의 상태다. 우리가 붕괴의 상태에 있을 때 우리는 '내면의 탁월함'에서 벗어나며 모든 것이 더 어려워진다. 붕괴 상태에서 외부 장애물에 직면하게 되면 우리는 해결할 수 없는 문제로 여기게 된다.

회복 탄력성을 미리 연습하는 것은 내면의 탁월함에서 벗어나 코치 상태를 잃어버렸을 때를 감지하고, 정상으로 회복하기 위해 어떤 조정을 해야 하는지를 알아차리는데 도움이 된다. 이를 정기적으로 훈련하고 준비하면 인생에서 회복 탄력성을 활용할 수 있는 영역과 범위가 훨씬 많아지고 커진다.

아무리 잘 준비한다고 해도 붕괴의 경험을 완전히 피하는 방법은 없을 것이다. 우리의 내적 상태를 조절하기 보다 우리는 전체 내면 게임을 '재설정'하고 붕괴상태를 유발하는 것이 무엇인지 발견하여 그 근본원인을 바꿔야 한다. 붕괴상태로부터 회복하는 것은 힘든 감정들을 위한 '게스트 하우스Guest House'를 창조하고 그러한 감정들을 자원이 풍부한 방법들, 예컨대 그들을 '아래로beneath' 연결시키거나(무언가를 우리와 깊게 연결시키는) 또는 '초월하여beyond' 연결시키는(무언가를 우리보다 크게 연결시키는) 방법들로 붙잡아 두는 것을 배우는 것이다.

'붕괴'상태를 변형시키는 것은 긍정적인 의도를 이해하고 그 숨은 의도를 해결할 수 있는 다른 보완되는 자원 상태에 연결하여 붕괴를 생성하는 기능을 변형시키는 것이다. 우리의 인지능력과 더불어 제스처나 움직임 등 우리의 신체 지능을 활성화시키는 것은 매우 탁월한 방법이다.

도전에 직면하거나 위기가 닥쳤을 때 리더는 스스로 '내면의 탁월성 영역'으로 들어가 대문자 코치 상태를 만들고 유지하는 것은 매우 중요하다. 또한 리더로서 다른 구성원들도 같은 상태가 될 수 있도록 이끄는 것 역시 중요하다. 이는 서로 간에 최선의 것을 이끌어내는 데 도움이 되며 서로를 통해 자원을 이끌어 낼 수 있다. 그룹에서 힘든 감정을 견디는 것은 심리적 안전함을 느끼는 분위기에서 정서 지능을 활용하여 팀원들이 자신감과 가능성을 지닌 "장filed"을 통해 두려움과 공포의 상황에서도 서로를 지원할 수 있게 해준다. 강하고 풍부한 코치 컨테이너를 만들기 위해 스포츠 팀들은 시합 전에 간략한 의식이나 구호를 통해 모든 선수들을 "탁월성의 영역'으로 이끈다.

회복 탄력성을 키우고 위기, 도전 및 불확실성에 효과적으로 대처하기 위해서는 많은 다른 감정을 내면에서 수용하고 통합해야 한다. 진실되고 생산적으로 되기 위해 어떤 형태든 모든 내부 상태와 에너지를 환영하고 인정해야 한다. 알려지지 않은 것은 무엇이든 현존을 약화시키는 일종의 '그림자'가 된다. 우리의 내면 게임의 일부로서 힘든 감정을 잘 다루는 기술을 발전시키는 것과 마찬가지로, 조직에서는 상호 작용 과정에서 발생할 수 있는 감정에 대해 정서적 대응을 할 수 있는 여지를 마련하는 것이 중요한데 특히 역경과 통제불능의 상황에서는 더욱 중요하다. 집단 내에서 힘든 감정들을 있는 그대로 받아들이는 연습은 판단하고 분별하지 않는 정신세계의 평정심이라는 큰 공간 속에서 도전적인 감정들을 받아들이고, 인정하며 그들의 긍정적인 의도를 이해하는 것이다. 이는 감정을 그냥 가볍게 지나가게 하거나 또는 생산적인 자원으로 변화시키고 오히려 도움이 되는 자원으로 통합하여 활용할 수도 있게 한다.

관행과 구조를 미리 갖추는 것의 가치는 피할 수 없는 예기치 못한 도전이 왔을 때, 리더와 팀원들이 신속하게 대응하고 효율적으로 자원을 활용할 수 있는 준비가 된다는 데 있다.

2003년 죽음의 사스 감염병이 퍼지던 시기에 싱가포르 탄톡생 병원이 처한 막중한 상황을 성공적으로 관리한 림 수에트 운 박사의 사례는 의식 리더십과 정서 지능의 원칙과 힘이 '삶과 죽음'의 기로에 서있는 상황에서 위기를 극복하고 역경을 극복해 나가는 데에 어떻게 적용되는지를 분명히 보여 주었다.

이어지는 장에서는 이러한 원칙과 기술로 돌아가서 지속 가능한 기업을 만들고 비전을 구현하고자 할 때 나타날 수 있는 여러 제약과 위험에 대처할 때 필요한 마인드셋과 행동을 살펴본다.

Conscious Leadership and Next Generation Entrepreneurship

CHAPTER 03

의식 리더십과 차세대 기업가 정신

우리가 존경하는 리더들과 오래 살아남는 기업들은 일반적으로 인기나 개인의 이익만을 추구했기 때문이 아니라 더 큰 목적에 대한 헌신을 했기 때문이다. 이는 참된 성공의 전형적인 특징이다. 성공의 여정에 놓인 다른 작은 함정은 이러한 커다란 미션에 대한 산물일지도 모른다. 하지만 이것들이 중심이 될 수는 없다.

버락 오바마Barack Obama

인간이 완전하게 헌신하는 순간, 섭리가 움직이기 시작한다. 모든 종류의 일들은 헌신하는 순간부터 가능해진다. 헌신하겠다고 결정하는 순간부터 사건이 일어나는데, 자신을 향해 다가오리라고 꿈꾸지도 못했던 일들과 실제적인 도움들이 나타나기 시작한다.

괴테Gethe

• 차세대 기업가들의 핵심 특징들 •

Key Characteristics of Next Generation Entrepreneurs

SFM 시리즈 첫번째 책(SFM Volume I)에서는 성공적인 '차세대 기업가'가 되는 데에 필요한 기술들을 제시했다. 거기에선 차세대 기업가를 세상에 긍정적인 변화를 가져오고, 개인의 성장을 자극하는 제품이나 서비스를 제공하는 지속 가능한 사업을 만들어 내거나 또는 개인의 꿈을 위한 프로젝트를 창출하는 사람들이라고 정의했다. (SFM Col. I, pp. 64-71 참조) 차세대 기업가 또는 '젠기업가zentrapreneur'는 아래와 같이 헌신하는 사람들이다.

- 자신의 꿈을 이루며 사는 것. 즉, 돈 그 이상의 것에 열정을 느끼는 것
- 세상에 긍정적인 변화를 만드는 것
- 재무적으로 견고하고 지속 가능한 기업을 설립하는 것
- 새롭고 의미 있으며 혁신적인 무언가를 창조하는 것

차세대 기업가란 자신의 꿈을 실현하기 위해 지속 가능한 사업 또는 프로젝트를 창안하는 동시에 세상에 긍정적인 변화를 가져오고 개인의 성장을 자극하는 제품 또는 서비스를 제공하는 사람을 말한다.

위대한 기업가는 성공적이고 목적이 있는 사업과 경력을 만들어 내고자 하며 이를 위해 개인의 성장과 사업의 성공을 함께 이루어 내겠다는 열망을 실천한다.

이와 같이 차세대 기업가들은 성공적이고 목적의식 있는 사업과 경력 둘 다를 만들어 내기를 바라는데 이를 위해서는 앰비션ambition과 기여 즉, 개인의 성장과 성취를 위한 앰비션과 미션의 결합이 선행되어야 한다. 차세대 기업가들은 또한 같은 비전과 미션 그리고 앰비션을 공유할 사람들의 각기 다른 마음을 끌어 모아 함께 협력하기를 열망하기도 한다. 의식 리더십처럼, 차세대 기업가 정신은 사람들이 함께 하고 싶은 세상을 창조하는 것이다.

SFM 1권과 2권에서 지적했듯, 성공한 차세대 기업가들은 아래의 다섯 가지 활동을 통해 성취한다.

- 개인적 또는 정신적 성장하기
- 사회 또는 환경에 공헌하기
- 성공적이고 지속 가능한 기업과 성과 창출하기
- 자신과 다른 사람들의 정서적, 물질적 웰빙 지원하기
- 동료들과 함께 비전과 자원을 공유함으로써 새로운 가능성을 촉발하기

이러한 활동들은 다음과 같은 도표로 요약될 수 있다.

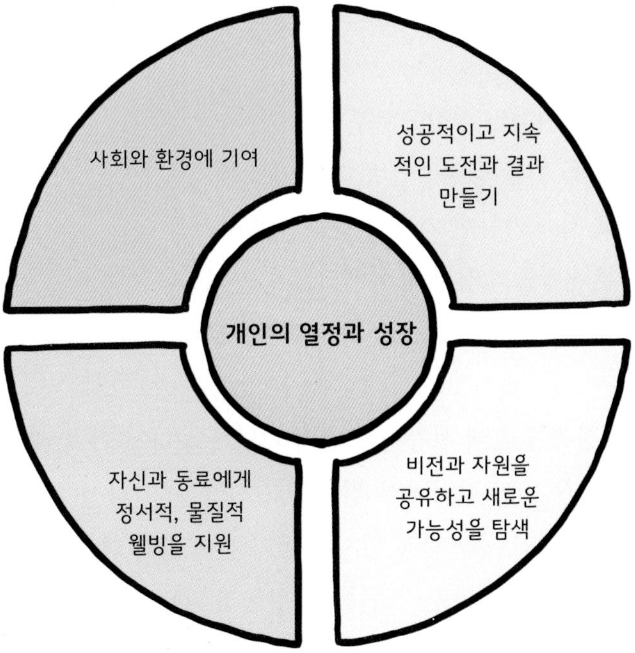

진정한 성공 그리고 사람들과 함께하고 싶은 세상을 창조하는 것과 관련된 핵심 활동들

차세대 기업가들의 이 다섯 가지 활동들은 분명히 의식 리더들에게도 중요하다. SFM 연구는 진정한 성공을 위해 필요한 다섯 가지 핵심 주제를 가지고 차세대 기업가들이 기업 경영에서나 프로젝트 수행에서 활용할 수 있도록 SFM 성공의 원(Circle of Success)을 만들었다.(「실리콘밸리의 최고 기업은 어떻게 협업하는가」 pp. 18-27 참조)

• SFM 성공의 원 •

The SFM Circle of Success ™

'성공의 원Circle of Success'은 성공적인 기업을 구축하는 데 필요한 결과, 행동 및 사고방식 등으로 구성되었다. 진정한 성공을 위해 필요한 것으로 정의된 다섯 가지 원리는 차세대 벤처를 만드는 과정에서 다섯 가지 중심 결과로 자연스럽게 변환된다. 다섯 가지 핵심 결과는 다음과 같다.

1. 개인적이고 정신적인 성장으로부터 오는 **개인적 만족**
2. 사회와 환경을 위한 긍정적인 변화를 만드는 것으로부터 오는 **의미 있는 공헌**
3. 성공적이고 지속 가능한 기업 구축과 성과 축적의 결과에서 오는 **재무 건전성**
4. 자신과 다른 사람들의 정서적, 육체적 웰빙을 지원한 결과로 나오는 **혁신과 회복 탄력성**
5. 비전의 가능성과 자원을 동료들과 공유함으로써 지원되는 **확장 가능한 성장**

이러한 성과를 달성하기 위해 성공적인 벤처 기업가는 다섯 가지 핵심적인 관점 어느 하나도 소홀히 하지 않고 잘 균형 잡아가며 집중하고 실행한다. 다섯 가지 관점은 다음과 같다. 1) 자신과 그들이 하는 일에 대한 목적 인지와 동기 부여 2) 고객, 결과물들 또는 서비스 3) 투자자 및 이해관계자 4) 팀 멤버 또는 직원들 5) 전략적 파트너 또는 동맹.

다시 말해 성공적인 차세대 벤처 기업을 위한 다섯 가지 핵심 결과를 달성하기 위해 기업가는 몇 가지 중요한 행동을 해야 한다. 중요한 행동들은 다음과 같다.

1. 기업을 위한 동기와 목적을 알고 거기에 자신을 연결하는 것
2. 고객을 위해 **상품과 서비스를 개발**하고 기업을 지속적으로 운영할 수 있는 **충분한 이윤과 수익을 창출**하는 것. 이는 시장 점유는 물론 충분한 '마음 나눔mind share'을 통해 구축한다.
3. 기업의 미션mission과 **정렬되고** 사업이 성숙해지는 만큼 **역량을 지속적으로 강화하여** 유능한 팀원으로 구성된 팀 개발

4. 앰비션ambition에 도달할 수 있도록 지원하는 데 필요한 **자금을 모으고** 여러 **필수 자원을 확보하여** 사업을 지속적으로 확장하고 이해관계자와 투자자를 위해 가치를 창출하는 것
5. 모든 당사자가 자원을 풍부하게 활용할 수 있도록 전략적 파트너와 상생관계를 구축하고 시장에서의 가시성을 높이며 역할을 확대하는 것

"성공의 원"이라는 이름은 이러한 중요한 행동과 핵심 결과 사이의 관계를 나타내는 것을 의미한다. 핵심 성과는 원으로 표현할 수 있는데 자신과 자신의 목적 그리고 동기가 중심에 있고 고객/시장, 팀 구성원/직원, 이해관계자/투자자 그리고 파트너/동맹이 자리잡는 4분면으로 구성된다.

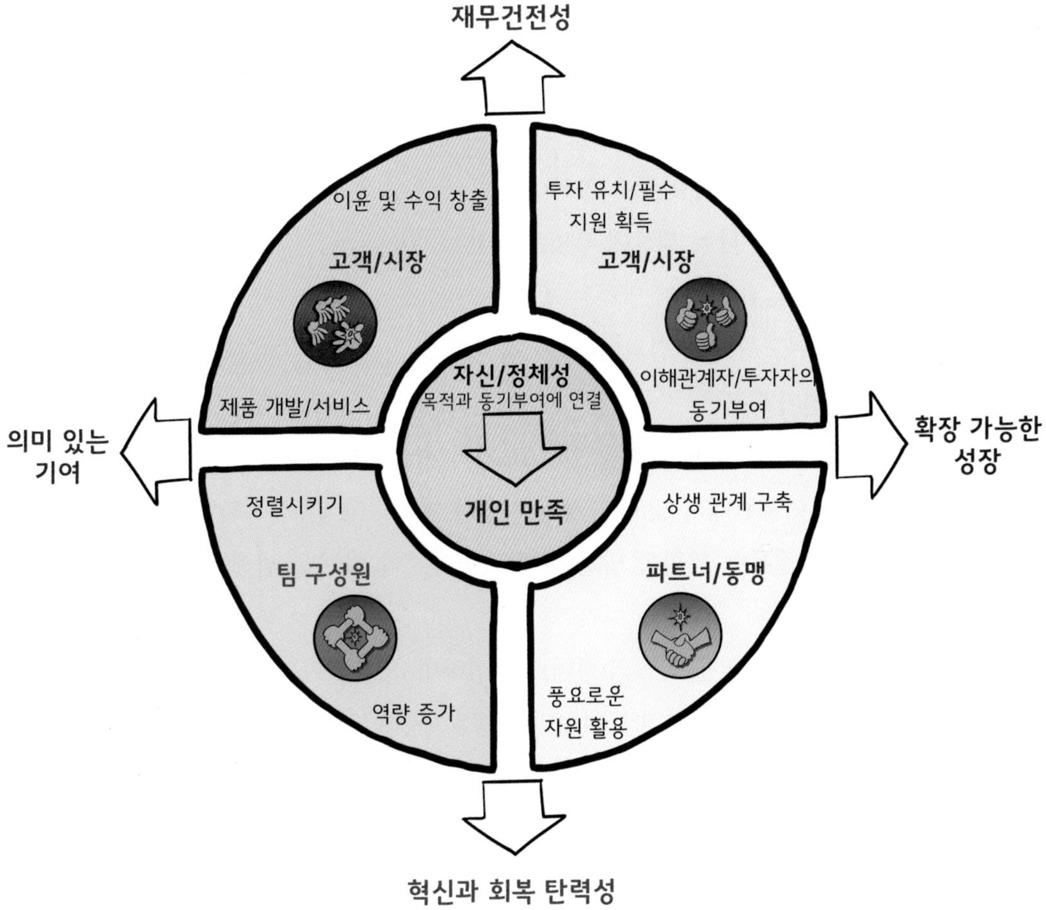

SFM 성공의 원

기업가 정신의 마인드셋 구축 *Establishing an Entrepreneurial Mindset*

성공적인 벤처 기업의 구축은 기업가 정신에 기반하는데 이러한 기업가 정신은 비전과 미션, 앰비션 및 역할의 형태로 자신의 열정을 이해하고 공유할 수 있는 능력에 기초한다.

우리의 성공 요인 모델링(SFM) 연구는 궁극적으로 성공적인 벤처기업의 핵심 결과에 도달하는 데 필요한 행동을 창조해내고 그러한 행동을 장려하는 것이 기업가 정신에 기반하고 있음을 보여주고 있다. 이러한 정신은 성공의 원에 의해 정의된 주요 관점과 관련하여 비전, 미션, 앰비션 및 역할의 형태로 자신의 열정을 공유할 수 있는 기업가의 역량이다.

- 개인적인 **열정**은 자기 자신과 자신의 가장 깊은 **정체성**을 완전하게 하나로 연결하는 것으로부터 나온다. 이는 열정과 에너지가 어디에서 나오는지 발견하게 해준다. 이를 위해선 다음 질문에 대한 깊은 사색을 필요로 한다. **"나는 어떤 일을 가장 사랑하는가?"**
- 기업가의 **비전**은 **고객과 시장을** 향하여 외부로 드러낸 열정의 또 다른 표현이다. 이 질문에 답을 해보라. **"나는 세상에 무엇을 창조하고 싶은가?"**
- 비전을 달성하기 위해 함께 일하는 **팀원들의** 협업은 조직의 미션에서 나타나는 데 이는 열정을 나누고 공유한 결과이다. 이 질문에 답을 해보라. **"비전에 대한 나의 독특한 공헌은 무엇인가?"**
- 성공적이고 지속 가능한 조직을 만들고 가치 창출이라는 **앰비션**으로 표현되는 기업가의 열정은, **이해관계자 및 투자자**가 자원을 제공하고 벤처의 위험을 감수하는 동기가 된다. 다음 질문에 명확한 답을 찾아야 한다. **"나 자신을 위해 무엇을 성취하고 싶은가?"**
- 기업가의 탁월한 영역을 역할의 형태로 구성하면서, 동료와의 상생 관계를 만들어내는 기업가의 열정은 효과적인 파트너십과 동맹관계를 더 풍요롭게 하며 효율적으로 만든다. 이를 위해선 다음 질문에 명확한 답을 찾아야 한다. **"나의 미션과 앰비션을 성취하기 위해 누가 필요한가?"**

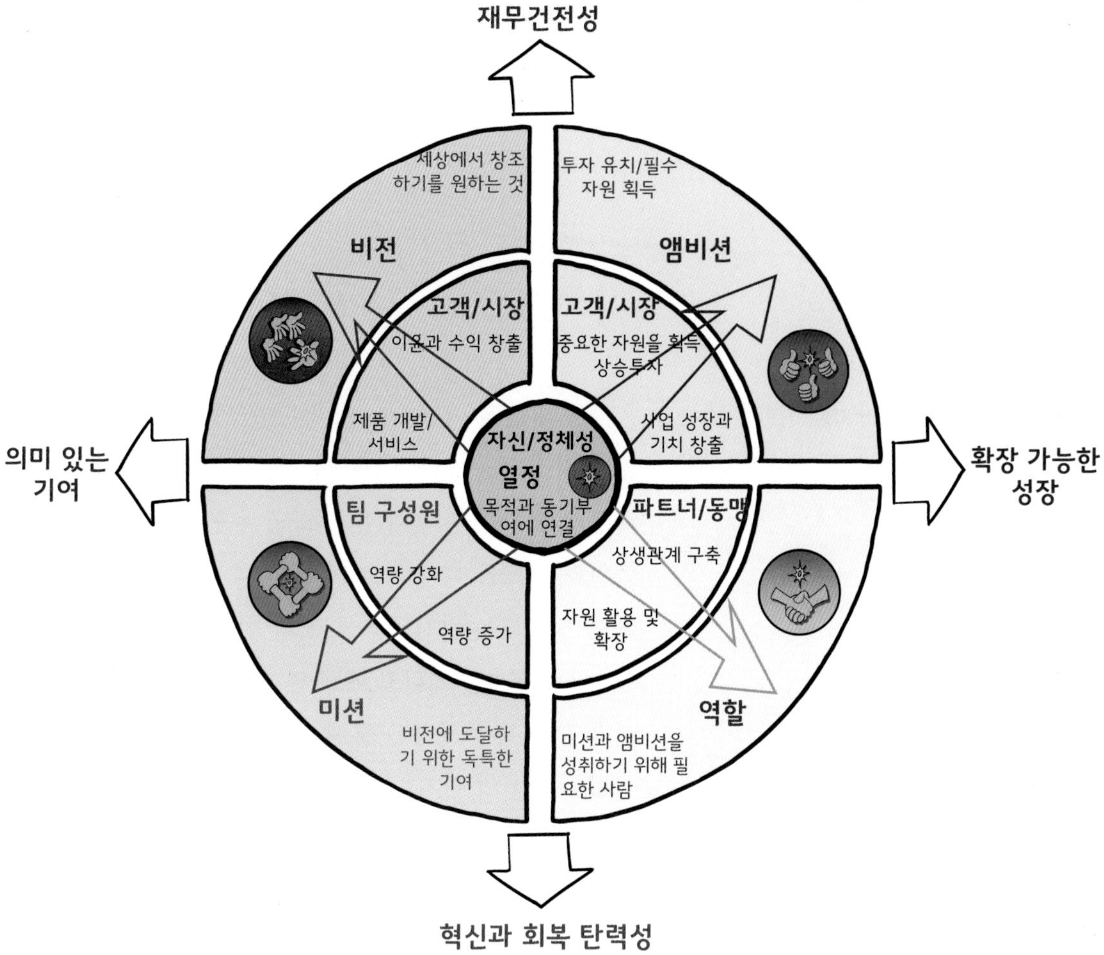

비전, 미션, 앰비션, 그리고 역할을 담은 SFM 성공의 원

• 사례 : 일론 머스크의 성공의 원 •

Example: Elon Musk's Circle of Success

혁신적인 게임을 만들어 지속 가능한 사업으로 전환시키는 일론 머스크의 기발한 능력은 기업가 정신의 잠재력과 성공의 원을 만드는 방법을 아는 것이 얼마나 중요한지 대한 분명한 예를 제공한다.

머스크의 관련성 최적화 전략은 투자자 및 기타 이해관계자들의 앰비션에 영향을 주고 결국 수익성을 높이며 인류를 위한 비전 달성으로 이어진다.

성공의 원을 이해하는 데 좋은 예가 제1장에 소개된 일론 머스크의 예다. 머스크는 '집단의 깨어남'을 향한 열정과 더 나은 것을 위한 변화의 욕구는 '인간 의식의 범위와 규모를 확대'하고 '인류의 미래에 긍정적인 변화'를 창출하는 비전의 기초가 되었다. 더 큰 비전은 전기 자동차, 태양 에너지 패널 및 재사용 가능한 추진로켓과 같은 특정 제품을 통해 나타났다.

광고를 거의 하지 않았음에도 기업이 추구하는 비전을 강력하게 믿는 현재 그리고 미래 고객의 뜨거운 반응은 파워월power wall과 테슬라 모델 3과 같은 전례 없는 제품에 대한 관심으로 이어졌고 수익으로까지 연결되었다.

머스크의 "지속 가능한 에너지로 세계 전환을 촉진하고, 인류를 여러 행성에서 살 수 있도록 돕는다."는 사명과 가치 있는 도전과 문제를 식별하고 우선 순위를 부여하는 능력은 세계 최고의 전문가들이 모인 팀 구성을 가능하게 했다. 도전에 직면했을때 서로 단결하고 개인의 역량을 최대한 발휘할 수 있도록 하는 머스크의 능력은 그가 운영하는 회사들이 의미 있는 공헌을 하고 '위대한 일을 성취'하게 하는 동인이 되었다. 머스크는 다음과 같이 말했다.

> 나는 모든 사람들이 미션이 무엇인지, 목표가 무엇인지 알아야 한다고 봅니다. 그리고 회사에 들어가면 목표를 달성하는 일을 하게 된다는 것을 정확히 이해하는 것이 중요하다고 생각합니다. 목표가 명확하게 정의되고 이해되어서 직원들이 "좋아요"라고 말하기만 한다면, 그들은 단순히 급여만 받고 일하는 것이 아니라 회사 전체의 목표에 동의하며 신뢰를 가지고 일하게 되

는 것입니다. 만약 그들의 활동이 회사와 일치하지 않는다면 당신은 말할 수 있습니다. "당신, 행동을 좀더 특별한 방법으로 바꿀 필요가 있겠어요." 그러면 그들은 그 말을 따르고 노력하게 됩니다. 드문 일이겠지만 만약 누군가가 받아들이지 않는다면, 당신은 그들이 팀을 떠날 수 있게끔 준비해야 합니다.

"모든 사람들에게 영감을 주는 미래와 수십억의 일자리"를 창출하고자 하는 머스크의 앰비션은 비전을 추구할 수 있는 투자는 물론 여러 필수 자원을 확보하고 끌어들일 수 있도록 만들었다. '관련성 최적화relevance optimization' 능력과 재무적 수익을 만들어내는 경제적 생존 능력을 잘 발휘하여 균형있는 경영을 하였으며, 이를 통해 투자자들과 이해관계자들을 위한 가치 창출은 물론 사업을 잘 확장하여 인류에 기여하였다.

변화에 대한 촉매로서 머스크의 역할과 기술에 대한 '오픈 소스open source' 접근 방식[6]은 가속화된 속도로 벤처 기업을 발전시킬 수 있는 여러 가지 중요한 상생 파트너십의 문을 열었다. 예를 들어, 그의 회사는 마이크로소프트Microsoft, 와이컴비네이터Y-Combinator, 그리고 다른 회사들과 주요 파트너십을 맺고 있다. 테슬라 자동차는 배터리 기술 발전을 위해 잠재적인 경쟁사 BMW와 파트너십을 맺고 설립되었다. 솔라시티Solar City는 에너지 사용 발전을 위해 "스마트" 온도 조절 장치 설치를 위해 네스트Nest와 파트너십을 맺고 있다. 나사NASA에 더해 스페이스엑스Space X는 보잉Boeing과 같은 항공기 제조사와 파트너십을 체결했으며, 최근에는 전 세계 인터넷 제공 범위 확대에 필요한 인공위성 런칭을 위해 구글Google과도 파트너십을 체결했다.

---

6 일론 머스크는 2014년 6월 전기자동차 테슬라에 도입된 대부분의 특허를 경쟁사들도 자유롭게 이용할 수 있도록 완전 허용했다. "우리가 보유한 모든 특허는 당신 것이다(All our patent are belong to you)"라는 선언은 인류에 다같이 기여하기 위해서 모두 함께 나아가자는 머스크의 철학이 담겨 있다.(역자주)

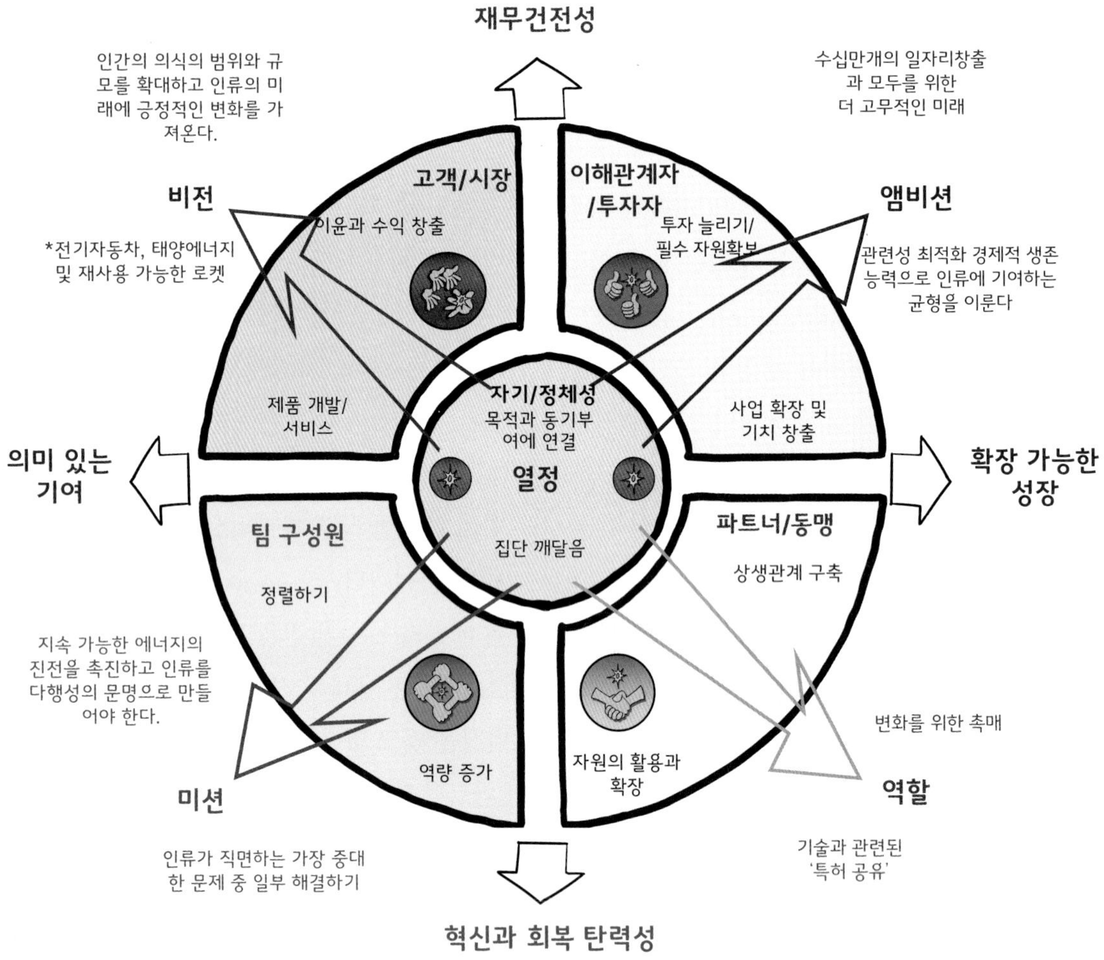
재무건전성
인간의 의식의 범위와 규모를 확대하고 인류의 미래에 긍정적인 변화를 가져온다.
수십만개의 일자리창출과 모두를 위한 더 고무적인 미래
비전
*전기자동차, 태양에너지 및 재사용 가능한 로켓
고객/시장
이윤과 수익 창출
이해관계자 /투자자
투자 늘리기/ 필수 자원확보
앰비션
관련성 최적화 경제적 생존 능력으로 인류에 기여하는 균형을 이룬다
제품 개발/ 서비스
자기/정체성
목적과 동기부여에 연결
열정
집단 깨달음
사업 확장 및 기치 창출
의미 있는 기여
확장 가능한 성장
팀 구성원
정렬하기
파트너/동맹
상생관계 구축
지속 가능한 에너지의 진전을 촉진하고 인류를 다행성의 문명으로 만들어야 한다.
역량 증가
자원의 활용과 확장
변화를 위한 촉매
미션
역할
인류가 직면하는 가장 중대한 문제 중 일부 해결하기
기술과 관련된 '특허 공유'
혁신과 회복 탄력성

일론 머스크의 성공의 원

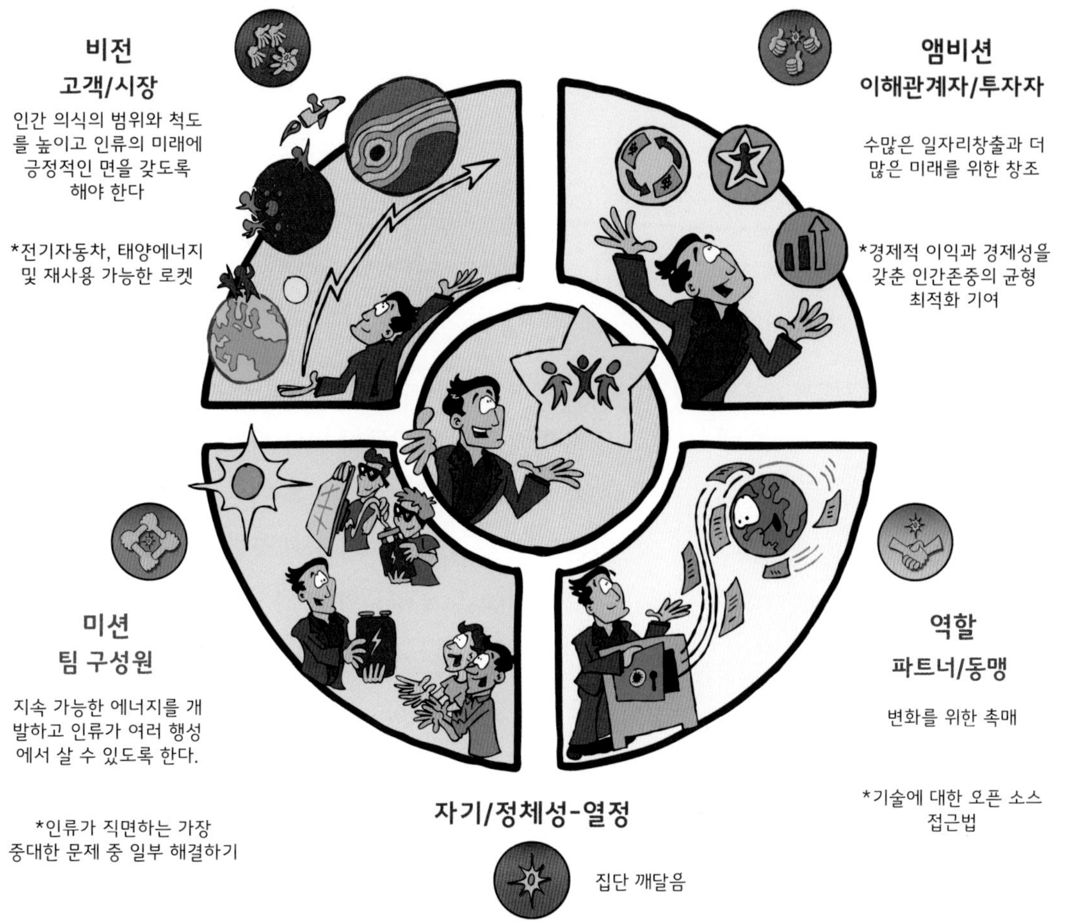
비전
고객/시장
인간 의식의 범위와 척도를 높이고 인류의 미래에 긍정적인 면을 갖도록 해야 한다
*전기자동차, 태양에너지 및 재사용 가능한 로켓
앰비션
이해관계자/투자자
수많은 일자리창출과 더 많은 미래를 위한 창조
*경제적 이익과 경제성을 갖춘 인간존중의 균형 최적화 기여
미션
팀 구성원
지속 가능한 에너지를 개발하고 인류가 여러 행성에서 살 수 있도록 한다.
*인류가 직면하는 가장 중대한 문제 중 일부 해결하기
역할
파트너/동맹
변화를 위한 촉매
*기술에 대한 오픈 소스 접근법
자기/정체성-열정
집단 깨달음

일론 머스크의 성공의 원

• SFM 성공 마인드셋 지도 •

The SFM Success Mindset Map

SFM 성공 마인드셋 지도는 성공적인 사고 방식의 세 가지 주요 영역을 나타낸다. : 메타Meta, 매크로Macro 그리고 마이크로Micro

성공 요인 모델링(SFM)의 중요한 미션은 기업가와 모든 유형의 의식 리더들이 일론 머스크처럼 성공의 원을 효과적으로 구축할 수 있도록 돕는 것이다. 이 미션의 일환으로, 나의 동료이자 국제적인 기업가이자 코치인 미키 페허Mickey A. Feher와 SFM 일러스트레이터 안토니오 메자Antonio Meza의 지원을 받아 **SFM 성공 마인드셋 지도**Success Mindset Map를 개발했다.

이 지도를 만들기 위해, 일론 머스크Elon Musk, 애플사의 스티브 잡스Steve Jobs, 버진 그룹Virgin Group 의 리차드 브랜슨Richard Branson, 아마존Amazon.com의 제프 베조스Jeff Bezos, 스타벅스Starbucks의 하워드 슐츠howard Schultz, 그라민은행Grameen Bank의 무하마드 유누스Muhammed Yunus, 더바디샵The Body Shop의 아니타 로딕Anita Roddick, 그리고 그 외에도 잘 알려진 기업가를 분석하여 성공 요인 모델링의 독특함을 적용했다. 앞서 나열한 열정, 비진, 미선, 앰비션 그리고 역할 같은 기업가 정신의 핵심 요소 외에도, 차세대 기업가 정신 및 의식 리더십을 지원하는 다양한 사고방식과 행동 및 습관을 구조화하였다.

Mindset Map International은 SFM성공 사례 지도 내 다양한 분야에서 강점을 평가할 수 있는 응용 프로그램을 만들었다. (http://www.mindmap.com)

사실 SFM 성공 마인드셋 지도Mindset Map는 성공적인 사고방식의 세 가지 주요 영역을 나타낸다.

1. 메타 마인드셋Meta Mindset - 큰 그림의 명확성
2. 매크로 마인드셋Macro Mindset - 성공의 습관
3. 마이크로 마인드셋Micro Mindset - 지속적인 우선순위

SFM 마인드셋 나침반은 메타, 매크로 그리고 마이크로 마인드셋의 세 가지 영역의 요소 중 어느 요소가 성공의 원으로 정의된 다양한 핵심 결과를 달성하는 데에 중요하고 관련이 있는지를 명시한다.

메타 마인드셋은 우리가 하는 일, 우리가 자리하고 있는 장소, 우리의 세계를 향한 근본적인 태도를 말한다. 메타 마인드셋은 정체성과 목적 수준에서의 성공 요인과 관련이 있다. 우리의 메타 마인드셋은 본질적으로 우리의 열정, 미션, 비전, 그리고 역할로 이루어져 있다. 이는 조직 또는 프로젝트와 관련된 "큰 그림의 명확성"을 제공한다.

매크로 마인드셋은 조직의 큰 그림에 초점을 맞추고, 이를 달성하기 위해 행동하는 정신적 수련 및 실천과 관련이 있다. 이러한 수련과 실천에는 우리의 에너지 집중, 정직함 찾기, 꾸준히 피드백 받기, 기회 탐색, 위험과 역경에 효과적인 대처, 재충전 및 균형을 위한 조정 등 자기관리 역량 수준에서의 성공 요인이 포함되어 있다. 이러한 맥락에서 매크로 마인드셋은 성공의 습관을 규정한다.

마이크로 마인드셋은 지속 가능한 기업을 구축하는 데 필요한 구체적인 행동을 만들고 안내한다. 마이크로 마인드셋은 행동의 수준에서 성공 요인에 집중한다. 목적과 동기를 명확히 하고, 상품과 서비스 개발하고, 이윤과 수익을 창출하며, 효과적으로 팀을 성장시키고, 필요한 자원을 확보하며, 사업을 확장하며, 이해관계자를 위한 가치를 창출하며, 상생 파트너십을 구축하고 가능한 자원을 활용하며 지속적으로 우선순위를 결정한다.

마인드셋의 이 세 가지 영역은 우리가 "SFM 마인드셋 나침반(SFM Mindset Compass)"이라고 부르는 것에 통합되어 구성된다. **마인드셋 나침반**의 기본 개념은 성공의 원으로 정의된 다양한 핵심 성과를 달성하기 위해 마인드셋의 특정 측면이 필요하다는 것인데, 예를 들어 재무건전성을 확보하기 위해서는 혁신과 회복 탄력성 증대에 필요한 메타, 매크로, 그리고 마이크로 마인드셋의 다양한 조합이 필요로 하다. 따라서 문자 그대로 나침반과 비슷하게 'SFM 마인드셋

나침반'은 프로젝트 또는 벤처를 특정 방향으로 이동시키거나 원한다면 어떤 방향으로 나아갈지를 보여준다.

요약하자면, 마인드셋 나침반은 메타, 매크로, 마이크로 마인드셋의 세 가지 영역의 요소 중 어느 요소가 성공의 원으로 정의된 다양한 핵심 결과를 달성하는 데에 중요하게 관련이 있는지를 명시한다. 기업이 현재 집중하고 있는 메타 목표Meta Goal에 따라 구성원 개개인의 만족도를 높이고 의미 있는 공헌을 하며 재무건전성을 확보하고 혁신과 회복 탄력성을 높이거나 확장 가능한 성장을 달성하는 결과가 따라온다. 마인드셋 나침반은 기업과 구성원들의 특성과 경향성을 파악하여 프로젝트 또는 조직을 다음 단계로 나아가게 하기 위해 무엇을 먼저 해야 하고 어느 분야를 강화해야 하는지를 파악하는 데에 도움이 된다.

이 장의 나머지 부분에서는, 자신의 마인드셋의 각 영역을 탐구하고 개발을 위한 강점 영역을 성찰할 수 있는 기회를 가질 것이다. 이어지는 장에선 각 마인드셋에 대한 심층적인 정보를 제공할 것이며, 일론 머스크가 성공을 위해 매우 중요하다고 주장한 정확한 자기 분석을 할 수 있는 기회를 갖게 될 것이다. 자, 먼저 메타 마인드셋을 함께 탐험해 보자.

• 메타 마인드셋-큰 그림의 명료함 •

Meta Mindset- Big picture clarity

메타 마인드셋은 목적과 정체성의 수준에서 성공 요인과 관련이 있으며 우리의 업무, 우리의 세계 그리고 그 세계에서의 우리의 입장에 대한 근본적인 태도와 관련이 있다. 메타 마인드셋의 각 요소를 명확히 하고 풍부하게 하는 것을 돕기 위해, 미키 페허Mickey Feher와 나는 메타 마인드셋의 각 측면을 전형적으로 보여주는 잘 알려진 기업가를 롤모델의 한 유형으로 선정하였다.

마인드셋-큰 그림의 명료함

새로운 벤처를 시작하는 것은 초기의 탐험가들이 했던 여행과 매우 흡사하다. 그들에겐 희망하는 목적지에 도착하기 위한 특정 마인드셋과 도구가 필요했다. 따라서 우리는 율리시스Ulysses, 어니스트 섀클턴Earnest Shakleton, 크리스토퍼 콜롬버스Christoper Columbus, 프란시스 드레이크Francis Drake 경, 호레이쇼 넬슨Horatio Nelson 제독 및 노아Noah와 같은 전설적인 탐험가, 항해사 및 지도자를 선정하여 차세대 기업가와 의식 리더의 마인드셋에 대한 주요 측면을 상징화했다.

성공한 기업가와 지도자의 메타 마인드셋은 다음의 여섯 가지 요소로 구성되어 있다.

1. 내가 진짜로 하고 싶은 것이 무엇인지를 안다(자신이 어떤 것에 열정이 있는지 안다).

열정passion은 의도가 있는 갈망 혹은 무언가에 대한 열망이다. 그것은 당신이 무엇에 깊은 관심이 있고 어디에 재능이 있는지를 찾는 것처럼 진심을 다해 추구하는 것을 찾는 끈질긴 내면의 욕구다. 우리가 만든 열정의 상징은 '불꽃'이다. 불꽃으로 표현된 열정은 변화를 만들고자 하는 당신의 열망, 투지 그리고 에너지에 불을 붙인다.

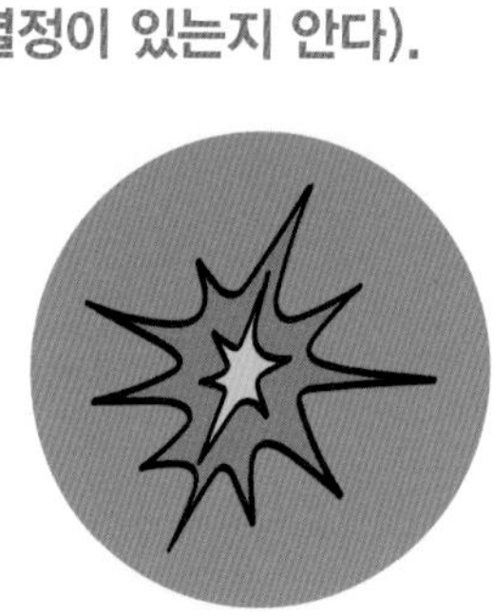

우리는 리차드 브랜슨 Richard Branson을 열정 있는 사업가의 롤 모델로 선정하였다. 열정적이고 영감을 주는 리더로 알려진 브랜슨은 400개 이상의 회사를 가진 버진 그룹의 창업자로 잘 알려져 있다. 사업을 시작할 때, 브랜슨은 "삶에서 나의 관심은 크고, 성취 불가능한 도전 목표를 세우고, 그것보다 더 위에 올라가는 것을 시도하는 것이다…. 충만한 삶을 원하는 관점에서 나는 그것을 시도해보고 싶었다."고 말했다.

우리는 전설적인 여행자인 율리시스를 열정의 다른 롤 모델로 선정하였다. 호머Homer, 단테Dante 그리고 테니슨Tennyson의 작품에서, 율리시스는 "모험에 열망하는" 열정적인 탐험가로 묘사되어 있다. 오디세이에서 호머의 율리시스는 "여행은 아주 중요하다"고 열렬히 강조한다. "모든 사람은 자신에게 가장 잘 맞는 일을 할 때 가장 즐겁다"며 율리시스는 "투쟁없이 명예스럽게 죽기보다, 사람들에게 오랫동안 기억될 위대한 업적을, 내가 최초로 이루게 하소서"라고 외쳤다. 테니슨의 율리시스는 이야기했다. "나는 여행을 쉴 수가 없다. 나는 삶을 앙금 -병의 바닥에 있는 찌꺼기-까지 마실 것이고; 나를 사랑한 사람들과의 시간 그리고 혼자 있을 때에도 모든 시간을 대단히 즐겼고, 인고했다." 그는 "분투하고, 구하고, 찾고 양보 없는" 갈망이 자신을 이끈다고 선언했다.

당신의 메타 마인드셋의 이 측면을 탐구하기 위해, 다음의 질문에 얼마나 명확하게 답할 수 있는지를 숙고해 보라.

- 진짜로 하고 싶은 것은 무엇인가?
- 무엇이 나를 흥분시키는가?
- 부엇에 재미를 느끼고, 주목을 하는가?
- 무엇이 당신으로부터 열정과 에너지를 끌어내는가?

당신이 하고 있는 것에 대한 열정은 성공하는 마인드셋의 기초이다.

2. 장기적인 미래를 창조하는데 도움이 되도록 자신이 무엇을 하고 싶은지 안다(자신의 목적지를 알고, 장기적 안목이 무엇인지를 안다).

비전Vision은 "미래가 어떨지 그리고 어떻게 생겼을지에 대한 정신적 이미지mental image"라고 정의될 수 있다. 성공한 기업가의 창의적 비전은 우리의 삶을 어떤 방법으로든 향상시키는 장기적 가능성을 상상하고 그것에 집중하는 능력과 관련이 있다. 그것은 '현시점'을 초월해서 볼 수 있는 미래의 시나리오들을 상상하는 능력을 수반한다. 또한 장기적이고 전체적 관점을 통해 장기 목표를 설정하고 집중해내는 능력을 수반한다. 이러한 비전의 유형에 대한 우리의 상징은 당신이 도달하고자 하는 목적지를 보여주는 지도다.

비전은 사람들의 삶이 어떤 방식으로 향상될 수 있는지에 집중하는 '미래가 어떤지 혹은 어떨 것인지의 정신적 이미지'이다.

인터넷 이커머스 분야 대기업인 아마존의 창업자 **제프 베조스**Jeff Bezos는 비전에 대한 우리의 롤 모델이다. 베조스는 미국에서 인터넷 이용이 급증한다는 것을 알아차렸을 때 수입이 꽤 좋은 직업이었던 뉴욕 헤지 펀드계를 떠났다고 밝혔다. 그는 누구든 제품에 (초기에는 도서에) 쉽게 접근할 수 있는 점과 인터넷 구매에 대해서는 당시 세금을 내지 않기 때문에 상품을 값싼 금액으로 구매할 수 있는 점을 엄청난 기회로 보았다. 그는 뉴욕에서 시애틀까지 동서 대륙횡단을 한 후 아마존 사업계획을 작성하고 1994년 아마존닷컴을 설립하였다. 다른 신생 기업과 마찬가지로, 그도 차고에서 자신의 꿈을 시작하였다. 현재 아마존은 세계에서 가장 큰 온라인 상거래기업이 되었다.

우리는 비전에 고집스럽다. 우리는 세부사항에 유연하다… 아마존닷컴은 고객이 온라인에서 사고 싶은 모든 것을 찾고 발견할 수 있는 전자 상거래 기업이 되기 위해 노력한다.

제프 베조스-아마존닷컴

어니스트 헨리 섀클턴 Sir Ernest Henry Shackleton경은 극 지역 탐험가로 영국의 남극 원정대를 세 번이나 이끌었다. 자신의 비전을 끊임없이 추구한 결과 섀클턴은 남극 고원을 탐험하고 육안으로 본 최초의 사람이 되었다. 자신을 희생하는 섀클턴의 리더십과 모든 악조건에도 불구하고 남극 탐험을 시도한 투지는 그를 남극 탐험이라는 영웅 시대의 중요 인물로 만들었다.

언젠가는 얼음과 눈이 있는 곳, 이 큰 구가 회전하는 축의 끝인 남극에 도착할 때까지 가고 또 가겠다고 나 자신에게 맹세를 했다.

어니스트 섀클턴

이런 측면에서 마인드셋을 탐구하기 위하여, 다음의 질문에 얼마나 명확하게 대답할 수 있는지를 숙고해보라.

- 자신을 초월하여 세상에 무엇을 창조하고자 하는가?
- 세계에서 어떤 새로운 가능성을 보고자 하는가?
- 어떤 세상을 만들고 싶은가?

3. 최종 목적지를 알든 모르든, 가고자 하는 방향은 정확히 안다.

비전은 당신의 기업을 통해서 세상에 무엇을 창조하고자 하는지 지금 바라보는 미래의 모습을 말한다. 당신이 멀리 본다 하더라도, 우리가 항상 그 결과를 명확하게 볼 수 있는 것은 아니다. 가끔은 기업가의 마음속에 그 방향이 있지만, 마지막 목표나 목적지가 구체적이지 않을 수 있다. 제프 베조스와 같은 기업가는 그들의 목적지가 매우 명확했다. 아니타 로딕 같은 사람들은 그들의 방향은 알았지만 최종 목적지는 알지 못했다.

우리는 어디로 가고자 하는지를 알지만, 어디에 다다를지를 꼭 알지는 못하는 유형의 비전을 대표하고자 나침반을 골랐다.

미래를 위한 비전은 때로는 특정한 목적지나 목표가 아닌 특정한 방향이기도 하다.

윤리적 소비주의를 탄생시킨 자연주의 미용 제품을 생산하는 바디샵의 창업자인 **아니타 로딕**Anita Rpddick은 영국의 여성 사업가였고, 인권 운동가였으며, 환경 운동가였다. 그의 회사는 동물 실험을 반대하는 최초의 회사였고 제3세계 국가와 공정 무역을 촉진시킨 회사였다.

사실 처음에 로딕은 그저 자기 자신과 딸을 위한 생필품을 만들고 싶었다. 물론 동시에 그녀는 세계가 '친환경화' 돼야 한다고 믿고 있었다. 초창기 세계 여행을 하는 것을 계기로 그는 "리필을 할 수 있는데 왜 통을 버리는 것일까?", "친환경 철학과 공정무역에 기반한 기업을 설립한다면?"이라는 질문을 끊임없이 자신에게 던졌다. 로딕은 '2,045개의 매장에서 7천 7백만 고객들에게 서비스를 제공하고, 51개 나라에서 25개 언어로 12군데나 되는 다양한 시간대의 지역에까지 진출하는' 회사를 일구었지만 사실 처음부터 명확한 모습의 실마리가 있었던 것은 아니었다. 그녀는 뚜렷한 목적지가 있는 지도는 없었지만 정확한 방향, 즉 나침반을 가지고 있었다.

당신은 기술을 배우고 돈을 벌 수 있으며 거기에서 자유와 원하던 삶의 밸런스를 경험할 수 있는 훌륭한 생필품을 만들 수 있습니다.

어떤 것에 미친 사람들은 다른 사람들이 못 보는 것을 보고 느낄 수 있습니다. 하지만 모든 것은 가능하다는 것을 믿어야 합니다. 믿으면, 당신 주위의 사람들도 믿게 됩니다.

아니타 로딕 - 바디 샵

크리스토퍼 콜럼버스 Christopher Columbus는 그가 가는 방향에 대해서는 확실하지만 그와 그의 선원들이 정확하게 어디로 가는지에 대한 구체적인 목적지는 없었던 탐험가의 대표적인 예이다. 지구는 구로 되어 있으니 서쪽으로 항해하면 인도 동쪽에 닿을 수 있을 것이라 믿고, 콜럼버스는 나침반에 의지한 채 몇 주 동안 항해를 했다. 그렇게 함으로써, 그 당시 유럽에는 알려지지 않았던 완전히 새로운 세계를 발견하게 되고, 미대륙에 대한 유럽의 탐험과 개척의 서막을 알렸다.

50년이 걸려도 할 수 없는 모든 것을 조사하려는 것이 아니다. 나의 열망은 단지 가능한 모든 발견을 하려는 것이기 때문이다.

크리스토퍼 콜롬버스

이러한 관점에서 당신의 메타 마인드셋을 탐구하기 위하여, 다음의 질문에 얼마나 명확하게 대답할 수 있는지를 숙고해 보라.

- 이 세상에서 더 나아지거나 변화했으면 하는 것은 무엇인가?
- 미래에 더 혹은 덜 보고 싶은 것은 무엇인가?

4. 자신의 목적을 알기-자신의 입장과 자신이 하는 일에 대한 이유를 알아야 한다. 즉, 자신이 벤처를 통해 만들고자 하는 것에 오롯이 기여하는 미션을 명확히 해야 한다.

개인 혹은 조직의 미션은 특정 비전을 이루어내는 데 기여한다. 미션mission은 라틴어로 '보내는 행동'이라는 뜻인 missio에서 왔다. 사실, 미션은 사전에는 '정치적, 종교적 혹은 상업적 목적을 위한 중요한 임무 수행'이라고 정의되어 있다. 미션은 비전을 깨닫는 여정을 시작할 때 제공하는 독특한 재능 및 기여와 관련이 있다. 조직 안에서 개인의 미션은 조직과 조직의 비전에 쏟은 기여와 관련된 것이다. 유사하게, 조직의 미션은 고객과 고객이 요구하는 더 큰 시스템과 관련이 있다.

우리는 삶에서 긍정적인 변화를 만들기 위해 다른 사람들에게서 가져오는 물건들을 상징하는 화물통을 목적과 미션의 상징으로 선택했다.

개인 혹은 조직의 미션은 목적에 대한 기여이며 그들 자신보다 더 큰 비전과 관계가 있다.

무하마드 유누스 Muhammed Yunus는 목적과 미션의 측면에서 매우 강력한 롤 모델이다. 그는 개발도상국에서 소상공인을 지원하는 소액 대출 개념의 선구자라 불리는 그라민 은행의 창시자이다(SFM 1권의 66-67 페이지를 참고). 유누스는 자본이 거의 없는 사람들에게 아주 작은 대출이 큰 변화를 만들 수 있다는 것을 알았을 때 자신의 비전을 발견했다. 그의 조국인 방글라데시에서 대나무 가구를 만드는 마을 여인들이 사업 유지를 위해 애쓰고 돈을 빌리려다 험하게 이용당하

돈을 버는 것은 행복이다. 분명 살아가는데 큰 동기가 된다. 다른 사람들을 행복하게 하는 것은 엄청나게 더 큰 행복이다.

무하마드 유누스 - 그라민 은행

는 것을 종종 목격했다. 일반 은행들은 지불 능력에 위험도가 높다는 이유로 빈곤한 사람들에게 대출 하는 것을 주저했다. 하지만, 유누스는 기회가 주어진다면, 마을의 여인들이 원금과 이자를 갚을 것이라고 확신했다. 유누스는 자비로 $27을 42명의 마을 여인들에게 빌려주었는데 모두 원금은 물론 소액의 이자까지 갚았다. 이 경험을 통해 소액대출이 빈곤층의 삶을 긍정적으로 변화시킬 수 있는 실현 가능한 사업 모델이라는 그의 비전과 신념을 검증했다.

1983년 10월 1일, 유누스는 그라민은행(마을은행)이라는 이름으로 가난한 방글라데시 사람들을 위한 정식 은행으로 시작했다. 2007년 7월까지 그라민은 7백 40만 명의 대출자들에게 60억 3천 8백만 달러를 대출해 주었다. 2006년, 유누스와 그라민은행은 전 세계에 유사한 프로그램의 출현을 불러온 노력을 인정받아 노벨 평화상을 수상했다.

노아noah는 대홍수로부터 동물들을 구하기 위하여 거대한 배를 만든 성서 속 인물이다. 노아는 특정 방향이나 목적지는 없었지만 지구상의 생명체 보전이라는 강한 미션과 목적을 가진 여행자를 대표한다. 롤 모델로서, 노아는 자신보다 더 큰 무엇인가를 위해 베풀어야 하는 자신의 소명을 기쁘게 받아들였고 결코 흔들리지 않았다.

대홍수가 오고 있다. 하늘의 물이 땅 위의 물을 만날 것이다. 폭풍에 살아남기 위해 배를 만들 것이다. 우리는 방주를 만든다.

-노아

이러한 측면에서 당신의 마인드셋을 탐구하는 다음의 질문에 당신이 얼마나 명확하게 대답할 수 있는지를 숙고해 보라.

- 더 큰 시스템과 비전을 위해 당신은 무엇을 할 수 있는가?
- 그 비전을 실현시키기 위해 할 수 있는 당신만의 고유한 기여는 무엇인가?
- 그 비전에 도달하기 위하여 더 큰 시스템에 가져올 당신의 특별한 재능, 자원, 능력 그리고 행동은 무엇인가?

5. 무엇이 되고 싶은지 그리고 다음 2년에서 5년 사이에 무엇을 이루고자 하는지 앰비션을 명확히 한다.

앰비션ambition은 성공하고 인정받고자 하는 갈망과 투지를 말한다. 앰비션은 '전형적으로 투지와 노력을 바탕으로, 무언가를 하거나 성취하고자 하는 강한 갈망'이라고 정의된다. 우리 삶에 꿈과 포부의 형태로 있는 앰비션은 건강한 자아에 기반한 성장과 숙련을 위한 투지로부터 온다. 앰비션은 우리의 개인적 꿈, 갈망, 투지 그리고 필요로부터 일어난다. 예를 들어, 열심히 노력해 좋은 삶을 사는 것 외에도, 우리는 계속해서 성장하고 성취하고자 하는 욕망과 더 허용되고 더 인정받는 욕구를 가지고 있다.

앰비션의 기능은 성취와 인정에 대한 갈망이다. 이것은 성장과 숙련의 투지에서 생긴다.

이러한 두 가지 이유로 우리는 앰비션의 상징으로 타이머를 선택했다. 타이머는 첫째, 정해진 시간 안에 무언가를 성취하는 시도인 '시간과의 싸움'을 의미하고 둘째, 스티브 잡스의 말대로, '시간은 유한'하다는 관념을 표현해 주는 것이므로 우리의 목표와 염원에 집중하는 것이 얼마나 중요한지를 보여 주기 때문이다.

우리는 우주에 흔적을 남기기 위해서 여기에 있습니다. 그렇지 않으면 여기에 있을 이유가 어디에 있을까요? 우리의 목표는 세상에서 가장 큰 기업이 되는 것이 아니라, 가장 좋은 기기를 만드는 것입니다. 당신의 시간은 유한하니, 다른 사람의 삶을 대신 사는데 시간을 낭비하지 마세요.

스티브 잡스 - 애플사

많은 면에서, **스티브 잡스**Steve Jobs는 기업가적 앰비션의 전형이다(SFM Vol. 1, pp. 252-280). 잡스는 21살에 캘리포니아 샌프란시스코 베이에 있는 실리콘 밸리의 차고에서 스티브 워즈니악과 함께 애플 컴퓨터를 창업했다.

1980년대에 회사가 상장되었을 때, 주식시장에서 1956년 포드 자동차 이후로 어떤 주식 상장보다 더 큰 성과를 거두었고, 하룻밤 사이에 300명의 새로운 백만장자를 탄생시켰다. 2011년 11월 잡스가 죽을 때까지, 애플은 연매출 1천 2백 7십 8억 달러의 매출로 세계에서 가장 큰 IT회사가 되었다. 2012년 3월 주식시장에서 5천억 달러의 가치까지 치솟았다.

프란시스 드레이크 Sir Francis Drake 경은 대담하고 포부가 큰 탐험가의 생생한 롤 모델이다. 엘리자베스 시대 영국의 선장이자 항해가이고 정치인이던 드레이크는 1577년부터 1580년까지 원정대를 꾸려 두번의 세계 일주를 했다. 태평양에서의 그의 등장은 대서양 연안에서 스페인에 대항하는 민간무장선과 해적선의 시대를 열었다. 1588년 스페인 함대를 무찌를 때 그는 영국 함대의 부사령관이었다. 그 시대 가장 유명한 영국의 선장이었던 드레이크는 1581년 엘리자베스 1세로부터 기사 작위를 받았다.

주여, 우리의 꿈이 이루어졌을 때, 우리가 너무 기뻐하거든 우리를 방해하십시오. 우리가 안전하게 도착할 때는 우리가 너무 적게 꿈을 꾸었기 때문입니다. 우리가 해안에 너무 가까이 항해를 했기 때문입니다.

주여, 우리가 더욱 담대해질 수 있도록 주님의 권능으로 바다에 폭풍을 내리쳐 우리를 방해하십시오. 육지가 보이지 않는 그 곳에서, 우리는 별을 찾을 것입니다.

프란시스 드레이크 경

이러한 관점에서 당신의 마인드셋을 탐구하기 위하여, 다음의 질문에 얼마나 명확하게 대답할 수 있는지를 숙고해 보라.

- 당신은 어떤 삶을 창조하고 싶은가?
- 무엇을 성취하고자 하는가? 당신이 성취하고자 하는 지위와 성과는 어떤 모습인가?
- 무엇으로 인정받고 기억되고 싶은가? 당신의 이력서 혹은 자서전에 무엇을 추가하고 싶은가?

6. 당신의 시장/환경에서 다른 사람들과 관련한 당신의 위치가 어떻게 되는지 당신의 역할이 무엇인지 명확하게 안다.

역할은 '특정 상황에서 그 사람이 맡은 기능 혹은 맡은 영역의 책임'으로 정의된다. 따라서 역할은 역량을 기반으로 한 기능과 위치나 지위로 결정되는 '맡은 역'이 두 가지 모두와 관련이 있다. 그래서 한편으로는, 역할은 맡은 사람의 기술, 능력, 그리고 노력을 반영하고, 그가 수행하는 것과(혹은 하기로 기대되는 것) 관련이 있다. 실제, 사람들은 '자신의 성품과 기술에 걸맞는' 역할 수행에는 성공적이다. 또한 역할은 '지위'를 반영한다. 우리가 타인에게 어떤 사람인지를 보여 주는 것이다. 다른 말로, 역할은 사람이 다른 사람과 관련하여 차지하는 위치와 그 사람에게 부여하고 기대하는 기능 및 행동의 교차점이다.

개인 혹은 조직의 역할은 그들이 다른 사람들을 지원하는 목적과 그들이 위치한 곳의 결과이다.

역할의 상징으로 깃발을 골랐는데 깃발은 그 자체로 역할, 지위 혹은 특정 기능이나 정체성을 보여주거나 구분짓는 강한 상징으로 쓰이기 때문이다.

스타벅스는 '커피 하우스 문화'로 알려진 특정 역할을 대표하는 브랜드로 전 세계에 알려졌다. 14세기로 거슬러 올라, 서유럽과 동부 지중해의 커피 하우스는 전통적으로 예술과 지식을 나누는 사교의 중심지였다. **하워드 슐츠**Howard Schultz에게는 이탈리아 커피 하우스의 역할과 전통을 미국으로 가져와 스타벅스를 '일터와 집 사이의 제3의 장소인 대화의 장소이자 커뮤니티'로 만들려는 비전이 있었다. 이 역할을 받아들여 스타벅스를 새로운 회사로 만들기 시작했는데, 커피를 마시는 원래의 전통에 무엇인가 연결이 느껴지는 전통까지 생겨났다. 오늘날 스타벅스는 '제2의 커피 물결'의 대표주자로 전 세계 70여 개 나라에 23,768곳이 운영되고 있다.

스타벅스는 커피만이 아닌 사람들과 의미 있는 관계 형성을 위한 역할을 수행하고 있다.

하워드 슐츠-스타벅스

호레이쇼 넬슨 Lord Horatio Nelson 경은 영국의 위대한 해군 사령관 중 한 명이었다. 그는 오랫동안 뛰어난 업적을 남겼는데, 전술의 대가로서 그리고 위대한 용맹함으로 명성을 얻었다. 넬슨은 자신의 역할을 찾고 수용한 훌륭한 모범사례다. 그는 겨우 12살이었을 때, 말단계급의 수습생으로 해군에 들어갔다. 그러나 직업에 대한 그의 적성과 열정으로 빠르게 진급했고, 약관의 나이에 함장이 되었다. 수년 동안, 넬슨은 필요할 때에는 기꺼이 명령을 거역하기도 할만큼 대담하고 용감한 사령관으로 명성을 쌓았다. 그는 자신의 역할을 수행하던 중 오른쪽 팔과 시력을 잃게 된다. 트라팔가 전투는 넬슨의 명예를 드높여 주었다. 이때 나폴레옹 함대를 물리친 영국의 결정적인 승리로 영국을 침략하는 프랑스의 위협은 종지부를 찍었다. 이 전투에서 넬슨은 목숨을 바치게 된다. 그가 죽기 직전, 나즈막히 중얼거렸다-"주여 감사합니다. 저는 제 의무를 다했습니다."

장교가 되려면 반드시 선원이 되어야 하고 신사가 아니면 훌륭한 장교가 될 수 없다는 것을 기억하십시오. 의무는 해군 장교의 위대한 과업이다; 고통스럽더라도 사적으로 고려해야 하는 일은 모두 포기해야 한다.

해군 제독 호레이쇼 넬슨

이러한 관점에서 당신의 마인드셋을 탐구하기 위하여, 다음의 질문에 얼마나 명확하게 대답할 수 있는지를 숙고해 보라.

- 당신이 원하는 삶을 창조하고 당신의 앰비션 / 비전 / 미션을 달성하기 위하여 어떤 사람이 되어야 하고 어떤 역할을 해야 하는가?
- 당신 주변/사업에서 다른 사람과 관련하여 당신의 위치는 어떠한가?
- 필요한 위치 혹은 지위를 성취하고 유지하기에 적합한 유형의 사람이 되기 위해 필요한 역량은 무엇인가?

• 메타 마인드셋 진단하기 •

Assessing Your Meta Mindset

0-10척도로 다음 6개의 내적 상태에 등급을 매겨 메타 마인드셋을 평가합니다.

(10점은 당신에게 가장 걸맞는 것이고, 0점은 당신과 가장 거리가 먼 것이다.)

1. 나는 내가 정말로 하고 싶은 것을 알고 있다. (나는 내가 무엇에 대해 열정적인지 안다.)

0	1	2	3	4	5	6	7	8	9	10

2. 장기적 관점의 미래를 만들어 나가기 위해 무엇을 해야 하는지 알고 있다.

(나는 내 목적지와 장기적인 비전에 대해 명확하게 알고 있다.)

0	1	2	3	4	5	6	7	8	9	10

3. 최종 목적지를 아는지 여부에 상관 없이 확실한 방향성을 갖고 있다.

0 1 2 3 4 5 6 7 8 9 10

4. 나는 나의 목적을 알고 있다. 즉, 나는 내가 무엇을 원하고 그리고 현재 하는 일의 이유를 안다. 나의 벤처를 통해 하는 고유한 공헌인 나의 미션에 대해 명확히 알고 있다.

0 1 2 3 4 5 6 7 8 9 10

5. 나는 나의 앰비션에 대해 확실히 알고 있다. 즉, 향후 2~5년 내에 무엇이 되고 싶고 무엇을 달성하고 싶은지 알고 있다.

0 1 2 3 4 5 6 7 8 9 10

6. 나는 내 역할에 대해 분명히 안다. 즉, 나의 시장/환경에서 다른 사람들과 관련된 내가 가진 지위를 잘 알고 있다.

0	1	2	3	4	5	6	7	8	9	10

이제 여러분이 위에서 체크한 답을 다시 한번 보라.

7점 이하의 항목들은 어느 것인가?

이 부분은 잠재적 개선을 위한 영역이다.

그것들은, 프로젝트나 벤처에 대한 당신의 목표에 결정적인 개선이 요구되는 핵심적 영역일 지도 모른다.

이 책에서는 계속, 당신의 마인드셋(더 높은 사고방식)의 다양한 측면들을 개발하도록 도와주는 도구와 연습을 제공할 것이다. SFM 1권에도 중요하고 유용한 연습문제가 있다.

- 열정을 명확히 하기 : pp. 175-179
- 장기 비전과 목적지를 명확히 하기 : pp. 200-201
- 방향을 명확히 하기 (목적지가 명확하지 않더라도) : pp. 206-207
- 미션과 기여 명확히 하기 : pp. 213-216
- 앰비션을 명확히 하기 : pp. 222-228 그리고 pp. 233-235
- 역할을 명확히 하기 : pp. 236-237

• 매크로 마인드셋 – 성공의 습관 •

Macro Mindset - Habits of success

앞서 말했듯이, 매크로 마인드셋은 벤처의 큰 그림에 집중하고 행동으로 옮기는 것이 요구되는 정신적 단련과 관련이 있다. 바벨을 드는 것과 마찬가지로, 이런 연습은 지속 가능한 성공에 필요한 정신을 단련하고 강화한다. 이러한 단련을 통해 얻는 것은 당신이 가진 에너지가 잘 집중되도록 관리하고, 진솔하며 주기적인 피드백을 추구하며, 기회를 살피고, 위험과 역경에 효과적으로 대처하고, 스스로 재충전하고 균형을 잡는 것과 같은 능력들이다.

매크로 마인드셋-성공의 습관

성공하는 기업가와 리더의 매크로 마인드셋은 다음의 다섯 가지 '성공 습관'으로 구성된다. 각 연습의 의의와 목적을 정의하고 명확히 하기 위해 성공한 기업가의 말을 인용했다.

1. 자신의 열정과 에너지를 투자하고 싶은 것, 즉 실현하고 싶은 것에 집중한다.

이 마인드셋의 상징으로 항해를 골랐는데 이는 당신이 에너지가 있고 벤처에 동기가 있고 당신이 원하는 것을 위하여 '전력으로 항해하는 것'을 상징하기 때문이다. 이것은 기업가적 노력을 시작하거나 혹은 완료하는데 필요한 필수적 속성이다.

> 당신이 하는 일에 감정을 쏟아야 한다. 만약 당신이 하는 것을 사랑하지 않는다면, 실패는 확실하다고 보면 된다. 성공이 언제나 약속되어 있는 것은 아니지만, 자신이 하는 것을 사랑하지 않을 때에 실패할 가능성이 훨씬 더 높다.
>
> -비즈스톤Biz Stone-트위터

큰 변화를 가져 올 것으로 생각되는 일을 할 때 보람을 느낀다. 그렇다, 조금 더 힘들지만, 더 많은 에너지를 가져오는 열정이 성공할 확률이 더 높다.

세르게이 브린Sergey Brin-구글Google

2. 진솔한 피드백을 수시로 받는 확실한 방법을 만든다.

마인드셋의 상징으로 망원경을 골랐는데 이는 지속적으로 피드백을 얻고자 한다는 의미가 담겨있다. 솔직한 피드백을 수시로 구하는 것은 일이 진행되는 과정에서 필요한 수정을 하게 하고 문제와 장애물을 피하는데 있어 중요한 성공 습관이다.

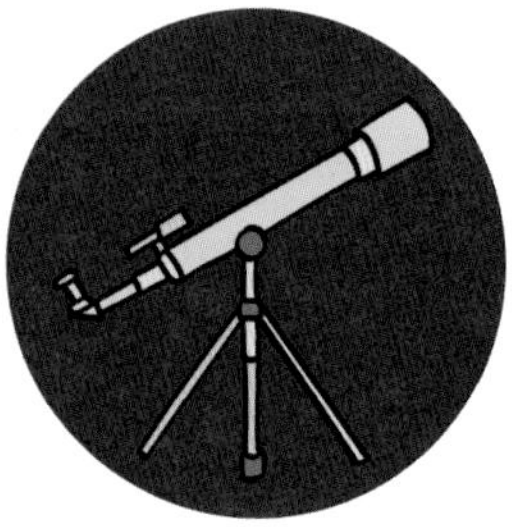

당신이 진짜로 해야 할 것은 생각이다. "이 아이디어, 개념, 이론을 적용해 볼 수 있는 가장 간편한 방법은 무엇일까?" 그것을 밖으로 꺼내두고 고객이 사용하게 한다. 왜냐하면 당신의 고객은 그것이 진짜로 효과적인지 아닌지를 말해주는 사람이기 때문이다.

- 리아 버스크Leah Busque-태스크 래빗Task Rabbit

끊임없이 비평을 구하라. 당신이 하는 것에 대한 비평을 잘 받아들이는 것은 금과 같이 귀하다. 비평을 구할 수 있다면 모든 사람들한테서, 특히 친구들에게서 구하도록 하라.

일론 머스크Elon Must-테슬라Tesla, 스페이스엑스SpaceX, 솔라시티Solar City

3. 끊임없이 기회를 포착하고 창조하는 시간에 투자한다.

마인드셋의 상징으로 돛대 위의 망대를 골랐는데 이것은 가능성을 위해서 끊임없이 수평선을 살펴보는 습관을 가지고 중요한 기회를 알려줄 '미약한 신호'를 잡아내는 것을 상징하기 때문이다. 이것은 모든 성공하는 기업가들의 주요 특징이다.

그래서, 어떤 아이디어가 떠오를 때, 우리는 항상 우리 자신에게 질문을 한다. "이것이 어떠한 새로운 시장을 창조할 수 있을까?" 그리고 나서, "나의 하루 중 어떤 부분과 어떤 문제를 해결해야 하지?" 그래서 내가 눈을 뜨는 그 순간부터 오늘 하루 해야 하는 모든 일을 생각나는 대로 적었다. 그리고 나에게 물었다. "여기에 뭔가 특별한 것이 있나?"

- 케빈 로즈Kevin Rose-딕Digg

내가 하는 일 중 하나는 질문을 자주 하는 것입니다. 그리고 그것을 좋은 방법으로도 나쁜 방법으로도 할 수 있습니다. 사람들이 왜 그것을 하고 또 왜 그렇게 생각하는지 알 수 있다면 좋겠죠.

당신이 가장 마지막에 들을 수 있는 가장 최악의 말은, "글쎄, 늘 이랬으니까." 입니다. 그게 최악입니다. 그것은 대답이 아닙니다. 대신, 자신에게 물어보세요. "지금까지의 모든 것에 더 해서, 이것을 더 좋게 만들 수 있는 방법에 뭐가 있을까?"

다니엘 엑Daniel ek-스포티파이Spitify

4. 내면이 단단하며 자원이 풍부한가? 스스로 재충전하고 균형을 잡는 당신만의 방법을 가진다. 그리고 매일 훈련한다.

이 마인드셋의 상징으로 해먹을 골랐는데 이것은 스스로를 돌볼 수 있고 스트레스에 압도되거나 방전되지 않게 할 수 있는 수단과 절제력을 가지고 있다는 것을 상징하기 때문이다. 현실에 기반하며 균형을 잡고 재충전을 지속하는 것은 꾸준하게 건강한 성공을 이어가는데 필수적인 속성이다.

만약 그것을 사랑하지 않는다면, 피할 수 없는 긴 고통의 기간을 견뎌낼 수 없다. 그러니 그 과정 중에 당신을 잘 돌보라. 정신 건강을 돌보고, 신체적 건강을 돌보라. 그것은 아주 긴 여정일 테니까.

- 이메트 쉬어Emmett Shear - 트위치Twitch

세계 항해 기록 도전이 좌절되는 시기 같은 때에는, 나는 많은 정신적 어려움을 감당해야 했습니다. 그것이 내가 운동으로 탄력을 지키는 이유입니다. 몸이 날카로우면, 두뇌도 날카롭습니다.

나는 매일 달립니다. 달리기는 나를 단단하게 만들고, 엔도르핀을 올리며, 두뇌를 잘 움직이게 합니다. 단련을 통해서 나는 매일 두 배 이상을 성취할 수 있습니다.

리차드 브랜슨Richard Branson - 버진 그룹The Virgin Group

5. 위험과 잠재적 문제를 알고 있고 역경과 부정적인 피드백에 용기를 잃거나, 흐트러지지 않는다.

마인드셋의 상징으로 방향키 혹은 조타키를 골랐는데 이는 도전적이고 변화하는 상황에서 통제력을 유지할 수 있는 도구들과 자원들을 가지고 있다는 것을 상징하기 때문이다. 집중해서 '그 과정을 유지'하는 것은 성공하는 기업가의 가장 중요한 속성 중의 하나이다. 폭풍우가 몰아치는 바다에서 '방향키를 잡고' 조정하는 방법을 아는 것은 꼭 필요하다.

그냥 가서 하고, 시도해 보고, 거기에서 배워라. 어떤 것에서는 실패를 할 것이다. 그 실패는 다음 경험을 위해서 받아들여야 하는 배움의 경험이다. 그리고 당신이 존경하는 누군가 혹은 자신들이 무슨 말을 하는지 안다고 생각하는 사람들이 당신에게 이루지 못할 것이라고 말하게 두지 말라. 우리보고 이뤄내지 못할 거라고 하는 이유는 그들이 그것에 도전할 용기가 없기 때문이다.

- 피에르 오미디아Pierre Omidyar-이베이eBay

처음 회사를 시작하면 꽤 많은 것들이 잘못됩니다. 그리고 사람들은 종종 물어보죠, "어떤 실수를 피해야 하죠?" 그 질문에 대한 내 대답은, "실수를 하지 않으려고 하지 마세요. 어쨌든 당신은 수만 개의 실수를 할 것입니다. 중요한 것은 어떤 실수를 하든 거기서 빠르게 배우고 포기하지 않는 것입니다. 페이스북이 존재하는 매해 우리를 죽일 수 있을 것 같은 것, 아니면 마치 앞으로 전진하는 것처럼 보이게 만들거나 상호작용을 할 수 있는 진전이 일어나는 것처럼 보이게 만드는 것들이 복병처럼 있었습니다. 그래도 다시 살아납니다. 그리고 배웁니다. 불가능한 것은 없습니다. 그저 벽을 뚫어 가면서 계속 달리세요.

마크 주커버그Mark Zuckerberg-페이스북Facebook

• 매크로 마인드셋 진단하기 •

Assessing Your Macro Mindset

다음과 같은 5개의 내용에 대해 0부터 10까지의 점수를 매깁니다.(10점은 당신에게 가장 걸맞는 것이고, 0점은 당신과는 가장 거리가 먼 것이다.)

1. 나는 열정을 가지고 내가 이루고자 하는 것을 만드는데 집중하며 많은 에너지를 투자하고 있다.

0	1	2	3	4	5	6	7	8	9	10

2. 나는 피드백을 구하며 진솔한 피드백을 수시로 받을 수 있는 방법을 만들었다.

0	1	2	3	4	5	6	7	8	9	10

3. 나는 기회를 지속적으로 살펴보며 기회를 만들기 위해 시간을 투자한다.

0	1	2	3	4	5	6	7	8	9	10

4. 단단한 내면과 자원이 충분한 상태가 될 수 있게, 스스로 재충전하고 균형을 잡는 방법을 매일 연습한다.

0	1	2	3	4	5	6	7	8	9	10

5. 위험과 잠재적 문제를 알고 있으며 역경과 부정적인 피드백에 용기를 잃거나, 흐트러지지 않는다.

0	1	2	3	4	5	6	7	8	9	10

다시 한번 체크한 위의 답을 살펴보라. 어느 항목이 7점 미만인가? 그 부분은 잠재적 개선을 위한 영역이며, 프로젝트 또는 벤처의 목표달성을 위해 개선이 꼭 필요한 영역일 수 있다. 점수가 낮은 마인드셋을 적어 두라. 다음 장에서는 마이크로 마인드셋의 다양한 측면을 개발할 수 있는 기회를 갖게 될 것이다.

• 마이크로 마인드셋 – 지속적인 우선순위 •

Micro Mindset – Ongoing Priorities

마이크로 마인드셋 - 지속적 우선순위

우리가 설정했듯, 마이크로 마인드셋은 지속적인 기업으로 성장시키기 위한 특정 행동을 만들어내고 이끈다. 성공적인 기업가와 리더들의 마이크로 마인드셋은 지속적인 우선순위를 알아내는 기능을 한다.

성공적인 기업가와 리더들의 마이크로 마인드셋은 9개의 중요한 행동들과 관련하여 정의된다. 매크로 마인드셋 훈련에서와 같이 각각의 훈련에 대한 목적과 중요성을 확실하게 정의하기 위해 나는 성공적인 기업가 여러 명의 말을 인용했다.

1. 스스로 동기를 부여하는 셀프모티베이터*SelfMotivator*

열정을 끓어오르게 하는 무언가를 하라. 그리고 '그날의 뜨거운 열정'이 어떤 종류인지 신경쓰지 마라.

제프 베조스Jeff Bezos - 아마존 닷컴

스스로 동기를 부여하는 셀프모티베이터는 좋아하는 일과 중요한 일 그리고 잘하는 일을 알아보고 다시 연결하기 위한 시간을 떼어놓는다. 예를 들어, 열정, 목적의식, 탁월성에 집중한다.

스스로 동기부여하는 사람은 자신과 정체성에 대해 진실한 삶을 살기 위해 자신의 목적, 열정 그리고 동기에 지속적인 연결점 유지에 주의를 쏟는다.

돈을 벌려고 궁리하는 사람들은 "좋아, 내가 정말 좋아하는 일은 뭐지? 내가 정말 신나하는 일은? 나는 어떤 것에 대해 알고 있지? 어떤 것에 흥미를 갖고 주목을 하지?"와 같은 말을 하는 사람들보다 돈을 벌지 못한다.

마이클 델Michael-델Dell

2. 시장개발자*MarketMaker*

시장개발자는 고객과의 지속적인 대화를 위한 기회와 전망을 만든다.

시장개발자의 마인드셋은 수익과 이윤을 창출하기 위해 다수의 고객들과 고객을 대표하는 사람들과 나누는 지속적이고 열린 대화에 초점이 맞춰져 있다.

포커스 그룹을 하는 것이 다가 아닙니다. 당신의 비전을 이중 확인하는 것이 다가 아닙니다. 우리가 판을 넓히는 그 순간의 시장 개척 과정처럼 우리의 아이디어를 철저한 제품 개발 과정을 통해 확인해본다는 개념입니다.

에릭 리에Eric Ries-런 스타트업
The Lean Startup

대부분의 신생기업들이 결국 실패하는 것은 사람들이 가지고 싶어하는 것은 만들지 않았기 때문이다. 그들은 사람들이 원하는 제품을 만들었다고 생각하지만 그들은 실제로 그 제품이 좋은 것인지 아닌지에 대해 부정하거나, 다른 누군가가 와서 고객들이 훨씬 더 원하는 것을 만들었다는 사실을 부정하는 것 뿐이다.

폴 그라함Paul Graham-와이컴비네이터Y-Combinator

3. 제품창시자*ProductCreator*

제품창시자는 창조적 집단 지성을 통해 고객들의 요구를 충족시키고 예상되는 제품과 해결책, 서비스를 만들고 시행한다.

제품창시자의 마인드셋은 고객들의 요구와 갈망을 혁신적이고 강력한 해결책(제품과 서비스) 개발로 성취하고 예측하는 것을 목표로 한다.

같은 프로젝트를 구상하는 방법에는 훌륭한 공학기술이나 훌륭한 디자인이 한 부분을 차지하지만 사실 나는 최소한 이것은 되어야 한다고 생각하는 것이 있다. 그것은 당신의 매장이든 웹사이트든 뭐든 간에 거기에 사람이 모습을 나타낼 가능성을 최대한 높이는 것이다. 그래야 문제가 해결되고, 마무리 지을 수 있다.

드류 휴스톤Drew Houston-
드롭박스DropBox

이 모든 것은 결국 당신 고객들을 위해 매장이 있는 지역사회 안에서든, 웹사이트에 접속했을 때든, 디자인 면에서든, 특출나고 이례적인 무언가를 하는 것에 도달한다. 이것이 신생기업의 큰 이점이다. 사실상 그러한 활동을 통해 우리는 앞서 나아갈 수 있고, 이것을 우리가 사업을 하는 핵심적인 이유로 삼을 수도 있다.

알렉스 오하니안Alexis Ohanian
레딧Reddit, 힙멍크Hipmunk

4. 팀개발자*TeamMaker*

팀개발자는 팀 구성원을 지지하고 방향성을 제시하며 이끌고 팀 협력을 장려한다.

팀개발자 마인드셋이 강조하는 것은 시너지와 격려 그리고 지지를 촉진함으로써 기업의 미션(기업의 제품과 서비스)을 지지하는 사람들에게 방향성을 제시하고 이끄는 것이다.

> 시작하는 것이 가장 어렵다. 당신 못지않게 다른 많은 사람들도 좋은 아이디어를 많이 가지고 있다. 하지만 정작 중요한 것은 그 아이디어를 구체화 시키고 실행하는 것이며, 그 아이디어의 구현을 위해 함께 할 사람들을 끌어 모으는 것이다. 그것이 가장 어려운 난관이다. 그러나 시작하는 방법은 당신의 머리에서 그 아이디어를 끄집어 내는 것, 이야기해 보는 것 혹여 당신이 프로그래머라면 프로그램을 실제로 짜보는 것이며, 이 중 무엇인가를 했다면 당신은 시작한 것이다.
>
> 잭 도르시Jack Dorsey - 트위터Twitter, 스퀘어Square

> *최고가 될 필요는 없지만 '위험한 존재'는 돼야 한다. 생각과 개념을 만들어 세상에 내보낼 만큼 충분히 위험한 존재가 되는 학습을 해야 한다. 그러면 나보다 더 일을 잘하는 인스타그램 직원 170명이 함께 일하고 있는 결과가 생긴다. 분명 당신은 당신이 만든 생각에 이끌려 일을 하게 되고 더 나은 결과를 만들어 줄 사람들을 필요로 하게 된다.*
>
> *케빈 시스트롬Kevin Systrom-인스타그램Instagram*

5. 역량구축가CompetenceBuilder

역량구축가는 팀 구성원들이 배우고 성장하도록 격려하고 다양한 기회를 제공한다.

역량구축가 마인드셋의 주요 관심은 팀 구성원이 성장하고 역량을 키울 수 있도록 필요한 기회와 자원을 제공하는 데 있다.

나는 많은 사람들에게 종종 농담반 진담반으로 내 직업은 그냥 다른 회사의 조수가 되는 것이라고 말합니다. 내 일은 당신이 '끝내주는' 것을 하는 데 필요한 모든 것을 갖도록 확신시켜주는 일이니까요. 만약 당신에게는 그런 게 없다고 생각한다면, 알려주시기 바랍니다. 그 말인 즉, 제가 제 일을 하지 않고 있다는 말이니까요.

앤드루 영Andrew Young-사운드클라우드Soundcloud

나는 당신이 가르치고 나누는 데 돈을 써야 한다고 생각한다. 그것은 아마도 마케팅을 하는 사람 대신에 한두 명의 작가를 고용하는 것을 의미할 것이다. 그리고 글을 쓰기 시작하고 사람들이 당신이 말하는 것에 귀를 기울이도록 하라. 그리고 늘 당신 자신에 대해 말할 수는 없다. 아무도 그 이야길 듣고 다시 돌아오지 않을 것이다. 당신의 사업이나 아이디어와 관련된 것들에 대해 이야기하고, 청중들을 모아라.

제이슨 프레드Jason Fried-베이스캠프Base Camp

6. 재무자원가*FinanSourcerer*

필수적인 자원 제공이 가능한 잠재적 투자자와 공급자를 확인하고 당신의 벤처 지원에 대한 관심과 헌신을 창의적으로 이끌어 낸다.

재무자원가의 관점에서 마인드셋 우선 순위에는 자금의 출처와 주주, 투자자들 같은 필수 자원들을 파악하는 것과 벤처기업의 야망과 강점을 창조적으로 연결시키는 것이 있다.

누군가가 다음 단계로 나아가거나 원대한 꿈을 이뤄내고자 할 때, 언제나 행운이 따라야 합니다. 하지만 제가 생각할 때 더 중요한 것은 한계 없이 시간과 공간을 초월하는 두루누리ubiquitous적인 사업에 정신을 쏟는 것입니다. 항상 난관에 빠지게 될 테지만 사람들과 회사가 이용하는 것을 시각화시킬 수 없는 것이라면, 사업 규모를 충분히 키우거나 그 가치를 인지하기는 어려울 것입니다.

마크 쿠반Mark Cuban-
사이버 더스트Cyber Dust

> 아무도 당신의 아이디어에 관심이 없는 것이 자연스럽다는 것을 이해하세요. 세상은 조금도 개의치 않는답니다. 당신은 그들을 설득해야 하고 설득할 수 있는 유일한 사람이 당신임을 그들에게 보여 줘야만 합니다.
>
> 로버트 그린Robert Greene- 마스테리Mastery

> 그래서 우리가 레몬에이드를 팔고 있는 아이를 볼 때는, 완전히 똑같은 레몬에이드를 판매하는 자판기를 볼 때와는 다르게 봅니다. 왜냐하면 이야기의 전제는 사람들이 어떤 것에 대가를 지불하느냐이기 때문입니다. 그래서 제가 소규모 사업가들을 만나게 되면, 그들에게 물어보는 것이 대차 대조표가 아니라 그들의 이야기인 것입니다. 내가 왜 당신을 선택해야 하나요? 왜 내가 당신이 하고 있는 일에 관여해야 할까요? 게다가 당신이 다른 경쟁자들보다 2% 더 나은 이유가 담긴 모든 내부 통계자료들을 저에게 보여주신다면 저는 외면하게 되죠. 저는 세상을 그런 식으로 보지 않거든요.
>
> 세스 고딘Seth Godin-트라이브스Tribes

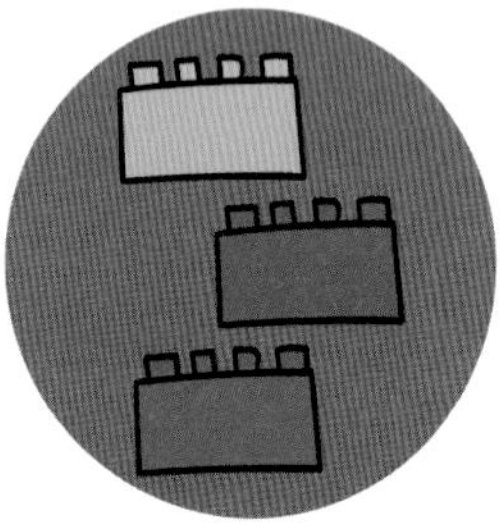

7. 벤처구축가*VentureBuilder*

지속 가능한 기반을 창출하고 벤처 기업의 성장과 확장 가능성을 위한 길을 모색한다.

벤처구축가적 마인드셋은 지속 가능한 기반 구축과 투자자 및 기타 주주들의 가치 창출을 위한 기업의 확장 가능성 및 성장 구축에 초점을 맞추고 있다.

가장 좋은 방법은 종종 단 한 사람의 완벽한 경험으로 시작해서, 올바른 방법을 찾아내고 어떻게 확장할 수 있는지 알아내는 데에 있습니다. 그다지 대단하지 않은 무언가를 확장하고 개선하려고 노력하는 대신에 말이죠. 그건 정말 어려운 일이에요.

브라이언 체스키Brian Chesky – 에어비앤비Airbnb

"내가 세상을 바꾸겠다거나 우주를 놀라게 하겠다"는 식의 포부가 당신의 마음속에 그대로 자리하고 있더라도 그럴 정도의 능력을 갖기 전인 초기 단계에서는 사소한 문제를 해결하는 정도로도 괜찮답니다.

앤소니 카사레나Anthony Casalena – 스퀘어스페이스Squarespce

"어떻게 빠르게 성장할지"에 대해 생각하지 마세요. 정말 의미 있고 중요한 무언가를 만들면 그것은 저절로 이루어진답니다. 그러니 "성공하는 제일 빠른 방법이 무엇인지"에 대해서도 생각하지 마세요. "세상이 진정으로 필요로 하는 중요한 무언가를 만들어내는 방법은 어떤 것일까"를 생각하세요.

다내 링겔만Danae Ringelmann – 인디고고Indiegogo

8. 맞춤연결가*MatchMaker*

당신의 가치와 비전에 부합하는 잠재적 파트너와 협력자와의 상생 관계를 구축하고 모색한다.

맞춤연결가의 마인드셋은 공통의 비전과 가치를 공유할 타기업(파트너 및 제휴처)을 탐색하고 상생 관계를 구축하기 위해 서로의 역할과 장점(공유, 결합 또는 교환)을 보완하는 데 있다.

> 무엇을 하고 있건 간에, 당신은 훌륭한 파트너를 찾아야 합니다. 매우 높은 지능과 높은 에너지, 그리고 매우 높은 고결함을 지닌 사람을 찾아야 합니다. 이 세 가지는 모두 필요한데 그 중 어느 하나도 타협해서는 안됩니다. 그렇지 않으면, 당신은 머리 좋지 않은 누군가와 결국 함께 하게 될 것입니다. 아니면 성실히 일하지 않는 사람과 함께하게 되는데 이 또한 안 좋지요. 더 나쁜 경우, 당신의 관심사에 반하는 똑똑하고 성실한 사기꾼과 마주치게 될 것입니다. 진실성이란 누군가와 많은 시간을 함께해 볼 때 알아낼 수 있는 것입니다.
>
> 카말 라비칸트Kamal Ravikant-엔젤리스트AngelList

사람들과 함께 일할 때 초기에 가장 중요한 것은 사람들과 함께 목표를 주욱 적어보는 것입니다. 정말 기본이죠, 매일 사무실로 출근하지 않고 돈을 버는 소규모 사업을 운영하고 싶을 수도 있고, 아니면 대규모 사업체를 설립하고 싶을 수도 있습니다. 구글 같은 회사를 세우고 싶을 지도 모르죠. 하지만 당신이 어떤 사업을 하더라도 정말로 그것과 정렬되어 있어야 한다고 저는 생각합니다.

벤 실버만Ben Silbermann-핀터레스트Pinterest

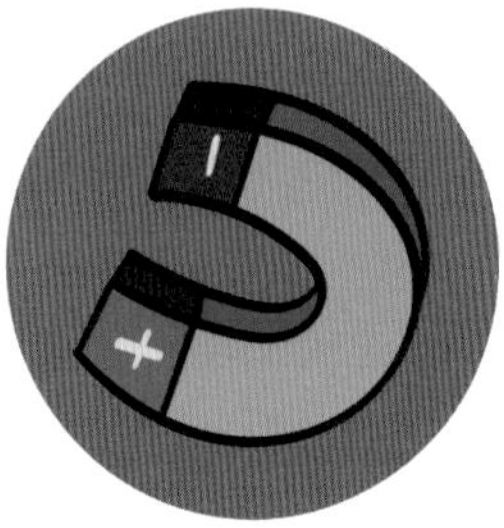

9. 자원가*Resourcerer*

당신이 하고 있는 것과 타기업의 제품, 서비스 또는 역량 간의 시너지를 만들고 활용한다.

자원가적 사고의 주요 관심사는 자원을 풍부하게 하고 활용하기 위해 다른 보완적 벤처 기업(파트너/제휴처)의 제품, 서비스, 역량과 시너지를 인식하고 탐구하고 적용하는 것이다.

가장 중요한 것은 개인입니다. 개인이 그 아이디어를 실행할 수 있다는 느낌을 갖든 말든 말이죠. 많은 사람들이 비슷한 아이디어들과 훌륭한 아이디어들을 가지고 있습니다... 문제는 그들이 실제로 그 아이디어를 전달할 수 있느냐이죠. 그러나 그 사람이 사람들에게 동기부여를 할 수 있는지, 필요하다 싶으면 그 사람이 가진 모든 시간을 들여 일할 수 있을지를 고심해 보세요. 회사는 사람들의 집단입니다. 단순합니다. 그리고 당신은 당신에게 아이디어를 가지고 오는 사람이 당신이 느끼기에 그 아이디어를 잘 전달할 수 있는 사람인지 그리고 다른 모든 것도 그 맥락에 맞아 떨어지는지 확실히 하고 싶죠.

리차드 브랜슨Richard Branson-버진 그룹The Virgin Group

만약 당신이 온라인 커뮤니티를 이용하고 있지 않다면, 불리한 입장에 처해 있는 것입니다. 온라인 커뮤니티에서는 당신이 하는 일에 대해 조언을 구하거나 아이디어에 대한 질문을 할 수 있습니다. 당신은 이 주제에 대해 열정을 갖고 있는 사람들의 이야기와 더불어, 당신을 도와 줄 전세계 사람들의 경험담도 듣게 될 것입니다.

앨런 샤프Alan Schaaf - 이머저Imgur

메타 마인드셋과 매크로 마인드셋의 특별함과 마찬가지로 우리는 마이크로 마인드셋에 대해서는 편안함과 유용함을 더 자주 느낀다. 그러므로 우리의 성공의 원 구축을 위해서, 이러한 사고 방식을 더 발전시키고, 우리의 약점 영역을 보완하기 위해서 우리가 부족한 마인드셋에 더 자연스럽게 관심을 기울이는 사람들과 파트너가 되어야 한다.

예를 들어, 제품창조자(ProductCreator) 및 팀개발자(TeamMaker)적 마인드셋은 의미 있는 공헌 활동을 하기 위해서는 필수적이다. 역량구축가(CompetenceBuilder) 및 자원가(Resourcerer)적 마인드셋은 혁신과 회복 탄력성을 생산하는 데 필요하다. 맞춤연결가(MathchMaker) 및 벤처구축가(VentureBuilder)적 마인드셋은 확장 가능한 성장에 도달하게 한다. 시장개발자(MaketMaker) 및 재무자원가(FinanSourcer)적 사고 방식은 재무 건전성을 달성하는 데 필요하다. 자기동기부여(Self-Motivator)적 마인드셋은 개인적인 만족을 이루기 위한 기초가 된다.

• 마이크로 마인드셋 진단 •

Assessing Your Micro Mindset

다음 페이지의 내용을 보고 당신에게 가장 적합한 항목에 “X”를 기입하여 마이크로 마인드셋을 평가하시오.

행동		나는 그것을 즐긴다	나는 잘 한다	그것을 하는데 시간이 걸린다
	자신이 좋아하는 것, 자신에게 무엇이 중요한지, 자신이 무엇을 잘하는지를 재연결하고 탐구하는 시간을 갖는다. (즉, 당신의 열정, 감각의 목적, 탁월성에 관하여)			
	고객 및 잠재 고객과 지속적인 대화의 기회를 창출한다.			
	고객의 요구를 예측하고 충족시키는 제품 및 서비스에 대해 브레인스토밍을 하고 구현한다.			
	팀원들에게 방향을 제시하고 지원하며 팀 협력을 장려한다.			
	팀원들의 배움과 성장 기회를 장려하고 제공한다.			
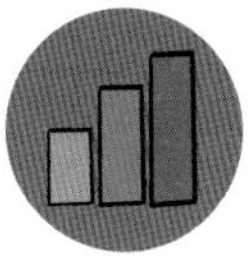	잠재적 투자자 및 기타 필수 자원 제공 업체를 확인하고 창의적으로 당신의 벤처를 지원하기 위한 관심과 의지를 확보한다.			

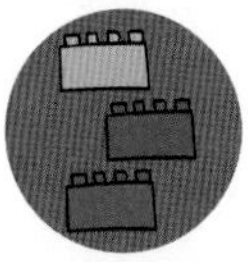	지속 가능한 기반을 창출 및 개발하고 벤처 기업의 성장과 확장 가능성을 위한 길을 모색한다.			
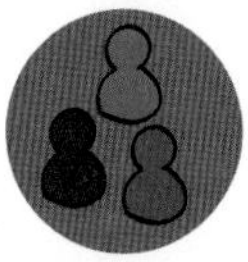	나의 가치와 비전에 공감하는 잠재적 파트너 및 제휴처와 상생 관계를 찾고 구축한다.			
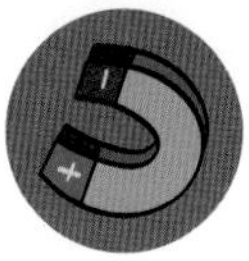	내가 하고 있는 일과 타기업의 제품, 서비스 및 역량 간의 시너지를 확인하고 활용한다.			

이제 앞에서 진단한 당신의 답변을 통해 나타난 마인드셋의 다양한 측면을 알아보자.

당신의 메타, 매크로 그리고 마이크로 마인드셋을 진단하는 것은 당신이 어떤 부분을 개발해야 하는 지를 규정짓는데 도움이 될 것이다.

- 해당 활동을 즐기고 그것에 능숙하며, 그 활동에 시간을 할애하고 있다면 당신은 분명히 강점을 지닌 것이다. 하지만 벤처 기업의 현재 목표를 달성하는 것이 당신에게 얼마나 중요한지 여부에 따라 이것은 자산이 될 수도 있고 한계가 될 수도 있다.
- 해당 활동을 즐기고 그것에 능숙하나, 그 활동에 시간을 할애하고 있지 않다면 당신의 우선순위는 다른 곳에 있다는 의미이다. 이 경우 당신의 프로젝트나 벤처의 목표에 도달하기 위해 당신이 시간을 할애해야 하는지 여부가 핵심 문제가 된다.
- 해당 활동을 즐기고 그 활동에 시간을 할애하고 있지만, 그것에 능숙하지 않다면 그것은 당신에게 좌절의 원인이 될 수 있다. 훈련이나 코칭을 받는 것이 도움이 될 것이다
- 해당 활동을 잘하고 그 활동에 시간을 할애하고 있지만, 그것을 즐기지 않는다면, 당신은 아마 그것이 필요는 하지만 지루한 활동으로 경험한다는 의미이다. 동기를 증가시키는 방법을 모색하는 것이 유용할 것이다. 예를 들어 진정으로 즐기는 사람과 시간을 보내고 모델링하는 것이 도움이 될 수 있다.
- 해당 활동을 좋아하지만, 잘 하지 못하고, 그 활동에 시간을 할애하고 있지 않다면, 비

록 즐거움을 얻었을지라도, 당신이 그 일을 해도 그 일에 가치가 더해지지는 않을 것이다. 당신의 벤처에 대한 목표에 따라 더 많은 것을 배우고 개선하기 위한 시간 투자가 요구된다.

- 해당 활동에 시간을 할애하고 있지만, 잘 하지 못하고 좋아하지 않는다면, 이 일이 당신에게 중요할지라도 당신은 자주 '보람없이 일만 한다'는 느낌에 압도되거나 시간낭비를 한다는 느낌이 들 수 있다. 당신이 능력과 동기를 키우는 데 필요한 지원을 얻어야 하는 것이 분명한 영역이다.
- 해당 활동에 능숙하지만 좋아하지도 않고 시간을 할애하지도 않는다면 역량이나 우선순위가 아닌 동기부여 문제가 분명하다. 왜 이 일이 중요한지에 대한 이유를 더 잘 이해하고, 일을 함으로써 관심과 즐거움을 어떻게 키울 수 있는지 탐구하는 것이 도움이 될 것이다.
- 해당 활동을 좋아하지도 않고, 능숙하지도 않으며, 그 활동에 시간을 할애하고 있지도 않다면 개발해야 하는 영역임이 확실하므로 당장 그 분야에서 당신의 동기와 능력 개발을 위해 진지한 지원을 요청하거나 그 활동에 역량을 가진 신뢰할 수 있는 좋은 파트너를 찾아야 한다.

다시 한 번 당신의 개발 영역을 기록하라. 성공 마인드셋 지도Success Mindset Map의 다른 영역과 마찬가지로 다음 장에서는 마이크로 마인드셋의 다양한 측면을 개발할 수 있는 기회를 갖게 될 것이다.

• 메타 목표 •

Meta Goal

마인드셋 나침반Mindset Compass을 완성하기 위해 최종적으로 해야 하는 것은 메타 목표Meta Goals를 식별하는 것이다. 메타 목표는 당신의 프로젝트나 사업에 있어서 현재 목표로 하고 있는 것이라 할 수 있다. 아마도 우리가 하는 일들 중 다른 중요한 목표도 많이 있겠지만, 메타 목표가 가장 중요하다.

메타 목표 또는 현재 중점 목표는 성공의 원을 만들기 위한 다섯 가지 핵심 결과 중 하나와 관련이 있다.

1. 하는 일에서 개인적인 만족도 증가시키기

이 목표를 상징화하기 위해 뱃머리에서 팔을 뻗고 서있는 사람을 선택했다.(영화 타이타닉의 유명한 장면과 같음) 이것은 누군가가 지속적으로 하는 행동과 활동에 있어 기쁨, 흥분과 즐거움의 감각을 상징한다. 당신 사업이 타당하게 잘 진행되고는 있지만 당신이 하고 있는 일에 열정과 설렘을 갖고 있지 않다면 당신은 아마 이 목표를 선택할 것이다.

2. 재무 건전성 / 안정성 확립하기

이 목표는 튼튼한 재무 상태를 나타내기 위해 보물 상자를 상징으로 선택했다. 벤처 기업의 수익성을 달성하는 것이 필수적이라면 이 목표를 선택하면 된다.

3. 확장 가능한 비즈니스 구축하기

이 목표를 상징하는 것은 함대이며 이는 공통된 바람, 목적 및 조정의 분위기를 공유하고 함께 운영하는 그룹을 확장하는 것을 뜻한다. 벤처 기업을 성장시키는 것이 중요하다면 이 목표를 선택하면 된다.

4. 참되고 의미 있는 공헌하기

이 목표는 다른 사람들에게 봉사하는 것에 초점을 맞추고 있기 때문에 대표 상징물로 구조용 헬리콥터를 선택했다. 당신의 사업에서 고객 및 지역 사회에 가져다 주는 혜택이나 창출하는 수익을 명확히 하거나 향상시키는 것이 중요할 경우에 이 목표를 선택할 수 있다.

5. 더 큰 혁신과 회복 탄력성 달성하기

이 목표는 새롭고 도전적인 상황에 창조적으로 적응할 수 있는 능력인 독창성을 상징하기 때문에 스위스 로빈슨 가족과 같은 통나무집을 이 목표의 상징물로 삼았다. 커다란 위기나 변화에 대처하거나 경쟁력을 유지하는 능력이나 독창성을 높여야 하는 경우 이 목표를 선택하면 된다.

• 메타 목표 진단하기 •

Assessing Your Meta Goal

메타 목표 중 어느 것이 당신이 현재 집중하고 있는 것을 대변하는가? 앞으로 6개월에서 12개월 사이에 가장 먼저 성취하고자 하는 것은 무엇인가? 가장 우선순위가 높은 것을 선택하라.

1. 하는 일에 있어서의 개인적인 만족도 증가 ☐

2. 재무 건전성 / 안정성 확립 ☐

3. 확장 가능한 비즈니스 구축 ☐

4. 참되고 의미 있는 공헌 ☐

5. 더 큰 혁신과 회복 탄력성 달성 ☐

• SFM 마인드셋 나침반 적용하기 •

Applying the SFM Mindset Compass

메타 마인드셋, 매크로 마인드셋, 마이크로 마인드셋 그리고 메타 목표, 이 모든 부분을 성공의 원과 관련하여 정리하면 다음 페이지의 SFM 성공 마인드셋 지도The SFM Success Mindset Map™로 요약할 수 있다.

이 장의 앞부분에서 언급했듯이, 마인드셋의 세 가지 영역인 메타, 매크로 및 마이크로 마인드셋을 함께 통합하여 메타 목표와 관련하여 일종의 마인드셋 나침반Mindset Compass을 구성할 수 있다. 이 마인드셋 나침반은 마인드셋의 세 가지 영역 중 어떤 요소가 메타 목표나 현재 집중하는 것에 가장 중요하고 연관이 있는지를 찾아 그 목표를 중심으로 이상적인 마인드셋 지도를 구성하여 명시하는 것이다.

이 장의 다양한 마인드셋 평가를 통해 자신의 현재 마인드셋, 기술 및 습관과 관련된 자신의 적성과 성향을 알게 되었을 것이다. 그것들을 당신의 메타 목표를 위한 이상적인 마인드셋과 비교하여 프로젝트 또는 기업을 다음 단계로 이끄는 데 필요한 우선 순위를 확정하고 강화해야 할 대상을 파악할 수 있다.

다음 그림은 각 메타 목표를 위한 이상적인 사고 방식 지도를 요약한 것이다. 이상적인 마인드셋 지도와 지금까지 배운 당신의 현재 메타, 매크로 및 마이크로 마인드셋과 비교해 보면서 당신에게 가장 중요한 개발 영역이 무엇인지 확인할 수 있다.

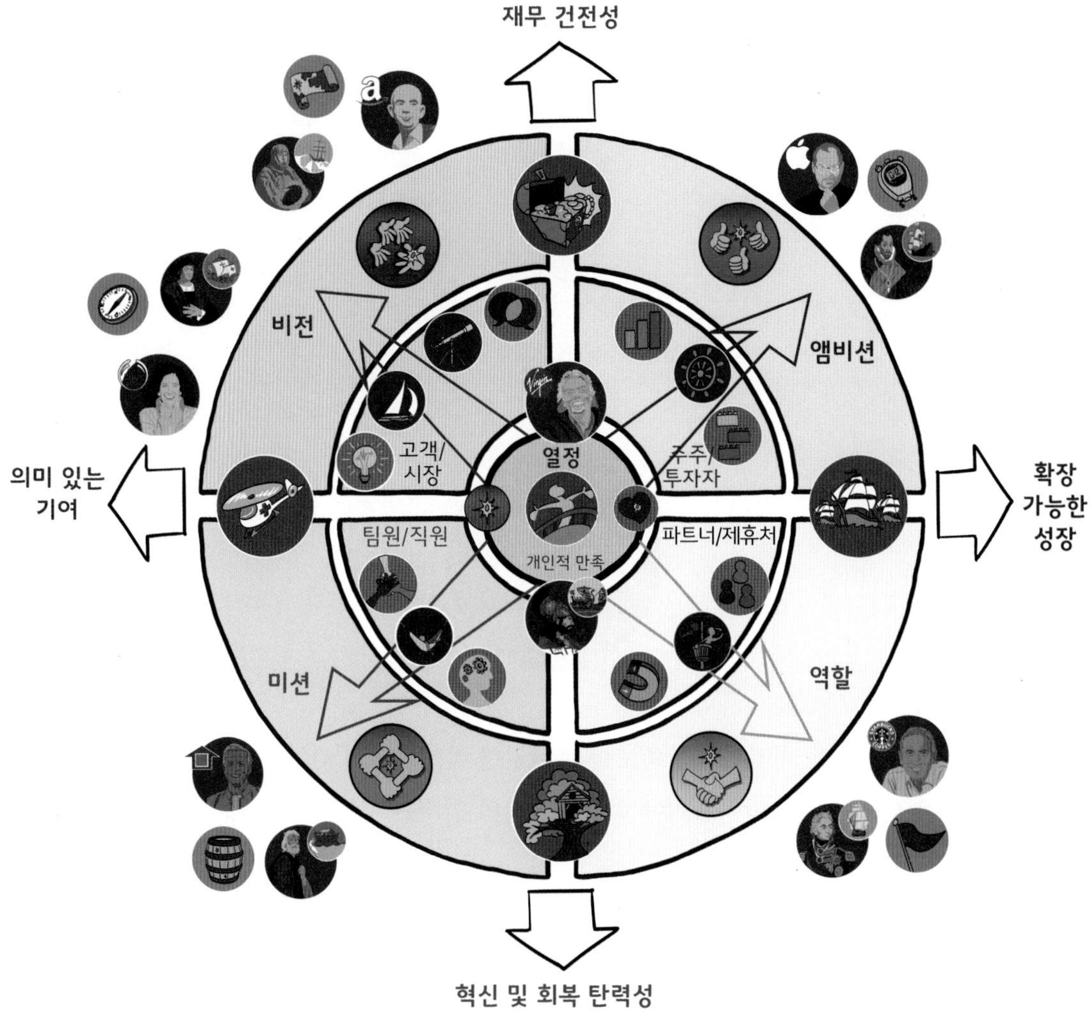

SFM 성공 마인드셋 지도(SFM Success Mindset Map™)

• 이상적인 마인드셋 지도 1 •
자신이 하는 일에 개인적인 만족도 높이기

Ideal Mindset Map 1: Increase My Personal Satisfaction In What I Am Doing

- 자신이 하는 일에 개인적인 만족도를 높이려면 버진그룹의 리차드 브래슨Richard Branson과 같은 마인드셋을 받아들여야 한다. "당신의 열정을 따라가라 - 세상과 당신을 섬기는 방식으로."

- 또한 신화 여행자인 율리시스Ulysses와 같이 "모험을 위한 욕망"을 가져야 하고, "노력하고, 찾아서, 양보하지 않고 발견하려는" 열망을 느껴야 한다.

- 당신은 당신의 열정에 접속되어 생기는 불꽃에 완전히 연결되어야 한다.

- 이것은 당신에게 당신의 기업을 위한 에너지와 동기부여를 해 줄 것이고, 당신이 원하는 것을 위해 '끝까지 항해' 할 준비를 하도록 도와줄 것이다.

- 당신은 또한 지나치게 스트레스를 받거나 지치지 않도록 자신을 돌볼 수 있는 수단과 규율이 필요하다.

- 이 모든 것을 성취하기 위해서, 당신이 하고 싶은 일, 당신에게 중요한 것이 무엇인지, 무엇을 잘하고 있는지, (즉, 당신의 열정, 당신의 목적 의식과 당신의 탁월성에 대해) 탐구하여 다시 연결할 시간을 가져야 한다.

• 이상적인 마인드셋 지도 2 •
재무 건전성 / 안정성 확립

Ideal Mindset Map 2: Establish Financial Robustness / Stability

- 재무 건전성과 안정성을 확보하려면 아마존의 제프 베조스Jeff Bezos와 애플의 스티브 잡스Steve Jobs의 특징을 결합한 마인드셋을 채택해야 한다. 당신의 목적지에 대한 명확한 비전과 "우주를 놀라게 하려는" 야망이 필요하다.

- 또한 남극에 도달하기 위해 모든 역경을 극복한 탐험가 어니스트 섀클턴Ernest Shackleton과 지구를 주항周航한 최초의 사람들 중 한 명인 모험가 프란시스 드레이크Sir Francis Drake 경과 같은 과감한 판단이 필요하다.

• 도달하고자 하는 목적지에 대한 명확한 지도와 정해진 기간 내에 목표를 달성하려는 의지가 필요하다.

• 일상을 설정하여 잠재적 가능성의 지평과 중요한 기회를 나타내는 "미약한 신호"도 일관되게 지켜보아야 한다.

• 도전적이고 변화하는 상황에서 통제 상태를 유지하고 '경로를 유지'하는 도구와 원동력이 필요하다.

- 이 모든 것을 성취하기 위해서는 (1) 고객과 잠재 고객과의 지속적인 대화를 위한 기회를 지속적으로 창출하고 (2) 잠재 투자자와 기타 필수 자원 제공자를 파악하고 당신의 기업을 지지하도록 그들의 관심과 약속을 창의적으로 얻어야 한다.

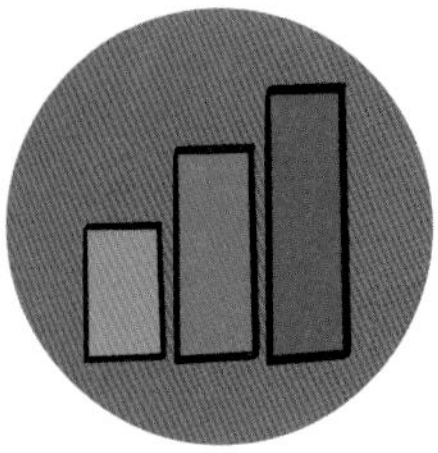

• 이상적인 마인드셋 지도 3 •
확장 가능한 비즈니스 구축

Ideal Mindset Map 3: Build a Scalable Business

- 확장 가능한 비즈니스를 구축하려면 애플의 스티브 잡스Steve Jobs와 스타벅스의 하워드 슐츠Howard Shutz의 특징을 결합한 마인드셋을 채택해야 한다. "우주를 놀라게 하려는" 강력한 야망과 고객 및 잠재적 파트너와 의미 있는 관계를 형성하는 역할에 대한 감각이 필요하다.

- 넬슨 제독Admiral Nelson에 대한 평판, 임무에 대한 감각과 더불어 전 세계를 최초로 일주한 프란시스 드레이크 경Sir Francis Drake의 모험심과 대담함 역시 필요하다.

- 고객, 경쟁 업체 및 파트너와 관련된 지위와 위치를 명확히 하고, 제한된 기간 내에 명확하게 성취할 의사가 있어야 한다.

- 당신 사업에 대한 에너지와 동기부여가 필요하며, 당신이 원하는 것을 향해 총력을 다할 준비를 해야 한다.

- 문제 및 장애물을 피하고 올바른 경로로 수정하기 위해 필요한 지속적이고 적절한 피드백을 구할 알맞은 수단이 필요하다.

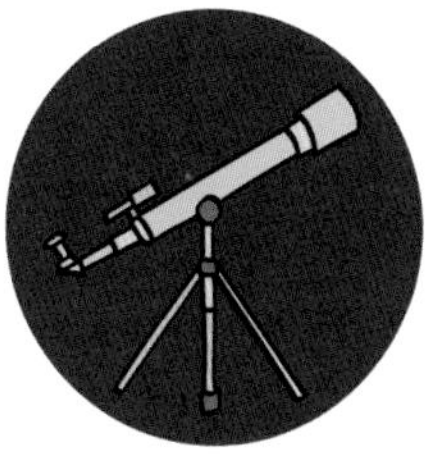

- 또한 도전적이고 변화하는 상황에서도 '끝까지 버틸 수 있도록' 통제 상태를 유지하는 도구와 자원도 필요하다.

- 이 모든 것을 성취하기 위해서는 (1) 지속 가능한 기반을 창출하고 개발하는 데 시간을 투자하고 기업의 성장과 확장 가능성을 위한 길을 탐색해야 하며 (2) 가치와 비전을 공유할 수 있는 잠재적인 파트너 및 제휴처와 상생하는 관계를 모색하고 확립해야 한다.

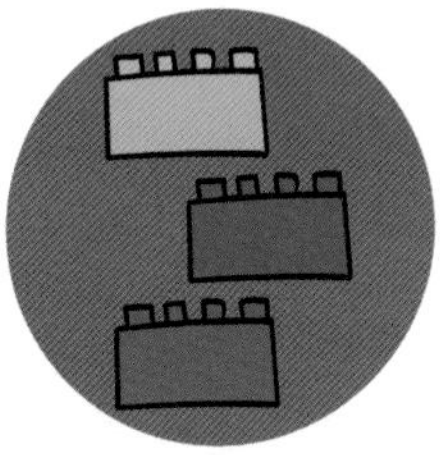

• 이상적인 마인드셋 지도 4 •
참되고 의미 있는 공헌하기

Ideal Mindset Map 4: Make a genuine and meaningful contribution

- 진실되고 의미 있는 공헌을 하기 위해서는 바디샵의 아니타 로딕Anita Roddick과 그라민은행의 무하마드 유누스Muhammad Yunus의 특징을 결합한 사고방식을 채택해야 한다. 당신은 “자신의 기술을 보유하고, 그것을 사용하고, 그것으로부터 생계를 영위하는 명예로운 생활”에 대한 열망이 필요하며, 그러기 위해서는 “스스로에게 자유의 느낌을 주고, 당신이 원하는 방식으로 삶의 균형을 맞출 수 있도록” 해야 한다. 또한 다른 사람들에게 힘을 북돋아주고 그들이 행복하게 살 수 있도록 도우려는 깊은 욕구도 필요하다.

- 더불어 크리스토퍼 콜럼버스Christopher Columbus의 신념과 명확한 방향 감각, 그리고 노아Noah가 선보인 소명에 대한 확고한 의지가 필요하다.

- 당신에게는 비록 어디로 갈지 모를지라도, 어떤 방향으로 가고 싶은지 알 수 있게 해주는 내면의 나침반 같은 것이 필요하다.

- 또한 벤처를 통해 다른 사람들에게 도달할 당신만의 독특한 재능과 기여, 그리고 당신의 목적에 대해서도 분명히 할 필요가 있다.

- 당신의 사업에 대한 에너지와 동기 부여가 필요하며, 당신이 원하는 것을 향해 '총력을 다한 항해'를 할 수 있는 준비를 해야 한다.

- 문제 및 장애물을 피하고 필요한 경로를 수정하기 위해 지속적이고 적절한 피드백을 구할 수 있는 적절한 수단이 필요하다.

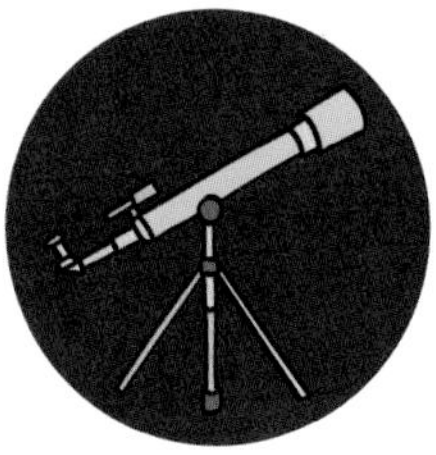

- 이 모든 것을 성취하기 위해서는 고객의 요구를 예측하고 충족시키는 제품 및 서비스를 구현하고 브레인스토밍을 해야 한다. 팀원들에게 방향을 제시하고 지원하며 팀 협력을 장려하는 것도 필요하다.

• 이상적인 마인드셋 지도 5 •
더 큰 혁신과 회복 탄력성 달성

Ideal Mindset Map 5: Achieve greater innovation and resilience

- 더 큰 혁신과 회복 탄력성을 얻기 위해서는 스타벅스의 하워드 슐츠Howard Shultz와 그라민 은행의 무하마드 유누스Muhammad Yunus의 특징을 결합한 사고 방식을 채택해야 한다. 고객 및 잠재적인 파트너와의 의미 있는 관계를 형성하는 역할에 대한 감각이 필요하다. 또한 다른 사람들에게 힘을 북돋아주고 그들이 행복할 수 있도록 돕고 싶어하는 깊은 욕구도 필요하다.

- 더불어 넬슨 제독Admiral Nelson의 명성과 의무에 대한 감각, 그리고 노아Noah의 소명에 대한 확고한 의지가 필요하다.

- 고객, 경쟁 업체 및 파트너와 관련된 지위와 위치를 명확히 해야 한다. 또한 목적이 뚜렷해야 하며 당신의 벤처를 통해 다른 사람들에게 도달될 독특한 재능과 기여에 대해서도 분명히 할 필요가 있다.

- 당신의 사업에 대한 에너지와 동기부여가 필요하며, 당신이 원하는 것을 향해 총력을 다할 준비를 해야 한다.

- 문제 및 장애물을 피하고 올바른 경로로 수정하기 위해 필요한 지속적이고 적절한 피드백을 구할 수 있는 알맞은 수단이 필요하다.

- 일상을 설정하여 잠재적 가능성의 지평과 중요한 기회를 나타내는 '미약한 신호'를 일관되게 지켜보아야 한다.

- 이 모든 것을 성취하기 위해서는 팀원들의 배움과 성장 기회를 장려하고 제공해야 한다. 또한 당신이 하고 있는 일과 타기업의 제품, 서비스 및 역량 간의 시너지를 확인하고 활용할 필요가 있다.

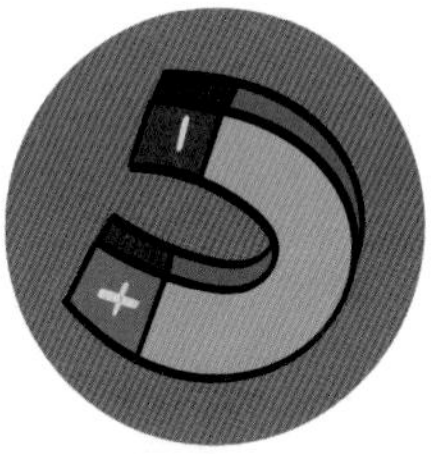

SFM 마인드셋 나침반은 기업을 설립하고
성장시킴에 있어 필요한 주요 성과를 달성하도록 도움을 준다.

• 개발을 위한 핵심 영역 규명하기 •

Identifying Your Key Areas for Development

지금까지 자기 분석을 하면서 배운 것에 대해 떠올려 보자. 당신의 메타, 매크로 및 마이크로 사고 방식을 고려하여, 현재 당신의 강점과 성향이 반영된 당신의 메타 목표와 이상적인 사고방식 지도를 비교하라. 개선하고 발전시킬 필요가 있는 영역을 기록하고 아래에 표시하라.

개발을 위한 메타 마인드셋 영역

- 내가 정말로 어떤 일을 하는 것을 사랑하는지 알기(나의 열정과 관련된 것들) ☐
- 먼 미래에 내가 만들고자 하는 것 알기(내 목적지와 장기적 비전 명확화) ☐
- 구체적인 목적지를 알고 있는지 여부에 관계없이 나의 방향을 분명히 하기 ☐
- 목적 알기(내가 무엇을 위해 살고, 이 일을 하는 이유와 기업을 통해 내가 이루고자 하는 독특한 공헌이 무엇인지 알기) ☐
- 나의 포부, 즉, 앞으로 2~5년 이내에 내가 성취하고 이루고자 하는 바를 분명히 하기 ☐
- 나의 역할, 즉 나의 시장 및 환경에서 다른 사람들과 관련된 나의 위치를 분명히 하기 ☐

개발을 위한 매크로 마인드셋 영역

열정적으로, 많은 에너지를 쏟고 내가 원하는 것을 이루는데 집중할 수 있는 것을 하기 ☐

정직한 피드백을 주기적으로 꾸준하게 받을 수 있는 방법 수립하기 ☐

끊임없이 기회를 찾고 그 기회를 창출할 시간 투자하기 ☐

단단한 내면을 갖추고 자원이 풍부한 상태가 될 수 있도록, 스스로 재충전하고 균형을 유지하는 방법을 만들어 매일 연습하기 ☐

위험과 잠재적 문제를 잘 살피며, 역경과 부정적 피드백에 직면한다고 낙담하거나 흐트러지지 않기 ☐

개발을 위한 마이크로 마인드셋 영역

내가 하고 싶은 일, 내게 중요한 것이 무엇인지, 내가 무엇을 잘하는지, (즉, 당신의 열정, 당신의 목적 의식과 당신의 우수성에 대해) 탐구하고 다시 연결할 시간을 가질 것 ☐

고객과 잠재 고객과의 지속적인 대화를 위한 기회를 만들 것 ☐

고객의 요구를 예측하고 충족시키는 제품 및 서비스를 브레인스토밍하고 구현할 것 ☐

팀원들에게 방향을 제시하고 지원하며 팀 협력을 장려할 것 ☐

팀원들에게 배움과 성장 기회를 장려하고 제공할 것 ☐

잠재적 투자자 및 여러 필요 자원을 제공하는 파트너를 찾고 창의적으로 당신의 벤처를 지원하기 위한 관심과 의지를 얻을 것 ☐

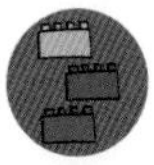
지속 가능한 기반을 창출하고 벤처 기업의 성장과 확장 가능성을 위한 길을 탐색할 것

나의 가치와 비전을 공유할 잠재적 파트너/제휴처와의 상생 관계를 모색하고 확립할 것

내가 하고 있는 일과 파트너의 제품, 서비스 및 역량 간의 시너지를 확인하고 활용할 것

• 성공 요인 사례 예시 : 파크 플레이스 생선가게 •

Success Factor Case Example: Pike Place Fish Market

있는 그대로의 네가 되어라, 그리고 너에게 영감을 주는 일을 해라

Be yourself and do what inspires you

차세대 기업가정신 및 의식 리더십의 원칙 그리고 그 실천은 하이테크 기업이나 첨단기술제품에만 국한되지 않는다. 실제 더욱 중요한 것은 우리가 무엇을 하고 있든 우리가 가지고 있는 마인드셋이다. 파크 플레이스 생선가게의 예를 보자. 1930년에 설립된 파크 플레이스 생선가게는 원래 워싱턴주 시애틀에 위치한 야외 어시장 내에 있었는데 당시 생선가게 직원이었던 존 요코야마John Yokoyama가 1965년에 매입했다. 요코야마의 말로는 새 자동차를 살 수 있을 정도의 돈을 벌기 바라면서 상점을 사들였다고 한다.

20년 후, 요코야마는 가게 운영에 질리고 지쳤으며, 심지어 가게는 망해가고 있었다. 생선가게는 일론 머스크나 스티브 잡스 같은 사람들이 설립한 회사들과는 조금 다른 사업이다. 근본적으로 생선 판매가 흥미진진하거나 '세상을 변화시키는' 일은 아니다. 생선가게 직원들이 '최고나 엘리트'일 필요는 없었다. 사실 그들에겐 고등교육도 필요하지 않았다. 요코야마는 수년간 시장에서 일하면서 배웠던 전통적인 '사장'으로서 단순한 사업을 했다.

마인드셋의 변화

1986년, 파산에 임박한 불행한 요코야마는 자신은 물론 가게 직원들의 마인드셋에 극적인 변화가 필요하다는 것을 직감적으로 깨달았다. 그래서 그는 직원들이 가게를 살릴 수 있는 방법을 고안해 내는 것을 지원하기 위해 비즈퓨처bizfutures에서 짐 바르기스트Jim Bargquist를 코치로 모셔왔다. 바르기스트는 팀을 구성하고, 요코야마가 사장인 자신에게 물어보리라고 생각지도 않았던 놀라운 질문을 했다. "당신이 원하는 것은 무엇입니까?" 더 구체적으로 말하자면, "당신은 어떤 사람이 되고 싶습니까?"

바르기스트는 직원들에게 그들이 누구인지 그리고 그들이 무엇에 대해 열정을 느끼는지를 탐구하도록 독려했다. "당신의 도전은 단지 당신이 되고 싶어하는 사람이 되는 것이다." 그는 직원들에게 말했다. "… 자유롭게 …당신이 그렇게 말했기 때문에." 이것은 기존의 것과는 다른 변화된 탐험이었다. 요코야마는 이렇게 말했다:

존 요코야마
파크 플레이스 생선가게

> 짐Jim과의 미팅 초반에 짐은 "우리가 되고 싶어 하는 사람은?"이라는 질문을 시작했습니다. 우리는 우리를 위해 새로운 미래를 창조하고 싶었어요. 젊은 직원 중 한 명은 "이봐요, 우리 세계적으로 유명해집시다!"라고 말했습니다. 처음에는 "세계적으로 유명한 가게라니… 어리석군!"이라고 생각했죠. 그러나 우리가 그 이야기를 더 많이 나누면 나눌수록, 그 주제로 신이 났습니다. 그래서 우리는 그것에 전념했습니다. 로고에 "세계적으로 유명한"이란 말을 추가했고, 그것을 우리 배송 박스에 인쇄했죠.

"세계적으로 유명"해지는 것

물론 정체성 수준의 결정은, 능력과 행동수준에서도 새로우면서도 동시에 같은 수준의 중요한 도전적인 질문들을 제기했다. "어떻게 세계적으로 유명해질 것입니까?", "세계적으로 유명한 것이 무엇을 의미합니까?" 가게 사정은 홍보를 하는데 투자할 여력이 전혀 없었다. 하지만 코치는 그들을 확신시켰다. "세계적으로 유명해지겠다는 당신의 약속은 당신 자신이 무엇을 할 지 자연스럽게 이끌 것입니다." 중요한 것은 개인으로서, 각 구성원이 약속을 지키기 위해 그 약속에 부합할 선택을 할 필요가 있다는 것이다. 요코야마는 말했다, "우리는 세계적으로 유명해지자는 입장을 취했다. 우리는 그저 그렇게 말했고, 그리고 그렇게 되었다."

그들이 입장을 취한 이상, 다음의 중요한 문제는 "세계적으로 유명해지는 것이 의미하는 바는 무엇인가?"였다. 요코야마와 그의 팀은 그들만의 정의를 만들기로 결정했다. 광고에 돈을 쓰는 대신 (가게는 한 푼도 지출하지 않았다), 사람들과 진정으로 함께 한다면 홍보는 자연스럽게 일어날 것이라고 결심했다. "우리에게 그것은 사람들에게 뛰어난 서비스를 제공하는 것 이상을 의미한다. 그것은 정말로 사람들과 함께 현존하며 그들과 인간으로서 연결된다는 것을 의미한다."라고 그들은 결론내렸다. 이는 다른 평범한 가게들처럼 "우리는 장사를 하고 당신은 손님이다"라는 전통적인 관계에서 벗어나 의도적으로 고객들과 그 순간 함께, 사람 대 사람으로서 현존한다는 의미였다. "우리는 오직 고객에게만 관심을 집중시켜 봉사할 방법을 찾는다. 어떻게 그들의 하루를 만들 수 있을지 알아내기 위해 나가서 일한다."

"당신은 무엇을 원하는가?" 그리고 "어떤 사람이 되고 싶은가"라는 질문을 화두로 탐색하는 것은 파크 플레이스 생선가게 팀이 그려야 할 성공의 원 중앙에 들어갈 열정, 목적 그리고 정체성을 명확하게 해준다.

파크 플레이스 생선가게 팀은 그들의 열정이 미션으로 형성될 수 있도록 하여 고객에게 탁월한 서비스를 제공한다. 그리고 "고객들 개개인에겐 생선 구입과 관계없이 왠지 대접받는다는 느낌을 경험하게 한다."

요코야마와 직원들은 다음과 같이 말했다.

우리는 차이를 만들어 낼 강한 의지를 가진 사람들과 교류합니다. 우리는 고객들이 생선을 사든 사지 않든, 그들에게 서비스 하고, 감사의 경험을 만들어 주기를 바랍니다. 우리는 고객들을 사랑합니다.

요코하마와 직원들이 모두 동의하는 '세계적으로 유명해지는 것'의 또 다른 의미는, 그것이 재미있을 것이라는 것이다. 그들은 고객들이 스스로 즐기고 재미있게 놀 수 있도록, 그들의 일을 즐기고 서로와 함께 즐거운 시간을 보낼 것이다. '세계적으로 유명해지는 것'은 또한 그들이 창의적이고 혁신적이 되어야 한다는 것을 의미한다.

사업 방식의 큰 변화

이러한 약속은 가게 운영 방식에 큰 변화를 가져왔다. 고객과의 관계가 더욱 깊어지기를 원했기 때문에 직원 중 일부는 고객과 교류하기 위해 카운터 앞으로 나갔다. 하지만 문제는 고객이 생선을 사면 다시 카운터 뒤로 가서 생선을 포장해서 다시 앞으로 나와야 한다는 점이었다. 문제라고 생각했던 이 부분은 '생선 장수'가 고객이 주문한 생선을 카운터와 진열대 너머로 던지는 전통, '날아가는 생선'으로 발전하였다. 이 때문에 〈낮게 날아가는 생선에 주의〉라는 표시가 즉시 게시되어야 했다.

파크 플레이스 생선가게의 "날아 다니는 물고기"전통

일반적인 순서는 앞치마와 부츠를 신고 주문을 외치는 직원에게 고객이 생선을 주문하면 그 직원이 다른 모든 직원에게 주문을 큰소리로 외치고, 주문한 생선 포장을 위해 카운터 뒤로 던진다. 직원들은 주문 받은 생선을 던지면서 한마음으로 서로에게 소리 지르고 구호를 외친다. 생선을 사는 고객에게 감사를 표시하기 위해 때때로 고객에게 노래를 불러주기도 한다.

어떤 때에는, 직원들이 모여 있는 구경꾼들을 향해 장난치듯 모형 물고기를 던져서 그들을 놀라게 하거나, 생선 던지기에 참여할 고객 한 명을 선정하기도 한다.

파크 플레이스 생선가게의 또 다른 인기 요인은 고객을 무는 아귀이다. 그 아귀에는 고객을

파크 플레이스 생선가게의 아귀

무는 척 할 수 있는 숨겨놓은 장치가 있다.

가게에서 이루어지는 직원의 활동이 언제나 정해진 퍼포먼스만 하는 것이 아니라는 점도 중요하다. "각 직원들이 매번 새롭게 창조해냅니다."라고 생선가게 구성원들은 말한다. "가게 직원들마다 각기 다른 퍼포먼스를 합니다. 이는 고객이 누구인지, 어떻게 반응하는지에 달려있습니다. 퍼포먼스는 사람들을 돌보는 것과 관련 있구요. 우리는 사람들의 삶에 변화를 줄 수 있는 방법을 항상 고려합니다." 생선가게 직원들은 계속해서 설명한다.

사람들은 우리가 하는 일을 따라하려고 합니다. 우리는 계속해서 말합니다. "당신의 성공은 우리가 하는 일을 똑같이 하는 것이 아니라 당신만의 길을 발견하는 것이다. 우리가 하는 일을 하지 말아라. 우리가 하는 모든 것은 우리가 만든 일이다. 당신은 당신에게 영감을 불어 넣는 것… 그것을 만들어라!" 당신은 그저 당신으로 존재하면 됩니다(당신 자신… 스스로에게 영감을 주는 것). 그것은 당신이 나는 누구라고 일컬은 그 모습과 당신 자신과의 약속입니다. 그 모습대로 행동하고, 생각하고, 보이게 하고, 느끼고, 말하고 … 그것이 되세요! 당신 자신이 됨으로써 자신만의 길을 창조할 것이며, 스스로에게 영감을 불어 넣는 일을 할 것입니다.

다른 회사의 롤 모델

이러한 접근법은 대단히 성공적이었다. 마침내 텔레비전 뉴스 제작진이 생선가게와 고객과의 퍼포먼스를 알게 되었고 그들을 취재했다. 뉴스를 통해 입소문이 났고 가게와 직원들은 다양한 매체에 출연하고 많은 잡지에 실렸다. 그 후로도 반복적으로 전국의 미디어 및 TV쇼에 출연했다.

오늘날 파크 플레이스 생선가게는 시애틀에서 가장 많은 사람들이 방문하는 인기 있는 관광명소 중 하나이며, 하루에 1만 명이 방문하고 있다. 실제로 여행레저 잡지에서 미국에서 13번째로 많이 방문하는 명소라고 평가했다. 가게는 진짜로 세계적으로 유명해졌다.

또한 중요한 것은, 파크 플레이스 생선가게는 "미국에서 일하기 가장 재미있는 곳"으로 여러 차례 언급되었다. 생선가게는 다른 조직에게 자율적 공동체의 모델이 되었고 실업학교와 대학에서 사례 연구로 다뤄지고 있다. 생선가게의 종업원들은 종종 기업, 시민 단체 및 학교에서 그들의 성공 스토리에 대해 강연한다. 파크 플레이스 생선가게에 관한 책이 적어도 4권은 출판되었는데 그 중 하나는 세계적인 베스트셀러이며 전 세계적으로 유명해진 기업교육 프로그램 주제 중 하나이다.

파크 플레이스 생선가게의 직원들은 의도적으로 세 가지 핵심 가치에 기반한 문화를 창안하였다.

- 임파워먼트 - 있는 그대로의 자신이 되고 영감을 주는 일을 하도록 직원들 각각을 응원한다.
- 실현을 위한 비전 - 도전적 목표를 설정하고 그것이 실현되게 한다.
- 다른 것을 만들어내는 것 - 사업을 하는 진정한 목적은 사람들의 삶의 질에 깊고 지속적인 변화를 세상에 심는 것이다.

자신들의 미션과 하나된 열정적인 삶과 '세계적인 명소'로 만들겠다는 앰비션을 통해, 파크 플레이스 생선 가게팀은 마침내 하루에 1만명의 관광객이 방문하는 곳이 되었고 '미국에서 가장 재미 있는 장소' 중 하나로 TV방송 및 각종 언론에 보도되었다.

이러한 가치는 모든 의식 리더십과 차세대 기업가 정신의 기초이다. 아래는 파크 플레이스 생선가게가 그들의 웹 사이트에 게시해 놓은 것이다.

> 세계적으로 유명한 파크 플레이스 생선가게에서, 우리는 인간으로서 우리 각자가 다른 사람들이 삶을 경험하는 방식에 영향을 미칠 수 있음을 잘 알고 있다. 우리가 하는 일은 모든 사람의 삶의 질을 향상시키기 위한 방향으로 나아간다. 우리는 모든 사람들을 위해 세계 평화와 번영의 가능성 속에서 일한다. 이것은 우리의 약속이다. 그것이 우리이고 우리가 하는 일이다.

파크 플레이스 생선가게 팀은 고객을 위해 최고 품질의 수산물과 최고의 서비스를 결합하여 제공하겠다는 새로운 비전에 그들의 열정, 앰비션 그리고 미션을 접목시켰다.

나는 개인적으로 그곳을 방문해왔고 그곳에선 정말로 독특하고 흥미롭고 즐거운 경험을 할 수 있다고 장담할 수 있다. 많은 구경꾼들이 모여서 생선을 사는 사람이 나타나면 이번엔 가게 점원들이 어떤 퍼포먼스를 해줄까 기대하며 기다린다. 점원들은 단순히 보여주는 쇼만 하는 '공연자'가 아니다. 그들은 서로 친밀하게, 신나게 그리고 진정으로 고객들, 사람들과 상호작용한다.

지속 가능한 미래를 지지

파크 플레이스 생선가게에 따르면:

> 우리의 비전은 전 세계의 기업들이 지구에 살고 있는 인류의 삶의 질을 향상시키기 위해 일하는 것입니다. 그리고 우리는 가능한 한 많은 조직이 이러한 방식으로 운영되도록 하고 싶습니다.

이것이 그들이 이해한 '세계 평화와 변화를 가져오는' 것의 확장된 미션이었다. 미션의 일환으로, 회사는 '100% 지속 가능한 해산물만을 판매'하겠다고 약속했다. 그들은 또한 몬트레이 베이 수족관 견학 프로그램과 제휴하여 건강한 바다를 위해 더 나은 선택을 하는 소비자와 기업을 돕는 임무에 동참했다. 수족관 견학은 소형 안내서, 웹 사이트, 모바일 프로그램 및 봉사활동을 통해 소비자 인식을 높여 왔다. 견학프로그램은 식당, 유통업자 및 해산물 공급업자에게 지속 가능한 자원을 구매하도록 장려한다.

파크 플레이스 생선가게 팀은 '지구에 살고 있는 인류의 삶의 질을 향상시키'는 것에 헌신하기 위해 '임파워되는 문화'를 그들의 역할로 받아들이기로 결정했고 몬트레이 베이 수족관과 같은 조직과 파트너십을 맺고 건강한 바다를 위한 최고의 선택을 하는 사업가와 고객을 지원한다.

'세계적으로 유명해지려는' 파크 플레이스 생선가게의 여정에 대한 고찰

파크 플레이스 생선가게는 사업을 변화시키려는 마인드셋의 힘을 잘 보여주는 사례로 차세대 기업가 정신 및 의식 리더십의 많은 원칙을 직접 보여준 실증이기도 하다. 명확한 방향이 설정되면 목적지가 아직 확실하지 않더라도 모든 관계자들에게 이익이 되는 새로운 길을 이끌어 낼 수 있다.

파크 플레이스 생선가게의 사례는 SFM성공 서클과 성공 마인드맵 핵심 원칙과 요소를 보여 준다. 여러 면에서 요코야마와 그의 코치 그리고 그의 팀은 직관적으로 이 장에서 제시한 마인드셋 나침반의 원리를 적용했다.

그 여정은 성공 서클의 중심에서 자기 자신, 자신의 정체성, 그리고 **열정**을 분명히 살펴보면서 시작되었다. 요코야마팀이 첫 번째로 주목한 것은 **자신이 하고 있는 일에 있어서 개인적인 만족감을 높이는 것**이었다: 그들은 코치의 도움을 받아 사랑하는 것, 그들에게 중요한 것, 잘하는 것을 탐구하고 다시 연결하는 데 시간을 투자했다. 리차드 브랜슨의 조언을 직관적으로 적용한 코치는 "세계와 당신을 위해 봉사하는 방식으로 당신의 열정을 따르라"라고 격려했다. 이것은 "있는 그대로의 당신 자신이 되어라, 그리고 자신에게 영감을 주는 일을 하라"라는 말로 다가왔다. 이는 열정으로 이어져 구성원들에게 팀 에너지를 느끼게 했고 도전에 대한 동기 부여가 되었으며 팀원들이 원하는 것을 위해 '완전한 항해'를 하도록 도왔다.

여정의 다음 단계는 **재무 건전성과 안정성**을 확보하는 것이었다. 마인드셋 나침반에 따르면 이것은 “우주를 놀라게 하려는” 강한 앰비션과 고객 및 잠재적인 파트너와의 의미 있는 관계를 형성하고자 하는 욕구가 필요하다. 마인드셋 나침반에서 제시한 바와 같이, 이런 결과를 얻으려면 ‘모험가 프란시스 드레이크 경의 대담함’과 ‘무언가를 성취하고자 하는 의지’가 필요하다. 파크 플레이스 생선가게 팀에게 이는 “세계적으로 유명해지자”라는 욕구로 나타났다. 마인드셋 나침반이 암시하듯이, 이러한 앰비션에 대한 그들의 열의는 그러한 큰 앰비션을 현실에 적용하는 방법을 파악하기 위해 “중요한 기회임을 알려주는 ‘미약한 신호’와 가능성의 지평을 지속적으로 살펴 보도록” 영감을 주었다.

“세계적으로 유명해지는 것”이라는 목표를 정말로 실현하기 위해 파크 플레이스 생선가게의 직원들은 더 **큰 혁신과 회복 탄력성을 달성**해야 했다. 마인드셋 나침반에서 보여주듯이 “팀 구성원들이 배우고 성장할 수 있는 기회를 장려하고 제공”하는 것이 필요하고, 그들의 “목적과 독특한 재능 그리고 사업을 통해 받은 다른 사람들의 헌신을 분명히 하도록” 도와주는 것이 필요하다. 마인드셋 나침반에 따르면 혁신과 회복 탄력성 증대에는 “고객과 잠재력 있는 파트너와의 의미 있는 관계”와 “다른 사람들에게 힘을 주고 행복해지도록 돕고자 하는 깊은 욕망”을 필요로 한다. 이 원칙의 표현은 “세계적으로 유명해지는 것”이라는 정의에서 분명히 드러나는데 이는 고객을 위해 “인간으로서 현재에 집중하며 사람들과 잘 어울리는 것, 개개인의 하루를 더 긍정적으로 만드는 것, 고객을 소중히 여기고 서비스 하는 것, 최고 품질의 해산물을 취급하는 것, 고객뿐만 아니라 세계에 봉사하는 것”이라는 **비전**vision으로 형태를 드러냈다.

파크 플레이스 생선가게 직원들이 **진실되고 의미 있는 기여**를 하고자 하는 바람은 "고객의 요구를 예측하고 충족시키는 제품과 서비스를 브레인스토밍하고 구현"해야 하는 다음 단계로 이끌었다. 마인드셋 나침반에 따르면, 이 목표를 달성하기 위해서는 "방향을 설정하고 직원들을 지지하고 팀워크를 장려하는 것"이 필요하다. 직원들이 이러한 원칙을 구현하자 마침내 "날아가는 생선" 퍼포먼스가 유명해졌고, 고객과의 상호 작용을 놀이처럼 즐기는 직원의 태도로 이어졌다. 또한 "뛰어난 서비스를 제공하고 세계 평화를 촉진하며 변화를 가져 오는 것"이라는 그들의 **미션**mission으로 전환되었다. 자신들의 미션을 성취한 회사의 성공은 "당신은 당신의 실력을 발휘하고 그것을 사용하고 그것으로부터 생계를 꾸릴 수 있는 명예로운 삶을 창조할 수 있으며" 어떤 면에서는 "당신에게 자유로움을 주고, 원하는 방식으로 삶의 균형을 유지할 수 있게 한다."라는 아니타 로딕의 말을 반영한다.

전통적 의미에서 **확장 가능한 비즈니스를 구축**하는 것은 흥미롭게도 실제 존 요코야마 또는 파크 생선가게 직원의 비전 또는 앰비션의 일부가 아니었다. 그들은 스타벅스, 애플 또는 아마존처럼 세계 시장으로 확장하겠다는 포부는 없었다. 그러나 그들의 사업분야에서 "영향력이 있는 문화적 모델"이라는 역할role을 했고, 다른 어시장의 생선 가게에 모델로 기여하며 영향력을 퍼트릴 수 있었다. 이는 경영대학원 및 대학에서 사례연구로 다뤄지고 여러 책들과 영상의 주제가 되는 것으로 입증되었다. 몬트레이 베이 수족관과의 파트너십을 통해 그들의 더 지속 가능한 미래를 위한 비전과 미션에 있어서 더욱 영향력의 범위를 넓혔다.

파크 플레이스 생선가게의 성공의 원

요약하자면, 존 요코야마와 파크 플레이스 생선가게 직원들은 원의 중심에서 시작하여 "있는 그대로의 자기 자신이 되고 스스로에게 활력을 주는 일을 하는 것"에 대한 자신의 정체성과 열정을 분명히 함으로써 효과적인 성공의 원을 만들었다. 이 **열정**은 세계적으로 유명해지겠다는 **앰비션**으로 표출되었다. 이 열정은 궁극적으로 전국의 언론 및 TV 쇼에 소개되고 하루 1만명 이상의 관중을 끌어 들이는 "미국에서 가장 신나는 곳"으로 만들어 주었다.

"세계적으로 유명해진다는" 포부를 표명한다는 것은 고객을 위해 다음과 같은 새로운 **비전**을 수립하는 것을 의미했다.

- 인격체로 현존하며 사람들과 연결되는 것
- 구성원 각자 하루를 긍정적으로 만드는 방법을 모색하는 것
- 고객을 소중히 여기고 서비스를 제공하는 것
- 최고 품질의 해산물을 취급하는 것
- 고객뿐만 아니라 세계에 봉사하는 것

이것은 위대한 "홀라키holarchy"를 위한 더 큰 비전의 표현이었다. 이는 "전 세계의 기업들이 지구뿐 아니라 모든 곳에서 사람들의 삶의 질을 향상시키기 위해 그들의 사업을 해내는 것을 보아라"라는 홀라키에 해당한다. 이 비전을 실행함으로써 파크 플레이스 생선가게 직원들은 현실에 비전을 두고 세계를 변화시켜 권력의 세 가지 원칙을 통해 "탁월한 서비스를 제공하고 세계 평화를 증진하고 변화를 일으키는" **미션**을 수행하도록 안내되었다.

이렇게 함으로써, 파크 플레이스 생선가게는 "인간으로서 우리 각각은 타인이 경험하는 삶의 방식에 영향을 끼칠 수 있다는 것"과 "모든 사람들의 삶의 질을 향상시킬 수 있다"는 것을 보여줌으로써 "임파워된 문화"의 **역할** 모델이 되었다. 경영대학원과 대학에서의 사례연구로서 도서 및 교육 비디오의 주제로서 생선가게가 활용되었다는 것은 그 역할이 성공했음을 확실하게 보여주는 증거이다.

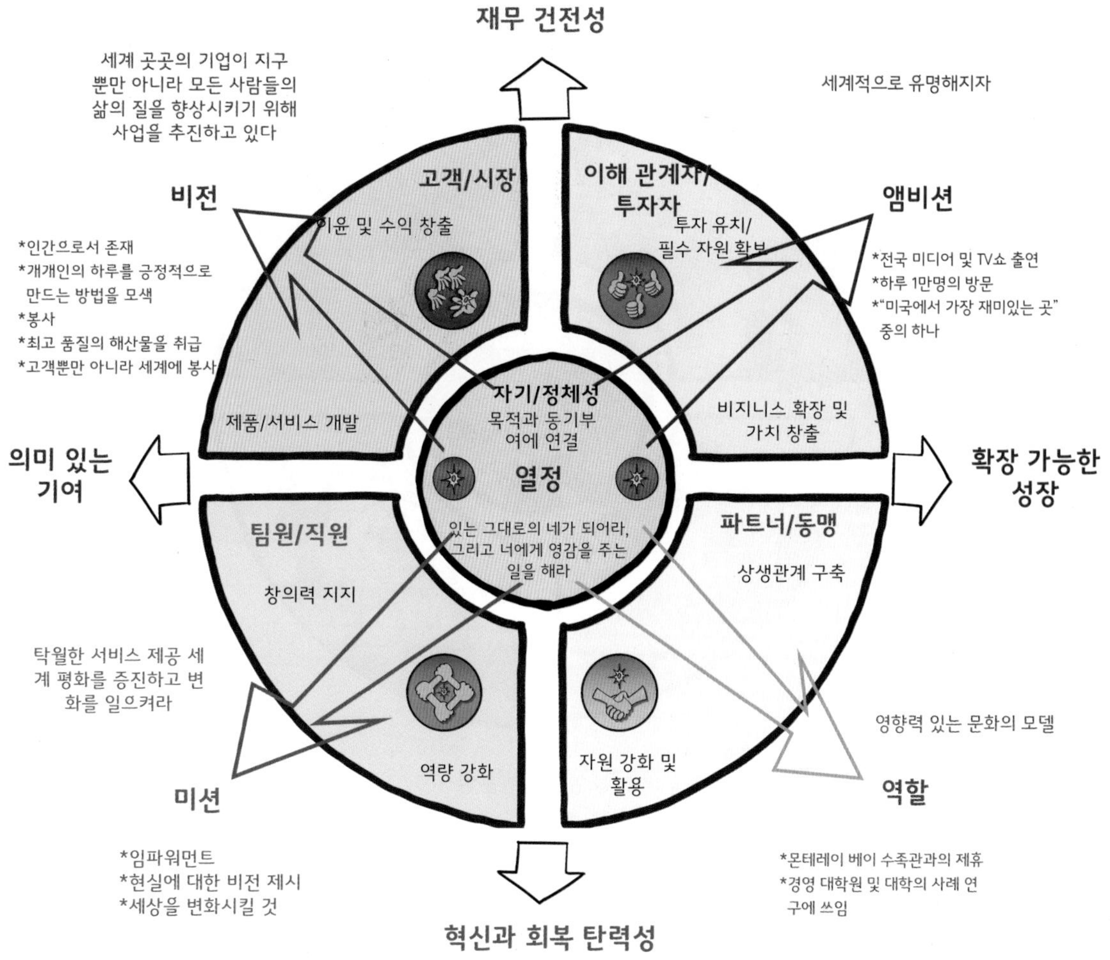

파크 플레이스 생선가게 성공의 원

비전

고객/시장

그들의 사업을 통해 지구 곳곳에 살고 있는 사람들의 삶의 질을 향상시키는 전세계의 기업들을 보라

*현존하는 것
*각자의 하루가 좋아지기 위한 방법들을 기대하는 것
*서비스를 제공하는 것
*최고 품질의 해산물을 제공하는 것
*고객 뿐만 아니라 세상을 위해서 봉사하는 것

앰비션

이해 관계자/투자자

"세계적으로 유명해지기"

*TV방송과 언론매체에 알려지기
*하루 1만명 방문하기
*"미국에서 가장 재미있는 장소" 중 한 곳

미션

팀 구성원/직원들

최고의 서비스를 제공한다. 세계 평화를 촉진하고 다른 것을 창조한다.

*임파워먼트
*실현을 위한 비전
*다른 것을 만들어 내는 것

역할

파트너/동맹

임파워된 문화의 모델

*몬트레이 베이 수족관과 파트너십
*경영대학원과 대학에서 사례로 쓰여짐

자기/정체성-열정

집단 깨달음

파크 플레이스 생선가게 성공의 원

결론

파크 플레이스 생선가게 사례는 최고 경영자와 팀원이 의식적인 생활을 하고 세상과 다른 이들의 삶에 긍정적인 변화를 이끌어 내는 일은 반드시 컴퓨터, 전기 자동차 또는 로켓을 만드는 것과 같은 첨단기술을 가진 큰 조직에 근무하는 사람들이 아니어도 된다는 것을 보여주는 대표적 사례다. 차세대 기업가이자 의식 리더가 되는 것은 제공되는 제품에 국한되거나 그 규모에 제약을 받지 않는다는 것이다. 의식 리더십과 차세대 기업가 정신은 당신이 무엇을 하고 있든 간에 당신이 가지고 있는 마인드셋을 통해 스스로를 표현한다는 것이다.

파크 플레이스 생선가게, 일리 카페 그리고 벤 앤 제리 아이스크림 등은 의식 리더십 및 차세대 기업가 정신의 핵심인 마인드셋이 어떻게 지속가능하고, 의미 있으며 제품이나 산업의 종류나 모습과 관계없이 성공적인 벤처를 만들고 성장시키는지를 보여주는 사례다.

일리 카페illy café와 벤 앤 제리Ben & Jerry 아이스크림 같은 회사는 판매하는 것이 생선이든 커피든 아이스크림이든 의식 리더십과 차세대 기업가 정신의 핵심인 마인드셋이 실제로 사업에 어떻게 적용될 수 있는지 보여주는 또 다른 사례이다. 일리 카페 또는 벤 앤 제리 아이스크림과 같은 기업은 사회의 의식 수준을 높이며 지속 가능한 미래에 크게 기여하는 동시에 직원 및 팀원들에게 좋은 분위기와 근로조건을 제공한다는 평을 받고 있다.

일리 카페illy Cafe의 안드레아 일리Andrea Illy:

> 완벽한 커피는 나의 사명, 나의 열정 그리고 집념이다. 그래서 한 잔의 일리를 바라보며 나 스스로에게 물어봐야 한다. 일리를 더 좋게 하려면 어떻게 해야 할까? 우리는 일리에서 완벽한 커피는 미각을 만족시키는 것 이상으로 나아갈 필요가 있다는 생각을 개척했다. 우리는 더 나은 세상을 만들어야 한다고 믿는다. 1991년부터 우리는 재배자에게서 직접 커피원료를 구입하는 공정무역을 실천했다. 일리는 원두의 품질에 기반을 두고 우리와 일할 원두 재배자를 선정하여, 개인 및 독점 관계를 형성하여 우리가 소비하는 모든 돈과 우리가 사는 모든 원두가 더 큰 이익에 기여하도록 한다. 이 농부들은 콜롬비아, 코스타리카, 브라질, 인도와 같이 멀리 떨어진 커피의 요람에서 살며 일한다. 여기에서 최고의 자연과 인간애가 한데 뭉쳐 소중한 커피원두에 의미 있는 생명을 제공한다. 원두 재배자에서 커피 로스터까지 모두가 책임감 있는 업무를 수행함으로써 이제 우리에게 커피는 70여 개국의 2,500만 가족의 삶을 개선하기 위한 우리의 통로이다.

안드레아 일리Andrea Illy가 커피 한잔을 보고 있을 때, 그는 더 큰 홀라키holarchy의 맥락에서 분명히 그것을 보고 있다.

벤 앤 제리 아이스크림 Ben & Jerry's Ice Cream의 벤 코헨Ben Cohen과 제리 그린필드Herry Greenfield는 그들의 사업에 대한 열정과 비전을 비슷하게 표현한다. 그들은 이렇게 표현했다.

벤 앤 제리는 공급업체, 직원, 농부, 가맹점, 고객 및 이웃과 같이 우리의 사업과 관련된 모든 사람들과 연계되어 함께 번영을 창출하는 것을 목표로 하는 세 가지 임무를 수행한다.

- 우리의 생산 미션은 환상적인 아이스크림 그 자체를 만들도록 한다.
- 우리의 경제 미션은 지속 가능한 재무 성장을 할 수 있도록 우리 회사를 관리하도록 한다.
- 우리의 사회적 미션은 우리 회사가 혁신적인 방법으로 세상을 더 좋은 곳으로 만들 수 있도록 만든다.

그들은 또한 벤 앤 제리의 재단을 설립했으며, 재단의 미션은 "벤 앤 제리 직원들을 자선활동과 사회변화사업에 참여시켜 지역 사회에 보답하는 것이다. 그리고 국내의 사회적 정의 및 환경적 정의를 실천하기 위한 풀뿌리 운동 및 지역사회조직을 지원하는 것이다"라고 밝혔다.

이 책의 도입부에서 말했듯이 의식 리더십은 "지속 가능한 사업을 구축하고 자신과 팀이 존재의 중심을 잡을 수 있게 하고, 다중 지능을 중요시하며 모든 관계자들의 이익을 위해 더 큰 목적으로 봉사하면서 최고의 가치를 지키며 살아가는 것"을 말한다. 파크 플레이스 생선가게, 일리 카페 및 벤 앤 제리아이스크림은 모든 형태의 차세대 기업가와 의식 리더십의 사고방식의 변화 가능성, 의식 리더십의 기술에 대한 흥미로운 예시를 제공한다.

제3장 요약

◇

의식 리더십은 차세대 기업가 정신과 많은 특징을 공유한다. 차세대 기업가란 제품이나 서비스를 제공하면서 지속 가능한 비즈니스 또는 자신의 꿈을 이루기 위한 프로젝트를 실천하는 사람이며 동시에 그것을 통해 개인적으로 성장할 뿐만 아니라 세상에 긍정적인 변화를 가져오는 사람이다.

SFM 성공의 원은 성공적인 사업을 하는데 필요한 결과, 행동 및 사고 방식을 결합한 모델이다. 이 모델은 성공적인 사업을 하는데 필요한 다섯 가지 핵심적인 결과를 중심으로 이루어져 있다.

1. 개인적인 만족
2. 의미 있는 기여
3. 재무 건전성
4. 혁신과 회복 탄력성
5. 확장 가능한 성장

이러한 성과를 달성하기 위해 성공적인 기업가는 아래 5개의 기본 관점들 사이에서 균형을 맞추고 관심과 행동의 초점을 나눈다. 5개의 관점은 다음과 같다. 1) 자신과 자신의 목적의식 및 구성원들이 하는 일에 대한 동기부여, 2) 고객 및 제품 또는 서비스, 3) 투자자 및 이해관계자, 4) 팀 구성원 또는 직원, 5) 전략적 파트너 또는 동맹

성공의 원에 따르면 성공적인 사업을 이루는 것은 궁극적으로 핵심 결과에 도달하는 데 필요한 행동을 이끌어내고 장려하는 기업가 정신에 기초한다. 이 사고방식의 기능은 자신의 비전, 미션, 앰비션 그리고 역할의 형태로 자신의 열정을 공유하는 기업가의 능력으로 이어진다.

서문에서 언급한 일론 머스크의 예시는 잘 만들어진 성공의 원의 좋은 사례다.

성공 마인드셋 지도Success Mindset Map™는 성공적인 기업가 정신의 세 가지 주요 영역을 알아봄으로써 SFM 성공의 원의 질을 높인다.

- 메타 마인드셋 - 큰 그림 명확도
- 매크로 마인드셋 - 성공의 습관
- 마이크로 마인드셋 - 지속적인 우선순위

마인드셋 나침반은 메타, 매크로, 마이크로 세 가지 마인드셋 영역 중 어떤 요소가 성공의 원으로 정의된 다양한 핵심 결과를 달성하는 데 중요하게 관련되는지를 명시한다. 마인드셋 나침반은 소질과 경향성을 파악해서 다음 단계로 나아가게 하기 위해 무엇을 먼저 해야 하는지를 파악하는데 도움을 준다.

파크 플레이스 생선가게 사례는 비즈니스를 변화시키는 마인드셋의 힘에 대한 좋은 예시이다. 창업자와 팀원이 더 의식적으로 살며 세상과 다른 이들의 삶에 긍정적인 변화를 주기 위해서 회사가 반드시 컴퓨터, 전기자동차 또는 로켓과 같은 첨단기술을 다루는 큰 조직일 필요는 없다는 것을 명백하게 보여준다. 명확한 방향이 설정되면 목적지가 아직 확실하지 않더라도 모든 관계자들에게 이익이 되는 새로운 길로 이끌어 낼 수 있음을 보여준다. "있는 그대로의 자기 자신이 되라. 그리고 너에게 영감을 주는 일을 하라"고 그들의 정체성과 열정을 명확히 함으로써, 그리고 인간으로서 존재하고 사람들과 함께하고 개개인의 하루를 긍정적으로 만듦으로써 "세계적으로 유명해지겠다"는 그들의 앰비션에 의해서 회사는 파산 직전에서 말 그대로 세계적으로 유명해졌다.

Conscious Leadership and the SFM Leadership Model™

CHAPTER 04

의식 리더십과 SFM 리더십 모델

리더십은 개인의 시야를 높은 곳으로 끌어 올리고,
성과를 높은 수준으로 끌어 올리며,
여러 가지 제약조건을 넘어 인격을 완성시켜 주는 것이다.

피터 드러커Peter Drucker

당신의 행동이 다른 사람들에게 더 많은 것을 꿈꾸도록, 더 많이 배우도록,
더 많이 행하도록, 더 좋은 사람이 되도록 영감을 준다면, 당신은 리더이다.

존 퀸시 아담스John Quincy Adams

• 의식 리더십과 SFM 리더십 모델 •

Conscious Leadership and the SFM Leadership Model™

우리의 내면 게임inner game의 수준이 외부로 드러날수록 리더십을 잘 발휘해야 하는 필요성이 점점 더 분명해지고, 성공의 원을 만들어 가는 노력을 통해 우리는 자신만의 방식으로 여러 장애요인을 제거해 나가게 된다. 제1장에서 쓴 것처럼 리더십은 기본적으로 사업의 방향을 제시하고 구성원들에게 기운을 불어넣어 주는 일이다. 리더십의 기본 기술은 비전을 제시하고, 결과를 만들어내기 위해 다른 사람들에게 영향력을 끼치고, 팀워크를 장려하며, 스스로 본보기가 되는 것이다. 의식 리더는 진정성과 정서 기능을 갖추고, 목적 달성을 위해 책임감을 가지며, 최선을 다하여 이러한 리더십 기술을 향상시킨다. 의식 리더십은 다음과 같은 능력을 가지고 있다.

- 모든 관계자들과 공유할 수 있는 의미있는 비전을 만들고 나누는 능력
- 더 높은 목표에 집중하는 능력
- 영감을 통해 고무시키는 능력
- 자신과 다른 이들의 사이에서 사익과 공익의 균형을 유지하는 능력
- 여러 가지 다양한 관점을 존중하고 통합하는 능력
- 솔선수범하는 능력
- 셀프 리더로서 자기 수련에 힘쓰고 실천하며, 경험을 통해 얻은 교훈을 신중하게 반추해보는 능력

의식 리더의 마인드셋, 능력 및 행동은 차세대 기업가 정신의 중요한 요소이다. 유능한 리더가 모두 반드시 사업가라고 할 수는 없지만, 모든 성공적인 사업가는 유능한 리더라고 말할 수 있다(제2장 참조). 따라서 의식 리더십은 앞에서 탐구해 본 차세대 기업가의 특징과 다소 중복되는

것도 있지만, 필요한 부분을 보완한다는 측면에서 구별되는 역량이다.

이번 장에서는 성공 요인 모델링의 원칙과 특징적인 조건을 조직의 리더십 발휘에 어떻게 적용하는지 살펴볼 것이다. 우리는 뛰어난 리더들의 리더십이 지금까지 이 책에서 제시한 다른 성공 요인들과 어떻게 강력한 시너지를 만들어내며 리더십 능력을 향상시킬 수 있는지 알아볼 것이다.

• SFM 리더십 모델 •

The SFM Leadership Model™

1980년대 후반부터 2000년대 초반까지, 이탈리아 토리노의 피아트 그룹Fiat Group의 후원으로 효과적인 리더십에 대한 심층 연구를 수행할 때 성공 요인 모델링 프로세스를 적용했다. 당시 피아트는 61개국 1,063개 회사에서 223,000명이 근무하던 세계 최대의 그룹 중 하나였다. 피아트 그룹은 자동차, 농기계, 상업용 차량, 금속 제품, 부품, 생산 시스템, 항공, 출판 및 통신, 보험 및 서비스 등 10개의 운영 부문으로 구성된 242개의 제조 공장과 131개의 연구개발센터를 운영했다.

이 연구의 목표는 a) 전 세계 성공적인 조직의 CEO와 최고 관리자와 인터뷰를 하고, b) 세계 정상급 조직의 핵심 가치를 파악하여, c) 실제 현장 사례와 리더십 관련된 최근의 논문들을 분석하여 포괄적이고 실용적인 조직 리더십의 모델을 만드는 것이었다.

SFM 리더십 모델의 결과는 조직이 지속 가능하고 회복 탄력성이 있으며 미래에 적합하게 준비할 수 있도록 중요한 길잡이 역할을 할 것이다.

이 모델에 따르면 효과적인 리더십은 내면게임inner game과 외부게임outer game 사이의 역동적인 관계를 포함한다. 외부 게임은 회사의 생존과 성장에 필요한 조직에서 만들어내야 할 결과에 도달하도록 유도한다. 여기엔 타인과 관계맺는 행동 기술이 중요하다. 리더십의 내면 게임은 결과를 달성하는 데 필요한 행동을 할 수 있도록 만드는 마인드셋을 구성하는 개인적 자질인 내면의 능력을 개발하고 활용하도록 돕는다.

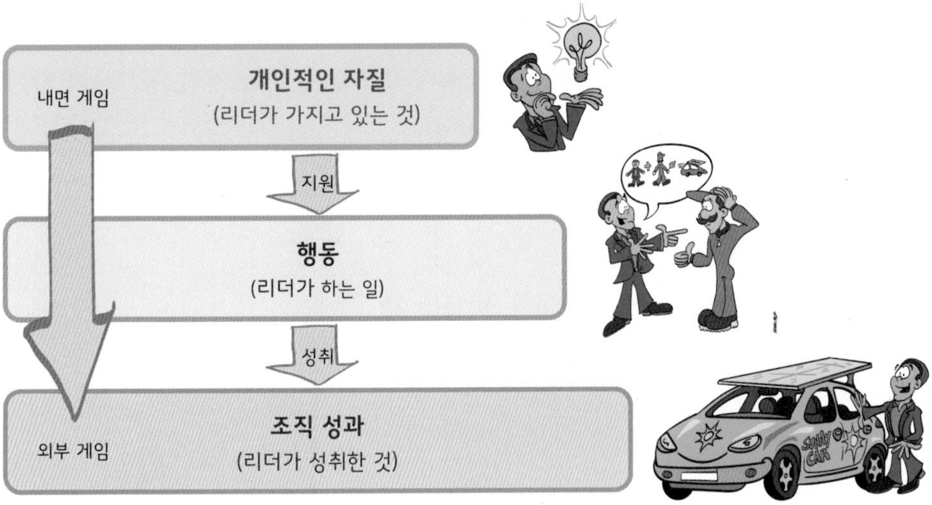

SFM 리더십 모델의 핵심 요소

성공적인 벤처의 네 가지 필수 목표 *The Four Essential Goals of Successful Ventures*

모델 제시를 위해 외부 게임부터 살펴보자. 사업을 성공적으로 이끄는 능력과 리더십 능력은 결과 달성, 변화 촉진, 인재 육성, 가치 실현이라는 네 가지 기본적인 조직의 성과를 만들어낸다.

1. 결과 달성 *Achieving Results*:

모든 효과적인 리더십은 몇 가지 유형의 '달성된 결과'로 측정되고, 또 그 결과로 마무리된다. 리더십은 본질적으로 원하는 결과를 성취하기 위해 다른 사람들에게 영향을 미치는 것이다. 즉, 리더는 다른 사람들을 중요한 곳으로 이끈다. '리더는 다른 리더들과 의사소통을 통해 성취한다'. 따라서 진정한 리더십은 지위에 기반한 권력이 아닌 신뢰성이라는 역량에 기반한다. 결과를 성취하는 것은 리더의 결단, 그리고 구성원들에게 자율권을 주고 지속적인 개선을 추구하는 능력에서

비롯된다. 우리가 앞에서 구체화한 것처럼, 차세대 기업가들의 리더십 발휘 결과는 다음과 같은 기본 범주로 나타난다. 성공적이고 지속 가능한 사업 구축, 사회와 환경에 기여, 인격적이며 영적인 성장, 자신과 다른 사람들의 정서적, 육체적 안녕을 위한 지원, 동료들과 함께 비전과 자원을 공유함, 이로써 새로운 가능성이 촉발된다.

2. 변화 촉진 *Promoting Change*:

변화는 인생에서 피할 수 없는 현실이다. 변화는 체제 내 모든 내적 활동의 근원이자 결과이다. 실제로, 역동적인 삶에서 '유일하게 변하지 않는 것은 변화'라는 격언이 오랫동안 회자되어 왔다. 변화를 촉진하고 관리하는 능력은 생존은 물론 성장에 꼭 필요한 것이다. 따라서 적응하고, 조정하고, 혁신하는 능력은 모든 조직의 생존은 물론 성장에 결정적인 역할을 한다. 변화는 조직 내에서 비전과 기업가적 정신을 개발하고 강화할 것을 요구한다. 생산적인 변화를 촉진시키기 위해서는 비전을 수립하고 표현하고, 지식과 자원을 효과적으로 개선하고 공유할 수 있는 리더의 능력이 필요하다.

3. 인재 육성 *Developing People*:

리더와 기업가는 함께 일하는 사람들의 노력을 통해 성과를 이루어 내고 긍정적인 변화를 만들어낸다. 사람은 조직이 가지고 있는 가장 소중한 자원이지만, 그들이 결과를 지속적으로 달성하고 변화를 잘 관리하려면 꾸준히 성장하고 발전해야 한다. 사람의 성장은 리더가 동기를 부여하고 구성원들에게 기운을 불어넣는 소위 임파워먼트 능력에서 비롯되며, 코치활동을 통해 함께 협력해 나가며 개인의 잠재력을 이끌어 내도록 독려하는 것을 통해 만들어진다.

4. 가치 실현 *Realizing Value*:

조직에서, 가치는 조직 내 구성원들의 모든 상호작용을 둘러싼 일종의 정신적인 프레임이다. 가치와 가치에 대한 신념은 사건과 정보가 어떻게 해석되고 의미 부여되는지를 결정한다. 따라서, 조직의 가치는 동기부여와 문화의 열쇠이다. 공유된 가치와 신념은 효과적인 조직이나 팀을 구성하고 회사의 'DNA'를 형성하는 '접착제'이다. (탁월함, 사용의 편의성, "멋진 디자인"이 애플의 "존재의 이유"였던 스티브 잡스의 의견을 고려할 때) 가치 실현은 리더가 일관되게 행동하고 타의 모범이 되며 지속적인 공유와 코칭을 통해 다른 사람들을 격려하는 능력으로부터 발현된다.

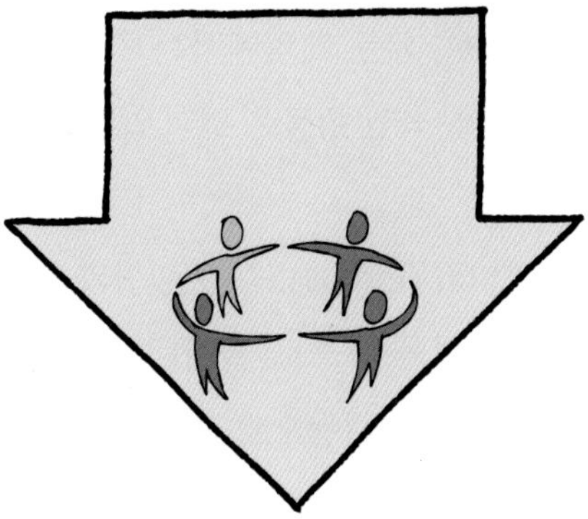

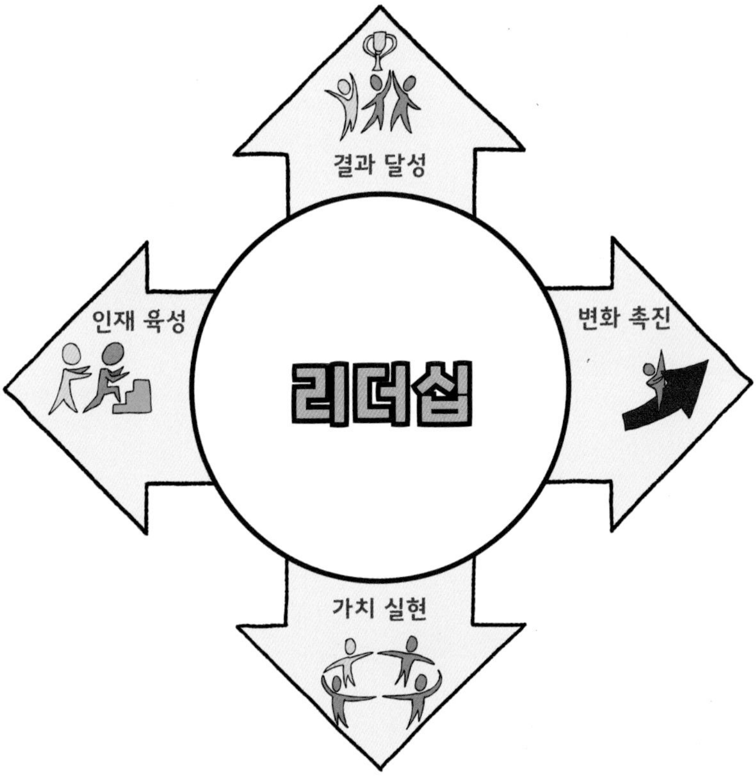

성공적인 벤처의 근본적이고 조직적인 결과

효과적인 리더의 네 가지 핵심 행동 *The Four Fundamental Actions of Effective Leaders*

당연히, 외부 게임에서는 적절한 외부 행동을 통해 성과를 거둔다. 성공적인 리더가 취하는 가장 기본적인 행동은 임파워링empowering, 코칭coaching, 셰어링sharing 및 스트레칭strething이다.

1. **임파워링**Empowering은 성과를 달성하기 위해 개인의 잠재력을 밖으로 끌어내는 것(자율성 고취, 책임 및 권한 부여)을 촉진하는 기능으로 더 효과적인 개인 성과와 타인과의 협력을 가능하게 한다. 임파워링은 사람들이 자신을 더 잘 드러낼 수 있게 해주는 환경을 조성해주는 능력, 그들이 수행하는 일의 가치를 인정해주는 것, 그리고 자존감과 전문성을 키워주는 능력을 통해 이루어진다. 성과를 얻고 사람들을 발전시키기 위해서는 임파워링이 필요하다.

모든 사람들은 "나를 중요한 사람으로 느끼도록 만들어줘"라고 쓰여진 보이지 않는 목걸이를 목에 걸고 있다. 사람들과 일할 때 이 메시지를 잊지 말아야 한다.

메리 케이 애시Mary Kay Ash -
메리케이화장품Mary Kay Cosmetics

요컨대 회사는 사람들의 모임이다. 리더로서 당신은 잘 듣는 사람이 되어야 한다. 당신은 훌륭한 동기부여가가 되어야 한다. 당신은 그들에게서 좋은 점을 찾고 칭찬하는 데 아주 능숙해야 한다. 사람은 꽃과 같다. 물을 주면 꽃이 피듯이 사람들을 칭찬하면 그들도 발전한다. 그리고 그것은 리더의 중요한 자질이다.

리차드 브랜슨Richard Branson
- 버진그룹 회장.

2. **코칭**coaching은 사람들이 능력을 개발하고 능력을 최고로 발휘할 수 있도록 돕는 역량을 말한다. 유능한 코치는 사람들에게 지침과 피드백을 주고 자신이 모범 사례 즉, 롤모델이 됨으로써 클라이언트가 명확한 목표를 설정하고 그 목표를 달성하도록 도와준다. 코칭의 목적은 사람들이 자신감과 역량을 키우며 가치와 역량을 완전히 내면화하고 구현하도록 돕는 것이다. 코칭은 사람들을 발전시키고 가치를 실현하기 위해 필수적이다.

개개인은 내면에 매우 많은 능력을 갖고 있다. 그것은 밖으로 나와야 한다. 때때로 그들에게 그저 약간의 자극, 약간의 방향성, 약간의 지지, 약간의 코칭이 필요할 때가 있는데, 그 약간의 것을 해주는 것만으로 위대한 일이 일어날 수 있다

피트 캐럴Pete Carroll- NFL 감독

좋은 결과를 내는 팀을 만들려면 감독, 확인, 평가 및 조정과 같은 일반적인 관리 활동을 코칭 및 의사소통과 같은 새로운 행동으로 대체해야 한다.

레이 스미스Ray Smith- CEO, 벨-아틀란틱Bell-atlantic

3. **셰어링**sharing은 정보와 노하우의 교환을 포함한다. 셰어링은 지식을 퍼뜨리고 사람들 간의 대화를 촉진하는 것을 기반으로 한다. 셰어링을 수행함에 있어 리더의 중요한 역할은 사업의 비전과 가치, 목표를 설명하고 '게임의 규칙'을 명확히 하는 것이다. 또한 셰어링은 목표와 바라는 결과를 설정하고 이를 위해 어떤 행동을 해야 하는지 솔직한 합의를 하기 위해 정보와 의견을 나누는 것이며, 목표 달성을 위해 사람들을 참여시켜 진정한 협력을 이루어 내는 역량이기도 하다. 효과적인 셰어링은 명확한 비전을 표현하고 비전에 도달하는 데 필요한 변화를 지원하는 자원을 쉽게 활용할 수 있게 한다. 가치를 실현하고 변화를 촉진하려면 셰어링이 필요하다.

정보 공유는 힘이다. 아이디어를 공유하지 않으면 똑똑한 사람들은 그 아이디어를 활용할 수 없고 당신은 무명의 무력한 사람으로 남게 될 것이다.

빈트 서프Vint Cerf - DARPA net 개발자, 구글 부사장, 인터넷의 아버지

지식을 공유하라. 그것이 불멸을 이루는 방법이다.

달라이 라마 14세 Dalai Lama XIV

4. **스트레칭**stretching은 이미 형성된 습관에 도전하고 지속적으로 스스로를 개선하기 위해 혁신하고 위험을 감수하는 능력을 말한다. 스트레칭은 또한 제한된 자원을 가지고도 질적으로 더 낫고 더 적은 비용으로 더 빠르게, 더 많은 시도를 해보고자 하는 의지를 요구한다. 그래서 스트레칭은 행동을 고무시키고 더 많은 것을 하도록 매진하게 하며 현재 상태를 뛰어넘을 수 있게 '한계를 초월하도록' 해준다. 스트레칭은 변화를 촉진하고 성과를 달성하기 위해서 필요하다.

차별화하려고 할 때, 다른 것을 시도하려고 할 때, 직감이 "이것이 옳은가? 옳지 않은가?"라고 말하는 본능의 순간이 생길 것이다. 그런 의심이 들지 않는다면 당신은 충분히 지평을 넓혀가고 있지 않은 것이다.

토니 파델Tony Fadell - 네스트Nest CEO

스트레칭하고 그것을 고수하는 열정은 (특히) 잘 풀리지 않더라도 성장하는 사고방식의 특징이다.

캐롤 드웩Carol S. Dweck - 사고 방식: 성공의 새로운 심리학의 저자.

리더십의 핵심 행동들은 조직의 결과 달성을 뒷받침한다.

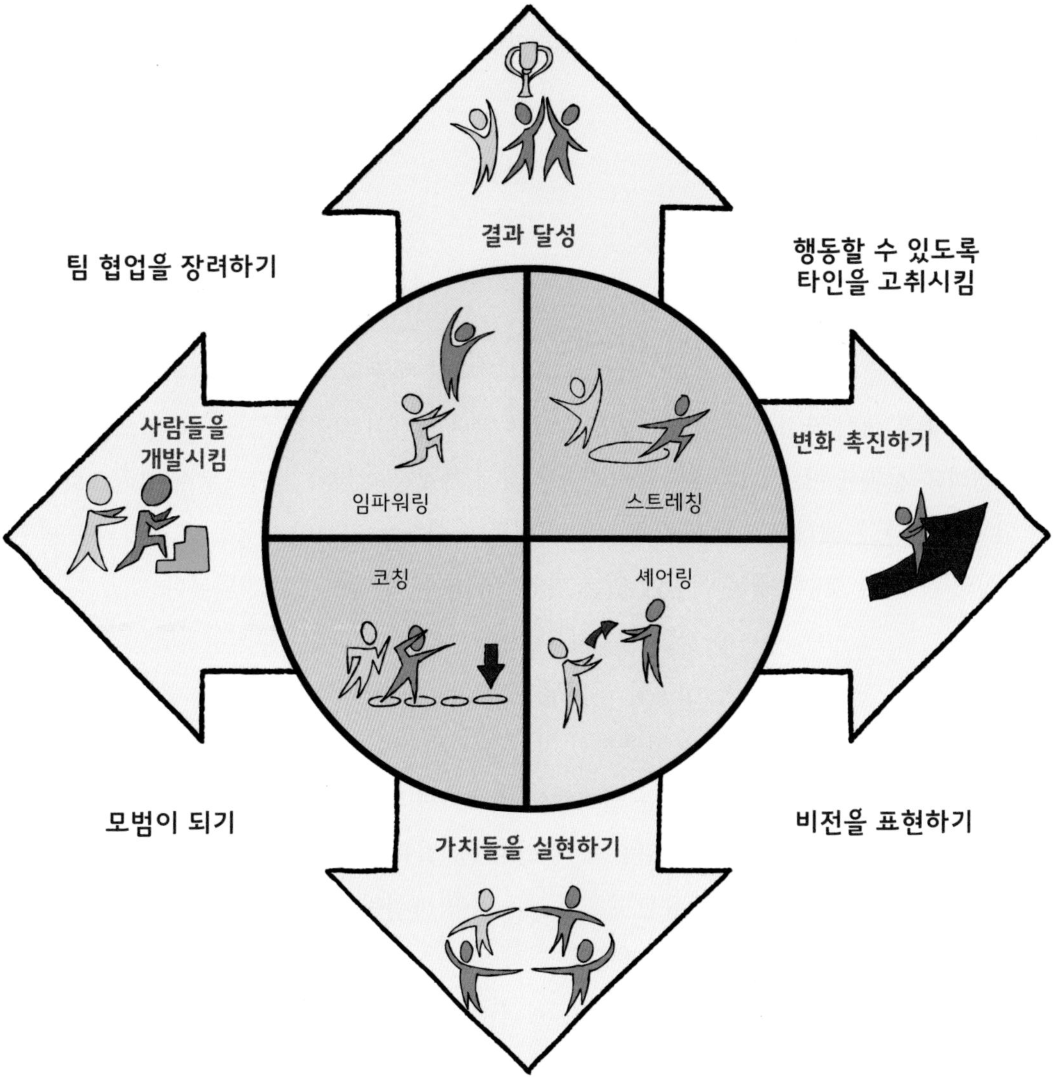

조직의 결과 달성을 지탱하는 리더십의 핵심 행동의 조합들

• 좋은 리더들의 9가지 핵심적 내적 자질 •

The Nine Key Inner Qualities of Good Leaders

조직의 결과를 보여주기 위한 4가지 기본적인 리더십 행동을 나타내기 위해서는 리더의 마인드셋은 물론 내적 자질과 능력이 뒷받침되어야 한다. 4가지 리더십 행동이 타인으로 하여금 외적 성과와 결과에 이르도록 하는 일이라면 리더십 자질은 리더가 인간으로서 내적으로 지니고 있는 것이다. 드러나는 리더십의 행동은 리더들이 행하는 외적인 행동들로 정의되는 반면, 리더십의 자질은 그러한 행동 이면에 있는 마인드셋과 내적 과정으로 정의된다.

SFM 리더십 모델에 따르면, 성공한 리더들은 9가지 핵심적인 내적 자질들을 가지고 있다. 놀랄 것도 없이, 이러한 자질들은 성공적인 차세대 기업인들의 마인드셋과도 상당 수준 겹친다. 하지만 이러한 성공적 리더십에는 필수적이고 독특한 다른 자질 또한 존재한다. 유능한 리더들은 그들의 열정, 비전, 앰비션, 결단력, 열린 마음, 일관성, 동기부여, 포용 등을 통해 훌륭한 본보기가 됨으로써 리더의 주요한 4가지 행동인 임파워링, 코칭, 셰어링 그리고 스트레칭을 수행한다. 우리는 아래와 같이 이 자질들을 정의해 볼 수 있다.

효과적인 리더십의 내적 자질들은 임파워링, 코칭, 셰어링, 스트레칭이라는 외적 행동들을 이끌어내는 마인드셋의 자질과 관련이 있다.

1. **열정**passion: 열정이란 어떤 일에 재능이 있는지, 온 마음을 다해 추구하려는 것이 무엇인지와 관련이 있다. 열정은 온전히 자기 자신과 자신의 깊은 정체성이 하나되는 곳에서 나타나며 무엇이 우리에게 열정과 에너지를 가져다 주는지 발견하는 것에서부터 시작된다. 그것은 당신이 하는 그 무엇인가에 얼마나 많은 관심을 가지는가와 연결된다. 차세대 기업인들의 역할과 비슷하게, 열정이란 다른 모든 핵심적 내적 자질들의 기본이 된다.

-사람들은 당신이 하는 일에 많은 열정을 가져야 한다고 하는데 이는 사실이다. 열정이 없다면 성취하기 매우 어려운 일을 만났을 때 이성적인 사람은 포기하고 말 것이기 때문이다. 일이 끝날 때까지 버티는 것은 당신이 해야 하는 일이고 이는 정말 고된 일이다. 그래서 당신이 그 일을 사랑하지도, 재미있어 하지도 않는다면, 그리고 정말 좋아하지 않는다면 포기하게 될 것이다.

스티브 잡스Steve Jobs-애플사Apple inc

-열정 없이는 에너지도 없다. 에너지가 없다면, 당신에게 남는 것은 아무것도 없게 된다.

워런 버핏Warren Buffet-버크셔 해서웨이

2. **비전**vision: 더 큰 그림과 장기간의 목표를 설정하고 이에 집중하기 위한 것, 우리가 지금까지 이야기한 것처럼 비전이란 현재 너머를 보고 미래의 가능성에 대해 상상해보는 것, 그리고 누군가의 야망을 명확히 정의하고 장기적인 계획과 전체적인 관점을 받아들이는 것이다. 비전은 변화 촉진을 실현하는 데 있어 공유와 스트레칭을 위한 동기부여를 제공한다.

-훌륭한 리더들은 비전을 만들어내고 비전을 설명하며 그들의 비전을 열정적으로 자신의 것으로 만든다. 그리고 주저하지 않고 비전 완성을 추진한다.

잭 웰치Jack Welch- GE 전 CEO

-성공한 모든이는 위대한 몽상가다. 그들은 모든 관점에서 이상적일 수 있는 자신의 미래를 상상한다. 그런 다음 멀리 떨어져 있는 목표와 목적, 비전을 향해 매일 노력한다.

브라이언 트레이시Brian Traycy -성취심리

3. **포부**ambition: '무엇인가를 실행하고 성취하려는 강한 열망'을 갖는 것. 포부란 특정한 결과를 위해 방향성을 제시하는 것이다. 이는 그들의 목표 달성을 위해 높은 수준의 개입을 지속하는 것이다. 포부는 성장과 숙달을 갈구하는 우리 내면의 욕구로부터 나오며 우수한 수준에 이르려는 목표를 가지고 효과적이고 구체적으로 일을 하려는 약속이기도 하다. 포부는 스트레칭과 임파워링 행동을 통합시키며 결과를 달성하기 위해 그 행동들에 초점을 맞춘다.

-높은 기대감이 모든 것들의 핵심이다.

샘 월튼Sam Walton-월마트

-당신이 하는 일은 인생의 큰 부분을 채울 것이고 진심으로 만족할 수 있는 유일한 방법은 당신이 하는 일이 훌륭한 일이라고 믿는 것이다.

스티브 잡스Steve Jobs-애플사apple Inc.

-당신의 야망을 하찮게 여기는 사람을 멀리 해라. 그들이 편협해서 그렇다. 누군가 당신 또한 대단한 사람이 될 수 있다는 사실을 믿어 주는 것은 분명 당신을 대단히 기분 좋게 한다.

마크 트웨인Mark Twain

4. **단호함**determination: 사명과 목적에 있어서 확고하고 단호한 것. 단호함이란 위험을 감수하고 새로운 해결책을 모색할 수 있는 의지를 만들어낸다. 또한 원하는 결과에 도달하기 위한 내면의 표현이다. 곧, '온 마음을 다해' 하는 행동인 것이다. 단호함이라는 내적 자질은 스트레칭을 위한 필수요소이다.

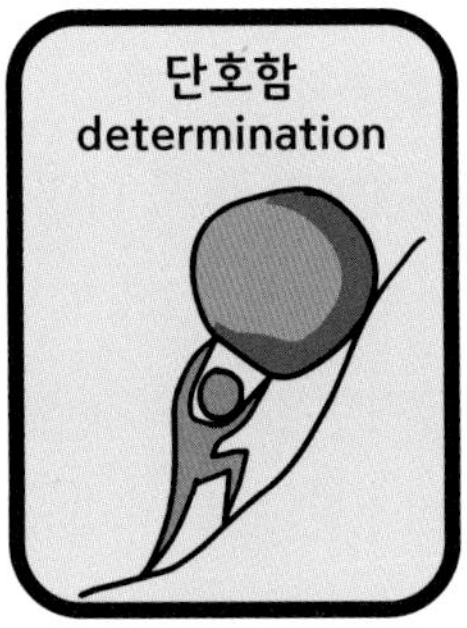

-우리가 사람을 볼 때 정말 중요하게 보는 두 가지가 있는데, 간단하게 들릴지 몰라도 이 두 가지를 모두 갖추기는 아주 어렵다. 이는 용기와 천재성이다. 용기란 사람들이 배워야 하는 것이기에 많이 언급된다. 용기는 역경에 직면했을 때 포기하지 않는 것이고, 성공을 위해 당신이 무리를 해서라도 아주 확고하게 행동하는 것이다. 매우 고통스러울지도 모르나 당신은 무리해서라도 해낼 수 있다. 반면 천재성은 무리한다고 해도 이루기 어려운 부분이다. 천재성이 결여된 용기는 당신이 이루고자 하는 것을 못 이뤄줄 수도 있지만 용기가 결여된 천재성은 거의 그것이 불가능하다고 보면 된다.

마크 앤더슨Marc Andreessen
- 앤더슨 호로위츠Andreessen Horowitz

-당신이 접하는 모든 성공적인 사업에는 누군가의 용기 있는 결정이 담겨 있다.

피터 드러커Peter Drucker

-나는 포기하는 법이 없다. 내가 죽거나 완전히 의식불명이 되지 않는 한.

일론 머스크Elon Musk

5. 열린 마음openness: 공유하기 위한 의사소통에 필요한 것. 열린 마음이란 새로운 생각들을 궁금해 하며 새로운 아이디어를 실행하는 것을 가능하게 하는 것이다. 이를 위해 타인에 대한 신뢰와 상호 간의 존중과 존경을 구축해 나가는 것이 필요하다. 열린 마음이란 나눔을 위한 핵심필수요소이다.

- 전통적인 사업가의 원동력은 매우 특별한 자신의 생각을 혼자서 움켜쥐고 남에게 비밀로 하는 것이다. 허나 그것은 거의 항상 실수가 된다. 왜냐하면 당신의 진정한 경쟁력 있는 이익은 당신만의 공간에 그 생각이라는 것을, 잘 모르거나 부정확할지도 모르는 그 훌륭한 생각을 가둬 두는 데서 나오는 것이 아니기 때문이다. 당신의 진정한 경쟁력은 이 아이디어가 실현 가능하도록 만들기 위해 현명한 사람들을 모으고 옳은 팀을 만들어야 하며, 무엇을 배워야 좋을지 알아야 하는 것에서 나오는 것이다. 반드시 여기에 초점을 두고 움직이고 있어야 한다.

레이드 호프만Reid Hoffman - LinkedIn

- 훌륭한 리더의 또 다른 자질은 융통성 있게 생각할 수 있는 열린 마음이라고 생각한다.
당신의 성과에 대한 생각과 비전이 틀렸다는 것은 아니지만 변화를 위한 열린 마음은 언제나 필요하다.

제시카 리빙스톤Jesseca Livingston - Y combinator

6. **일관성**Consistency: 자신이 한 말에 걸맞는 행동을 하는 것에 충실한 것.(즉, '말한 것을 실천하는 것') 일관성이란 자신의 가치와 신념을 고수하며 지속적으로 윤리적이고 일관성 있는 행동을 하는 것이다. 일관성이란 코칭과 공유를 위한 핵심 자질이며 가치의 소중함을 깨닫게 하는 필수요소이다.

- 생각은 쉽다. 행동하기는 어렵다. 생각하는 대로 행동하는 것은 가장 어려운 일이다.

요한 볼프강 폰 괴테Johann Wolfgang Von Goeth

- 리더십은 아무도 지켜보지 않을 때에도 옳은 일을 하는 것이다.

조지 반 발켄부르크George Van Valkenburg

- 가장 많은 재능을 가진 축복받은 사람들이 반드시 다른 사람들보다 탁월한 것이 아니다. 시작한 일을 마무리 하는 사람들이야말로 진정 뛰어난 사람들이다.

매리 케이 애시Mary Kay Ash - 매리 케이 화장품

7. **동기부여**motivation: 에너지를 쏟아 행동으로 나타내는 것. 동기부여는 '결과를 차지하기 위해' 앞으로 나아가게 하는 추진력이며 열정을 수반한다. 그것은 핵심적인 가치와 연결되는 것이고 스스로 선택한 것에 전념하는 것이다. 동기부여는 임파워링과 코칭을 통해 실천 가능하며, 인재 개발을 위해 꼭 필요한 자질이다.

-성공하기 위해서 당신은 진심을 사업에 담고, 사업을 마음에 진심으로 담아 두어야 한다.

토마스 왓슨Thomas Watson - IBM 설립자

-당신이 가장 사랑하는 것을 위해 최선을 다해 일해야 한다.

캐롤 드웩Carol S.Dweck - 책 '마인드셋'의 저자

리더십이란 당신이 하고 싶은 것을 다른 사람들도 자발적으로 할 수 있게 하는 기술이다.

드와이트 아이젠하워Dwight Eisenhower

8. **포용**Generosity: 타인의 잠재력을 알아차리고 개발하는 것에 공헌하기 위해 자신의 관심과 시간을 투자하는 것. 이는 필요하거나 기대하는 것을 엄격하게 요구하는 의미가 아니라, 시간이나 자원과 같은 필요한 것을 더 주어 충분히 준비할 수 있도록 해주는 것이다.

포용은 임파워링을 가능하게 하는 주된 특징이다.

- 나의 목표는 내가 죽었을 때 누군가가 정말 열심히 했다고 말해주는 삶이다.

매리 케이 애시Mary Kay Ash – 매리 케이 화장품

- 우리는 상호의존적인 세상에 살고 있다. 누군가의 기회를 잘라버릴 때마다 당신은 자신의 희망을 줄이는 것이다.

빌 클린턴Bill Clinton

- 당신이 지금까지 해온 모든 타인을 위한 노력은 결국 당신에게 돌아 갈 것이다.

존 번연John Bunyan

9. **모범**example: 믿을 만하고 신뢰성 있는 평가의 기준을 제공하는 것.(즉, 따를 만한 모델) 모범이 된다는 것은 '메시지'와 '메신저' 사이의 일치이며 이는 경험으로부터 어떻게 배울 수 있는지를 보여주는 본보기가 된다. 좋은 본보기를 제공하려는 욕망은 코칭의 기본이다.

- 당신이 무엇이 되고자 하는지 정확히 알고 있다면, 이미 그 자리에 있는 사람들과 최대한 많은 시간을 보내야 한다.

그레이 바이버척Gary Vayberchuk - Wine Library

- 당신보다 나은 사람들과 어울리는 것이 더 좋다. 당신보다 나은 행동을 하는 동료를 선택한다면 당신은 그 방향으로 이끌릴 것이다.

워런 버핏Warren Buffet – 버크셔 해서웨이

리더십은 당신이 대응하는 방법을 보고 사람들이 당신을 신뢰할지가 결정되는 문제다. 만약 당신이 스스로를 통제한다면, 그들도 자신들을 통제할 것이다.

톰 랜드리Tom Landry -NFL감독

성공을 위한 외적 행동은 리더십 마인드셋을 구성하는 주요 내적 자질로 유지된다.

• 모델에 대한 요약 •

Summary of the Model

전반적인 SFM 리더십 모델은 다음 페이지에 나와 있는 도표에서처럼 9개 리더십의 핵심 자질과 4개의 리더십 행동들, 그들이 만들어 내는 조직적 결과 사이의 관계를 나타낸다.

도표에 제시했듯이 열정과 목적의식은 효율적인 리더십의 핵심이다. 수없이 강조했던 것처럼 열정과 목적이 없으면 길을 잃거나 포기해 버리기 십상이다.

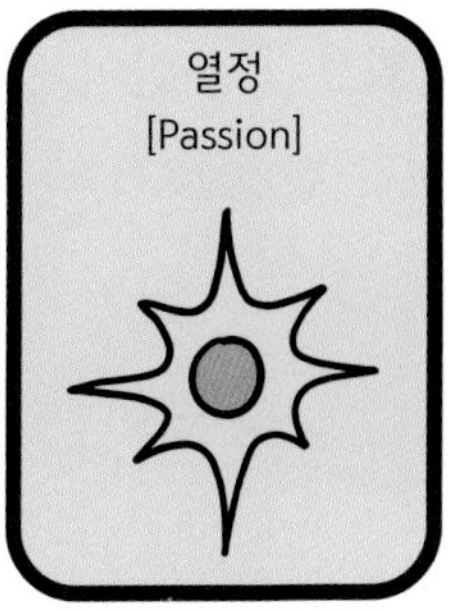	내가 진심으로 원하고, 추구하고자 하는 바를 발견하는 것. 자아, 정체성과 깊이 관련되어 있으므로 밖으로 자연스럽게 표출될 뿐만 아니라 에너지를 가져다 줌. 열정은 모든 결과 창조의 가장 핵심임. ☐ 진심으로 좋아하는 바를 찾음 ☐ 진정으로 추구하는 일을 알고 있음 ☐ 자발적인 열의와 에너지

• 포용Generosity은 타인의 힘을 북돋는데(임파워링) 요구되는 내적 자질이다.

타인의 잠재성을 인정하고 개발하기 위해 본인의 개인적인 시간과 노력을 투입하는 것.

즉, 필요로 하는 것보다 더 많은 자원과 시간을 투입하여 더 나은 결과를 만들어가고자 함

☐ 타인을 위해 헌신하기
☐ 사심 없이 타인을 지지하기
☐ 힘든 상황에서 같이 있어주기

• 동기부여Motivation는 사람을 키워내는 근간이 되며, 임파워링과 코칭의 핵심 행동을 지원해준다.

행동에 에너지를 부여하는 것.

미래를 위해 전진하도록 하며 열정을 불러일으킴. 본인이 선택한 일에 헌신하고 신념과 연결되어 있도록 함

☐ 부가 노력을 쏟는 열정
☐ 일 자체가 즐거움
☐ 최선을 다하는

• 모범Example이 되는 것은 코칭의 기본 자질이다.

타인에게 믿음과 신뢰를 줄 수 있는 유·무형의 무엇인가를 제공하는 것. 본인이 한 말과 행동이 일치함

☐ 영향력 있는 존재
☐ 좋은 역할 모델
☐ 신뢰성 가득한 존재

• 일관성Consistency은 가치실현의 기본 자질이며, 효과적인 코칭과 나눔을 위해 필수적이다.

본인의 가치와 신념에 따라 윤리적·이성적으로 행동하는 것. 언행일치를 통해 타인에게 믿음을 심어줌

- □ 언행일치
- □ 약속을 잘 지키는
- □ 가치와 신념에 따른 행동

• 열린 마음Openness은 생산적인 나눔에 필수적인 내적 자질이다.

공유를 위해 소통하는 것.

새로운 아이디어에 대해 호기심을 갖고 적극적으로 수용함.

상호 믿음과 존중을 형성하는데 중요한 역할을 함

- □ 명료한, 직접적 커뮤니케이션
- □ 다른 견해에 대한 허용
- □ 자신의 실수 인정

• 비전Vision은 변화 촉진과 밀접하게 연관된 내적 자질이다. 또한 스트레칭과 나눔에 있어서 촉매제 역할을 한다.

장기적 목표, 큰 그림을 설정하는 것. 비전은 현재를 초월하여 미래의 가능성을 상상하며 장기적 계획과 전체적 관점에 비추어 포부를 구체화하도록 함

- □ 앞을 바라보는
- □ 미래 시나리오를 개발하는
- □ 새로운 것에 대한 기대

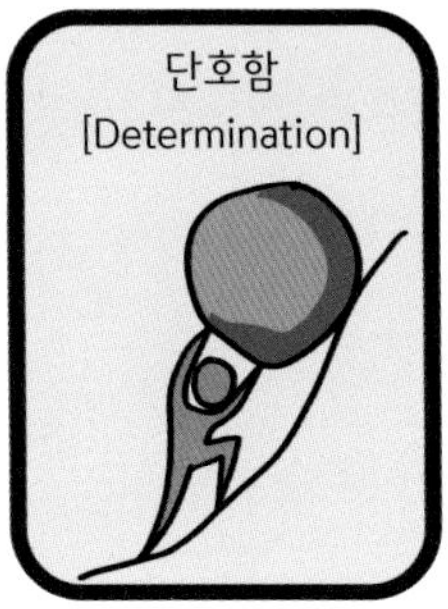 	• 단호함Determination은 스트레칭에 주요한 내적 원인이다. 자신의 미션과 목적을 위해 확고한 의지로 행동하는 것. 새로운 솔루션을 도출하기 위해 노력하고 위험을 기꺼이 감수하고자 함. 원하는 결과를 도출하기 위한 감성적 몰입의 표현임 ☐ 확고한 ☐ 위험을 감수하는 ☐ 즉시 행동하는
 	• 성취를 향한 포부Ambition는 사업 결과를 만들어내는 핵심 동기이며, 스트레칭과 임파워링을 위한 행동을 이끌어낸다. 무엇인가 성취하고자 하는 강한 열망을 갖는 것. 특별한 결과를 만들기 위해 적극적인 행동을 하는 것이며 성취를 위해 최고의 노력을 기울임. 전문가로 성장하기 위한 열망으로부터 나오며 탁월성을 위해 구체적인 방법을 고려하여 효율적으로 일하고자 함 ☐ 성취에 대한 욕구 ☐ 구체적인 조건에 대한 고려 ☐ 목표 지향적

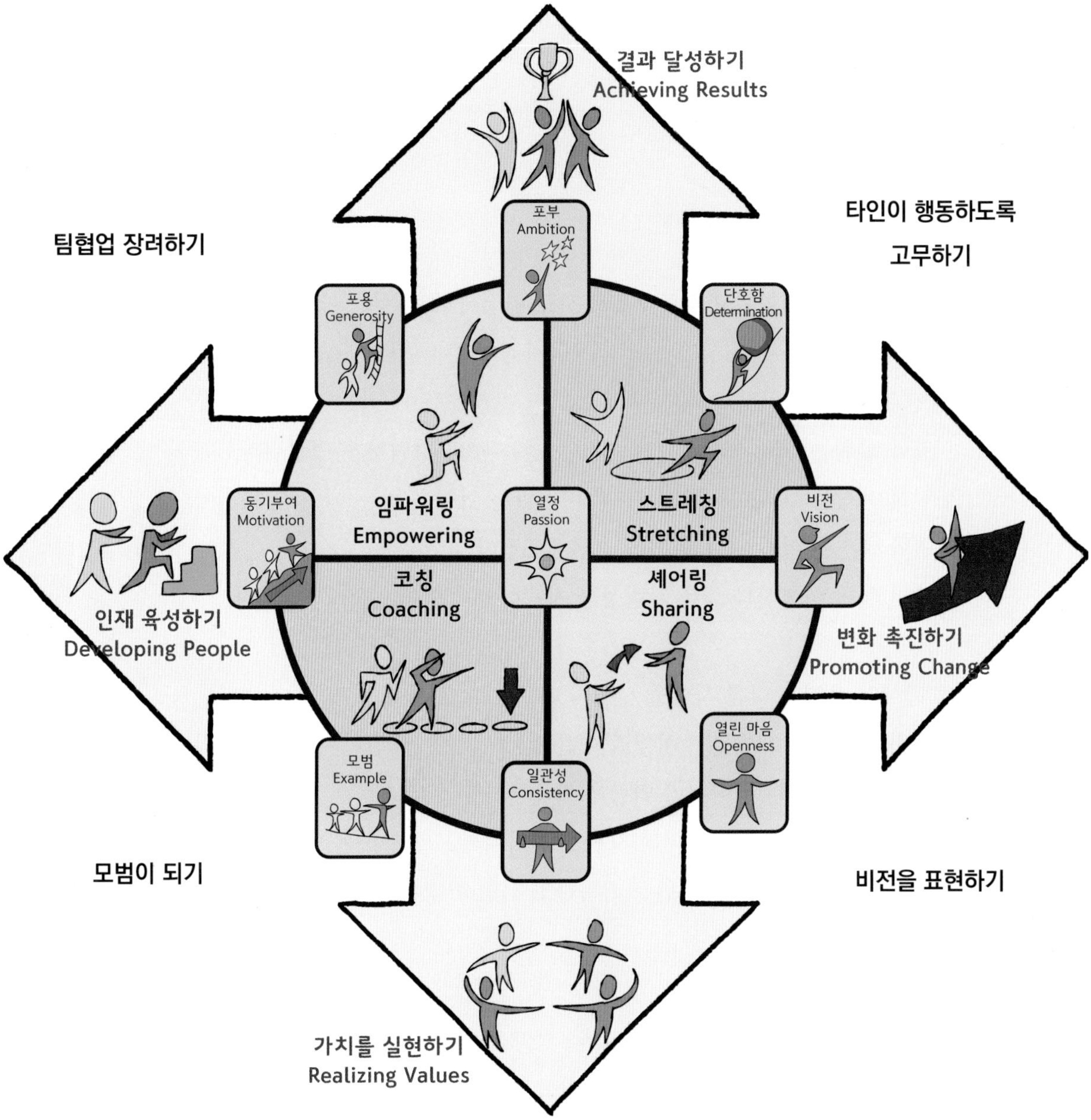

SFM 리더십 모델™

The SFM Leadership Model™

• SFM 리더십 모델과 성공의 원 사이의 연결점 •

Connections Between the SFM Leadership Model™ and the Circle of Success

서로가 독립적으로 개발됐고 의도적으로 서로 연결하려 한 것은 아니지만 SFM 리더십 모델과 성공의 원the Circle of Success 사이에는 많은 유사점이 존재한다. 주요 연결고리는 결과outcome에서 시작된다.

1. **결과 성취**는 탄탄한 재정적 강건함을 얻는 것과 강력하게 연관된다.
2. **인재 육성**은 (고객과 팀 구성원 전부를 위한) 의미 있는 기여를 하는 데 필수 조건이다.
3. **변화 촉진**은 확장 가능한 성장의 전제조건이다.
4. **가치 실현**은 혁신과 회복 탄력성을 지탱하는 것과 깊은 관련이 있다.

행동에 관해서 우리는 다음 사항들 사이의 아주 강한 연결점을 찾을 수 있다.

1. 서비스나 제품 개발뿐만 아니라 이윤과 수익 창출을 위한 수단으로써의 **임파워링**
2. 창조적인 연결뿐만 아니라 역량을 확대하기 위한 **코칭**
3. 상생관계의 구축뿐만 아니라 자원을 강화시키고 활용하는 방법으로써의 **셰어링**
4. 투자를 끌어내며 필요 자원을 획득하고 사업 확장뿐만 아니라 가치를 만들어내기 위한 **스트레칭**

또한 마음가짐의 단계인 마인드셋mindset의 단계에서 만들어질 수 있는 유사성도 있다.

- **포용**, **포부**, **동기부여**는 사람들이 행동으로써 세상에 내놓고 싶어하는 기업의 비전을 가져오기 위해 사람들을 임파워링하는 것을 도와주는 자질이다.
- **동기부여**, **지속성**, 그리고 **모범**은 코칭하는 팀 구성원들에게 비전 달성을 위한 유일무이한 자신들만의 기여를 성공적으로 해내고 미션을 완전히 충족시키기 위해 꼭 필요한 자질이다.

- **열린 마음**과 **비전**, 그리고 **일관성**은 사람들이 공유하도록 돕고 상생 파트너십을 구축하기 위한 자신들의 역할을 명확히 할 수 있도록 도와주는 핵심 자질이다.
- **단호함**과 **비전** 그리고 **포부**는 기업들로 하여금 더욱 뻗어 나가게 확장하고, 투자자와 주요 이해관계자들이 이루고 싶어하는 것을 성취하게 한다.

두 개의 모델에서 열정과 비전, 포부의 내적 자질 사이에 겹치는 사항도 분명 있을 것이다. 확실히, 열정과 포부는 리더와 기업가의 사고방식에 있어서 비슷한 역할을 한다. 비전은 항상 미래의 가능성을 향하는 반면 리더십은 다른 곳에 초점을 맞출 수도 있다. 사실, 기업가의 비전이 주로 고객과 시장 그리고 더 큰 '홀론holon'을 향해 외적으로 뻗어있는 데 반해, 리더의 비전은 투자자와 파트너들을 위해 만들어진 가치 유지와 기업의 성장에 동등하게 초점이 맞춰져 있다. 이것은 아주 중요한 균형을 만들어 내는데, 너무 중요하게 강조되어 때로는 매우 강하게 '기업가적'이려는 사람에게는 문제가 되기도 한다.

관련된 사례로 1980년 중반 스티브 잡스가 이사회에 의해 애플Apple에서 퇴출되었던 주된 이유는 잡스의 비전이 항상 고객과 그가 세상에 내놓고 싶어하는 것에만 맞춰져 있었기 때문이었다. 임원진들은 투자자와 주요 주주들이 대가를 치르게 될 것을 두려워했다. 잡스가 90년대 말 애플로 돌아와 다시 회사를 맡았을 때, 그의 비전은 이전에 비해 훨씬 균형 잡혀 있었다. 이는 회사를 유례없는 성장과 성공으로 이끌었다.

이는 당신의 기업에 중요한 질문거리가 될 것이다. 당신의 비전은 주로 고객을 위해 무엇을 만드는지, 어떻게 그들에게 이득이 될지에 초점을 맞추고 있는가? 아니면 어떻게 기업을 성장시켜서 당신을 지원하는 주주들에게 이익을 줄 것인지에 초점을 맞추고 있는가?

분명한 것은 반드시 균형을 잡아야 한다는 것이다.

SFM 리더십 모델의 핵심 성공 요인으로 제시되는 다음의 성공 요인 사례는 분명한 차이점이 강조되는데 이는 역경으로부터 다시 회복하는 회복 탄력성과 관계된다.

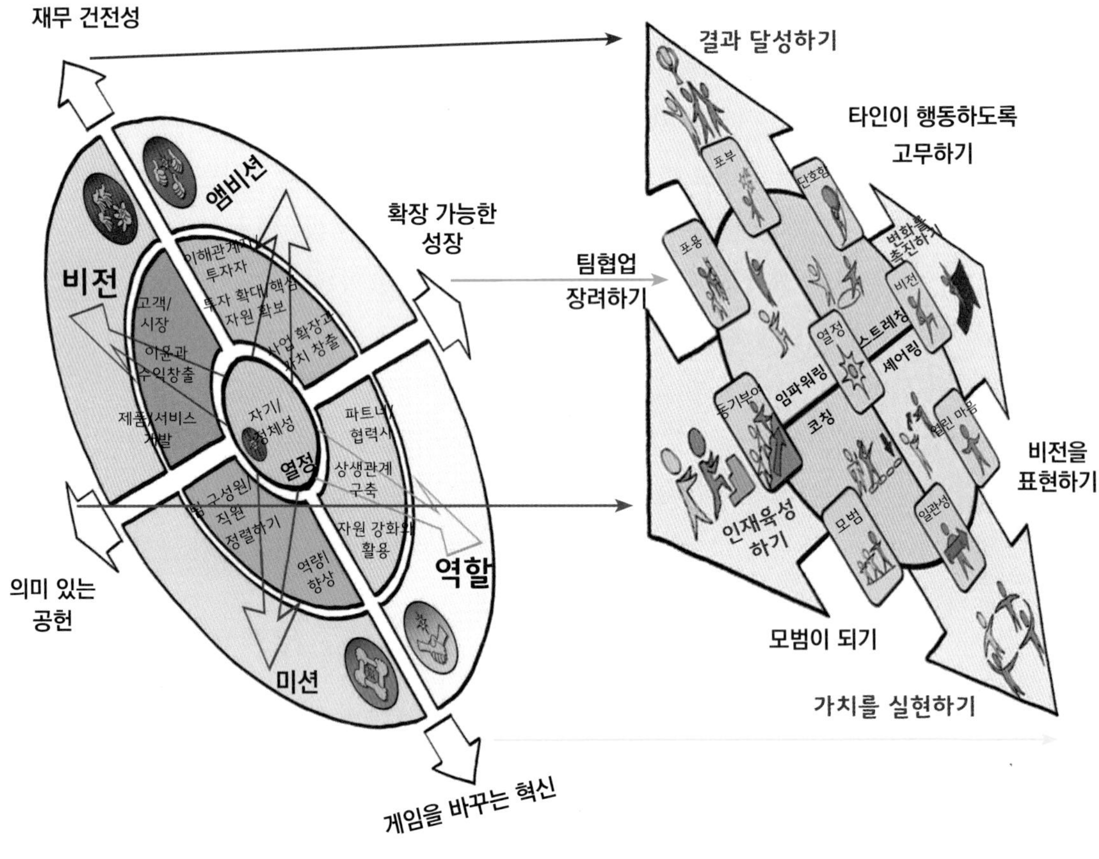

SFM 리더십 모델은 SFM 성공의 원을 많은 면에서 보완한다.

• 성공 요인 사례: 찰스 매튜스 – 롤스로이스 •

Success Factor Case Example: Charles Matthews - Rolls Royce

사람들이 실질적으로 문제를 해결할 수 있는 도구를 손에 쥐어 주어라. 그리고 그들의 기운을 북돋아라.

찰스 매튜스
롤스로이스 자동차 前 관리 책임자

찰스 매튜스Charles Matthews가 1992년 말 롤스로이스Rolls-Royce Motorcars에서 경영관리 책임자가 되었을 때, 그는 커다란 도전에 직면해 있었다. 회사는 막 대대적인 다운사이징을 한 상태였고 험난한 구조 조정 단계에 들어서 있었다.

변화를 감당하고 사업을 건강한 상태로 돌려놓기 위해, 미래의 비전에 대해 투명하게 소통하고, 회사의 자원을 잘 활용할 수 있게 시설을 보완하고, 서로의 노하우와 가지고 있는 정보를 잘 공유하도록 격려하며 서로 더욱 잘 교류하여 진정한 의견 일치를 도출할 수 있는 열린 환경이 필요하다고 여겼다. "우리 모두는 그렇게 되길 원해야 하고 또 실제 그렇게 해야 합니다."라고 매튜스는 주장한다.

찰스 매튜스는 "커다란 조직은 튼튼한 방향성과 리더십의 조합이 요구되지만 가능하면 위에서 아래까지 뻗을 수 있는 힘도 필요합니다."라고 말한다.

그는 공장 운영을 어떻게 바꿀 것인지에 대한 비전을 내놓았고 가능한 많은 사람들이 참여할 수 있도록 준비했다. 디자인을 개선시키는 일에는 현장에 맞게 일이 잘 돌아가도록 물류를 담당하는 직원들도 참여시켰다(즉, 적재적소에 맞게 개선하는 것이 필요했다). 또한 '전사적 품질관리를 위해 어마어마한 양의 교육 훈련'을 제공했는데 이는 '사람들에게 문제를 해결하는 실질적인 도구와 수단을 주고 그들의 사기를 북돋기 위해서'였다.

총 관리 책임자가 된 지 얼마 안돼 매튜스 자신이 이미 생산 현장의 노동자부터 시작해 작업 반장을 거쳐 구역 매니저, 고위 제품 관리자, 그리고 제조 감독에 이르기까지, 보고 체계의 정점에 와 있음을 실감했다. 왜냐하면 결재가 그에게 올라올 때쯤에는 결재 내용이 심하게 걸러져 있었기 때문이다. 실제로 그가 '느끼는' 공장에서 일어났던 무언가는 여러 결재 단계를 거치면서 두루뭉실한 이야기로 보고되고 있었던 것이다.

매튜스가 처음 취한 단계는 사업에서 특정한 직급을 없애는 소위 '직급 줄이기de-level'였다. 매튜스는 엔지니어들을 작업장으로 데리고 나와 차를 조립하는 사람들과 함께 일하게 하며 문제 해결 팀을 만들었다. 그 전에는 현장 조립공이 엔지니어의 기술적 지원을 받지 못했다. 이제, 현장 근로자들은 엔지니어들의 얼굴을 보며 이름을 부를 수도 있고, 도움이 필요하면 요청할 수도 있어서, 더 기운나게 일할 수 있게 되었다.

매튜스가 직면했던 가장 큰 문제는 다운사이징downsizing과 구조 조정restructuring을 하는 동안 쌓인 어마어마한 적대감을 완화시키는 일이었다. 그는 "사람들의 마음을 다시 사로 잡아야 한다"는 것을 알고 있었다. "사람들 없이는 사업을 해내지 못할 것"이기 때문이었다.

매튜스는 그의 코치와 공장을 둘러보며 경청하는 방법과 관찰하는 힘을 키우기 위해 노력했다. 그는 집중해서 듣는 법을 배웠으며 생산직 직원들의 기분이 좋아지게 전환시키는 법도 배웠고 무언의 신호를 표현하거나 "자네의 관점은 그러면…"이라고 말함으로써 그가 말을 이해하고 있다고 표시하는 법도 배웠고, 리더로서 듣는 모든 것이 중요하고 유용하다는 사실을 배웠다. 직원들은 자신들에게 중요한 문제가 되는 일에는 대체로 강한 언어 공격을 했다. 그러면서도 사람들은 매튜스에게는 그런 말을 그렇게 할 수 있다고 생각했다. 왜냐하면 매튜스가 그들의 의견에 바로 동의하거나 현장에서 즉각적인 조치를 취하지 않더라도 매튜스는 그들의 말을 경청했고 반응해 줬기 때문이다. 이런 매튜스의 행동은 믿음이 쌓이게 하였고 팀정신에 대한 감각을 키우게 해주었다.

매튜스는 또한 사내 소통망을 구축했고 라포를 구축하는 포럼을 열어 사람들이 그들의 기분이나 의견, 생각을 어느 정도 공유할 수 있도록 했다. 한 예로, 매튜스는 규칙적으로 매주 금요일 점심시간마다 '열린 토론회'를 운영했다. 직원들은 보통 회의실이나 공장의 개방된 공간에서 열리는 한 시간짜리 열린 세션이 있을 것이라는 공지를 미리 받았다. 사람들은 자신의 점심을 들고 참여하며 그들이 말하고 싶은 것은 무엇이든 말할 수 있었다.

처음에는 대부분의 사람들이 이에 토를 달며 회사의 구조 조정에 대한 적대감을 드러냈다. 몇 달 동안 매 세션에 참여해 온 직원들은 처음에는 적대감을 표현하는 것부터 시작했다. 그러나 시간이 지나면서 이런 적대감의 분출은 더 건설적인 토론과 제안으로 바뀌어갔다. “사람들이 경계심을 푸는 데는 시간이 걸리죠.”라고 매튜스는 말한다.

이 토론회 동안 매튜스는 끊임없이 사람들의 눈높이에 맞추려는 노력을 했고 팀의 변화를 추구했으며 적어도 직원들이 그 변화에 동참하도록 했다. “우리(고위 관리자)는 계속 ‘말한 것을 실천’해야 했어요. 정말 꾸준히 실천해야 했어요. 장기간의 변화엔 지속성이 생명입니다. 사람들이 납득하기에 특히 어려운 부분도 있었지만 우리는 그들이 토론에 참여하게끔 했어요.”

매튜스의 노력은 빛을 발했다. 1996년이 시작될 무렵, 회사는 극적으로 변화했다. 자동차 품질의 상당한 개선, 비용 감면과 함께 불평도 현저히 줄었을 뿐만 아니라 직원들이 더 자신감을 갖고 해내는 팀이 되어 작업을 함께 수행했다. 변화에 대한 적개심은 완전히 사라졌고 생산 운영 책임자들은 새 고객을 위한 공장 투어 가이드가 되었다.

“큰 조직에는 튼튼한 방향성과 리더십이 함께 어우러져야 하는 균형이 필요하지만 동시에 위에서 아래까지 뻗을 수 있는 힘도 필요합니다.”라고 매튜스는 말한다. “끊임없는 균형이에요. 중요한 것은 사람들을 가능하면 많이 참여시키는 것입니다.”

공장을 돌아다니며 사람들의 불평과 근심에 대해 귀를 기울인 찰스 매튜스는 그들의 적대감을 완화시켜가며 믿음이라는 감각을 키웠다.

• 사례 되짚어 보기 •

Reflections on the Case

찰스 매튜스Charles Mattews가 각각의 4가지 기본적인 조직 성과에 주의하여 균형을 유지한 것은 분명하다.

- 변화 촉진하기 - IBM의 사무엘 팔미사노Samuel Palmisano처럼, 조직의 직급 단계를 줄이고 문제 해결팀으로서 서로 가까운 위치에서 일하게 했다.
- 가치 실현하기 - 사업을 자질의 가치, 그리고 협동하며 일하는 것에 재초점을 맞췄다
- 인재 육성하기 - 직원 모두의 역량 개발을 위해 훈련을 제공했고, 팀원들이 함께 일하며 자신감을 갖도록 지지했다.
- 결과 만들기 - 자동차의 품질은 향상시켰고 비용과 불평은 감소시켰다.

직급 단계를 줄이고, 사람들의 관점을 존중하고, 그들을 변화의 과정에 모이게 하는 것은 하나의 예시

직급 단계를 줄이고, 사람들의 관점을 존중하고, 그들을 변화의 과정에 모이게 함으로써 매튜스는 임파워링을 실천하는 데 몰입했다. 그는 포용력 있고 동기부여 가득한 리더십 자질을 보여주었고, 그가 보여준 직원들과의 상호 작용과 교류는 다음과 같은 임파워링의 다양한 특징을 보여주었다.

- 개별성 인정하기
- 사람들이 잠재력 개발 지지하기
- 자긍심 촉진시키기
- 자율성 장려하기
- 성장을 위한 동기부여 자극하기

공장을 돌며 칩착하게 사람들의 말을 귀 기울여 듣는 행동은 코칭 행동의 중요한 측면

매튜스가 이야기하듯이 "핵심은 사람들을 가능한 많이 참여시키는 것"이다. 매튜스가 공장을 돌며 침착하게 사람들의 말을 귀 기울여 듣는 행동은 코칭 행동의 중요한 측면을 보여주는 것이었는데, 이는 스스로 모범이 되고 일관성을 보여주는 리더십의 주요 자질이다. 그의 행동들은 "사람들에게 문제 해결 능력 향상과 같은 실용적인 수단을 주기 위해" 시행한 전사적 품질 관리와 같은 교육 훈련을 하는 것에 도움이 되었고 다음과 같은 코칭의 다양하고 중요한 측면의 특징까지 보여주었다.

- 사람들의 경험과 역량 개발하기
- 신뢰감 쌓기
- 경청하기
- 학습과정 안내하기
- 팀 정신 성장시키기

공장 운영이 어떤 식으로 변할 것이라는 데 대한 비전을 제시하고 토론회 소통과 열린 점심시간 세션 설립은 셰어링의 예시이다.

매튜스의 소통을 위한 포럼 구성과 열린 점심시간 세션은 셰어링과 비전의 자질 그리고 열린 마음의 분명한 예다. 또한 그의 접근 방식은 셰어링에서 중요한 다양한 차원을 나타낸다.

- 명확한 비전 묘사하기
- 자원을 향한 쉬운 접근 촉진하기
- 정보와 노하우 공유하기
- 상호작용을 위한 열린 환경 제공하기
- 진정성 있는 의견 합일 모색하기

최소한의 자원으로 회사에서 생산하는 제품의 품질은 물론 직원들의 역량을 높이려는 고군분투 속에서, 매튜스의 사례는 스트레칭과 리더십에 있어서 포부와 단호함의 특성을 보여주는 전형적인 예라 할 수 있다. 팀원들과 한 그의 행동들은 스트레칭에서 중요한 다른 예를 보여준다.

- 기대감 높이기
- 혁신 촉진시키기
- 끊임없는 개발 모색하기
- 확장을 위한 의지를 장려하기
- 통합된 관습에 도전하기

최소한의 자원으로 회사에서 생산하는 제품의 품질은 물론 직원들의 역량을 높이려는 고군분투는 스트레칭의 예시이다.

이러한 핵심 단계들은 다음의 표들로 요약된다.

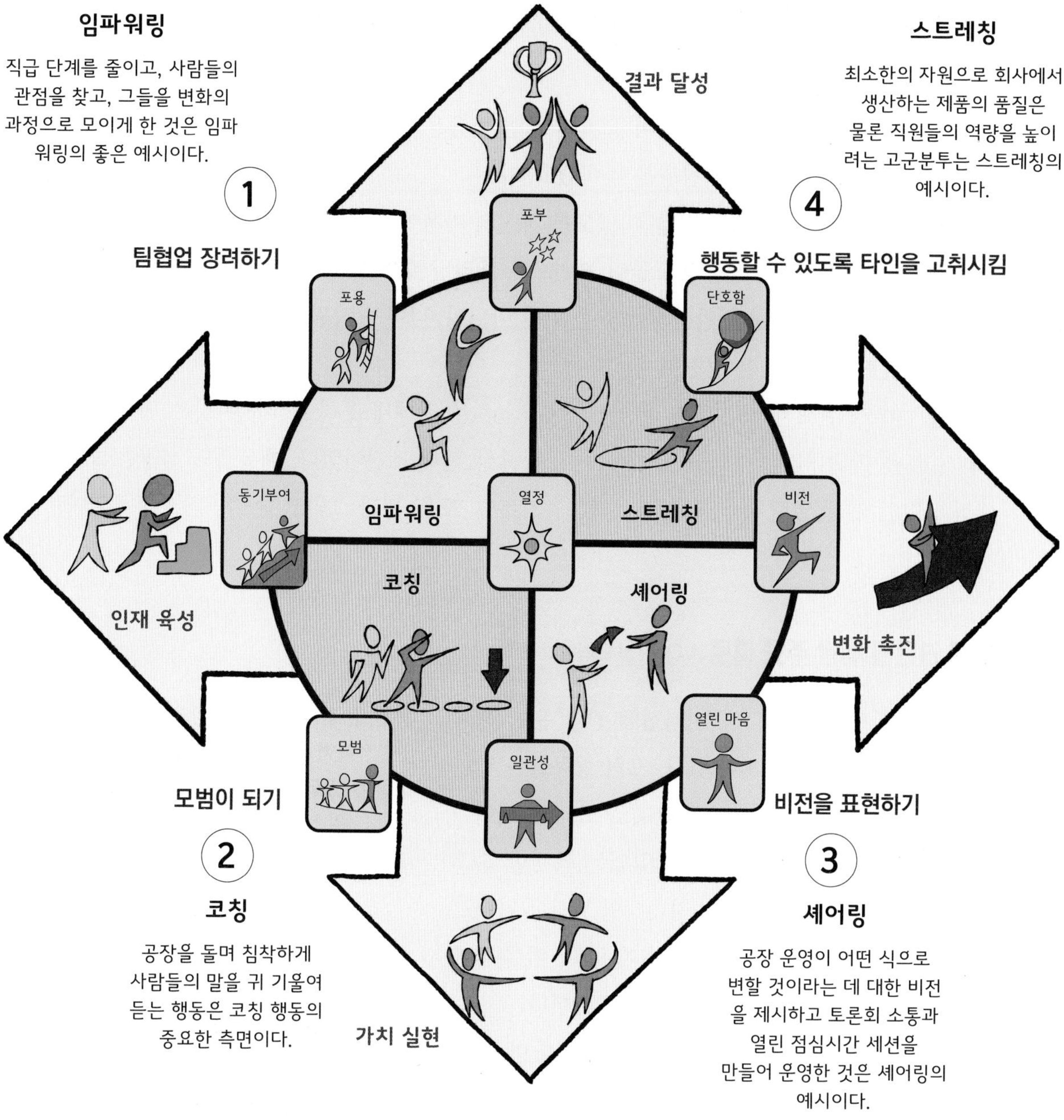
임파워링
직급 단계를 줄이고, 사람들의 관점을 찾고, 그들을 변화의 과정으로 모이게 한 것은 임파워링의 좋은 예시이다.
1
팀협업 장려하기
결과 달성
스트레칭
최소한의 자원으로 회사에서 생산하는 제품의 품질은 물론 직원들의 역량을 높이려는 고군분투는 스트레칭의 예시이다.
4
행동할 수 있도록 타인을 고취시킴
포부
포용
단호함
동기부여
열정
비전
임파워링
스트레칭
코칭
셰어링
인재 육성
변화 촉진
열린 마음
모범
일관성
모범이 되기
비전을 표현하기
2
코칭
공장을 돌며 침착하게 사람들의 말을 귀 기울여 듣는 행동은 코칭 행동의 중요한 측면이다.
가치 실현
3
셰어링
공장 운영이 어떤 식으로 변할 것이라는 데 대한 비전을 제시하고 토론회 소통과 열린 점심시간 세션을 만들어 운영한 것은 셰어링의 예시이다.

정서 지능과 내면 게임 숙달하기의 필요성 *The Necessity of Emotional Intelligence and Mastering the Inner Game*

매튜스가 사람들의 적대감과 언어 공격에 보인 반응은 정서 지능의 중요성을 잘 설명해준다. 매튜스는 편견 없이 격한 감정을 환대했고("게스트 하우스guest house"를 만듦) 알아차리고 인정했으며 평점심으로 그들의 표현도 견딜 수 있도록 자신의 마음에 공간을 만들어 두었다. 그렇게 함으로써 이러한 감정의 긍정적 의도들이 표면으로 드러날 수 있었고 직원들이 '문제를 알고 있음에도 말하지 않는' 상황을 만들지 않았을 뿐만 아니라, 나아가 직원들이 가지고 있던 자원을 개발하고 통합시키는 법을 발견해냈다.

이를 이루기 위해서 매튜스가 내면 게임inner game을 잘해내고 마스터하는 것은 외부 게임outer game을 이뤄내려는 전략을 달성하는 데 중요한 선행 조건이었다. 매튜스의 성공은 모든 내적 자질인 비전, 열린 마음, 일관성, 모범, 동기부여, 포용, 성과 그리고 단호함을 요구하였다.

의식 리더를 위한 주요 경로 *A Critical Path for Conscious Leaders*

편견 없이 격한 감정을 환대하고 깨닫고 인정하며 평점심으로 그들의 표현을 견딜 수 있도록 공간을 만들어 두는 능력은 정서 지능을 나타낸다.

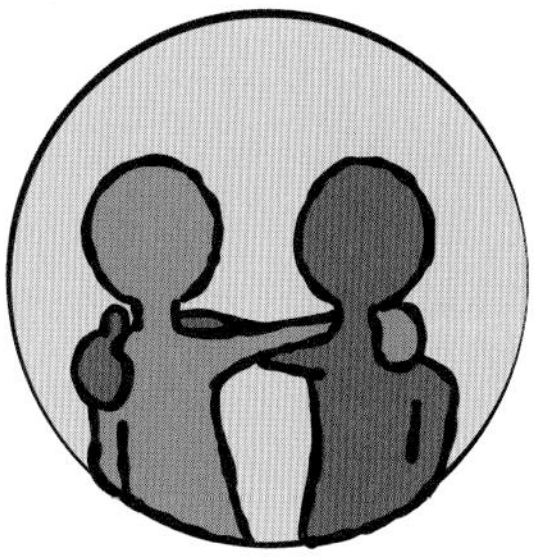

공감력

매튜스의 사례에는 '의식' 리더십에 관한 눈에 띄지 않는 미묘한 또 다른 교훈이 있다. 그의 행동들은 임파워링empowering에서 코칭coaching단계로 그리고 셰어링sharing과 스트레칭stretching으로 연결되는 특정한 순서가 있다. 여기에는 성공적이고 지속적인 결과에 다다르는 데 중요한 방향의 종류가 암시되어 있다. 이 순서에는 변하다고 할 수 없는, 깊은 지혜가 존재한다.

만약 사람들이 처음에 임파워링되지 못했다면, 코칭을 한다고 해도 대단한 성과는 없었을 것이다. 경험과 능숙함이 향상된다 하더라도 실전에서 사용해볼 기회가 주어지지 않는다면 무엇이 달라질 수 있을까?

만약 사람들이 임파워링도, 코칭도 받지 못했다면, 셰어링 또한 효과가 없을 것이다. 매튜스가 언급한대로, 대화는 아마도 불평과 비난, 얄팍하고 비혁신적인 '잡담'들만 가득했을 것이다. 이는 일반적으로 무력함에서 기인한다. 사람들이 책임감을 가지고, 능력있고 능숙하게 되기 위해서 임파워링되고 코칭을 받는다면, 셰어링은 훨씬 생산적이고 혁신적이게 된다.

안쓰럽게도 많은 회사와 기업 리더들이 저지르는 실수는 기를 살려주고 힘을 북돋아주는 충분한 임파워링 없이 팀과 직원에게 스트레칭이나 코칭을 하려 하고, 그들의 의견을 모으고 뭔가 새로운 기회를 만들려고 하는 것이다. 다른 리더십 활동의 지지 없이 스트레칭하는 것은 그저 스트레스와 압력 그리고 팀 구성원에게 다른 형태의 붕괴CRASH상태만 유발할 뿐이다.

찰스 매튜스의 행동들은 임파워링에서 코칭단계로 나아가는 그리고 셰어링과 스트레칭으로 연결되는 특정한 순서가 있다. 이것은 성공적인 지속가능한 결과에 필요되어지는 중요한 행동의 양식을 함축하고 있다.

사람들에게 먼저 힘을 북돋아주는 임파워링은 이어지는 성공 요인 사례인 3M과 윌리엄 맥나이트William McKnight 사례에서 설명될 회복 탄력성 개발을 위한 혁신을 촉구하는 데 중요한 활동이다.

• 성공 요인 사례 : 윌리엄 맥나이트 - 3M •

Success Factor Case Example : William McKnight - 3M

사람들의 계획을 장려하고 그들의 실수에 관대하며 믿음을 주어라.

윌리엄 맥나이트
3M 회장

임파워먼트는 "평범한 직원들을 탁월한 성과를 낼 수 있도록 자극하는 조직 문화"를 장려한다.

미네소타 광산 제조업체(3M)는 1902년에 설립되었다. 초창기에 알루미늄 산화물로 만들어진 '쓰리엠아이트Three-M-ite'라고 불려지는 연마포를 런칭하기 전까지는 다른 신규 회사들처럼 고군분투하고 있었다. 새롭게 출시한 신제품은 철강을 자를 때 쓰이는 다른 천연 광물들보다 매우 우수했고 1차 세계대전동안 널리 쓰이게 되었다. 1916년 회사는 첫 배당금을 지불했고 그 이후로 주주들에게 현금 지급을 미납하는 일이 없었다. 이는 회사가 강하고 지속적인 혁신 능력과 회복 탄력성을 가지고 있으며, 미래 적합성을 충분히 갖추고 있음을 분명히 보여준다.

윌리엄 맥나이트William Mcknight는 1907년 회사의 회계 담당자로서 입사하였고 승진을 거듭하여 1929년에는 사장, 1949년에는 회장이 되었다. 그는 여전히 회사의 '철학적 리더'이자 3M의 유명한 혁신적 기업 문화의 주요 건축가로 칭송받고 있으며, 경영학자이자 저술가인 크리스토퍼 바틀렛Christopher bartlett(역자주-하버드 경영대학원 교수), 수만트라 고샬Sumantra Ghoshal(역자주-런던 비즈니스스쿨 교수)이 설명했듯 "평범한 사람들로 하여금 비범한 수행을 하게끔 이끌어내는 조직적 분위기를 창출해냈다."

개별성을 알아채고, 잠재성 개발을 촉진시키고, 자율성을 개발시키고 혁신과 성장을 할 수 있도록 직원들을 동기부여하는 3M의 능력은 수많은 혁신 사례를 만들었다. 예를 들어 전작 도서 「실리콘밸리의 최고 기업은 어떻게 협업하는가」에서 포스트-잇post-it이 얼마나 성공을 거뒀는지에 대해 이야기했었는데, 포스트-잇은 1970년대에 두 3M 과학자 사이에서 이루어졌던 협업이었다. 또 다른 임파워먼트와 혁신에 대한 이야기는 1922년 시작되는데 3M 직원인 딕 드루Dick Drew가 어느날 오후에 새로운 사포 다발을 시험해 보기 위해 자동차 정비소에 방문했을 때 시작됐다. 3M의 웨토드라이 방수사포Wetordry Sandpaper 특허는 깔끔한 마감을 해주고 먼지로 인한 위험을 줄여주었기 때문에 많은 자동차 정비소에서 도색을 하는데 있어 대표 표준상품이었다.

드루Drew는 몇몇 근로자들이 험담하는 것을 들었다. 투톤 색의 자동차들이 당시 인기를 얻었으나, 페인트공들은 무거운 접착테이프와 방습제를 들고 차체를 덧칠해야 하고 나중에 가린 부분을 떼어낼 때엔 새로운 페인트가 같이 묻어나왔기 때문에 싫어했다. 전문가들이 벗겨진 페인트를 수리하는 것을 보면서, 드루는 그가 팔 수 있는 모든 사포에 대해 생각할 수도 있었지만 대신에 그는 문제의 해결책으로 덜 강한 접착 테이프를 생각해냈다. 그리고 그는 3M이야말로 그런 테이프를 개발시키기에 이상적인 회사라 생각했는데 그 테이프는 모래없는 사포나 마찬가지이기 때문이었다.

드루는 연구실로 돌아와 올바른 조합의 접착력과 뒤붙임의 조합을 위한 긴 연구를 시작했다. 성과 없는 몇 년이 지나고 3M의 회장인 맥나이트는 그 프로젝트를 멈추고 사포 개발 작업에 복귀하라고 했다. 드루는 충분히 동의를 했지만 하루가 지나자 접착 문제를 해결할 새로운 방법을 생각해내었고 실험을 재개했다. 그러던 와중, 맥나이트는 한 번 더 연구실을 방문했고 드루의 열성적인 모습을 보고 이미 그만두기로 한 연구가 아닌가라는 생각이 올라왔지만 아무 말도 하지 않았다.

드루는 마침내 물질 간의 올바른 조합을 찾아냈고 맥나이트에게 새로운 테이프를 제조할 수 있게 자금 투자 승인을 요구했다. 요청은 거절되었지만, 드루는 포기할 생각이 없었다. 연구자로서, 100달러까지는 구매를 결정할 전결권이 있었기에 그는 99달러치를 주문했다. 그는 후에 맥나이트에게 그의 새로운 기계를 보여주며 개발비를 사용한 이러한 전략에 대해 고백했다.

3M에서 일어난 마스킹 테이프의 개발 이야기는 임파워먼트와 혁신 간의 중요한 관계에 대한 예시이다.

윌리엄 맥나이트가 지적하는 것처럼 경영 실수가 생겼을 때 진취성을 죽이는 경영은 결정적으로 파괴적이다.

이렇게 하여 마스킹 테이프가 생겨난 것이다. 그것은 3M에 새로운 시작을 가져다 주었고 1930년 스카치 셀로판 테이프cellophane tape(이 또한 드루가 개발)를 만들어 내는 것으로 이어졌으며 현재는 700개가 넘는 테이프가 의학, 건설, 전기 그리고 다른 많은 적용 방식을 아우르며 사용되고 있다.

드루가 자의적으로 사들인 생산 기계와 맥나이트가 그의 반항에 보인 차분한 반응처럼 둘 사이의 이러한 교환은 내적 자질인 포용과 리더십 활동인 임파워링의 힘을 보여준다. "그들은 관리자들에게 분명한 윤리를 제시했어요."라며 회사의 공식기록으로 남기고 있으며, 조직문화를 만들기 위해 이렇게 기준을 잡았다. "당신이 딱 맞는 프로젝트에 딱 맞는 사람을 배치한다면, 그리고 문제점 해결에 분명히 헌신적이라면, 그렇게 놔두세요. 그들의 진취성에 관대하고 그들을 믿으십시오."

1948년, 맥나이트는 다음과 같은 경영 원칙을 분명히 표현했는데 이는 3M 혁신에 꽃을 피운 조직 문화를 뒷받침한다.

> 우리의 사업이 성장할수록, 그들의 진취성을 장려하고 책임감을 주는 것이 필요해졌다. 이는 사려 깊은 포용이 필요하다. 우리가 권위와 책임감을 부여한 사람들이 훌륭한 사람이라면, 그들의 방식으로 그들의 업무를 하기를 원할 것이다.
>
> 실수는 생길 것이다. 그런데 만약 그 사람이 근본적으로 옳았고 책임 있는 사람에게 그 사람이 어떻게 해야 한다고 말할 수 있다면, 실수를 통해서 배울 수 있는 경영 문화가 만들어질 것이기 때문에 장기적으로는 심각하지 않을 것이다.
>
> 실수가 생겼을 때 파괴적 비판은 진취성을 죽인다. 우리가 계속 성장하려면 진취성 있는 사람이 많이 필요하다.

• 사례 되짚어 보기 •

Reflections on the Case

맥나이트의 말은 임파워먼트를 기반으로 한 조직 문화를 분명히 나타낸다. 임파워링은 혁신과 셀프 리더십 문화를 창조하는데 이를 통한 조직의 성공은 공통된 비전을 향한 많은 사람들의 에너지와 창의적인 노력이 합쳐진 것에 기반한다. 리더십 문화에서 사람들은 근본적으로 다른 역할을 맡은 사람들과 동등하게 보인다. 역할은 개인 역량 개발에 기초하며 사람의 고유한 가치로 반영되는 요소가 아니다. 결과적으로, 모든 수준의 사람들은 조직 전체에 가치를 가져다 주기 위해 규칙을 깬다 하더라도 개별적 구성원이자 기여자로 인정받고 존중된다.

혁신을 조직하는 세 가지 중요 단계 *Three Key Steps for Orchestrating Innovation*

윌리엄 맥나이트의 경영 원칙과 마스킹 테이프 창조의 예는 '혁신을 조직하는' 간단하지만 강력한 처방을 나타내기도 한다.

1. 책임감을 주고 사람들이 진취적인 운동을 하도록 장려한다. 이는 자율성을 개발시키고 사람들이 성장하고 혁신할 수 있도록 동기를 자극한다. 또한 인재 개발과 '행동하는 것에 에너지를 집중하도록' 지원하는 데 필수적이다.

1. 시작할 수 있도록 사람들에게 용기를 주고 책임을 경감시켜라

2. 사람들이 자기답게 일을 하게 해주고 실수에 관대하라.
   이는 리더의 포용에 달려있는데, 개개인의 개성을 알아차리고 인정할 수 있게 하며 그들의 잠재력 개발을 촉진시킨다.
3. 적절한 프로젝트에 적절한 사람을 배치시키면 "분명 해결책을 찾기 위해 정진할 것"이라는 믿음. 이는 사람들의 자의식을 증진시키고 성장하고 숙달하려는 내적 욕구를 지지하여 포부를 키우게 하고 결과 달성을 위해 명확하고 효율적으로 일에 전념할 수 있도록 한다.

2. 사람들이 자신만의 고유한 방법으로 직무를 수행하게 하고 실수에 관대하라.

3. 적절한 프로젝트에 적절한 사람이라는 믿음은 "해결책을 찾는 것에 절대적으로 기여한다"

우리는 이와 같은 원칙을 이전 장에 제시된 파이크 플레이스 생선가게의 예시에서 보았다. '자기 자신 그대로 행동하고 영감을 주는 일을 하는 것'에 대한 사람들의 전념과 '현재에 머물며 인간 대 인간으로서 사람들과 이어지고 사람들의 하루하루를 더 긍정적으로 만듦'으로써 '세계에서 유명해지려는' 앰비션ambition은 임파워링empowering 문화를 형성시켰고 이는 팀 구성원들이 그들만의 동기에 다가가고 성과를 이루도록 혁신하게 했다.

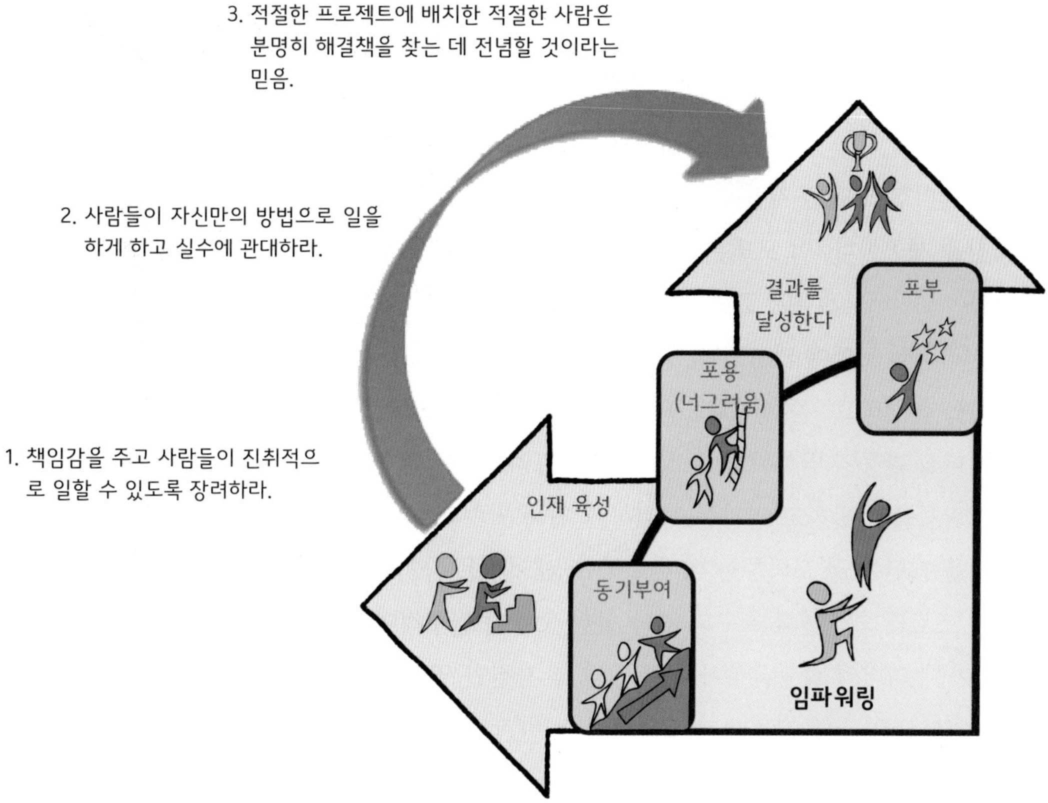

"만약 그 사람이 근본적으로 옳다면, 실수는 책임있는 사람들이 어떻게 일해야 하는지 말할 수 있는 소위 실수를 통해 배우는 문화를 만들 수 있기 때문에 장기적으로 봤을 때 결국 실수가 문제되지 않을 것이다."라는 맥라이트의 이야기는 임파워링이 미래 적합성(Fitness for the Future)에서도 중요한 양상을 띈다는 것을 나타낸다. 혁신과 셀프 리더십을 조성하는 임파워먼트에 기반한 조직 문화는 위계가 강하고 딱딱하여 제약이 많은 조직보다 본질적으로 역동적이고 변화하는 미래에 적합할 것이다.

제4장 요약

◇

SFM 리더십 모델은 기업을 설립하고 역경에서 벗어나 미래 적합성을 찾는 데 있어서 풍부한 지침을 제공한다. 이 모델은 개인의 자질(리더가 내적으로 갖고 있는 것), 행동(리더가 하는 일) 그리고 조직적 결과(리더가 성취하는 것) 위주로 구조화되어 있다.

SFM 리더십 모델에 의하면 성공적인 기업에는 4개의 근본적 조직 차원의 성과가 있는데 이는 변화를 촉진하고 가치를 깨달으며 인재를 개발하고 결과를 성취하는 것이다. 이것은 4가지 근본 리더십 활동인 임파워링, 코칭, 셰어링 그리고 스트레칭 활동의 결과로 성취된다. 임파워링은 사람들을 개발하고 결과를 성취하기 위해 필수적이다. 코칭 또한 사람을 개발하고 나아가 가치를 깨닫는 걸 도와주는 데 필요하다. 셰어링은 가치를 깨닫고 변화를 촉진하는 데 필수적이다. 스트레칭은 변화 촉구와 결과 성취 모두에 필수적이다.

이 4가지 리더십 활동은 9가지 핵심 내적 자질인 열정, 비전, 단호함, 포부, 열린 마음, 포용, 동기부여, 일관성, 모범되기로 구성된다. 각각의 자질들은 특정한 활동 및 결과와 관련되어 있다.

SFM 리더십 모델과 성공의 원 사이에는 많은 유사함이 존재한다. 4가지 리더십 결과는 재무 건전성 유지하기, 의미있는 공헌하기, 혁신과 회복 탄력성 향상시키기 그리고 측정 가능한 성장하기라는 기업의 결과 달성을 보완한다. 비슷하게, 리더십 활동인 임파워링, 코칭, 셰어링, 스트레칭은 제품이나 서비스를 개발하고 이윤과 수익 창출을 하여 팀의 역량을 확장하고 협력을 만들어내며 자원을 늘리고 이를 영향력 있게 쓰고 상생관계를 구축하며 사업을 확장시키고 가치를 만들어내어 투자를 끌어내고 필수 자원을 얻는 행동과 같은 기업의 활동을 지지한다.

유능한 리더의 내적 자질과 성공적인 기업가의 마음가짐 사이에도 상호 보완적인 관계가 존재한다. 기업가의 사고방식은 외형상 주로 고객과 시장, 더 큰 "홀론"으로 향해 있다. 리더의 마인드셋은 기업의 성장과 투자자와 파트너를 위한 가치 창출에 똑같이 초점을 맞춘다. 두 마인드셋이 만들어 내는 강조된 보완점은 큰 기관이나 신생기업 모두가 놓치기 쉬운 중요한 균형점이다.

성공 요인 사례 예시에서 찰스 매튜스와 롤스 로이스 차동차 예시는 이 능력을 행동으로 나타내 준 좋은 예이다. 매튜스가 적용한 그의 정서 지성과 다루기 힘든 기분을 맞이하고 이를 위해 공간을 마련해 놓는 능력이 뒷받침된 코칭, 임파워링, 셰어링, 스트레칭은 회사와 직원들이 회사 개선을 하는 힘든 시기를 잘 견뎌내도록 도와주었다.

매튜스가 직감적으로 따른 행동의 결과는 임파워링을 시작하고 공유 전에 코칭을 하며 최종적으로 팀 구성원에게 스트레칭하는 형식으로 의식 리더가 자연스럽게 수행하는 성공적인 경로를 설명해 준다. 다른 리더십 활동의 지지 없이 스트레칭을 먼저 하는 것은 그저 스트레스와 압박만 불러일으킨다.

윌리엄 맥나이트와 3M의 성공 요인 사례 예시는 임파워링으로 만들어진 조직 문화의 중요성을 보여준다. 3M은 혁신 조직의 세 가지 핵심 단계를 통해 미래 적합성과 오랜 역사의 혁신을 발전시켰다. 여기서 세 가지 핵심 단계는 (1) 책임감을 부여하고 사람들의 진취성을 격려하고 (2) 그들의 방식으로 일을 처리하게 하며 실수에 관대할 것, 그리고 (3) 적절한 프로젝트에 배치한 적절한 사람은 분명히 해결책을 찾는 데 전념할 것이라는 믿음이다.

Applying the SFM Leadership Model™

CHAPTER 05

SFM 리더십 모델 적용하기

진정한 리더는 홀로 설 수 있는 자신감, 어려워도 결정을 내리는 용기, 타인의 요구에 귀를 기울이는 배려를 가지고 있습니다. 그는 리더가 되려고 의도한 건 아니지만, 그의 행동과 그의 의도에서 나타나는 진실성이 일치함으로써 자연스럽게 리더가 되어 갑니다.

더글라스 맥아더Douglas McArthur

모든 위대한 리더들은 공통의 특징을 가지고 있었습니다. 그것은 그 시대 사람들이 가장 불안해하는 것이 분명한 일에 직면하고자 하는 의지였습니다. 이는 다른 자질과 비교 불가한 리더십의 본질입니다.

존 케네스 갤브레이스John Kenneth Galbraith

리더십은 전략과 성품의 강력한 조합입니다. 만일 그 중 하나라도 빠진다면, 당신은 전략 없는 리더가 될 것입니다.

노먼 스왈츠코프Norman Schwarzkopt

• SFM 리더십 모델 적용 •

Applying the SFM Leadership Model™

1장의 시작 부분에서 언급했듯이, 성공 요인 모델링 과정의 목적은 자신이 설정한 환경에서 핵심 결과에 도달하고자 모델로 삼은 성공 요인들을 적용해 볼 수 있는 다양한 훈련 도구와 연습 방법을 가지고 중요한 지도를 만드는 것이다.

2000년대 초, 동생 존John과 나는 SFM 리더십 모델을 딜츠 전략 그룹Dilts Strategy Group과 ISVOR 피아트Fiat (피아트 조직 개발 부서) 간의 합작 회사인 ISVOR 딜츠 리더십 시스템의 기반으로 사용했다. ISVOR 피아트Fiat는 그 당시 피아트 그룹의 조직 개발을 위해 분사된 조직이었다. 우리는 360도 리더십 다면 평가 도구와 워크숍, 온라인 리더십 포털, 보조 도구 활용과정 및 개별 코칭 세션으로 구성된 포괄적인 리더십 개발 프로그램을 만들었다. 이 프로그램은 65가지 다른 도구를 제공하여 모델의 다양한 차원을 모두 지원했다.

SFM 리더십 모델은 딜츠 전략 그룹(DSG)과 ISVOR 피아트 사이의 합작 회사인 ISVOR 딜츠 리더십 시스템의 기반이었습니다.

'리더십 순간'은 사람들의 인식과 동기에 중대한 영향을 미칠 잠재력을 가진 자연스런 결정 사항, 중요한 이정표 또는 도전적인 사건입니다.

이번 장에서는 당시 활용하였던 방법들 중에 역경에서도 회복 탄력성을 향상시키는 법, 혁신적인 개선 방법, 기업이 미래에 적응할 수 있는 준비를 하는데 있어 가장 관련성이 높은 도구와 관련된 부분을 깊이 있게 설명할 계획이다.

• '리더십 순간' 확인하기 •

Identifying "Leadership Moments"

자신의 기업에 리더십 기술을 적용을 하려면, 흔히 만날 수 있는 '리더십 순간Leadership Moments'을 살펴보는 것이 좋다. 리더십 순간은 리더 또는 기업가의 일상에서 실제 발생하는 중요한 결정을 내려야 하는 상황 또는 중요한 사건을 말한다. 리더십 순간은 사람들이 무엇인가를 알아차리고 무엇인가를 크게 깨닫는 동기가 되는 강렬하고 상징적인 상황이다.

일론 머스크의 경우 그의 세 회사가 동시에 파산에 직면했을 때가 중요한 '리더십 순간'이 있었다.

고객, 동료, 이해관계자 및 파트너는 우리와의 관계 및 상호작용을 통해 지속적으로 그들의 리더십 수준을 보여준다. 어떤 조직에서든 어떤 프로젝트에서든 리더들의 리더십 수준은 자연스럽게 드러난다. 리더십 순간에선 주도권, 직관력, 용기, 정서 지능 및 협동을 필요로 한다. 리더십 순간이 지속되는 순간일수록 리더는 꾸준히 비전을 전파하고, 구성원들의 행동에 영향력을 미치고 팀 협업을 장려하고, 리더 스스로 모범이 되는 것이 더욱 중요하다. 연구를 같이 하는 리더 중 한 명의 말을 빌리자면, 리더십 순간은 "구성원들이 리더를 눈으로 바라보고 신체 언어를 읽게 해야 하는" 상황이다.

물론 '순간'이라는 개념은 말 그대로 몇 분의 시간(예: 중요한 발표)이나 며칠, 몇 주 또는 달로 연장되는 기간(일론 머스크의 회사가 실패할 위험에 처해 있거나 스티브 잡스가 파산 직전에 애플로 돌아 왔을 때)으로 상대적이다. 예를 들어, 찰스 매튜스의 경우, 리더십의 '순간'이 많이 있었다. 직원들이 적대감을 드러내는 경우가 있어도 교류를 이어나갔다. 직원들은 장기간에 걸쳐 꾸준히 이어지는 일관된 행동에 영향을 받는다.

리더십 순간은 리더의 사고방식과 내적 특성, 즉 자신의 열정, 동기부여, 결단력, 비전, 열린 마음, 관대한 포용, 포부, 일관성 및 본보기가 될 수 있는 능력 등을 테스트하기 좋은 때이다. 또한 리더가 결과를 성취하고, 행동에 대한 가치를 부여하며, 변화를 촉진하거나 결과를 얻도록 임파워링하고, 코칭하고, 셰어링하고 스트레칭하는 등의 행동을 해야 하는 상황이다.

결과를 성취하기 위한 인재 육성*Developing People to Achieve Results*

사람들을 개발하고 결과를 얻는 데 집중해야 하는 상황에서 가장 중요한 행동은 기를 살리고 힘을 실어주는 임파워링Empowering이다. 임파워링은 리더십 자질 중 하나인 관대함, 동기부여 및 성취에 대한 포부를 중요하게 사용한다. 리더는 시간을 투자하고 참여하며, 강한 에너지를 가지고 행동하고, 무엇인가를 성취하고자 하는 강한 열망을 보여주며 격려해야 한다. 존 요코야마가 파이크 플레이스 생선가게를 파산으로부터 구제한 상황이 적절한 사례가 될 것이다. 그는 "있는 그대로의 자기 자신이 되도록 그리고 자기 자신에게 영감을 불어 넣는 일을 하도록" 격려하여 팀의 사고방식을 바꿀 수 있었다.

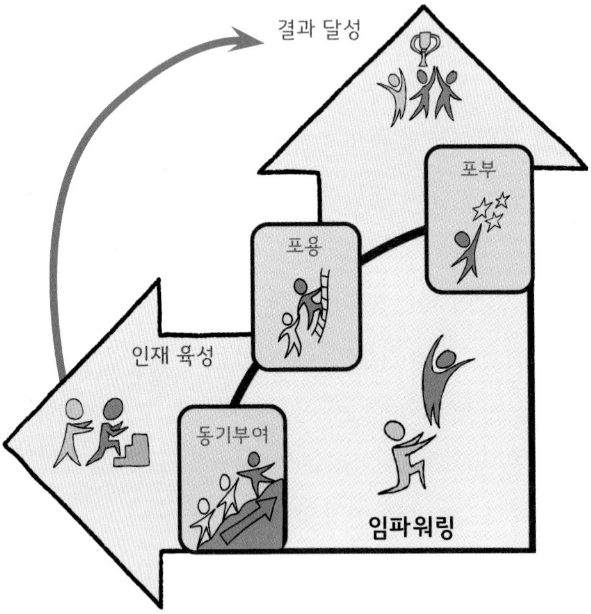

윌리엄 맥나이트가 딕 드루가 고집스럽게 점성이 약한 접착 테이프(사포를 개선시키는 그의 직업 대신에) 개발에 집착할 때 취한 여유로운 반응과 드루가 자의적으로 구입한 기계를 허용하고 인정한 것은 사기를 북돋우는 임파워먼트 사고방식의 또 다른 예이다.

가치 실현을 위한 안내*Guiding People to Enact Values*

리더십 순간에 필요한 것이 사람들을 개발하고 핵심 가치를 규정하는 데 초점을 맞추는 순간이라면, 이때 가장 적절한 조치는 코칭Coaching이다. 코칭에서는 리더가 일관성 있는 모습을 보이고 리더 스스로 본보기가 되어 직원들이 자연스럽게 동기부여되는 것이 가장 중요하다. 본보기가 된다는 것은 자신의 행동이 자신의 말에 충실한, 즉 '말한대로 실천하는 것'과 '언제나 함께함'으로써 열정을 가지고 행동 한다는 것을 의미한다. 이러한 행동은 믿을 수 있고 신뢰할 만하다는 리더에 대한 하마평의 기준이 되기도 한다. 싱가포르의 탄톡생Tan Tock Seng 병원의 림 수에트 운Lim Suet Wun 박사가 사스SARS 전염병에 어떻게 대응했는지 보여주는 예가 이를 설명한다. 위기 상황 동안 매일같이 병원 직원과 환자를 방문하며 손을 잡아 줌으로써 큰 위기 상황을 이겨내는 데 꼭 필요한 연대감과 신뢰를 구축했다.

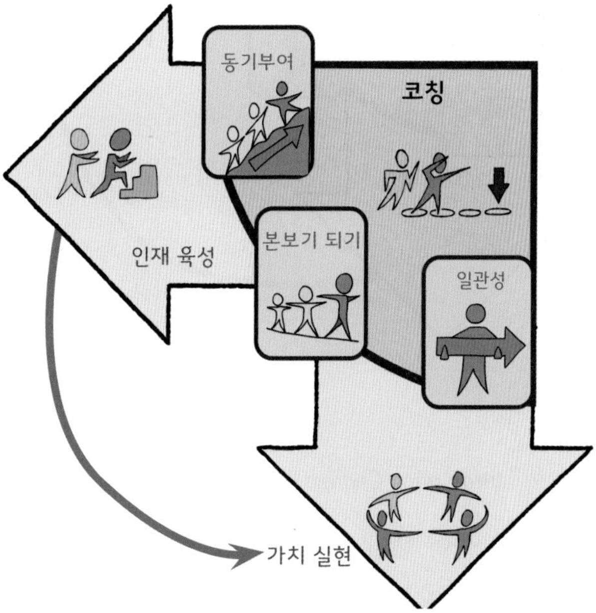

변화의 시간 동안 주요 가치 유지*Maintaning Key Values During Times of Change*

변화를 촉진하고 핵심 가치를 실행하거나 유지하도록 요구되는 상황이라면 셰어링Sharing하기는 가장 유용한 조치일 것이다. 나누고 공유하는 셰어링은 열린 마음, 비전 제시 능력 그리고 일관성이라는 리더십 자질이 핵심이다. 셰어링을 위해 리더는 호기심을 유지하고 새로운 아이디어를 활용할 수 있어야 하며 다른 사람에 대한 믿음을 가지고 상호 존중을 구축해내야 한다. 또한 현재를 넘어 미래의 가능성을 상상하는 한편, 확고한 자세를 취하고 사람들의 사명과 목표에 단호함을 보여야 한다. 찰스 매튜스가 롤스로이스의 어려운 전환의 시기를 극복하는 과정에서 회사 규모를 축소하고 구조 조정하는 동안 쌓였던 엄청난 양의 적대감을 해소하기 위해 했던 셰어링은 어떻게 셰어링 할 것인가라는 질문에 대한 훌륭한 답변이다.

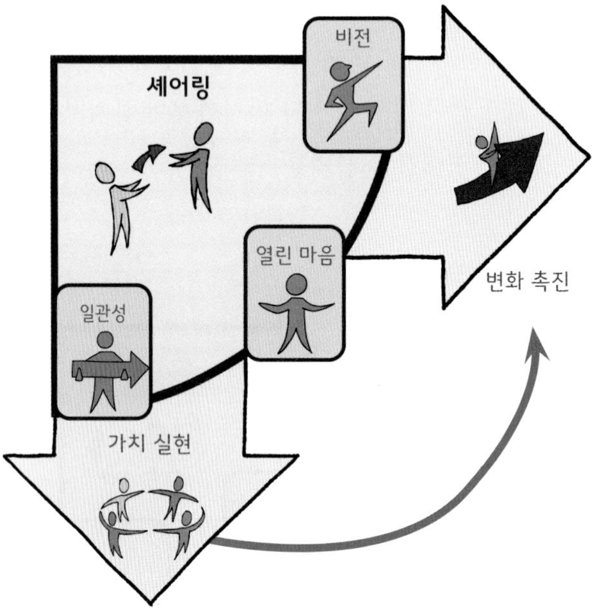

결과를 얻기 위한 변화 촉진*Promoting Change to Get Results*

변화를 촉진하고 결과를 만들어 내야 하는 리더십 순간에 가장 중요한 행동은 스트레칭Stretching이다. 스트레칭은 비전을 제시할 수 있는 리더십 자질, 성취와 결의를 향한 야망과 포부를 그 중심에 둔다. 리더는 더 큰 그림과 장기 목표에 초점을 맞추며 특정 결과를 향한 일관성 있는 행동을 하고, 목표 달성을 위해 많은 이들이 참여할 수 있도록 하며 자신이 선택하고 결정한 것을 위해 헌신해야 한다. 운영하는 세 개의 회사가 모두 무너질 뻔한 상황에도 이어간 일론 머스크의 더 높은 비전과 목표에 대한 끈질긴 헌신은 스트레칭과 관련된 사고의 전형적인 예이다.

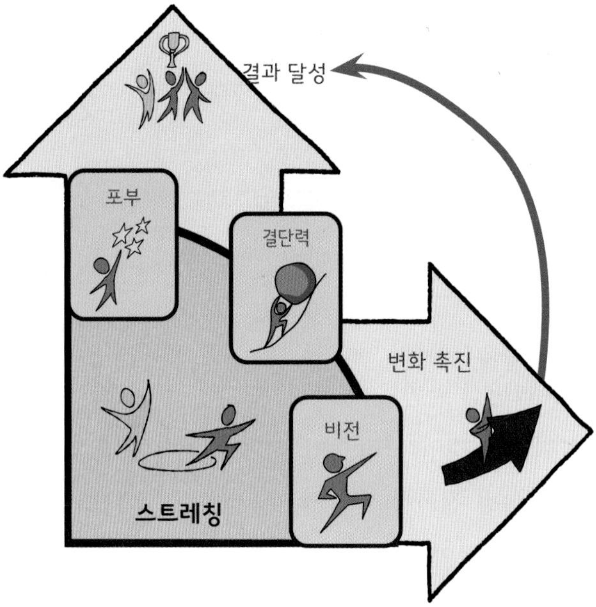

나의 리더십 순간을 예상해 보기 *Anticipating Your Own Leadership Moments*

당신의 프로젝트 또는 벤처에 대해 돌이켜 볼 때, 현재 직면하고 있는 '리더십 순간'은 무엇인가? 달성해야 할 결과, 취해야 할 조치 그리고 직면한 문제에 관해 생각해 보라.

미래에 직면해야 할 공통적인 또는 반복이 예상되는 "리더십 순간"이 있는가? 단기간과 장기간에 걸친 문제를 반드시 고려하라. 잠시 시간을 내어 아래에서 당신의 리더십 도전을 나열해 보라.

리더십 순간 / 도전:

____

____

____

____

____

자신의 리더십 순간을 예측하는 것은 가능한 최선의 방법으로 사태를 해결하기 위해 필요한 생각과 행동을 준비하는데 도움이 된다.

앞으로 있을지도 모를 리더십 순간을 예상해 볼 때 어떤 결과Outcome를 성취하는 것이 가장 중요하다고 생각하는가? 당신은 어떤 특정 결과를 달성하고자 하는가? 그런 결과를 달성하는 것이 필요한가? 원하는 결과가 사람들 개발하기인가? 변화 촉진과 같은 결과인가? 특정 가치를 실현하고 유지하는 것인가? 혹은 모두 다인가? 당신이 갈망하는 결과는 당신이 취해야 할 행동과 성공하기 위해 취해야 할 사고방식을 결정할 것이다.

이어지는 글에서는 지금까지 설명한 리더십 순간에 적용해 볼 수 있는 몇 가지 연습이 제시될 것이다. 성공 요인 모델링Success Factor Modeling의 목표 중 하나는 이러한 도전적인 순간을 보다 능동적으로, 똑똑하게 자신 있게 그리고 의식적으로 해결할 수 있도록 돕는 것이다.

• 결과 달성을 위해 사람들을 임파워링하기 •

Empowering People to Achieve Results

우리가 3M, 롤스로이스 및 파이크 플레이스 생선가게의 사례에서 보았듯이, 임파워링은 결과를 더 잘 달성하기 위해 개인의 자율성과 각자가 가지고 있는 책임감과 영향력에 대한 가능성을 허용하는 능력을 말한다. 임파워링은 사람들이 자신을 더 잘 표현하고 자신의 업무 가치를 인정하고 개인적으로나 직업적으로 성장할 수 있도록 자존감을 높일 수 있는 여건을 조성할 수 있는 역량이다.

요약하면 리더십의 임파워링 활동은 다음과 같다.

- 성장을 위한 자극으로서의 동기부여
- 개성 알아주기
- 자긍심 촉진
- 자율성 장려
- 사람들의 잠재력 개발 지원

힘을 실어주는 행동인 임파워링은 포부, 동기부여 및 포용이라는 3가지 핵심적인 리더의 내적 자질에 의해 뒷받침된다. 포용은 임파워먼트와 가장 관련이 있는 자질이다. 관대함을 발휘하는 포용력은 다른 사람들의 잠재력 개발에 기여하기 위해 개인적인 관심을 가지고 시간을 투자하는 노력이 수반된다. 이타심, 믿음 그리고 참여한다는 느낌을 가지고 개인의 성장 목표를 유지할 수 있는 역량이 필요하다.

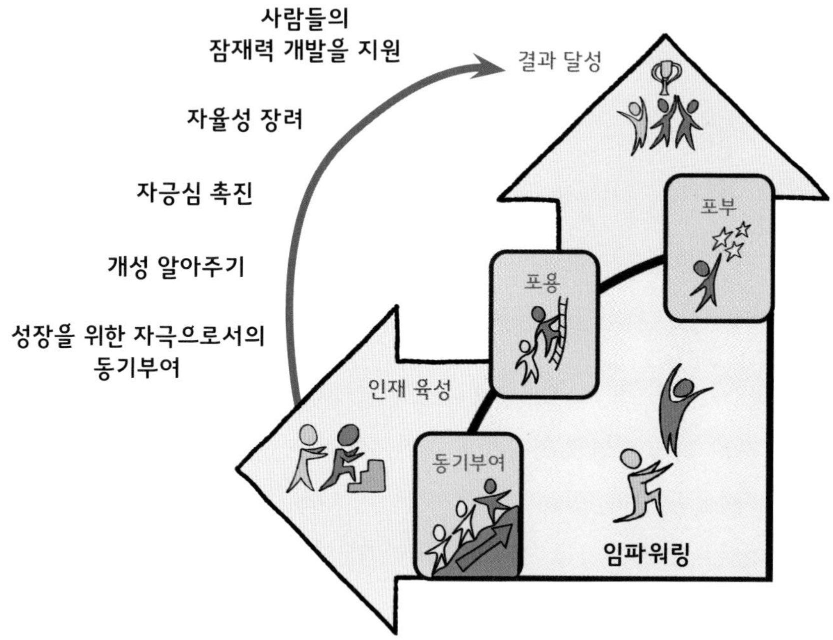

임파워링은 야망, 동기부여 및 포용을 필요로 하는데,
이는 사람들을 개발하고 결과를 달성하는 데 필수적이다.

당신이 리더가 되기 전에는 당신 자신의 성장이 성공의 전부다. 허나 리더가 되고 나면 당신 성공의 전부는 다른 사람을 성장시키는 것이다.

잭 웰치Jack Welch - 제너럴 일렉트릭CEO

탁월한 리더는 직원들의 자긍심을 높이기 위해 길을 나선다. 사람들이 스스로를 믿는다면, 자신이 얼마나 놀라운 성취를 할 수 있는지 알게 될 것이다.

샘 월튼Samuel Moore Walton - 월마트 설립자

• 임파워먼트, 회복 탄력성 그리고 신념의 힘 •

Empowerment, Resilience and the Power of Beliefs

이 작은 아이디어는 영감을 주는 리더나 단체와 그렇지 못한 리더나 단체의 차이를 잘 설명해준다. 빠르게 용어의 개념을 정의해 보겠다. 지구상의 모든 사람과 모든 조직은 그들이 무슨 일을 하는지 100% 알고 있다. 어떤 사람들은 그 일을 어떻게 하는지 알고 있다: USP라고 부르든, "독점적 프로세스"라고 부르든 또는 "차별화된 가치 제안"이라고 부르든 말이다. 그러나 그 일을 하는 이유를 아는 사람이나 조직은 극소수이다. 그리고 "왜Why"라고 묻는 것은 "수익 창출"에 대한 것을 묻는 게 아니다. 그것은 결과일 뿐이다. 수익은 항상 결과일 뿐이다. "왜"냐고 물을 때는 "당신의 목적은 무엇입니까?" "계기는 무엇입니까?" "당신의 믿음은 무엇입니까?" "왜 당신 조직이 존재합니까"라고 묻는 것이다.

사이먼 사이넥Simon Sinek -
'나는 왜 이 일을 하는가?Start With Why'

세상을 바꾸려는 일을 하고자 했을 때, 내가 스티브 잡스에게서 배운 것은 매킨토시를 믿는다면, 아이폰, 아이팟, 아이패드를 믿는다면, 당신이 충분히 믿는다면, 당신은 그것을 보게 될 것이라고 한 그의 말이었다. 사람들이 그것을 믿을 것이기 때문에, 사람들은 소프트웨어를 개발하고 제품을 만들 것이다. 그러니, 당신은 당신이 꿈꾸는 것에 대한 믿음이 현실이 되도록 발전시켜야 한다. "나는 사람들이 그것을 실제로 보기 전까지는 믿을 것이라고 기대하지 않는다"라는 말과는 다르다. 당신에겐 그들이 그것을 보기 전에 믿어줄 사람들이 필요하다.

가이 카와사키Guy Kawasaki - 애플Apple

그의 책 '나는 왜 이 일을 하는가Start with why'에서 사이먼 사이넥Simon Sineck은 자신만의 왜WHY를 탐색하는 데 도움이 되는 간단한 모델을 공유하고 탄력성이 필요한 상황에서 영감을 줄 수 있는 목적을 탐색할 수 있도록 도와줍니다.

자신과 다른 사람들에게 힘을 실어 주는 임파워링을 할 때 가장 영향력 있는 성공 요인은 우리의 신념이다. 신념은 벌어진 사건들에 어떻게 의미가 부여되는지 결정한다. 또한 동기부여와 조직문화의 열쇠이기도 하다. 신념과 가치는 마인드셋과 내면 게임Inner Game의 핵심이며 특정한 행동을 하게 하거나 못 하게 하는 강화(동기 부여와 허가)를 제공한다. 신념과 가치관은 "왜?"라는 질문과 관련이 있다.

사람들의 능력을 향상시키거나 제한하는 신념의 힘은 깨어남Enlightening에 대한 한 연구에서 밝혀 졌다. 연구 내용은 평균적인 지능을 가지고 있는 것으로 나온 어린이들을 두 그룹으로 나누어, 한 그룹은 배정 받은 교사에게 "학습 능력이 뛰어난 아이들"이라고 소개했고, 나머지 한 그룹은 "학습 능력이 떨어진다"고 그 그룹을 배정받은 교사에게 소개했다. 1년 후 두 그룹은 지능검사를 다시 받았는데, 놀랍게도 '학습능력이 뛰어난' 것으로 임의 식별된 그룹의 아이들은 대다수 이전보다 더 높은 점수를 얻었지만 '학습 능력이 떨어지는' 것으로 분류된 그룹의 대다수는 점수가 낮아졌다! 학생들에 대한 교사의 신념은 학생들의 학습 능력에 영향을 미쳤다.

또 다른 한 연구에서는 100명의 암 '생존자'(10년 넘는 시간동안 증상을 역전시킨 환자)가 암을 극복하기 위해 어떻게 했는지 인터뷰를 했다. 연구 결과 어느 하나의 방법을 특별히 탁월한 치료법이라고 특정할 수 없었다. 일부 환자는 화학 요법 및 방사선 치료와 같은 표준적인 치료를 받았고, 어떤 이들은 영양학적 접근법을 사용했으며, 또 다른 어떤 이들은 영적 치유방법을 따르기도 했다. 다른 일부 환자는 심리적 접근에 집중했고, 일부 환자는 아무 것도 하지 않았다. 여기서 그룹 전체를 특징 지을 수 있는 유일한 암극복의 이유는 자신이 선택한 방법을 완전히 믿었다는 것이다. 즉, 그들 모두가 자신들이 취한 접근 방식이 도움이 될 것이라고 믿었다.

우리를 제한하기도 하고 우리에게 힘을 실어주기도 하는 믿음의 힘의 또 다른 좋은 예는 '1마일 달리기'에 대한 이야기다. 1954년 5월 6일 이전까지 1마일 달리기에서 4분의 장벽을 깨는 것은 넘지 못할 벽이었다. 로저 배니스터Roger Bannister가 4분 장벽을 돌파한 역사적인 날까지4분은 그 누구도 깨지 못한 기록이었다. 그러나 배니스터의 위업이 있은 6주 후에 호주 출신의 존 랜디John Landy가 기록을 1초 더 낮췄다. 이후 9년간 약 200여 명이나 되는 선수들이 한때 깰 수 없다고 믿었던 장벽을 무너뜨렸다.

신념과 가치관은 "왜?"라는 질문과 관련이 있다. 이들은 우리의 사고방식과 내면 게임의 핵심 부분이며 특정 기능과 행동을 지원하거나 금지하는 강화(동기 부여 및 허가)를 제공한다.

우리의 믿음은 동기부여, 지능, 건강, 성능의 정도에 영향을 주거나 형태를 만들거나 결정할 수도 있다.

분명히, 이러한 예들은 우리의 신념이 우리의 지능은 물론 건강, 나아가 성과에까지 영향을 끼친다는 것을 보여준다.

• 해낼 수 있다는 신념 체계 구축하기 •

Building a Winning Belief System

미래에 대비할 수 있도록 혁신을 증대시키고 역경을 이겨내며 미래에 대한 우리의 적응력을 높이기 위해 '해낼 수 있다는 신념 체계'를 수립해야 한다. 「실리콘밸리의 최고 기업은 어떻게 협업하는가(pp. 232-234)」에서 나는 해낼 수 있다는 신념 체계가 다음을 창조함으로써 임파워먼트의 장Field을 만들어 낸다고 언급했다.

해낸다는 신념체계는 혁신을 늘리고 역경에서 회복하고 미래에 대한 적응도를 높이기 위해 필요한 임파워먼트의 장을 만든다.

- 긍정적인 미래에 대한 기대
- 능력에 대한 믿음과 책임감 느끼기
- 자기 가치와 소속감 인식

긍정적인 미래에 대한 기대는 도달할 것으로 믿어지는 바람직한 결과를 마음에 품음으로써 나타난다. 능력에 대한 믿음과 책임감 느끼기는 우리가 좋은 계획을 갖고 있으며, 원하는 결과에 성공적으로 도달하기 위해 필요한 행동 습관을 수행하는 데 필요한 능력을 갖추고 있다는 자신감에서 비롯된다. 자기 가치와 소속감 인식은 성공하기 위해 필요한 능력과 자질을 동원할 수 있는 권한과 지지를 받을 자격이 있다고 믿고 있는 정도의 결과이다.

해낼 것이라는 믿음은 변화를 달성하기 위해 필요한 5가지 인과관계가 되는 기본 요소와 직접적인 관련이 있다. 그 구성 요소는 다음과 같다.

1. 개인, 팀 또는 조직이 달성하고자 하는 성과.
2. 이러한 결과로 이끌기 위한 단계의 경로.
3. 경로를 성공적으로 이동하는 데 필요한 조치나 행동.
4. 그들의 조치와 행동을 효과적으로 수행하기 위해 필요한 능력과 자질을 명시하는 계획.
5. 행동을 취하고, 원하는 결과로 이어지는 길을 성공적으로 완성하는 데 필요한 능력과 자질을 가져야 하는 사람이나 팀.

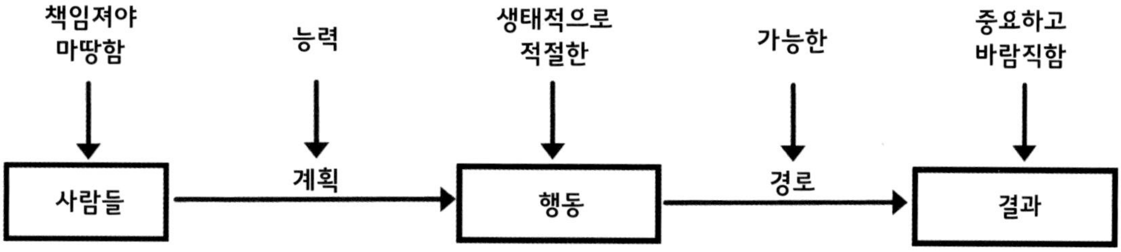

신념 이슈는 성취 및 변화와 관련된다.

이러한 5가지 요소 각각에 대하여 사람들은 그들의 인식에 영향을 미치는 주요한 신념을 형성한다. 이러한 신념은 다음과 관련이 있다.

해낼 수 있다고 믿는 신념 체계는 임파워링과 목표가 적절하다는 신념을 기반으로 만들어지는데, 이는 5가지의 기본적인 변화의 요소와 관련이 있다.

1. 결과의 중요성과 바람직함(비전, 사명, 야망과 가치와의 연결 강도).
2. 적절한 단계의 경로를 통해 결과에 도달할 수 있다는 확신.
3. 결과에 도달하기 위해 필요한 조치와 행동이 얼마나 적절하고 생태학적(즉, 효과적, 윤리적, 실제적 등)인지에 대한 판단.
4. 참여하는 개인, 팀 또는 회사가 계획을 수행하고 결과에 성공적으로 도달하기 위해 적절한 조치를 취할 수 있는지에 대한 자신감.
5. 참여하는 개인, 팀 또는 회사가 능력을 사용하는 것에 대해 인식하고 계획을 실행하고 원하는 결과에 도달하려는 책임감과 신념을 가지고 결과에 도달할 수 있을 것 같은 느낌.

사람들이 임파워먼트와 동기부여 전반에 걸쳐 경험하는 강도는 신념체계 전체에 대한 신뢰수준에 비례한다. 예를 들어 목표, 결과, 또는 비전이 중요하지 않거나 바람직하지 않다고 판단되면, 그것을 달성하려고 노력하는 것은 전혀 의미가 없다. 결과를 낼 만한 가치가 있다고 인지한다고 해도 만약 달성이 불가능하다고 생각되면 목표에 도달하려고 하는 것은 시간 낭비라고 느낄 것이다. 결과가 그럴만한 가치가 있고 가능할 수도 있지만 부적절하다고 생각하거나 달성하기 위한 수단이 부적절하다고 여겨지면 저항이 생겨 '후퇴'할 것이다. 결과가 가치 있고 가능성 있으며 매우 적절하지만, 달성해야 할 개인이나 팀이 해야하는 일에 대한 능력이 부족하거나 적절한 지원이 없다고 믿는다면 위험을 감수하려는 자신감이 떨어질 것이고, 새로운 도전이나 어렵고 벅찬 일에 직면했을 때 버티려고 하지 않을 것이다. 그리고 설사 그 성과가 가치도 있고 달성 가능성도 있으며 적절한 목표라고 믿는다 해도, 개인이나 팀이 스스로를 마땅하지 않다고 느끼거나, 책임감이 없다고 여기거나, 또 일을 하면서 누군가에게 계속 허가를 받은 상황에 부딪혀 자신이나 팀에게는 어떠한 자율권도 없다고 생각한다면, 해야 할 일이나 취해야 할 조치를 취하지 않을 것이다.

해낸다는 신념 체계의 각 신념은 체인과 같다. 체인은 체인에서 가장 약한 부분인 링크보다 강하지 않다.

혁신을 강화하고 역경에서 회복하며 미래에 적합하다는 가장 중요하고 강력한 성공 요인 중 하나는 추구하는 비전과 자신, 팀 그리고 자신이 하는 일에 대한 믿음의 정도이다.

따라서 혁신을 강화하고 역경에서 회복하며 미래 적합성을 확보하는데 가장 중요하고 강력한 성공 요인 중 하나는 추구하는 비전과 자신, 그리고 자신이 하는 일에 대한 믿음의 수준이다. 성공적인 기업가인 씬다나 투케테Cindana Turkatte(SFM Vol. 1, pp. 163-171)는 믿음에 대해 다음과 같이 콕 집어 말했다. "당신은 당신이 하는 일을 믿어야 합니다. 당신이 하는 일에 믿음이 없다면, 당신은 다른 일을 해야 합니다."

• 일론 머스크의 화성 미션 사례 •

The Example of Elon Musk's Mars Mission

화성을 개척하려는 비전에 대한 일론 머스크의 놀라운 진전은 믿음이 어떻게 사람들의 행동에 촉매로 작용하는지 알 수 있는 좋은 예이다. 많은 사람들이 화성을 인간이 살 수 있도록 개척하는 것을 설득력 없는, 어리석고 의미 없는 환상이라고 생각했지만, 머스크는 사람들로 하여금 다시 생각해 보게 했을 뿐만 아니라 그것을 현실로 하나씩 구현해 내고 있다.

화성을 개척하는 것이 바람직하고 가능하며 이를 구현하는데 필요한 기술을 만들 수 있다는 일론 머스크의 믿음 촉진 능력은 우주여행은 물론 다양한 행성에서 살아가는 인간의 비전 수립에 놀라운 발전을 보여주었다.

자신의 믿음을 실현하기 위해 머스크는 화성 개척이 인간의 생존을 위해 필요하다고 주장하면서, 화성을 개발하는 것이 바람직하고 중요하다는 신념을 구축하기 위해 노력했다. 그는 "엄청난 일이 일어날 경우 인류의 생존을 유지하기 위해 지구 이외의 행성에서도 살 수 있도록 준비해야 한다는 인도적인 논의가 강력하게 이루어져야 한다고 생각한다"고 말했다. 머스크는 계속해서 "선택 1은 지구상에 영원히 머무르다가, 결국엔 멸종하는 것이다. 또 다른 선택은 인류가 우주 비행을 하고 다양한 행성에서 살 수 있게 되는 것이다. 우리가 원하는 것은 후자다."

머스크 스스로도 그러한 일이 가능하다는 믿음을 구축하는데 많은 진전이 있었다. 예를 들어, 2016년 9월 멕시코에서 열린 컨퍼런스에서 스페이스엑스SpaceX 창업자 겸 CEO로서 회사에서 개발한 행성 간 운송 시스템(ITS)을 공개했다. 이는 매우 강력한 로켓으로, 화성으로 최소 100명의 사람을 실어 나를 수 있도록 설계된 우주선에 이 시스템을 갖추게 될 것이다. "내가 정말로 하고 싶은 것은 화성 프로젝트를 가능하게 만드는 것"이라고 그는 말했다. "살면서 갈 수 있고, 해볼 수 있는 것처럼 느껴지게 하는 것이다."

머스크는 화성에 도달하는 데 필요한 기술의 창출을 가속화하기 위해 민간 부문과 정부 부문의 사람들과 강력한 파트너십을 구축해 왔습니다.

또한 머스크는 화성에 도착하려는 스페이스엑스SpaceX 계획이 성공하면 조만간 더 먼 우주로 나아갈 수도 있을 것이라고 주장했다. "우리가 추진기를 가지고 있다면, 화성에서 목성으로 갈 수 있습니다. 아무 문제 없이요." "그것은 전체 태양계에 대한 완전한 접근을 의미합니다." 이것이 지금 우리에게 '허무맹랑하게' 들릴지도 모르지만, 500년 전의 우리 조상들이 다른 대륙을 바다로 여행할 수 있을 거라 숙고해 본 것, 또는 100년 전에 비행기로 전세계 여행이 가능하다고 상상했던 것과 크게 다르지 않을 것이다.

머스크는 화성을 직접 여행하기를 원하지만, 재난 발생 시 회사를 위해 제2의 계획을 작성한 후에만 여행할 수 있습니다.

우주여행이 가능할 뿐만 아니라 화성에 도달하고 화성에 정착하기 위한 적절한 경로가 있음을 보여주기 위해 머스크는 인간이 화성과 지구를 여행하는 생생하고 사실적인 그림을 그린 애니메이션 비디오를 온라인으로 게시했다. 여기엔 지구에서 궤도 우주선으로의 연료 보급, 인간 우주 캡슐에 전력을 공급하기 위한 태양열 충전지 사용, 부스터 동력 장치를 포함한 화성에서 인간이 사용할 수 있는 특별한 기술을 설명한다.

이 영상에서 우리는 스페이스엑스SpaceX발사대에서 28,730,000파운드의 추진력으로 발사된 이륙 현장을 본다. 단계 분리 후, 우주선은 궤도에 정차하고 추진로켓은 지구로 돌아간다. 추진로켓 연료 탱커는 화성 여행을 위한 궤도 우주선에 연료를 공급하기 위해 추진로켓에 탑재되어 있다. 연료 탱커는 지구로 돌아오고 우주선은 화성으로 향한다. 태양열 충전기가 배치되고 화성 궤도에 진입할 때까지는 관성으로 움직이게 된다. 우주선이 화성 표면에 상륙하면 우리는 화성 평원을 바라보는 우주 비행사를 엿볼 수 있다. [참조: http://www.space.com/34211-spacex-mars-inter-planetary-transport-concept-video.html]

머스크는 스페이스엑스SpaceX를 만들기 위한 전체 목적 중 일부만 가지고도 화성에 도달하는 데 필요한 기술 개발이 가능하다는 것을 보여주었다. 그는 이미 재사용이 가능한 로켓 건조 능력을 보여주었다. 머스크는 프로젝트에 필요한 자금 조달을 위해 100억 달러를 모금할 수 있다는 것을 보여주는 강력한 파트너십을 개발하고 있다. 그는 “화성 여행에 관심이 있는 사람들이 민간 분야에 많이 있다는 사실을 알고 있다”며 “정부 측에서도 관심을 촉구한다. 궁극적으로 이것은 엄청난 민관 공공 파트너십이 될 것”이라고 말했다. 예를 들어 미국항공 우주국NASA은 2020년까지 다음 화성 탐사차를 발사할 것으로 예상한다. 로스코스모스Roscosmos와 유럽우주기구European Space Agency(ESA)의 합작 구상인 엑소마스ExoMars 미션은 10년 이내에 이루어질 것이다. 또한 2020년까지 화성에 도착하려는 중국이 의지를 보이고 있고 아랍에미레이트 항공도 궤도선을 붉은 행성 궤도에 진입시킬 것이라는 이야기도 있다.[7]

우리가 여행을 누릴 자격이 있으며 책임이 있다는 믿음을 뒷받침하기 위해, 머스크는 자신도 화성 여행을 하고 싶다고 앞장 섰지만 혹시 모를 실패를 대비해 회사에 제2의 계획Plan B을 만들어 놓은 후에만 가능하다고 했다. “궤도에도 가보고 우주 정거장을 방문하고 궁극적으로 화성에 가보고 싶다”라고 그는 말했다. “무슨 일이 일어나서 비행 중에 내가 죽는다면 그에 대처할 수 있는 적절한 계획과 회사가 계속 해나가야 할 일들에 대해 확실히 해두어야 해요.”

7 2020년 12월 10일 Space X는 High-Altitude hlight Test에 성공했다. 일론 머스크가 화성 이주 계획을 실현하기 위해 개발한 로켓인 SN8은 starship이란 이름으로 테스트에 성공한 것이다. 또한 2021년 9월 16일 오전 9시 2분 케네디 우주센터에서 우주비행사 없이 원격으로 운항되는 Inspiration호가 우주관광을 하려는 민간인 4명을 태우고 4일간의 우주관광을 하고 돌아왔다. 이 실험이 성공한 후 머스크는 2026년까지 화성여행을 성공시킬 것이라 공언했다.(역자주)

• 우리의 믿음 정도 평가하기 •

Assessing Our Degree of Belief

우리의 신념과 야망을 달성하기 위한 동기부여와 믿음을 구축하고 강화하기 위해서는 우리의 인지적, 합리적 이해('머리')뿐만 아니라 우리의 열정('마음')과 직감(우리의 '감각')이 함께 해야 한다.

일론 머스크Elon Musk의 화성 미션 사례에서 볼 수 있듯이, 해낼 수 있다는 신념 체계를 구축하는 것은 앞에서 정의한 다섯 가지 주요 영역 (1) 결과의 중요성과 바람직함, (2) 달성 가능성, (3) 그것을 성취하기 위한 경로의 적절성, (4) 그 경로를 따라갈 수 있는 능력, 그리고 (5) 관련된 사람들이 결과에 도달할 가치가 있고 책임이 있다고 내면에서 믿으며 이를 기반으로 소통하고 자신감을 가지고 일하는 것 모두를 수반한다.

신념은 언어와 경험 간의 긴밀한 관계를 만들어 내고 창조한다. 해내는 신념 체계를 구축하는 가장 직접적인 방법은 기억과 상상력을 모두 활용하며, 신념을 표현하는 단어와 실제 경험 사이의 연결고리를 만드는 것이다. 강한 신념을 창출하기 위해서는 자신의 '머리'뿐만 아니라 마음과 '직감'으로도 공명할 수 있도록 가능한 모든 감각(시각, 청각, 감각)을 전부 활용하는 것이 중요하다.

스티브 잡스는 사람들에게 "당신의 마음과 직관을 따라갈 수 있는 용기를 가져야 한다"고 조언했나. 우리의 인지적, 합리적인 평가("머리") 외에도 열정("마음")에 대한 비전과 앰비션을 달성하기 위해 직감(우리의 "감각")의 동기부여와 연결해야 한다. 예를 들어, 가끔씩 우리의 마음은 '예'라고 느끼고 있지만 우리의 머리는 '아니오'라고 말하는 경우가 있다. 혹은 우리가 합리적으로 무언가가 가능하다는 것을 알고는 있지만 왠지 조심해야 할 것 같은 '직감'을 느끼기도 한다. 강한 신념엔 머리와 심장, 배의 정렬이 필요하다.

신념은 단순하게 '모 아니면 도'의 과정이 아니다. 우리는 '어느 정도' 무언가를 믿을 수 있고, '다소' 혹은 '대부분' 그럴 것이라는 믿음을 가지기도 하는데, 이는 우리가 어떤 것을 거의 믿지 않거나 꽤 믿을 수 있다는 뜻이다. 역경에서 회복하고 미래에 적합하게 존재할 수 있는 것의 핵심은 그럴 수 있다는 것에 '충분한' 믿음을 주는 것이다. 이를 위해 우리는 어느 정도는 자신감이 한계점에 도달해야 한다.

신념 평가 과정 *Belief Assessment Process*

다음에 나오는 신념 평가 과정의 목적은 역경에서 성공적으로 회복하고 비전, 앰비션 및 미션을 추구하는 데 필요한 핵심 신념에 대한 공명과 자신감의 정도를 개인 또는 그룹이 포괄적으로 평가해보도록 돕는 것이다. 그것은 강점과 약점의 두 영역을 확인하고, 다져야 하거나 강화되어야 할 신념 영역에 초점을 맞추는 데 도움이 될 것이다. 이 책에서 다루는 대부분의 사례에서처럼 팀의 신념은 리더가 가지고 있는 신념의 힘에 기초한다.

신념 평가를 위한 준비로서, 어려운 목표를 성취했거나 역경을 이겨냈거나 자기자신에 대한 믿음, 가지고 있던 비전의 힘 또는 어려운 상황을 잘 극복할 수 있었던 요인 등 과거의 성취를 회상해 보자. 그때 당시로 돌아가 그 상황에서 성공적으로 회복하여 상황을 타개하게 해준 믿음의 수준을 어떻게 경험했는지 집중해 보라. 내면 게임에 있어서 그 상황을 어떻게 경험했는가? 머리와 심장, 배의 정렬을 어떻게 경험했는가? 당신이 보고 듣고 느낀 어떤 것이 당신을 인내하게 하고 성공하도록 하였는가?

평가 과정을 시작하기 전에 사람들을 임파워링하고 결과를 성취하기 위해 자신의 신념을 강화시켰던 중요한 리더십 순간을 선택하라. 그리고 프로젝트 또는 벤처에 대한 비전을 아래에 10자 이내로 작성하라.

비전: ______________________________

이 말을 비전 달성과 관련하여 당신이 보고, 듣고, 느낄 수 있는 경험과 연결할 수 있는지 여부를 확인하라. 더 추가할 것은 없는지? 더 뺄 것은 없는지?

코치COACH 상태에 들어가서 머리, 심장 및 배에서 경험하는 공명의 정도에 주의를 기울이며 다음의 문장을 각각 크게 소리내어 내뱉어라. 각 문장을 신뢰도를 0에서 10의 단계로 평가하라. 0은 가장 낮고 10은 가장 높은 신뢰도 또는 공명이다. 자신에게 정직하라. 자신을 속이려는 것은 도움이 되지 않는다. 정확한 자기 분석은 의식 리더십의 핵심 기술이다.

자신이 하는 일에 대해 자신감을 가져야 합니다. 당신은 세일즈맨이 되어야 하며, 당신의 선수, 특히 당신의 지도자로 하여금 당신이 성취하고자 하는 것을 믿도록 만들어야 합니다.

필 잭슨Phil Jackson - NBA 헤드 코치

비전과 기업에 대한 자신과 다른 사람의 신념을 정확하게 평가할 수 있는 능력은 효과적인 지도자와 기업가에게 꼭 필요한 능력입니다.

1. "비전은 바람직하고 중요하며 가치가 있다. 나/우리는 그것을 달성하기를 원한다."

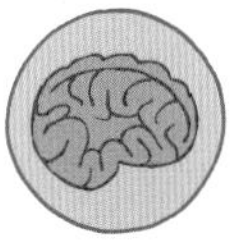

머리
Head

0	1	2	3	4	5	6	7	8	9	10

가슴
Heart

0	1	2	3	4	5	6	7	8	9	10

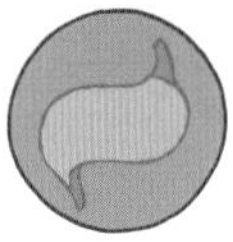

배
Gut

0	1	2	3	4	5	6	7	8	9	10

2. “비전을 달성하는 것이 가능하다. 거기에 도달할 수 있는 방법이 있다.”

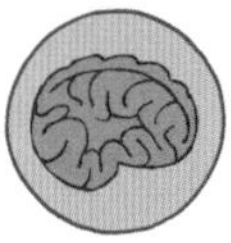

머리
Head

0 1 2 3 4 5 6 7 8 9 10

가슴
Heart

0 1 2 3 4 5 6 7 8 9 10

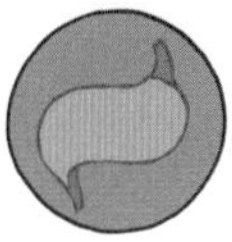

배
Gut

0 1 2 3 4 5 6 7 8 9 10

3. “비전을 달성하는 것이 적절하다. 내가/우리가 하고 있는 일이 효과가 있을 것이다.”

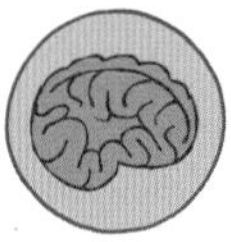

머리
Head

0 1 2 3 4 5 6 7 8 9 10

가슴
Heart

0 1 2 3 4 5 6 7 8 9 10

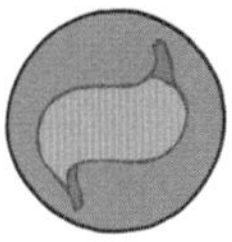

배
Gut

0 1 2 3 4 5 6 7 8 9 10

4. "나/우리에게는 비전을 달성하는 데 필요한 역량과 자원이 있다. 나/우리는 할 수 있다."

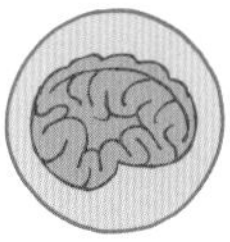

머리
Head

0	1	2	3	4	5	6	7	8	9	10

가슴
Heart

0	1	2	3	4	5	6	7	8	9	10

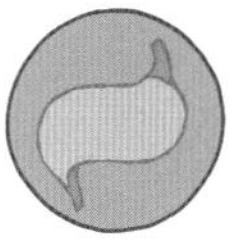

배
Gut

0	1	2	3	4	5	6	7	8	9	10

5. "나/우리는 비전을 성취할 책임과 당위성이 있으며, 비전을 달성할 수 있는 권한이 있고 그것은 나/우리에게 달려있다."

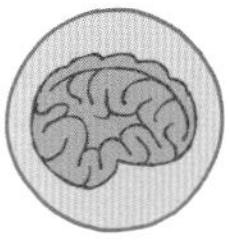

머리
Head

0	1	2	3	4	5	6	7	8	9	10

가슴
Heart

0	1	2	3	4	5	6	7	8	9	10

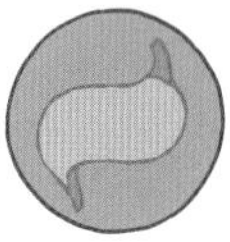

배
Gut

0	1	2	3	4	5	6	7	8	9	10

각 진술에 대한 평가 결과를 살펴보라. 어느 것이 가장 강한가? 의심, 불확실성 또는 갈등의 영역은 어디에 있는가? 초점에 대한 인정이 필요한 분야와 관련하여 평가가 당신의 관심을 끄는 것은 무엇인가? 당신이 확신하지 않는 분야에서 당신의 믿음을 강화하는 데 도움이 될 참조 경험이나 자원이 있는가?

강하고 적절한 믿음을 위해서는 머리(이성)와 가슴(감성)과 배(직관)에서 공명이 일어나야 합니다.

• 멘토와 역할 모델을 사용하여 자신감을 쌓고 신념 강화하기 •

Using Mentors and Role Models to Build Confidence and Strengthen Belief

임파워링된 신념은 종종 중요하게 여기는 사람의 피드백과 같은 강화를 통해 만들어진다. 예를 들어 우리 자신의 정체성과 삶이나 일에 대한 사명감은 우리를 높은 목적에 연결시키려고 하는 영향력 있는 가까운 사람들과의 관계를 통해 형성된다.

정체성과 사명은 우리의 신념과 가치를 둘러싼 더 큰 틀을 형성하기 때문에 중요한 관계를 맺거나 그 관계를 기억하는 것은 신념에 강한 영향을 미칠 수 있다. 따라서 주요 관계와 이러한 관계의 맥락에서 받은 메시지를 명확히 하는 것은 그 자체만으로 신념의 변화를 촉진시키는 경우가 많다. 우리의 자신감과 신념을 강화시키는 주요 관계는 종종 역할 모델 또는 멘토의 형태로 나타난다.

멘토는 우리 자신의 무의식적 역량을 발견하도록 해주고, 일반적으로 스스로 모범이 되어 신념과 가치를 강화하는 데 도움을 주는 중요한 사람들이다. 멘토는 '공명'을 통해 우리 내부의 뭔가를 끄집어 내며 우리 삶에 긍정적인 영향을 끼치는 존재다. 해낼 수 있다는 신념 평가 과정에서 그 신념과 관련된 멘토를 찾아보면 자연스럽게 자신에 대한 믿음과 충만감을 강화하는 데 도움이 될 수 있다.

다음 단계를 통해 스스로 신념을 강화하는 훈련을 해 볼 수 있다.

1. 보다 통일감 있고 자신감을 높이려면 어떤 내적 자원이나 지식이 있어야 하는가? 그 자원과 지식을 경험하기 위해 어디가(머리, 마음, 직감) 가장 필요한가?
2. 누가 그 지식과 자원을 위한 롤 모델이나 멘토가 되어 줄까?
3. 자신의 멘토 또는 롤 모델의 입장이 되어 그 사람의 눈을 통해 자신을 바라보라.(타인의 입장). 그 사람은 당신에게 어떤 조언이나 메시지를 주겠는가?
4. 자신의 관점(자신의 위치)으로 돌아와 메시지를 받는다. 이 활동이 자신감과 충만감을 얼마나 높여주는가?

• 그룹 차원에서 해낼 수 있다는 신념 체계를 구축하고 평가하기 •

Assessing and Building a Winning Belief System in a Group

그룹이나 팀으로 함께 일하며 벤처의 비전 및 앰비션과 관련하여 모든 구성원의 신념에 대한 정도를 평가할 때 동일한 진술문을 사용할 수 있다. 구성원들이 가지고 있는 일반적인 신념 수준을 측정하는 것은 팀 전체로 볼 때 따져봐야 할 중요한 영역이다. 가지고 있는 다양한 신념에 대한 직원들의 우선순위가 다른 경우, 특정한 신념에 대해 더 강한 확신을 가진 개인은 다른 사람에게 그 신념에 대한 확신의 수준을 높이는 데 도움이 될 수 있는 경험, 지식, 또는 자원을 가지고 있을 것이다. 이러한 개인은 팀 내부에서 스승이 되어 팀원들의 확신과 신념을 높이는 데 기여할 수 있다.

크로스날리지의 공동 설립자는 자신의 회사에서 해 낼 수 있다는 신념체계 구축의 중요성을 이해하고 직원과 파트너를 위한 흥미로운 이벤트를 열었다.

예를 들어, 「실리콘밸리의 최고 기업은 어떻게 협업하는가」(pp.110-125)에 온라인 교육 회사인 크로스날리지CrossKnowledge를 컨설팅하며 만들었던 인터벤션Intervention의 핵심 요소들을 몇 가지 제시했었다. 크로스날리지는 온라인 교육이란 것이 태동되던 시기에 네 명의 공동 창업자에 의해 설립되었다. 첫 해에, 회사는 시장에서 선구자 역할을 했는데 그것은 온라인 교육이 작동 가능한 교육 방법임을 기업에 설득하는 것이었다. 그들은 온라인 시장이 성장하는 환경에서 이런 본질적인 활동을 하였고 틈새 시장을 구축할 수 있었다.

그러나 몇 년 동안 상당한 성장과 성공을 거두었으나 2009년이 되어 회사는 어려움을 겪었다. 세계적인 금융 위기의 결과에 더해 업계는 더 커지고 시장은 발전했다. 대규모 마케팅 예산을 보유한 대기업까지 참여하는 등 점점 더 큰 규모의 회사가 온라인 교육시장에 진출하기 시작했다. 그래서 창립자들은 경쟁 우위를 유지하기 위해 자신의 미션을 분명히 하고(유일무이한 자신만의 기여를 명시하는 것) 변화하는 시장에 맞춰 앰비션을 조정해야 한다는 것을 깨달았다. 이것은 그들이 온라인 교육 산업이 나아갈 방향을 예상하고, 사업의 초점을 재조정하고, 우선순위를 바꾸어, 전체 팀을 새로운 길에 맞춰야 한다는 것을 의미했다. 게다가 이를 빨리 해내지 못하면 순식간에 낙오될 판이었다.

크로스날리지 설립자는 회사의 비전, 미션, 앰비션을 공유하고 회사의 미래를 공동 창조한다는 관점에서 각 팀들이 신념 평가 과정을 밟을 수 있도록 했다.

우리는 대형 컨퍼런스 센터에서 160명의 직원을 대상으로 워크숍을 진행했다. 회사의 최신 비전, 미션, 앰비션 및 역할을 명확히 하고 전달하는 방법에 대해 창립자이자 CEO인 마이클 오하나Michael Ohana를 코칭했다. 참여한 160명은 종이와 그림 도구를 제공 받았고 각자 회사에서 맡은 역할 안에서 조직의 비전이 개인적으로 무엇을 의미하고 있는지를 그렸다. 사람들은 기업의 개정된 비전, 미션, 앰비션, 역할에 대한 자신들의 생각에 대해 그룹을 나눠 소통하며 공명과 시너지를 찾고 서로의 생각을 나누었다. 그런 다음 작성한 그림을 회의실 벽에 붙였고, CEO는 그 이미지를 배경으로 모인 팀들 앞에서 발표를 했다. 정말 고무적인 '장field'이었다.

다음 단계는 집단적 신념을 평가하는 것이었다. 우리는 전체 팀이 벽에 걸린 비전 그림을 가지고 신념 평가 과정에 제시된 다섯 가지 신념 표현을 익히도록 했다. 직원들에겐 진화하는 미래는 가능하다는 것이 포함된 신념들을 얼마나 믿는지 솔직하게 평가할 것을 요청했다.

어떤 신념에 낮은 점수를 준 직원에게 낮은 점수를 준 이유나 그 신념을 의심하는 이유(그리고 그러한 신념이 사라진 이유)에 대해 설명을 요구하지 않았다. 오히려, 하나 이상의 진술에 높은 점수를 매긴 사람들이 멘토와 역할 모델로서 자신감이 많은 이유에 대해 공유해 줄 것을 요청 받았다. 개인이 회사의 미래를 믿는 이유를 공유할 때마다 모두의 신뢰 수준이 분명히 상승되어 에너지와 흥분의 장을 만들어 내는 것 같았다.

이벤트의 말미에는 160명의 참가자들 모두가 회사가 원하는 모습으로 바뀐 미래 창조에 기여하기 위해서 앞으로 며칠, 몇 주, 몇 달에 걸쳐 취할 구체적인 행동에 대해 자신의 팀 구성원들에게 약속하는 시간을 가졌다.

워크숍은 성공적으로 끝났고 회사는 완전히 새로운 시대에 걸맞는 확장과 성장을 이룰 수 있었다. 이벤트에 참석했던 사람들은 몇 년이 지난 후에도 그 때가 회사에 있으면서 겪은 가장 소중한 시간이라고 이야기했다. 그리고 신입 사원들에겐 그 이벤트가 회사의 역사와 문화를 소개할 때 가장 중요하게 기억해야 할 내용으로 소개되었다.

「실리콘밸리의 최고 기업은 어떻게 협업하는가」에서 설명했듯이, 크로스날리지의 네 창립자가 취한 단계는 그들을 성공의 길로 이끌었다. 2014년에는 직원이 200명이 넘는 규모로 성장했고 3700만 달러의 수익을 창출하였으며, 80여 개국에서 500만 명의 최종 사용자를 보유한 회사로(2016년 800만 명으로 성장) 성장했다. 2014년 4월에 출판업계의 거물 윌리Wiley가 현금 1억 7500만 달러에 회사를 인수해 4명의 창업자를 전부 백만장자로 만들어 주었다.

• 사람들을 개발하고 가치를 구현하기 위한 코칭 •

Coaching to Develop People and Embody Values

훌륭한 코치는 팀 구성원을 개인적으로나 전문적으로 발전시킬 수 있도록 지원하며, 효과적이고 신뢰할 수 있는 방법에 대한 예시를 제공한다

사람들은 비전을 믿기 전에 리더를 믿는다.

존 맥스웰John Maxwell

방식에 관해서는 시류를 따르고, 원칙에 관해서는 바위처럼 끄떡하지 말라.

토마스 제퍼슨Thomas Jefferson

코칭은 혁신을 촉진하고 회복 탄력성을 높이며, 미래 적합성을 높이는데 필요한 가장 중요한 리더십 활동 중 하나이다. 코칭 능력은 가이드가 되고, 트레이너가 될 수 있는 능력을 포함한다. 훌륭한 코치는 자신의 팀을 잘 알고 있으며, 팀을 지속적으로 모니터링하며 개발을 통해 성장할 수 있도록 도와줌으로써 통합과 결속을 촉진한다. 코치는 긍정적인 경험과 부정적인 경험을 모두 살펴보고 그 안에서 배울 수 있는 기회를 제공하면서 지속적인 발전을 도모한다.

코칭은 사람들을 존중하며, 사려 깊게 경청할 수 있는 능력을 바탕으로 한다. 코치는 개인의 숨은 잠재력이 활용될 수 있도록 하기 위해서 그 잠재력을 찾아내어 그 사람의 자산으로 발전시키도록 돕는 역할을 해야 한다. 코치는 팀 성과뿐만 아니라 개인에게도 동등한 관심을 기울인다. 코치들은 허심탄회한 의사 소통을 하며 사람들의 감정을 잘 살피고, 때론 자신감을 가질 수 있도록 도움을 주기도 한다.

코칭은 사람들을 개발하고 가치를 실현하는 데 기여한다. 효과적인 코칭은 일상 생활 속에서 그냥 지나칠 수 있는 경험을 통해서도 배울 것을 찾을 수 있도록 돕는다. 코칭을 위해선 관찰하고 살펴보며 피드백을 줄 수 있는 능력도 필요하다. 훌륭한 코치는 팀 구성원들이 문화와 가치를 공유하고 나눌 수 있도록 하는 일에 능숙해야 한다.

코칭 행동은 세 가지 주요한 개인적 특성인 일관성, 동기 부여, 본보기가 되기에 기반한다. 코치 스스로가 본보기가 되는 것은 코칭에 있어 가장 중요한 자질이다. 본보기가 된다는 것은 믿을 수 있고 신뢰할 수 있는 참고할 만한 것들이 충분히 있다는 말이다. 따라야 할 모델이 되는 것이다. 본보기에는 경험을 통해서 어떻게 배우는지를 설명하고 시범 보이는 능력이 포함된다. 또한, '메시지Message'와 '메신저Messenger'의 하나됨이 보여야 본보기가 될 수 있다.

요약하자면, 코칭은 리더십 활동 중 하나로서 아래와 같은 능력을 포함한다.

- 사람들의 경험과 역량을 개발한다.
- 사람들에게 학습 과정을 안내한다.
- 경청한다.
- 신뢰를 구축한다.
- 팀 정신을 키운다.

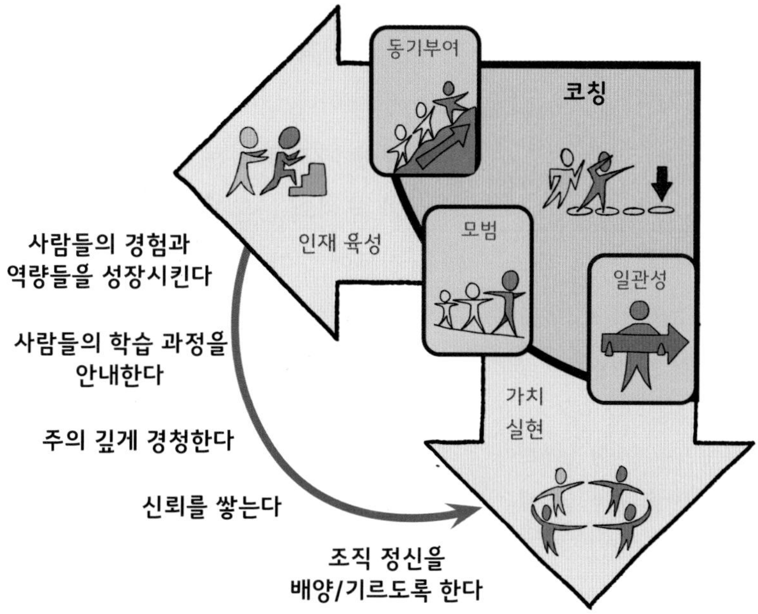

코칭은 사람들을 성장시키고 가치를 실현하는 데 필요한 효과적인 본보기가 되는 것, 그리고 일관성 있는 모습과 동기부여를 필요로 한다.

• 가치 실현 •

Realizing Values

많은 기업들이 핵심 가치 혹은 원칙 안내서 같은 것을 가지고 있습니다. 하지만 문제는 이것이 매우 거만하게 들린다는 것입니다. 이런 기업의 핵심 가치는 마치 마케팅 부서가 내놓은 보도 자료마냥 읽히곤 합니다. 가끔은 다른 경쟁 기업의 가치와 달라 보이지 않습니다. 아마도 여러분이 회사에 첫 출근할 때부터 회사의 핵심 가치를 듣게 되겠지만 그것은 이내 로비에 걸린 무의미한 액자가 되고 맙니다. 음~, 우리는 가능한 핵심적인 가치를 떠올리고자 했습니다. 여기서 핵심적인 가치란 그들의 독립적이며 실제적인 업무 수행 가치를 바탕으로 하여 사람들을 기꺼이 고용하거나 해고할 수 있는 것을 말합니다.

토니 세이Tony Hsieh -
자포스Zappos CEO

코칭의 기본적인 목표는 사람들이 중요한 가치를 체화 할 수 있도록 돕는 것이다. 웹스터 사전에 따르면, 가치는 '본질적으로 귀중한 혹은 바람직한 자질, 존재 또는 원칙'이다. 가치는 의미 및 욕망과 연관되어 있기 때문에 가지고 있는 가치들은 사람들의 삶에 있어서 동기 부여의 근본적인 원천이 된다. 또한 이는 왜?라는 질문에 대한 또 다른 핵심 대답이기도 하다. 사람들은 가치관이 충족되거나 일치될 때, 만족감, 조화 혹은 공감을 느낀다. 반면 가치관이 충족되지 않거나 일치하지 않을 때, 종종 불만스럽거나 불편하거나 모욕적으로 느낀다.

당신이 가지고 있는 가치를 탐색하기 위해서, 다음의 질문에 대해 어떤 답을 할 것인지 잠시 생각해 보라. "보통, 동기를 불러 일으키는 것은 무엇인가?", "당신에게 가장 중요한 것은?", "무엇이 당신을 움직이게 하는가?" 또는 "아침에 침대에서 나오게 하는 것은 무엇인가?"

몇 가지 가능한 답들은 이러할 것이다;
자신의 책임감을 충족시키는 것
자기 자신을 증명하는 것

- 인정 받는 것
- 즐거움을 가지는 것
- 무언가를 성취하는 것
- 다른 사람과 연결되는 것
- 세상을 변화시키는 것

가치의 정의는 여러분이 회사 내에서 종교적으로 준수하는 행위나 원칙입니다. 여기서 "종교적"이라고 하는 것은 어떠한 경우에라도 흔들리거나 동요되지 않는다는 것을 의미합니다. 그리고 여러분이 그러한 가치에 대한 믿음을 유지할 수 있는 용기는 여러분이 장기적으로 성공할 수 있는지에 대한 척도입니다.

앤드류 메이슨Andrew mason -
그루폰Groupon CEO

이와 같은 가치들은 우리가 한 선택과 만들어 낸 결과, 그리고 우리가 최선을 다하기 위해 하는 행동에 즉각적인 영향을 준다. 자신을 위해 스스로 세운 목표는 실제로 우리가 가지고 있는 가치관의 실질적인 표현이다. 예를 들어, '효과적인 팀을 창출하는 것'이라는 목표를 가진 사람은 아마도 '다른 사람들과 함께 일하기'에 가치를 두고 있을 가능성이 크다. '이익 극대화'가 목표인 사람은 '재정적인 성공'이라는 가치를 기반으로 할 것이다. 비슷하게, '안전함'에 가치를 둔 사람은 개인적이든 직업적인 면에서든 삶에 변화가 적고 안전을 달성하는 것과 관련된 목표를 설정할 것이다. 이런 사람은 예를 들어 '유연성'을 중시하는 사람과는 다른 결과를 추구할 것이다. 미래에 대한 보장을 중시하는 사람은 일관된 급여를 받고 안정적인 업무를 수행하는 전통적인 일자리에 만족할 것이다. 반면에 유연성을 중시하는 사람은 다양한 업무를 하는 것을 선택하며 가변적으로 일정을 조율할 수 있는 직업을 찾을 것이다.

우리의 목표는 우리의 가치를 구체적으로 표현하는 것이다.

가치의 종류 *Types of Values*

철학적 관점에서, '지속 가능성' 또는 '부'와 같은 도구적 가치와 '행복', '조화' 같이 그 자체로서 충분한 본질적 가치 사이에는 차이점이 있다. 우리의 핵심 가치는 전형적으로 '본질적(내적 가치)'이다. 본질적 가치는 우리의 정체성과 관련이 있다. 도구적 가치들은 우리가 무엇인가를 달성하기 위해 그때 그때 일시적으로 채택하는 가치다. 도구적 가치는 우리의 목표 달성과 관련된 것이다.

우리 삶에서 '다음 단계'로 이어지는 가치들을 요약하고 우선 순위를 매기는 것은 종종 그 목적을 달성하는데 수단이 되는 가치에 초점을 맞추는 일이다. 수단적 가치는 목적을 이루는 '수단'이다. 한편 갈등은 도구적 가치가 우리의 핵심 가치와 일치하지 않는 작동을 할 때 발생할 수 있다. '수단'과 '목적'이 꼭 같을 수만은 없기 때문이다. 예를 들어 '집중'이라는 도구적 가치는 만약 '집중'이라는 가치가 핵심적 가치인 조화를 방해하는 행동을 유발하면, '조화'라는 본질적 가치와 충돌하게 된다.

가치들을 연결하고 정렬(또는 "딱 들어맞게 하는 것")하는 것은 리더에게 중요한 기술이다. 나는 이어지는 장에서 가치를 정렬할 수 있는 몇 가지 방법을 제시할 것이다.

'조화'는 우리 사업의 핵심 가치이다. 그것은 우리가 만들고 하고자 하는 모든 것을 위한 이정표이다. 우리는 세상에 더 많은 조화를 가져오기를 원한다.

'공정성'은 도구적 가치이다. 그것은 우리가 조화를 잘 유지하도록 도와준다.

가치들을 명확히 하기 *Clarifying Values*

우리 삶이나 일에서 성공하기 위해서는 우리가 가지고 있는 본질적인 가치와 도구적 가치 모두를 명확히 규정해 우선 순위를 정하는 것, 그리고 상호 보완될 수 있도록 하는 것이 중요하다.

당신이 가지고 있는 핵심 가치 5개를 나열하고, 당신의 인생과 사업의 수준이 더 좋아지도록 하기 위해 그 핵심 가치들을 이뤄내고 강화하는 데 필요한 가치 5가지를 적어보라. 그들은 서로를 보완해 주어야 한다.

핵심 가치들	도구적 가치들

가치들을 행동으로 옮기기*Putting Values Into Action*

가치는 그 자체가 실천으로 이어지는 것은 아니다. 가치의 기능은 우리가 가진 에너지를 특정한 행동에 집중시키는 것이다. 구체적인 행동양식에 가치를 적용하는 것은, 특정한 환경 안에 있는 특정 가치가 발현될 수 있도록 '구체적인 행동'을 하게 하고 필요한 역량개발을 지원하는 것을 말한다.

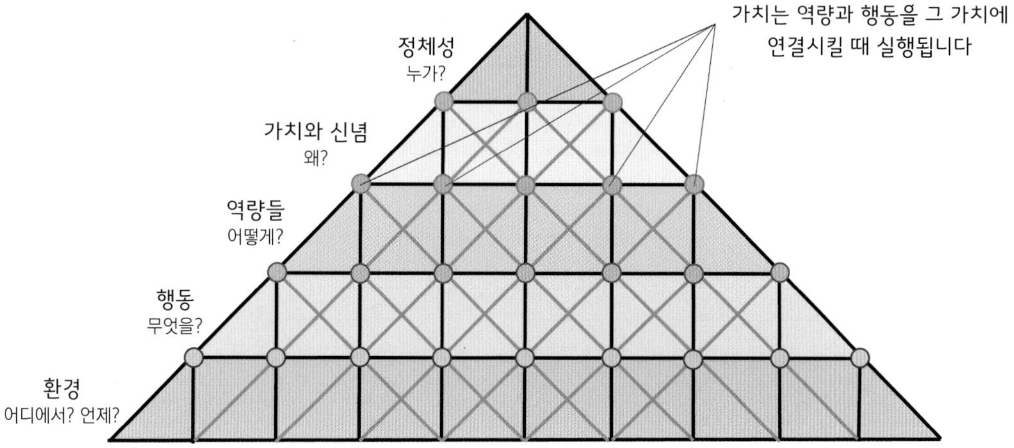

다음 연습의 목적은 우리가 실천하고자 하는 가치를 효과적으로 이뤄내고자 할 때 필요한 다른 요소들을 정의하는 것이다. 자신의 가치를 진정성 있고 내적 일치가 되도록 지켜가며 살

아가려면, 상황을 진단하고 그러한 상황의 가치관에 부합하는 조치를 어떻게 취할지에 대한 결정을 할 수 있는 역량과 기술을 가져야만 한다. 광범위한 환경에서 특정한 기술과 역량을 선택하고 특정한 가치를 표현하며 실행할 수 있는 능력이 필요하다.

가치의 특정한 표현은 대개 주요 환경에서 선택되고 행해지는 행동들을 통해 나타난다. 다음 연습의 목적은 당신의 개인적인 삶과 직업적 활동을 당신의 가치와 일치시키는데 도움을 주는 것이다. 나아가 일관되게 가치를 실천하는데 필요한 행동과 환경을 정의하여 정렬하는 것을 돕는다.

당신의 벤처에서 핵심가치가 무엇인지 알게 하는 예시를 찾아보며 '말한대로 행동하는' 것이 중요한 리더십 순간을 선택하라.

1. 구현할 가치(이유) (예: "집중", "균형", "연결" 등)는 무엇입니까?

___

2. 가치(예: 의사소통, 창의성, 라포 등)를 확립하고 구현하는 데 필요한 핵심 기능은 무엇입니까(방법)?

___

3. 이 가치를 표현하고 실현하는 데 최적화된 행동과 활동 '포트폴리오'는 무엇인가?(예: 경청하고, 기여 인정, 자신을 위한 시간 만들기)?

___

4. 이 가치를 표출할 중요한 상황이나 환경들(장소와 시간)은 무엇입니까?(예: 팀 회의, 컴퓨터 앞, 고객과의 상호 작용 등)

___

• 정렬된 상태 만들기 •

Creating an Aligned State

코칭과 가장 연관성이 있는 내적 특질은 '본보기'이다. 이것은 마하트마 간디Mahatma Gandhi가 이야기한, "당신이 원하는 변화가 되어라"라는 말과 일맥상통한다. 다양한 성공 요인 사례에서 여러 차례 확인한 것처럼 유능한 기업가나 의식 리더가 되는 것은 우리의 열정과 비전, 앰비션, 그리고 역할과 일치하는 행동을 하는 것과 깊은 관련이 있다. 옛 속담에 이르기를 "말보다 행동이 중요하다"라는 말이 있다. 기업가나 리더로서 가장 큰 영향력은 그가 보여주는 본보기에서 나온다.

성공적인 기업가들과 의식 리더들의 행동은 그들의 능력과 숭고한 목적을 뒷받침하는 가치관 및 정체성에 정렬되어 있습니다.

진정성있는 성공적인 기업가들과 의식 리더들은 자신의 행동, 능력, 신념, 가치 그리고 정체성에 대한 인식이 그들의 미션이나 궁극의 목적과 일치하며, 그들이 한 부분으로 속해 있는 더 큰 시스템(홀라키holarchy)을 위한 비전과 그들이 참여하는 시스템에서의 역할과도 일치해야 한다.

성공 요인의 다양한 "수준Level"의 개념은 우리의 비전과 앰비션을 실현하고, 리더십 순간을 잘 다루기 위해, 다양한 차원의 내면을 정렬시키고 이끌어 낼 수 있는 강력한 길잡이가 된다.

수준을 정렬하는 과정 *Level Alignment Process*

내가 동료들이나 고객들과 하는 가장 흔하고 효과적인 코칭 과정 중 하나는 '수준을 정렬하는 과정'이다. 이 과정은 지금까지 이 책에서 살펴본 다양한 수준의 성공 요인은 물론 관련된 경험과 자원을 체계적으로 활용하고 연결할 수 있는 방법을 제공한다. 각기 다른 변화의 수준에 있는 자원을 고려함으로써, 우리는 자신의 비전과 미션에 딱 들어맞는 수준을 불러올 수 있다. 이를 통해 우리는 더 높은 목적에 연결되고, 다른 사람에게 강력하고 효과적인 본보기(사례)가 될 수 있다.

• 수준 정렬 연습 •

Level Alignment Worksheet

이 과정을 진행하기 위해, 앞에서 발견한 리더십 순간 중 하나를 선택하라. 대문자 코치 COACH 상태에 들어가 각각의 질문에 대한 대답을 찾아보며 아래에 제시된 진술을 채운다.

1. "당신의 높은 목적을 달성하고 그것이 좋은 사례(본보기)가 될 수 있도록 하기 위해서 당신이 필요로 하는 환경은 무엇입니까?"
   "당신이 원하고, 또는 필요로 하는 효과적인 본보기는 언제 어디서 이루어지나요? 그 상황을 둘러싼 외부 상황은 어떨 것 같습니까?"
   ____한 상황이다.

2. "그 상황 맥락에서 구체적인 목표와 행동은 무엇입니까?"
   "그 상황 맥락에서 무엇을 구체적으로 해야 합니까?"
   "그 상황 맥락에서 좋은 예를 보이는 행동과 관련된 것은 무엇인가요?"
   내가 원하는 것은 ____

3. "당신의 더 높은 목적에 지속적으로 연결되는 데 필요한 능력과 위에서 선택한 그 상황에서 좋은 본보기를 보이기 위해 필요한 능력은 무엇입니까?"
   "어떤 방식으로 좋은 본보기가 되고자 합니까? 내면 게임과 외부 게임에 관해 어떤 능력들이 당신의 행동을 원하는 환경으로 이끄는 데 도움이 될 것이라고 생각합니까? 어떤 내적 자질(비전, 개방성, 지속성, 동기부여, 관대함, 포부, 결단력 등)이 당신이 정의한 행동을 뒷받침하는데 필요할까요?"
   나는 나의 ____________________________한 능력들을 사용할 것이다.

4. "그 상황 맥락에서 여러분의 목표에 도달함으로써 어떤 믿음이나 가치가 입증되거나 검증됩니까?"

"귀하의 행동과 역량으로 어떤 가치가 표현됩니까?"

나는 이것을 하기를 원한다. 왜냐하면 나의 가치는 ______________________

"그러한 목표들을 성취하기 위해서 그러한 특정한 내적 특성과 능력을 사용하는 이유는 무엇입니까? 어떤 신념이 당신의 생각과 활동을 위한 동기부여를 제공합니까?

나는 ____를/임을/라고 믿는다

5. "그것과 관련된 목표 및 믿음과 가치와 관련된 당신의 정체성과 역할은 무엇입니까?"(상징 또는 은유의 관점에서 생각하세요.)

"그러한 특정 맥락에서 특정한 신념, 가치, 능력, 행동과 하나되는 당신은 누구입니까?"

나는 (아마도)____

"그 상황에서 당신의 미션은 무엇입니까?"

나의 미션은 ____

6. 당신이 속해 있는 더 큰 시스템에 대한 당신의 비전은 무엇입니까?"

"당신이 만들고자 하는, 사람들이 속하고 싶어하는 세계는 어떤 세계입니까?"

더 큰 비전에 봉사하기 위한 나의 미션은________________________________

수준을 정렬하는 과정은 그룹 및 팀에도 적용할 수 있다. 이미 나는 「실리콘밸리의 최고 기업은 어떻게 협업하는가?」에서 팀 정렬 과정에 대한 훈련방법을 제시했었다. 이 과정은 각 팀원이 팀 전체의 비전과 미션에 대한 이해를 충분히 함으로써 시작할 수 있다. 가치를 공유하고 변화를 함께 이뤄내기 위해, 구성원 각자는 자신의 역할, 가치, 우선 순위, 신념, 능력, 직무를 잘 정의해야 하고 팀의 비전과 미션을 달성하기 위해 운용할 수 있는 상황을 잘 이해하고 정의해야 한다.

• 가치 규정과 변화 촉진을 위한 셰어링 •

Sharing to Enact Values and Promote Change

> *"셰어링은 집단 지성과 창조적 협업의 기반이 된다."*

> *"효과적인 셰어링은 문제를 해결하는 과정에서 사람들을 참여시키고, 회의를 하고, 다양한 관점을 고려하며, 진정한 셰어링을 위한 안전한 환경을 조성하는 능력을 필요로 한다."*

찰스 매튜스Charles Matthews의 롤스로이스Rolls Royce, 그리고 탄톡생Tan Tock Seng 병원에서 보여준 운 박사Dr. Lim Suet Wun의 사례를 통해 볼 때, 역경과 불확실성의 시기에서 가장 중요한 성공 요인 중 하나는 리더십 행동인 셰어링Sharing이라고 할 수 있다. 셰어링은 정보와 노하우의 교환을 수반하며, 지식을 확산시키고 사람들 간의 대화를 촉진시킨다. 기업가와 리더들을 위한 셰어링의 또 다른 중요한 부분은 스티브 잡스가 그와 일하는 모든 사람들로부터 탁월함을 기대한 것처럼 프로젝트나 사업의 비전과 목표를 기술하고, 핵심 가치와 "게임 규칙"을 명확히 하는 것이다.

셰어링은 아이디어와 정보를 교환하고 문제를 해결하며 목표를 달성하는 과정에서 사람들을 참여시키는 능력에 기초한다. 이는 집단지성, 협업, 목표와 결과를 이뤄내려는 합의와 지혜를 만들어내는데 도움이 된다. 효과적인 셰어링을 위해선 누구든 자원에 쉽게 다가갈 수 있게 하고 자원을 사용할 수 있어야 하며 동일한 가치와 규칙이 모든 사람에게 적용되는 것이 전제된다.

셰어링하는 것은 변화를 촉진하고 가치를 실현하는 핵심 활동이다. 셰어링을 할 수 있는 능력은 개방된 의사소통을 해내고 아이디어, 비전 그리고 에너지 교환을 촉진하는 능력에 기초한다. 이를 위해 진정한 셰어링을 위해선 심리적으로 안전한 환경이 요구되며 "특정 문제를 해결할 수 있는 실질적 수단을 사람들에게 제공하고 그들에게 힘을 불어넣어주는 임파워링을 합니다."라고 찰스 매튜스가 이야기한 것처럼, 다양한 관점으로 아이디어를 제시하고 다양한 관점을 통합할 수 있는 능력까지도 필요로 한다.

셰어링은 세 가지 주요한 내적 특성인 일관성, 비전, 열린 마음에 의해 더 잘 작동된다. 열린 마음은 셰어링에 가장 중요한 특성이다. 열린 마음은 새로운 아이디어에 호기심을 가지고 받아들일 수 있게 한다. 또 열린 마음을 구현하려면 다른 사람에 대한 믿음을 가질 수 있어야 하기 때문에 상호 신뢰, 존중, 존경을 쌓아야 한다. 분명하고 솔직하며 도전하기도 하고 때론 인정하는 것을 기꺼이 받아들이는 것은 열린 마음의 대표적인 특징이다.

요약하자면, 리더십에서 셰어링 활동은 다음과 같은 역량을 필요로 한다.

- 상호작용을 위한 개방적인 환경 조성
- 노하우와 정보의 공유
- 진정성 있는 의견 일치 추구하기
- 비전과 방향을 명확하게 표현
- 자원에 쉽게 접근할 수 있는 기반 구축

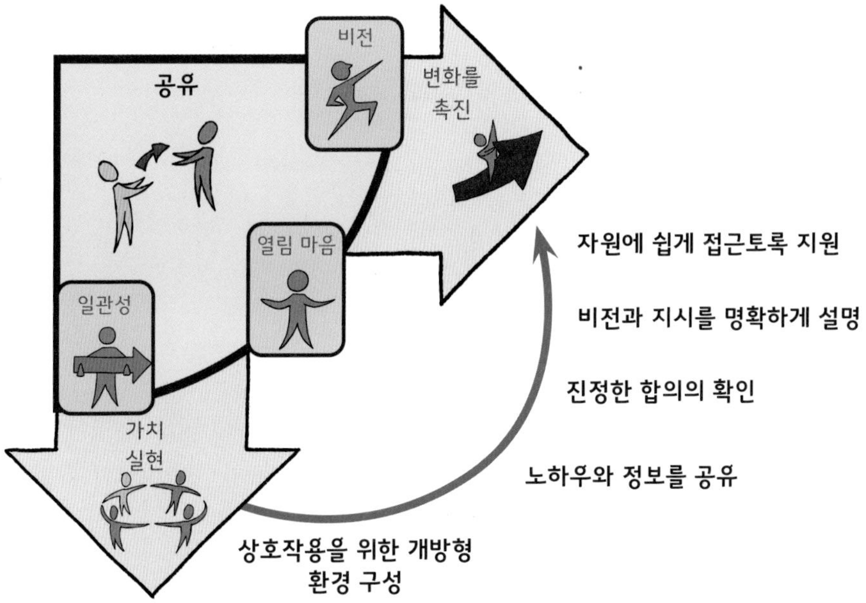

셰어링은 열린 마음, 비전, 그리고 일관성을 필요로 하며,
변화를 촉진하고 가치를 실현하기 위해 필요하다.

성공 요인 모델링 시리즈의 두 번째 책이었던 「실리콘밸리의 최고 기업은 어떻게 협업하는가」는 본질적으로 셰어링하는 활동에 초점을 맞추고 연구한 내용이다. 그 책에서는 다양한 형태의 열린 마음, 소통을 촉진하는 방법, 아이디어와 비전 그리고 에너지 교환을 용이하게 하는 방법, 나아가 사람들이 문제를 해결하고, 목표를 달성하며 다양한 관점들을 취해볼 수 있도록 하는 표준과 훈련 도구를 제공하고 있다. 이 책 「의식 리더십 및 회복 탄력성」에서는 주로 문제 해결을 중심으로 변화를 촉진시키고자 하는 경우와 관련된 셰어링의 내용을 다루는 데 우선순위를 두고 초점을 맞출 것이다.

• 집단 문제 해결에 셰어링을 적용하기 •

Applying Sharing to Collective Problem Solving

> *리더들은 그 해결책에 대해 생각하고 말한다. 추종자들은 그 문제에 대해 생각하고 말한다.*
>
> 브라이언 트레이시Brian Tracy

> *리더십은 문제를 해결하는 것이다. 사람들이 그들의 문제를 가져오는 것을 멈추는 날은 당신이 그들을 이끄는 날을 멈추는 날이다. 당신이 그들을 도울 수 있다는 확신을 잃거나, 당신이 이 일에 관심이 없다고 생각하는 것이다. 어느 경우든 이는 실패한 리더십이다.*
>
> 콜린 파웰Colin Powell

변화를 촉진하고 가치를 실현하는 것은 문제 해결을 하는 것이기도 하다. 셰어링Sharing의 주된 목적 중 하나는 팀원 간의 집단지성과 집단적 협업을 촉진하고 직접적으로 협력하는 것이다. 찰스 매튜스가 언급한 "사람들에게 특정 문제를 해결할 수 있는 도구를 주는 것"은 위기의 상황에서 롤스로이스 자동차가 회복하는 데 크게 도움이 된 성공의 핵심요인이었다.

성공 요인 모델링의 가장 큰 장점 중 하나는 실용적인 문제 해결을 위해 제공되는 도구와 방법에 있다. 집단 문제에 대한 셰어링하기 과정을 탐색하는 몇 가지 직접적인 방법은, 먼저 "무엇이 문제인가? 문제에 관해 정의해야 할 중요한 요소들은 무엇인가?" 라고 질문하는 것이다.

성공 요인 모델링(SFM)관점에서, 만약 당신에게 원하는 결과와 목표가 없다면, 당신에겐 아무런 문제가 없을 것이다. 다시 말해, 만약 자신이 있는 자리 이외에 달리 가고자 원하는 곳이 없다면, 당신에겐 아무 문제가 없을 것이다. 사실, 문제는 종종 목표를 만들어가는 과정에서 실제로 나타난다. 문제는 현재 상태와 원하는 상태의 간극이며 이 문제들은 원하는 또는 소망하는 상태를 얻기 위해 다뤄져야 하는 것이다.

따라서, SFM에서 '문제'는 일반적으로 현재와 원하는 상태 사이의 차이나 간극으로 정의된다. 만약 당신이 지금 있는 곳 말고 다른 곳은 원하지 않는다면, 당신은 문제가 없는 것이다. 하지만 목표 혹은 원하는 결과를 설정하자마자, 문제가 발생한다. 원하는 상태에 도달하기 위해 현재 상태에 대한 무언가를 변경해야 하기 때문이다. 자원이란 현재 상태에서 원하는 상태로 이동할 수 있도록 하는 행동이고 작업이며 길을 안내하는 지도다. '해결 방안'은 현재 상태로부터 원하는 상태로 이끌어 주는 적절한 자원들을 식별하게 해주는 이정표다.

효과적인 문제 해결의 핵심 요소는 문제 공간 전체를 정의하는 것이다. 문제 공간은 문제와 관련된 물리적 공간만이 아니다. 관계, 가치관, 지각 그리고 신념은 모두 이 문제의 공간에 영향을 줄 수 있다. 문제 공간은 문제를 일으키거나 원인을 만드는 물리적, 정신적 요소에 의해 정의된다.

'문제'는 현재와 소망하는(원하는) 상태 사이의 차이나 간극이다.

문제를 해결하려면 문제를 극복하거나 변환하거나 피할 수 있는 대안과 자원들를 포함하는 '해결 공간Solution Space'을 찾아야 한다.

문제를 해결하려면 '문제 해결 공간'을 찾아야 한다. 문제 해결 공간에는 문제를 극복하거나 변화시키거나 피할 수 있는 대안과 자원이 포함되어 있다. 그러나 문제 해결 공간에서 사용할 수 있는 대안과 자원이 문제 공간의 모든 요소를 해결하기에 충분하지 않다면 제대로 된 해결책을 찾을 수 없을 것이다. 문제 해결 공간은 문제 공간보다 더 넓어야 한다. 문제 공간 안에서는 문제의 모든 요소를 다루지 않기 때문에 부적절한 해결책을 구현할 수도 있다.

따라서 효과적인 문제 해결 방법에는 2개의 기본적인 기능이 있어야 한다. (1) 문제 공간에 대한 우리의 인지력을 높이고 명확하게 한다. (2) 모든 문제 공간의 양상을 아우를 수 있도록 충분한 문제 해결 공간을 정의하거나 만든다.

해결책을 찾기 전에 먼저 문제 공간을 만들어 내는 변수를 먼저 이해해야 한다. 해결책을 찾는 근본적인 원리는 문제를 일으키는 것과 같은 방식으로 사고를 하면 해결책을 찾을 수 없다는 것이다. 알버트 아인슈타인Albert Einstein의 말에 따르면, "우리는 해결하지 못할 방식으로 생각함으로써 문제를 만든다."라고 한다. 우리를 문제적 공간으로 이끄는 지도는 우리에게 나가는 길을 알려주지 않을지도 모른다. 창의적인 문제 해결의 목표는 문제를 일으키는 방식으로 생각하지 않을 방법을 찾는 것이다.

문제 해결의 목표는 첫 지점에서 만들어진 문제에 대해 생각하는 것과는 다른 방법으로 문제에 대해 생각하는 방법을 찾는 것이다.

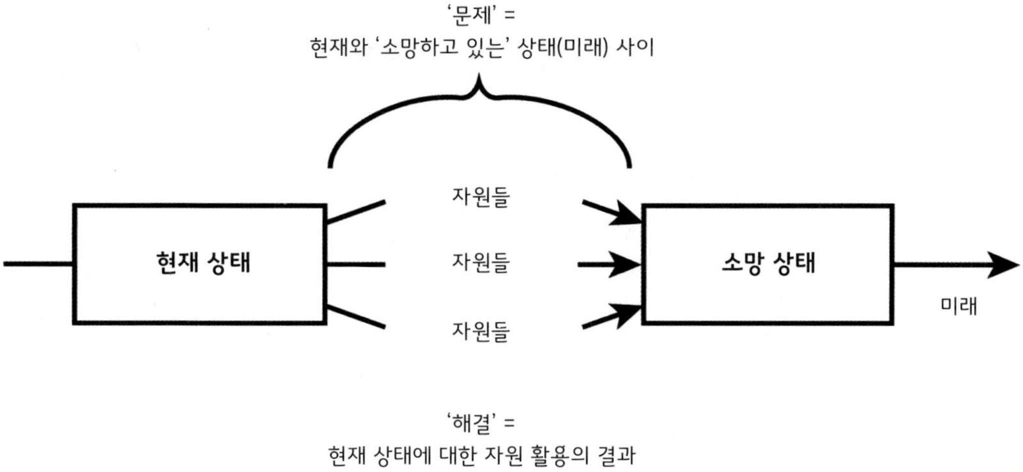

문제는 현재 상태와 소망 상태 사이의 간극이다

• 스코어 모델 •

The S.C.O.R.E. Model

"스코어 모델은 문제를 이해하고 해결하는 데 필요한 핵심 요소를 정의하기 위한 구조를 제공한다."

근본적으로 문제 공간은 목표나 달성된 결과가 이루어지는 과정에서 생기는 증상들의 유형과 원인, 결과에 도달함으로써 기대되는 장기적인 효과 그리고 결과에 도달하도록 지원해 주고 증상의 원인들을 변형시키도록 도와 줄 자원들과의 관계에서 정의된다. 이러한 스코어 S.C.O.R.E. 모델의 요소들은 아래와 같다.

1. 증상들Symtoms - 보통 현재 문제나 문제 상태의 가장 구체적이고 눈에 띄는 양상
2. 원인들Causes - 증상이 만들어지고 유지되는데 책임이 있는 근본적 요소들. 보통 그들이 생산하는 증상보다 불분명함. 예를 들어, '외부 게임'의 증상들은 때때로 사람들의 '내면 게임'의 한계에 의해 야기된다.
3. 결과Outcomes - 증상을 대체할 특정한 상태 또는 행동 양식
4. 자원들Resources - 증상의 원인을 제거하고, 원하는 결과를 도출하고, 유지 관리하는 데 필요한 기본 요소(조치, 기술, 수단, 신념 등)
5. 효과Effects - 특정한 결과 성취에 있어 장기적인 결과. 효과는 프로젝트나 사업의 비전과 앰비션을 표현한다.

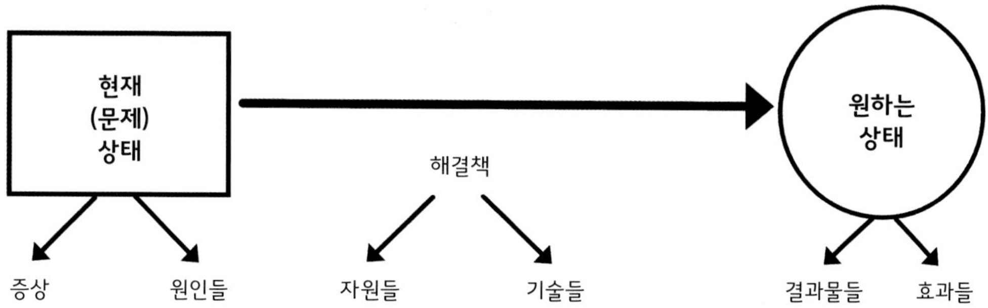

스코어 모델은 변화를 촉진할 '문제 공간'을 정의한다

특정 결과는 일반적으로 바람직한 장기적인 효과를 얻기 위한 발판이고, 이는 일반적으로 처음부터 특정한 결과를 확립하고자 하는 근본적인 이유 혹은 동기이다. 또한 증상과 결과 사이가 '거울에 비치는 상'과 같은 면이 있음을 명심하는 것이 중요하다. 예를 들어 더 많은 동기 부여를 원한다면, 관성과 저항을 줄여야 할 것이다. 효율성을 높이고 싶다면 낭비를 줄여야 한다. 더 좋은 자질을 갖추고 싶다면 결점의 수를 줄여야 할 것이다.

"특정 문제에 대한 효과적인 해결책을 도출하려면, 증상의 원인을 효과적으로 해결하고, 결과 달성을 촉진하고, 장기적인 효과를 내줄 자원을 찾아야 한다."

특정한 문제 또는 도전에 대한 효과적인 해결책을 만들어내기 위해서는 증상의 원인을 효과적으로 해결하고 결과 달성을 촉진하며 궁극적인 효과까지 도출하는 자원을 찾아야 한다. 몇몇 해결책은 수개월 또는 수년에 걸쳐 적용할 다양한 자원들이 필요할 지도 모른다. 상황은 시간을 두고 진화할 수도 있다. 따라서 증상, 결과, 원인 및 잠재적 영향을 정의하는 것은 지속적인 공유가 필요한 과정이다.

스코어 모델에 따르면, 효과적인 문제 해결 능력은 다음과 같은 질문을 지속적으로 탐구함으로써 '문제 공간'을 정의하고, '해결 공간'의 잠재적 영역을 파악하는 것을 포함한다.

1. 이 문제의 증상은 무엇인가?
2. 이 문제에서 증상의 원인은 무엇인가?
3. 증상을 대체할 목표 또는 희망하는 결과는 무엇인가?
4. 그러한 목표에 도달하는 장기적인 효과는 무엇인가? (즉, 더 큰 비전과 앰비션은 무엇일까요?)
5. 원인을 해결하는 데 도움이 되는 자원은 무엇인가?
6. 결과 달성에 도움이 되는 자원은 무엇인가?

• 복합 스코어모델 •

Multiple S.C.O.R.E.s

복잡하고 체계적인 문제들은 종종 하나 이상의 증상들로 나타난다. 그리고 어떤 특정한 증상들은 여러 가지 원인이 있을 수 있다. 프로젝트와 문제들은 원하는(소망하는) 결과와 효과들이 서로 다를 수 있다. 특정한 문제 또는 '문제 공간'에 대한 정보를 수집할 때에는 여러 증상과 결과 등을 식별하고 통합할 필요가 있다.

예를 들어, 대규모 조직에서는 문제가 조직의 다른 부분에서 각기 다른 증상으로 나타날 수 있다. 즉, '품질'의 문제점이 제품 관리자에게는 '제품 결함'으로 보일 수 있지만 시장 관리자의 관점에서는 '반품 물량'으로 보일 수 있다. 또 재정 관리자에게는 수익성 감소로 인해 '예산 제약'의 문제로 보일 수도 있다.

조직 내에서의 효과적인 문제 해결 과정에선 그러한 증상들 간의 관계 및 상호작용을 인식하는 것이 필요하다. 문제의 원인과 잠재적인 해결책을 정확하게 진단하기 위해서는 여러 가지 증상들 사이의 관계를 살펴보아야 하는 것이다.

상호 의존적인 체계에서 전체 조직의 각 구성원은 '문제 공간' 조각 맞추기 퍼즐 같이 종종 다른 구성원을 보완하는 역할을 한다. 전체 조직 시스템 내 구성원 각각이 효과적인 스코어S.C.O.R.E. 요소가 되기도 한다는 뜻이다. 즉, 한 사람의 '증상'은 종종 다른 사람의 문제의 원인이 된다. 예를 들어 '결함 있는 제품'은 제조 관리자에게는 증상일 수 있으나, 마케팅 관리자의 업무인 '반품 관리' 문제의 원인이다. 이 '반품' 문제는 다른 한편으로는 그 자체가 기획 부서 관리자에게 증상으로 인지되는 '수익 감소'의 원인이다.

원하는 상태에 관련한 스코어S.C.O.R.E. 요소들은 동일한 유형의 상호 보완적인 관계로 대체될 수 있다. 판매 관리자의 '매출 증대' 결과는 마케팅 관리자가 소망하는 결과인 '효과적인 마케팅 기획'일 수 있다. 이와 유사하게 판매 관리자의 '매출 증대'의 장기적인 효과로 인한 결과는 '기업의 수익성 증대'의 결과일 수 있는데 이는 재정 관리자가 원하는 결과일 수도 있다.

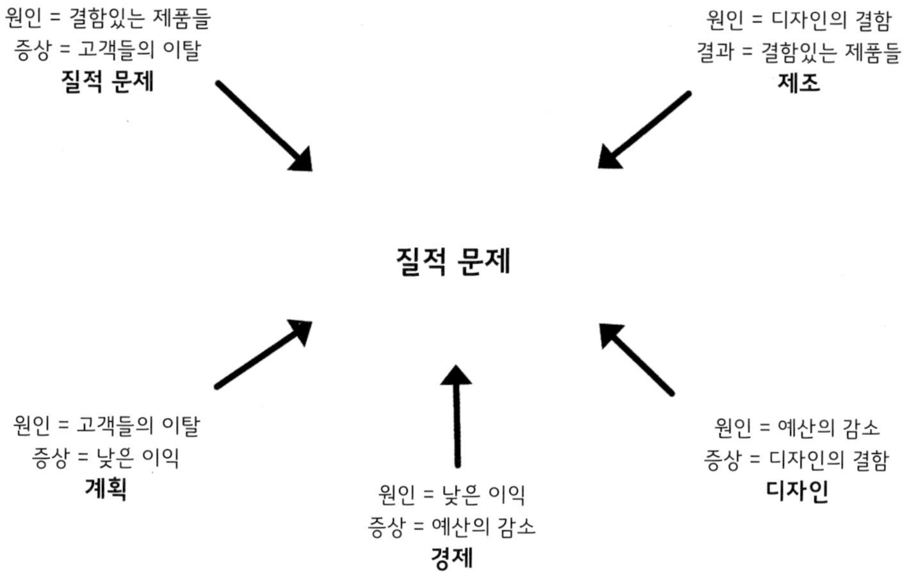

다른 관점들의 결과로 인해 문제를 구성하는 다양한 스코어 요소들은 이동한다.

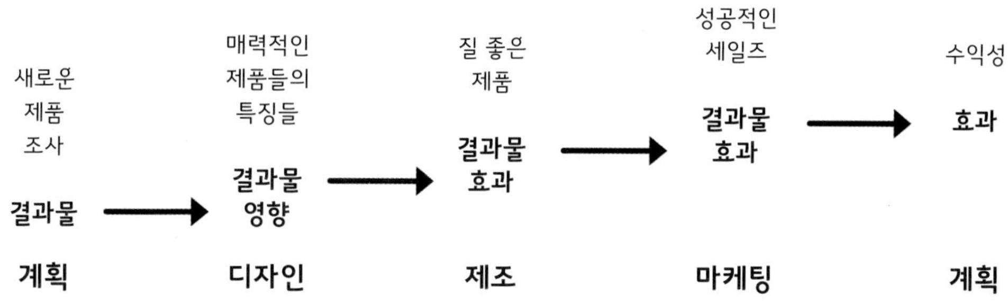

상호 독립적인 시스템에서는 한 부분에서 나온 결과가 다른 부분의 바람직한 효과가 될 수 있다.

건강한 조직 또는 기업의 경우, 다양한 구성원들의 스코어S.C.O.R.E.들은 도출한 해결책을 조직 전체에 확산시킬 '긍정적 도미노 효과'를 어떤 형태로든 찾아 내어 서로를 보완해 준다.

문제나 갈등은 다양한 구성원들의 스코어가 잘못 정렬될 때 나타난다. 이러한 상황에서, 한 사람의 결과(혹은 기능)는 다른 증상의 '원인'이 된다. 예를 들어 기획 담당자의 '구조 조정'이란 목표는 현장 관리자에겐 직원을 해고시켜야 하는 스트레스의 원인이 될 수도 있다. 한 사람의 결과가 다른 사람의 증상의 원인이 되면서 동시에 그 증상이 발행할 때 혼란이 생길 수 있다. 어떤 상황에서는 피할 수 없는 일이기도 하지만, 모든 구성원들로 하여금 '문제 공간 밖으로 벗어나' 스코어 간의 겹치는 방법들을 반영하도록 함으로써 더 효과적으로 해결할 수 있을지도 모른다(그리고 때때로 완전히 피할 수 있다).

• 복합 스코어 워크시트 •

Multiple S.C.O.R.E. Worksheet

따라서, 팀에서 일할 때 문제상황에 대한 팀 구성원들의 관점에 대한 보다 전체적인 이해와 공감을 얻기 위해 복합 스코어multiple S.C.O.R.E.를 수집하는 것이 매우 유용하다. 다양한 관점들은 가장 포괄적이고 생태적인 해결책을 도출하기 위해 탐구되고 조정될 수 있다. 그러한 정보들은 다음과 같은 복합 스코어와 같은 도구를 이용하여 정리하고 점검할 수 있다.

워크시트:

	인물 A	인물 B	인물 C	인물 D	인물 E
증상들					
원인들					
결과들					
효과들					
자원들					

팀의 정보를 수집하고, 복합 스코어에 관해서 가능한 '해결 공간'을 고려함에 있어 '자원'과 '해결책'을 구분하는 것이 중요하다. 예를 들어, 품질 문제에 대해, 마케팅 매니저는 "더 이상 결함이 없도록 제품을 보완한다"는 해결책을 생각할 수 있다. 그러나 이는 마케팅 매

니저가 직접 동원할 수 있는 자원이 아니다. 제조 부서에 필요한 결과인 것이다. 마케팅 매니저가 문제에 기여할 수 있는 실제 자원은 고객이 필요로 하는 것과 개선에 대한 조언을 얻는 능력에 국한된 것일 지도 모른다. 마찬가지로, 설계 관리자는 '해결책'을 '더 많은 연구 예산을 갖는 것'으로 인식할 수 있는데, 이것 역시 설계 관리자가 사용할 수 있는 '자원'이 아니다. 이 문제를 해결할 수 있는 자원은 기술적 노하우 분야에 있다.

다른 팀 구성원들의 자원 사례는 다음과 같은 가상의 복합 스코어 워크시트를 통해 제공된다.

	마케팅	제조	디자인	경제	계획
증상들	반품 문의	결함 있는 제품들	디자인 결함	예산 감소	낮은 수익률
원인들	결함적인 제품들	디자인 결함	예산 감소	낮은 수익률	반품 문의
결과들	만족하는 고객들	제품의 질	새로운 제품의 특징	수익률	성공적인 조직 구성
효과들	수익성	고객의 만족	제품의 질	성공적인 조직 구성	마케팅 공유의 성장
자원들	고객들 유입	제품관련 지식	기술적 노하우	예견할 수 있는 도구	시스템 개요와 모델

제품 품질 문제에 관한 가상의 복합 스코어 워크시트

팀의 목표는 복합 스코어 워크시트를 사용하여 문제 공간 전체의 지도를 그리고 해결책 전반에 대해 팀 구성원 각자가 기여할 수 있는 자원을 알아내는 것일지도 모른다. 이는 혁신을 조직할 수 있는 또 다른 유용한 과정이다.

이러한 유형의 집단적 문제 해결은 「실리콘밸리의 최고 기업은 어떻게 협업하는가」(pp. 128-137)에서 설명한 인터비전Intervision 과정을 적용함으로써 크게 개선시킬 수 있다. 이 과정을 통해 사람들은 시각적이고 은유적인 사고를 충분히 하면서 합리적 분석을 촉진하게 된다. 이를 통해 전체 문제 공간을 쉽게 발견하고 시각화할 수 있으며 자원들 및 해결책을 더 수월하게 발견할 수 있다.

• 변화를 촉진하고 결과를 달성하기 위한 스트레칭 •

Stretching to Promote Change and Achieve Results

당신은 얼굴에서 두려움이 싹 사라지는 경험에서 힘, 용기 그리고 자신감을 얻습니다. 당신은 자신이 할 수 없다고 생각하는 것을 해야만 합니다

엘리너 루즈벨트Eleanor Roosevelt

위기, 불확실성, 그리고 고난의 시기가 우리 자신과 우리가 가진 자원을 스트레칭stretching시키는 것은 분명하다. 위험하더라도 더 큰 도전을 하고 새로운 실험과 혁신을 하고자 할 때 스트레칭은 매우 중요한 역량이다. 스트레칭은 도전적인 목표를 설정하는 능력, 성공에 만족하지 않고 한 발짝 더 나아가게끔 밀어붙이는 능력에 기초한다. 스트레칭은 지속적으로 개선하며 탁월성을 목표로 성공 경험을 축적해 점진적으로 수행의 수준을 높이는 능력이다. 변화를 촉진하고 결과를 달성하려면 스트레칭은 꼭 필요하다.

효과적인 스트레칭은 이성적으로 생각하고 전략적으로 사고하는(즉, 달성하고자 하는 상태와 현재 상태를 비교하여 규정하고 연쇄적으로 이어지는 행동의 연속을 정의하는) 능력을 필요로 한다. 또한 스트레칭은 현재의 생각과 행동의 경계를 넓히고 새로운 가능성을 향해 끊임없이 활동하는 상상력을 실질적으로 잘 사용해야 한다.

스트레칭의 실행은 결단력과 비전, 야망의 세 가지 개인의 핵심 내적 자질로 뒷받침된다. 결단력은 스트레칭과 가장 밀접히 관련되며, 빠른 결정을 시기적절하게 내리며 위험을 감수하며 새로운 해결책을 시도해 보는 능력과 연결된다. 결단력엔 단호함과 '최선을 다해 한다'는 의지가 담긴 감정이 포함되어 있는 특징이 있다. 결단력과 관련된 다른 몇 개의 리더십 특징들에는 단호함, 위험 감수하기, 즉각적인 행동 취하기가 있다.

요약하면, 스트레칭엔 다음이 관련되어 있다.

- 고착화된 습관에 대한 도전
- 스스로 스트레칭하려는 의지 북돋우기
- 지속적인 개선점 물색
- 혁신 자극
- 기대감 상승

스트레칭은 탁월함을 목표로 하는 능력과 도전적인 목표를 세우고, 위험을 감수하고, 더 높은 혁신과 지속적인 개선을 이루기 위해 고착화된 습관에 의문을 가지는 능력을 수반한다.

특히, 불확실성과 어려움의 시기에서 스트레칭은 매우 도전적인 리더십 활동 중 하나다. 우리가 가지고 있는 보다 높은 목표를 포기하지 않을 때 스트레칭은 더욱 유효하다. '문제 공간' 전반에 대해 전략적으로 생각해 보고 이를 해결하는데 도움이 되는 로드맵을 만드는 것은 매우 유용할 수 있다. 코칭과 상담에서 길잡이로 가장 많이 사용되는 지침서는 **영웅의 여정**Hero's Journey이다.

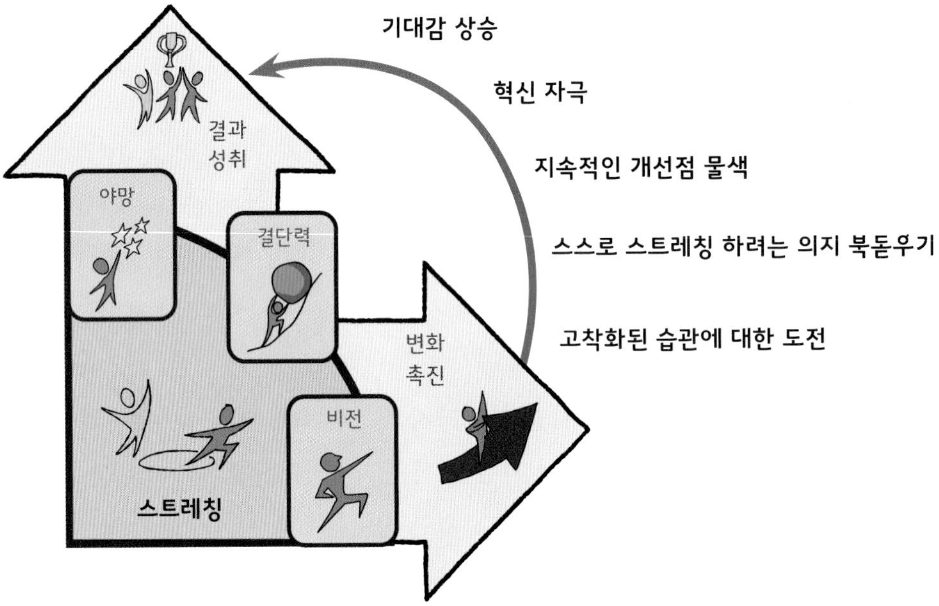

스트레칭은 비전, 포부, 결단력을 필요로 하며, 변화를 촉진하고 결과를 달성하기 위해 필요하다.

• 영웅의 여정 •

The Hero's Journey

역경과 위기 그리고 변화에 대처하는 것은 조셉 캠벨 Joseph Campbell이 이야기한 '영웅의 여정Hero's Journey'이 매우 좋은 모델이다(천의 얼굴을 가진 영웅들, The Hero With A Tousand Faces, 1949). 영웅들은 비전과 미션을 가지고 위험을 무릅쓰며, 불확실성에 맞서고, 감당할 수 없을 것 같이 보이는 난관들을 극복한다. 캠벨은 시대, 문화, 종교 또는 성별에 구분 없이 전 세계의 신화와 역사에 나오는 모든 영웅들의 이야기를 분석했었다. 이는 마치 핵심 성공 요인 모델링과 같은 작업이었다.

동굴에서 당신이 들어가기를 두려워하는 곳에 바로 당신이 찾는 보물이 있다.

조셉 캠벨Joseph Campbell

영웅의 여정은 리더들이 기업을 키워 나가는 여정에서 만나는 도전을 잘 다룰 수 있는 강력한 지도를 제공한다.

캠벨은 영웅의 여정에서 나타나는 각 단계들을 구전되는 서사적인 신화와, 전세계 문화에서 회자되는 영웅들의 전기에서 공통적으로 보이는 사건들의 순서를 추려내고 대표적 사건과 공통적인 특징들을 서사로 만들었다. 이렇게 공통점을 추려 정리한 단계들은 오늘날 우리가 삶을 살아가고 사업을 영위하면서 직면하게 되는 어렵고 힘든 상황에도 적용 가능하다. 캠벨의 영웅의 여정이라는 개념은 리더들과 기업가들이 벤처를 성장시키고 이끌며 도전에 대처할 수 있는 강력한 길잡이 역할을 한다.

캠벨에 따르면, 영웅의 여정은 다음과 같은 기본적인 단계들로 구성된다.

1. **소명 듣기**Hearing a Calling. 우리 정체성의 수준, 삶의 목표 또는 미션과 어떤 식으로든 맞닿아 있는 소명을 듣는다(모험에 대한 소명). 이러한 소명들은 다양한 형태로 다가올 수 있으며, 종종 중요한 전이점들을 제시한다. 또한 이런 소명들은 대개 변화하는 환경의 결과로서 듣게 되며 대부분 매우 도전적이다(그렇지 않다면 그건 '영웅의' 여정일 필요가 없을 것이다).

이러한 소명들은 일반적으로 정체성의 확장 또는 진화를 수반한다.

1. 소명을 들음

2. **소명에 전념함**Committing to the Calling. 소명에 대한 헌신은 우리가 기존에 가지고 있던 능력이나 세상에 대한 지도 속에 있는 경계 또는 한계와 맞닥뜨리도록 우리를 이끈다. 우리는 그 소명을 받아들일 수도 있고 아니면 애써 무시할 수도 있다. 이는 본인의 선택이다. 그러나 그 소명을 거부하거나 간과하면 종종 우리 삶에서 문제나 불길한 조짐이 생기거나 심해지며 우리가 무시할 수 없는 위기를 촉발시킨다.

2. 소명에 전념함

3. **경계 넘어가기**Crossing the Threshold. 현재의 안락한 영역을 벗어나 경계를 넘게 되면 우리는 이전까지는 알지 못했던 어떤 새로운 영역으로 내몰리게 된다. 그 영역은 우리가 성장하고 진화하도록 밀어 붙이며 지원과 도움을 찾아 나서도록 요구한다. 캠벨에 따르면, 이 경계는 일반적으로 '귀한 불가 지점'이며 이는 일단 우리가 그 지점을 지나게 되면 이전의 상태로는 되돌아갈 수 없음을 의미한다. 우리는 미지를 향해 전진해 가야만 한다.

3. 경계를 넘어감

4. **후견인 찾기**Finding Guardians. 용기를 내어 경계를 넘어가면 후견인, 즉 멘토나 후원자를 찾는 과정들이 흔히 자연스럽게 따라온다(흔히 이야기하는 것처럼 "학생이 준비가 되면, 스승이 나타난다."). "후견인guardian"은 우리가 발전시켜 나가는 핵심적 관계로서 우리가 기량을 연마하고, 더욱 자신감을 가지며 목표에 집중할 수 있도록 응원해 준다. 비록 영웅의 여정이 지극히 개인적인 여정이라고 할지라도 우리가 홀로 할 수 있는 것은 아니다. 우리는 열린 마음으로 경계가 없어야 하고 기꺼이 후견인의 지원을 받아야 한다.
경계 너머의 영역은 우리에게는 새로운 영역이기 때문에, 어떤 유형의 후견인이 필요할지, 누가 우리의 후견인일지 사전에 알 수가 없다. 때로는 필연의 후견인들을 전혀 생각하지도 못했던 곳에서 만나기도 할 것이다. 따라서 우리는 여정의 모든 발걸음마다 열린 마음으로 '안내와 지원을 받아들이려는' 자세를 유지해야 한다. 자세를 유지하고 있어야만 한다.

4. 후견인을 찾음

5. **도전**(또는 악마들)**에 직면하기**Facing challenges(or "Demons"). 도전(또는 악마들)에 직면하는 것 또한 경계를 넘어서는 행위의 자연스러운 결과이다. 악마란 일반적으로 우리가 영웅이 되는 것을 반대하거나 영웅이 되지 못하도록 유혹하거나 또는 존재를 부인하기 위해 나타나는 모든 것을 말한다. 물론 '악마들'이 반드시 사악하고 나쁜 것만은 아니다. 그

것들은 단순히 '에너지'의 한 형태로서 우리는 소위 악마들과 싸우고, 받아들이고, 경우에 따라서는 그 악마들을 통해 다시 여정의 방향을 잡는 법을 배울 필요가 있다. 종종 악마들은 단순히 우리 내면의 두려움과 그림자들Shadows(우리와 단절되어 있고 우리가 억압하고, 회피하고 부인하려고 애쓰는 우리 자신의 부분들) 중의 하나를 투영한 것일 뿐이다. 바로 이 지점에서 우리는 "넌 성공 못할거야", "넌 시도조차 해서는 안돼.", "넌 성공할 자격이 없어.", "넌 역량이 부족해.", "넌 안 될 거야." 등을 암시하는 우리 내면의 또 다른 곳에서 들려 오는 메시지, 즉 '부정적인 후원Negative Sponsorship'과 맞서야 한다.

5. 도전에 직면함

6. **새로운 자원 개발하기**Developing New Resources. 불확실성에 대응하고 악마들을 변형시키기 위해서는 새로운 자원을 개발하는 것이 필요하다. 영웅의 여정은 궁극적으로 배움과 자기 진화의 길이다. 경계를 넘어 새로운 영역으로 들어가고 악마를 변형시키도록 도와주는 자원은 신념, 능력, 숙련된 행동과 그리고 복잡성, 불확실성, 저항을 극복할 때 실행에 옮길 수 있는 도구들이다. 자원 개발은 유연성 개발하며 내면 세계는 물론 외부 세계의 새로운 영역을 성공적으로 항해하고 그 여정에서 만나게 되는 걸림돌과 장애물들을 극복하는 데 필요한 능력을 키우는 활동으로 우리가 반드시 해내야 하는 분야이다.

6. 새로운 자원을 개발함

7. **과업 완수**Completing the Task. 우리의 소명이 불러낸 과업을 끝내고 소명을 완수하는 방법을 찾는 것은 궁극적으로 여정에서 이룬 성장과 발견을 통합한 새로운 세계 지도를 만들어냄으로써 달성된다.

7. 과업을 완수함

8. **고향으로 귀환하기**Returning Home. 완전히 변화하여 고향으로 귀환하기, 그리고 여정에서 획득한 지식과 경험을 다른 사람들과 나누기. 당신이 사람들에게 새로운 정체성으로 보여지는 것, 그리고 그 정체성으로 인정받는 것이 중요하다. 이것은 개인의 변화 주기를 완성하기 위해서도 필요한 것이다.

8. 고향으로 귀환함

가끔은 고향으로 돌아가는 것도 매우 힘든 여정의 한 부분이기도 하다. 캠벨에 따르면, 사실상 빈번하게 장애 요인이 발생하고 때로는 귀환을 거부하기도 하는데 이러한 거부는 종종 또 다른 형태의 경계를 넘는 것을 수반한다. 놀라운 여정과 변신은 삶과 핵심적인 관계들을 예전처럼 재건하는 것을 어렵게 만들 수도 있다. 고향으로 돌아온 후 우리는 지루하고 뻔한 과거의 일상적인 생활에 다시 고착되는 것에 대한 두려움을 느낄 수 있다. 그리고 주변의 지인들은 우리가 예전의 모습처럼 우리가 살아갔으면 하는 바람을 가질 수 있는데, 이는 그들이 우리의 변화와 성장에 응답하여 자신들도 변화해야 하는 필요가 없도록 만들려고 하기 때문이다. 우리의 귀환은 가끔 과거에 그대로 머물러 있는 사람들의 상태에 지장을 초래할 수도 있다.

또한 힘든 감정과 그림자를 유발할 수 있는 특정한 변화의 과도기에 자연스럽게 상처 받게 되는 경우가 있을 수 있다. 우리의 후견인들과 연결된 상태를 유지하고, 우리의 성공의 원과 여정에서 획득한 새로운 자원들의 중심에 뿌리를 내리고 있는 것들은 고향으로의 귀환을 성공적으로 이루기 위한 열쇠이다.

영웅의 여정

영웅의 여정을 벤처에 적용하기 *Applying the Hero's Journey in a Venture*

영웅의 여정은 분명히 하나의 은유이긴 하지만, 기업인들과 벤쳐들이 성공적인 미래로 향하는 길을 만들고 변화의 불확실성에 잘 대처해 나가는 것을 추구하는 삶의 여정에서 직면하게 되는 현실적인 일들을 매우 잘 포착하고 있다. 예를 들어 '소명'이라는 개념은 분명히 기업가, 팀 또는 조직이 추구하는 비전과 미션(즉, 더 높은 목표)을 상징하는 것이라 할 수 있다.

역경과 불확실성의 시기에 상세한 여정의 목적지는 종종 불명확하다. 그러나 이것이 가야 할 분명한 방향이 없다는 것을 의미하지는 않는다. 이러한 시기에는 방향성이 더욱 감각적으로 다가올 수 있다. 사실상 소명이라는 개념은 보이기보다는 들리거나 느껴지는 뭔가를 암시한다. 스티브 잡스가 강조한 것처럼, "당신은 전방을 응시하면서 점들을 연결할 수는 없다. 당신은 미래에 어떤 식으로든 현재의 순간들이 연결된다는 것을 믿어야만 한다. 당신은 당신의 배짱, 운명, 삶, 업보 같은 뭔가를 믿어야만 한다."

'경계Threshold'는 새로운 영역 그리고 개인이 비전과 미션을 실행하기 위해 맞서야 하는 미지의 불확실한 요소들을 나타낸다. 변화와 자각을 이루기 위해서는, 우리는 누구인지, 세상에서 가능한 것은 무엇인지에 대한 우리의 정신적 지도가 더 넓어져야만 하며 완전히 새로운 방식으로 과거의 제약을 바라볼 수 있어야 한다. 이것은 우리가 우리의 낡은 사고방식을 뚫고 상자 밖으로 나와 그레고리 베이트슨이 이야기한 학습의 수준에서 소위 학습4Learning IV의 단계, 즉 '완전히 새로운' 무언가를 창조하는 것의 수준에서 학습할 것을 요구한다. 그러한 생성적인 상태는 기존 지식과 의식을 초월하는 상태이고, 영웅의 여정에서 핵심적인 부분이다.

'악마Demon'는 대변동, 경쟁, 내부 정치와 다른 장애요인이 주는 도전들 그리고 우리의 통제를 벗어난 주변환경으로부터 드러나는 위기들을 상징한다. 앞서 지적한 바와 같이, 우리 내면의 두려움과 그림자들을 우리가 어떻게 맞이해야 하고, 그것들을 어떻게 침착하게 인내해야 하며, 또 어떻게 통합해야 하는지 모르는 상태에서 다루기 힘든 감정들이 몰려와 우리 내면의 약한 부분들을 건드리면 이러한 외부 환경과 도전들은 악마가 된다. 우리 내면의 그림자를 환영하고 그 그림자를 변형시키기 위해, 우리가 느끼는 힘든 감정들을 위한 '게스트하우스Guest House'[8]를 만듦으로써 악마는 긍정적인 형태로 변화된다.

---

8 사랑채란 의미의 게스트하우스Guest House는 은유적 표현으로서, 부적절한 감정이나 불편한 마음이 올라올 때 회피하거나 이기려 하는 것보다는, 그런 감정이 올라오는 것은 지극히 당연한 일이라 여기고 마치 손님이 찾아오면 사랑채의 방을 주고 재워 보내는 것처럼 하라는 것이다. 그림자는 싸워서 이겨야 할 대상이 아니라 끌어안고 감싸서 녹여내는 것으로 자연스럽게 그런 감정이 사라지게 하라는 뜻이 담겨 있다. NLP를 활용한 '의식 리더십'에서는 부정적 감정이 올라올 때 애써 외면하거나 또는 싸워 이기기보다는 '환영한다Welcome'는 마음으로 흘러 지나가게 함을 이야기하고 있다. 살아가면서 예기치 않은 일이 벌어

가치, 신념, 행동스킬, 그리고 꾸준한 훈련은 우리가 경계를 넘어서 새로운 영역으로 들어가고 복잡성, 불확실성, 저항을 처리하며 나아가 악마와 그림자를 변형시키도록 돕는 자원들이다. 이는 새로운 영역을 성공적으로 항해하고 그 과정에서 발생하는 장애물들을 극복하는 데 필요한 유연함과 더 크게 요구되는 다양성을 개발하기 위해 우리에게 필요한 영역이다.

'후견인들Gaurdians'이란 기술을 배양하고 자신을 믿으며, 장기 목표에 집중할 수 있도록 지원하는, 우리가 개발한 후원자들과의 관계(팀원들, 이해관계자 그리고 파트너들을 포함할 수 있음)를 의미한다.

벤처에서의 영웅의 여정

질 때마다 당황하거나 저항하기보다는 "환영한다!", "놀라운데!", "얼마나 신나는 일이 생기려고!", "문제없어"를 외쳐보라!" (역자주)

• 당신의 영웅의 여정 지도를 그려라 •

Mapping your Hero's journey

우리의 책 「영웅의 여정Hero's Journey(2011)」에서 공동 저자인 스티븐 길리건Stephen Gilligan과 나는, 우리 삶과 사업 활동에서 나타나는 영웅의 여정의 다양한 국면들을 탐색할 수 있는 다양한 원리와 연습문제를 제공했다. 기업가 정신의 성공 요인을 탐구하려는 목표를 위해, 이 '영웅의 여정 모델'이 가지고 있는 중요한 가치는, 당신이 일을 할 때 직면하게 되는 중요한 도전들을 탐구하고 그러한 도전에 대한 준비를 잘 할 수 있도록 하는 데 있다. 당신의 프로젝트 또는 벤처와 관련하여 생각하는 리더십 순간Leadership Moment들 중의 일부를 떠올리고 아래 질문들을 탐색해 보라.

1. **소명**The calling: 현 상황은 나/우리가 무엇이 되라고 또는 무엇 이상이 되라고 요청하는가? 나/우리의 비전, 미션, 앰비션과 관련하여 무엇이 명확해져야 하나? 또는 무엇에 헌신하여야 하나? (종종 이 물음에는 상징이나 비유의 형태로 답하는 것이 유용하다. 예를 들어 "나/우리는 독수리/전사/마술사 등이 되라고 부름을 받고 있다.")
2. **경계**The Threshold: 내가/우리가 넘어가야만 하는 경계 또는 무릅써야만 하는 위험은 무엇인가? 소명을 이루기 위해 우리가 들어가야만 하는, 안락지대 바깥의 미지의 영역은 무엇인가?
3. **악마**The Demon: 내가/우리가 직시해야만 하는 악마 또는 그림자들(도전, 위험, 난관 등)은 무엇인가? 나/우리는 무엇을 두려워하나? (내가/우리가 경계를 넘어간다면, 발생할지도 모르는 두려운 결과들은 무엇인가?) 무엇이 나/우리에게 맞서고 있는 것 같은가?
4. **자원**The Resources: 도전에 맞서고, 경계를 넘어서 소명을 완수하기 위해, 내가/우리가 가진 자원은 무엇이고 나/우리는 어떤 것을 더욱 충분히 개발해야 하는가?
5. **후견인**The Guardians: (과거와 현재, 물질적 그리고 비물질적 측면에서) 이러한 자원들에 대한 나/우리의 내부 및 외부의 후견인들은 누구인가? 나/우리를 위해 그들은 어떤 메시지와 조언을 하는가?

당신의 후견인들이 누구인지 알게 되었을 때, 당신 또는/그리고 당신의 팀을 위해 그들이 어떤 메시지나 조언을 줄지를 상상해 보는 것은 흥미로운 일이다. 만약에 그것들(메시지 또는 조언)이 실제로 있다고 한다면 말이다.

이 장의 앞 부분에서 기술한 신념 강화 프로세스The Strengthening Belief Process에서 언급한 것과 같이, 후견인들 각각의 입장이 되어 그들의 자리로 들어가 서서 그들의 시각으로(세컨드 포지션 Second Position) 당신 자신과 당신이 처한 상황을 바라볼 수 있다. 각 후견인들은 어떤 메시지와 조언을 당신에게 줄 것인가?

후견인들의 조언과 지원이 당신이 당면한 상황과 도전을 처리하는 데 어떻게 도움을 줄 수 있는가?

다음 장에서는 불가능을 실행하는 영웅의 여정이 효과적으로 작동하는 데 필요한 임파워링 Empowering, 코칭Coaching, 셰어링Sharing, 그리고 스트레칭Stretching을 어떻게 적용하는지에 대해 탐구해 볼 것이다.

• 결론: 리더십 순간들을 준비하기 •

Conclusion: Preparing for Leadership Moments

결론적으로 역경으로부터 다시 일어나기, 회복 탄력성을 개발하기 그리고 미래 적합성 강화하기를 위해선 적절한 준비가 필요하다. 필연적으로 다가올 리더십 순간들을 준비하기 위해서 아래의 단계를 점검해 보라.

1. 하나의 리더십 순간을 선택하고 그 상황에 대해 곰곰히 생각하라. 외부적 상황은 어떠한가? 스코어S.C.O.R.E.는 무엇인가? (증상, 원인, 결과, 가용한 자원, 바라는 영향)
2. 당신의 목표는 무엇인가? 변화 촉진, 가치 실현, 인재 육성 그리고 결과 달성의 4가지 관점에서 생각해 보라.
3. 어떤 행동들을 취해야 하나? 임파워링, 코칭, 셰어링 그리고 스트레칭?
4. 그러한 행동들을 지원하기 위해 가장 중요한 내적 자질들은 무엇인가? 비전, 열린 마음, 일관성, 본보기, 동기부여, 포용, 포부?
5. 당신이 지금 진행하고 있는 영웅의 여정은 무엇인가? 당신이 건너가야만 하는 경계는 무엇인가? 어떤 '악마'를 당신은 마주하고 있는가? 당신을 지원할 어떤 자원과 후견인들을 가지고 있는가?
6. 어디에서 정서 지능이 필요한가? 당신 자신 또는 다른 사람들에게서 어떠한 힘든 감정들을 조우하게 될까? 그것들을 버텨 내는 데 어떤 자원이 필요한가?
7. 당신이 나아지고 있거나 성공하고 있다는 것을 보여줄 수 있는 (내적 그리고 외적인)근거 자료에는 무엇이 있는가?

제5장 요약

◇

자신의 벤처에 대해 효과적인 리더십을 발휘하기 위해서는 '리더십 순간들Leadership Moments'을 먼저 확인해야 하는데, 도전적이고 상징적인 이 리더십 순간은 우리가 최선을 다할 수 있도록 할 뿐만 아니라 누가 우리의 중요한 협력자인지 알아차리게 해준다.

혁신적이고, 충격에서 빨리 회복하며, 미래 적합성을 갖춘 성공적인 벤처를 만들기 위해선 구성원 모두가 최선을 다 할 수 있도록 임파워링Empowering 해야 한다. 임파워링은 개성을 인정하고, 자존감을 고취하며, 자율성을 북돋우고, 성장에 대한 동기를 자극함으로써 구성원들의 잠재력을 개발하는 활동을 수반한다. 해낼 수 있다는 신념 체계의 구축Building a Winning Belief System은 기업가와 리더들이 자신들이나 그들의 팀 그리고 협력자에게 자율권을 부여할 수 있는 가장 심오하고 강력한 방법들 중 하나이다. 해낼 수 있다는 신념 체계는 긍정적 미래, 능력과 책임감 그리고 자기 가치 인식과 소속감에 대한 기대를 만들어 낸다. 우리가 가진 신념의 정도를 가늠하고, 자신감의 형성과 신념의 강화를 위해 멘토와 롤모델을 활용하는 것은 해낼 수 있다는 신념 체계를 구축하는 핵심 스킬이다.

코칭Coaching은 회복 탄력성을 키우고 미래 적합성을 강화하기 위한 가장 중요한 리더십 행동들 중 하나이다. 코칭은 사람들의 경험을 넓히도록 돕고 숙련도를 향상시키며 신뢰를 형성하고, 주의 깊게 경청하며, 배움의 과정에 사람들을 인도하여 공동체 의식을 함양하는 등의 활동을 포함한다. 효과적인 코칭을 위한 핵심 리더십 자질은 다름 아닌 일관된 모범을 보이는 것이다. 서로 다른 맥락들 속에서 핵심 가치를 실현하는 것은 회복 탄력성과 미래 적합성을 위한 비결들 중 하나이다. 핵심 가치들을 명확히 하고 핵심 가치들과 중요한 가치들을 구별하는 것은 행동의 우선 순위를 정하여 혼란과 갈등을 피하는 방법을 알아내는 데 주효하다. 가치를 행동으로 옮기는 것은 우리가 실행하고자 하는 가치들을 효과적으로 정립하기 위해 필요로 하는 다른 수준들의(인지적, 행동직, 환경적인) 요인들을 정의하는 것과 관련이 있다. 정렬된 상태를 만드는 것은 기업가들과 리더들이 도전적인 상황에서 신뢰와 회복 탄력성을 증대시키기 위해 자신들의 최선의 상태를 유지하고 효과적인 본보기가 될 수 있도록 해준다.

셰어링Sharing은 정보, 아이디어, 자원 그리고 에너지를 교환함으로써 혁신을 자극하고 회복 탄력성을 강화해준다. 셰어링은 열린 소통과 사람들 사이의 대화를 촉진하는 능력과 관련되어 있다. 셰어링은 효과적인 문제 해결이 필요한 경우 특히 중요해진다. 스코어 모델은 '증상의 원인들을 변화시키고 바람직한 효과를 불러오는데 필요한' 증상들과 자원을 대체할 '증상들과 그 원인들, 결과들을 발견하도록 도움으로써' 문제 공간과 해결 공간을 위한 단순하지만 포괄적인 견본을 제공해준다. 다중적인 모습을 띄는 복합 스코어들은 서로 다른 사람들의 행위, 자원, 능력의 한계가 그들과 상호작용하는 다른 이들의 행위, 자원, 한계를 보완하거나 악화시킬 수도 있는 복합적이고 상호의존적인 시스템에서 모습을 드러낸다. 복합 스코어들을 정의하는 것은 집단 지성과 생성적인 협업을 촉진함으로써 혁신을 조율하도록 돕는 규율을 적용하는 것이다.

많은 리더십 순간들은 리더와 팀이 기대치를 높여 혁신을 자극하고, 지속적인 발전을 기대하면서 굳어진 습관에 도전해야만 하는 어느 정도의 스트레칭Stretching을 요구한다. 영웅의 여정은 '상황이 우리에게 요구하는 행동에 대한 소명', '우리가 넘어가야만 하는 새로운 영역의 경계', '우리가 맞서고 변형시켜야만 하는 악마와 그림자' 그리고 '성공적인 여정을 위해 필요한 자원과 후견인들'을 정의하는 것을 도움으로써 성공적인 스트레칭을 위한 강력한 길잡이가 된다.

임파워링, 코칭, 셰어링 그리고 스트레칭을 지원하는 다양하고 독특한 도구들은 리더십 순간들을 준비하는 데 있어 효과적으로 통합되어 사용될 수 있다.

당신이 만약 다양한 리더십 순간들을 대처할 수 있는 준비가 되었다면 당신은 불가능한 일을 실행할 수 있는 준비가 된 것이다.

Doing the Impossible

CHAPTER 06

불가능한 것 하기

어제의 꿈 속에 살면서, 우리는 여전히 불가능한 미래의 정복을 꿈꾸고 있음을 알게 된다.

찰스 린드버그Charles Lindbergh

예측을 한다는 것, 특히 미래에 대한 예측을 한다는 것은 어렵다.

요기 베라Yogi Berra

상상력의 부족과 논리적 불가능을 혼동하지 마라

톰 그루버Tom Gruber - 시리Siri 공동창업자

• 불가능한 것 하기 •

Doing the Impossible

혁신을 조율하고, 미래 적합성(Fitness for the Future)을 키우며 역경으로부터 다시 일어서는 것에 더하여, 의식 리더들과 차세대 기업가들은 흔히 '불가능한 것의 실행'을 요구 받는다. 기업가 씬다나 투케테Cindana Turkette (see SFM, pp. 163-171)가 설득력 있게 지적한 바와 같이, 기업가에게 최고의 만족은 고객들이 "성취 가능할 것이라고 기대하지 않았던 어떤 것을 자신이 제공한 수단을 통해 가능하게 하는 것"이다. 씬다나의 이야기가 암시하듯이, 불가능하다는 것은 보통 특정한 결과를 성취하기 위한 경로가 현재는 존재하지 않는다는 것을 의미한다(그것이 앞으로도 존재하지 않을 것임을 의미하는 것은 아니다). 따라서 기업가의 과업은 아직은 현존하지 않는 길을 만들어가는 것이다.

실리콘밸리에는 BHAG로 알려진 용어가 있다. BHAG란 '크고(Bigs) 아슬아슬하고(Hairy) 대담한(Audacious) 목표(Goal)'의 머리글자를 딴 용어로, 비전과 앰비션이 조합된 대담하고 큰 사업에 대한 비전이나 '불가능한 꿈'을 의미한다. BHAG들은 주로 차세대 기업가들의 벤처에서 주로 작동되는 추진 요인이다.

기업가 씬다나 투케테는 기업가에게 있어 최고의 만족은 고객들이 "성취 가능하다는 사실을 몰랐던 어떤 것을 자신이 제공한 수단을 통해 가능하게 하는 것"이라고 주장한다.

기업가 돈 픽켄스Don Pickens(see SFM Vol. I, p.137)가 조언하고 있는 바와 같이, 성공하기 위해 리더와 기업가들에게 극히 중요한 것은 "다른 사람들과 같은 지도Map를 보고 있더라도 당신의 비전은 그들과 다름을 알고 비전에 집중하는 것"이다. 그는 다음과 같이 덧붙인다. "기업가는 사람들이 지금 익숙하고 안주하고 있는 곳 너머로 나아가는 비전을 지닌 사람이다." 사실 픽켄스는 많은 사람들이 당신에게 아이디어가 훌륭하다고 말하고, 제안에 불가능을 의심할 사람은 없을 거라고 말한다며, 당신은 벤처에 대한 목표를 재검토 해야 하는 것 아닌가라는 생각이 들지도 모르고, 그 목표를 더욱 더 '크고', 더욱 더 '아슬아슬'하며, 더욱 더 '대담하게' 만들기 위해 또 상상력을 더 키우고 싶어질 지도 모른다고 말한다.

• 불가능한 꿈? •

Impossible Dreams?

우리가 오늘날 현실의 기반이라고 생각하는 매우 진보된 기술들이 한때는 멍청하고 쓸데없거나 '불가능한 것'이라고 여겨지던 것임을 알아차리는 건 흥미로운 일이다. 돈 픽켄슨이 지적한 바와 같이, 그러한 것들이 "당시 사람들이 익숙하고 편안하게 받아들이고 있는 것 너머에 있었기 때문"이다. 다음의 대표적인 사례들 중의 일부를 고려해보라.

컴퓨터 *Computers*

내 생각에 글로벌 시장에서 컴퓨터는 5대 정도면 충분할 것이다.

토마스 왓슨Thomas Watson, IBM회장, 1943

미래의 컴퓨터는 기껏해야 무게가 1.5톤에 불과할지도 모른다.

파퓰러 매캐닉스 매거진Popular Mechanics magazine, 1949

나는 이 나라를 종횡하며 여행하였고 최고의 사람들과 대화를 했다. 그래서 데이터 처리라는 것이 올해를 넘기지 못할 한때의 유행임을 당신에게 장담할 수 있다.

프렌티스 홀Prentice Hall사의 경영도서 출판 편집자, 1957

근데 그게 뭐에 좋은데?

IBM의 엔지니어, 1968, 마이크로칩Microchip에 대해 언급하며

개인용 컴퓨터 *Personal Computers*

그 누구도 집에 개인적으로 컴퓨터를 두고 싶어 할 이유는 없다.

켄 올슨Ken Olson, Digital Equipment창업자, 회장, 1977

그래서 우리는 아타리Atari[9]를 찾아가서 말했지, "이봐, 우린 이렇게 놀라운 걸 가지고 있어, 심지어 이건 너희 부품의 일부를 써서 만든 거야. 우리에게 자금을 대주는 게 어때? 아니면 이걸 그냥 너에게 줄게. 우린 정말 그러고 싶어. 우리에게 월급을 준다면, 우린 널 위해서 일할 거야." 그랬더니 그들이 말했지. *"아니, 됐어."* 그래서 다음엔 휴렛팩커드Hewlett-Packard를 찾아갔더니 그들은 이렇게 말하는 거야, *"이봐, 우린 너희들이 필요 없어. 너흰 아직 대학도 졸업하지 않았잖아."*

스티브 잡스Steve Jobs가 1976년 차고에서 애플 컴퓨터를 창업하기 이전에 아타리Atari와 휴렛팩커드HP가 스티브 워즈니악과 함께 만든 개인용 컴퓨터에 관심을 갖도록 시도하는 과정에서.

스티브 잡스와 스티브 워즈니악의 개인용 컴퓨터에 대한 아이디어는 시작 단계부터 아타리Atari와 휴렛팩커드HP 같은 회사에 거절 당했다.

예능 *Entertainment*

어떤 빌어먹을 놈이 배우들이 얘기하는 걸 듣고 싶어하겠어?

워너 브라더스Warner Brothers, 1927

난 이미지가 추락할 사람이 게리 쿠퍼Gary Cooper가 아닌 클라크 게이블Clark Gable일 것이라는 사실이 기쁘군요.

9 미국의 컴퓨터 제조사. 비디오 게임기로 유명하며 주로 개인용 컴퓨터를 주력으로 개발, 판매했다. 닌텐도가 아타리의 특허로 성장했으며, 애플의 스티브 잡스가 이 회사 출신이다.(역자주)

1939년 바람과 함께 사라지다의 주인공 역할을 맡지 않기로 결정하면서 **게리 쿠퍼**가 한 말

우리는 그들의 소리를 좋아하지 않아. 그리고 기타 음악은 유행에서 밀려나고 있는 중이야.

데카 레코딩Decca Recording이 1962년에 비틀즈를 퇴짜 놓으면서.

지난 세기 *The Last Century*

기름을 얻으려고 드릴로 구멍을 뚫는다고? 기름을 찾으려고 땅에 드릴로 구멍을 뚫겠다는 말이요? 당신 미쳤구만.

1859년에 기름을 찾기 위해 드릴로 구멍을 뚫는 프로젝트에 에드윈 엘 드레이크Edwin L. Drake가 협조를 구하려 애썼던 착암공

루이스 파스퇴르의 세균 이론은 웃기는 소설이다.

피에르 파셰Pierre Pachet, 툴루즈Thoulouse 대학 생리학 교수, 1872년

이 '전화'라는 건 통신 수단으로 진지하게 고려하기엔 너무 결점이 많아. 전화기는 본질적으로 우리에게 쓸모가 없어.

웨스턴 유니온Western Union, 사내 메모, 1876

공기보다 무거우면서 하늘을 나는 기계는 불가능해.

로드 케빈Lord Kelvin, 영국 왕립학회Royal Society 회장, 1895

비행기는 재미있는 장난감이지만 군사적 가치는 없어.

마레샬 페르디난트 포흐Marechal Ferdinand Foch, 전략교수, 프랑스 상급 군사학교Ecole Superieure de Guerre, 1928

이 무선 음악 상자는 상업적인 가치를 상상할 수가 없어. 특별히 누군가에게 보내려는 것도 아닌 메시지를 위해 누가 돈을 내려 하겠어?

1920년대에 데이비드 사르노프David Sarnoff의 동료들이 라디오에 투자하라는 권고에 답하며

최근의 발전들 *Recent Developments*

개념은 흥미롭고 잘 만들어진 거 같아. 하지만 학점을 C 이상 받으려면 실현 가능성이 있어야만 하지.

예일 대학교의 경영학과 교수가 "안정적으로 다음날 도착하는 배달 서비스"를 제안한 프레드 스미스Fred Smith의 논문에 대한 답변 – 스미스는 이후 페덱스Fedex를 설립했다.

쿠키 가게는 형편없는 생각이야. 게다가 시장 조사 보고서에는 미국사람은 바삭한 쿠키를 좋아하지. 네가 만든 것 같은 부드럽고 쫄깃쫄깃한 쿠키는 좋아하지 않는다고 나와 있어.

데비 필드Debbi Field의 미세스 필즈 쿠키Mrs. Fields' Cookies 설립 아이디어에 대한 답변

내가 그런 생각을 했더라면, 그 실험을 하지는 않았을 거야. 문헌에는 네가 그걸 할 수 없다는 사례들이 가득했지.

3M 포스트잇을 만드는 독특한 접착제의 개발로 이어진 작업에 대한 스펜서 실버Spencer Silver의 언급

우리가 당연하게 여기는 오늘날의 많은 제품과 서비스는 한때 불가능한 것이라 여겨졌거나 조롱거리였다.

'비평'과 '비관론자'들을 잘 다루는 것은 불가능한 것을 실행함에 있어 가장 중요한 도전 중 하나다.

위에서 언급된 내용들은, '생각'이라는 이성적 사고방식으로, '우리가 현재 익숙하고 편안함을 느끼는 것들을 넘어서는' 비전과 아이디어에 대한 에고ego의 자연스러운 저항을 보여주는 것이다. '그것이 무엇인가'에 대한 지식은 분명히 양날의 검이다. 우리가 기존에 이미 알고 있는 지식은 명료함, 편안함 그리고 안정감을 제공하지만, 다른 한편으로는 자신이 가지고 있는 지식에 대한 과도한 확신으로 그것에 매달리는 것은 우리가 기존에 알고 있던 것 너머의 것을 보기 어렵게 만들 수도 있다. 아마도 이에 대한 가장 대표적인 사례는 1899년 미국의 특허청장이었던 찰스 듀얼Charles H. Duell이 한 말일 것이다. *'발명될 수 있는 모든 것은 이미 다 발명되었다.'*

• 불가능한 것을 해내는 기술과 수련 •

The Skills and Disciplines of Doing the Impossible

불가능한 것을 실행하는 일은 무엇보다도 상상력을 동원해 미래를 창조하고, 끊임없이 자신이 가지고 있는 지도들maps과 가정들assumptions을 살펴보고, 숙고하고, 의문을 제기해 보는 훈련을 필요로 한다. 이것은 업무에서뿐만이 아니라 삶의 여러 분야에서도 중요하다.

1980년대 초반에 유방암이 재발됐던 우리 어머니의 사례를 살펴보기로 하자. 암의 재발은 예기치 않게 진행되었다. 의사의 진단은 4기 암이었다. 암에 5기는 없다. 그 다음의 단계는 죽음 밖에 없다. 첫 진단 후 2년이 채 지나지 않았고 암이 매우 급격하게 전이가 진행된 것을 보고, 의사는 매우 공격적인 종류의 암으로 진단했다. 암의 진전 속도와 다른 신체기관(다른 쪽 가슴뿐만이 아니라 방광, 난소 그리고 실제로 그녀의 모든 뼈의 골수 속까지)으로 전이되는 속도를 근거로 의사들은 어머니가 불과 몇 달 정도 밖에 살지 못할 것이라고 추정했다. 더욱이, 병의 진행 단계를 감안하면 그 시점에서 전이를 멈추게 하거나 지연시키기 위해서 의학적으로 할 수 있는 것이 아무것도 없다고 설명했다. 우리에겐 어머니가 단지 몇 년 더 살기를 바라는 것조차도 불가능한 꿈이었다. 어머니의 건강은 그저 잘 관리하면 되는 일상의 치료가 아니라, 하나의 벤처, 즉 BHAG같은 거대 프로젝트 였다.

나는 몇 권의 다른 책에서도 이 상황에 대해 쓴 적이 있다(신념Belief: Pathway to Health and Well-being, 2011 그리고 NLP로 신념체계 바꾸기Changing Belief Systems with NLP, 1989). 이 장에서는 우리 어머니가 불가능한 일을 해냈다고 말하는 것만으로 충분할 것이다. 그녀는 삶에서 주도권을 잡고(제한적인 의료 지원만을 받으며) 놀라운 회복을 보였다. 그리고 이후 18년을 더 살아 냄으로써 의사들을 깜짝 놀라게 만들었다. 그리고 그 시간 내내 암의 증상은 나타나지 않았었다. 흥미롭게도 이러한 결과를 이루어내기 위해, 어머니는 이 책의 시리즈에서 여태껏 우리가 다루어왔던 많은 기술들을 적용하였는데 먼저, 어머니는 자신의 비전과 미션 그리고 삶에 대한 앰비션을 명확히 하는 것부터 시작했다. (나는 종종 심각한 질병에서 놀라운 회복을 보이는 것을 의미하는 일반적인 용어가 '차도remission'라는 것이 상당한 관련이 있을 것이라고 생각해왔다. 건강의 위기에서 다시 일어서는 데 있어 개인의 미션에 계속 연결되는 것이 종종 중요한 성공 요인이기 때문이다.) 어머니의 중요한 성공 요인은 자신에 대한 믿음과 긍정적인 미래의 가능성에 대한 믿음이었다. [어머니는 자신의 단행본 「완전무결성에 이르는 나의 길My Pathway to Wholeness, 1991」에서 이 여정에 대한 자신의 이야기를 풀어 냈다.]

병의 예후에 대해 나쁘게 진단할 때, 의사들은 최선을 다해 그녀를 치료하면서도 그릇된 희망을 주지 않으려 애쓰기도 했다. 그들은 그 당시 자신들이 알고 있던 지식과 경험의 필터를 통해 어머니의 미래를 보고 있었다. 의사들의 관점은 중요하고 가치 있는 것이었지만 절대적으로 옳거나 궁극적으로 정확한 것은 아니었다. 이런 형태의 시각이 우리의 비전과 미래에 대한 앰비션을 부정할 때는, 종종 비난의 형태로 다가오며 의심과 저항이라는 걸림돌들을 만들어낸다. '비평가들'과 '반대론자들'을 상대하는 것은 불가능한 일을 실행함에 있어 그야말로 주된 도전들 중의 하나이다.

이것이 스티브 잡스가 우리에게 "타인의 생각과 신조Dogma에 사로잡히지 말고", 타인의 의견이라는 잡음이 우리 내면의 목소리를 제거하도록 하지 말라고 조언한 이유일 것이다. 한편으로는 잡스 자신의 오만함으로 인해 의사들의 충고에 충분히 일찍 주의를 기울이지 않았기 때문에 췌장암으로 이른 나이에 사망에 이르렀다는 사실은 논란거리이다. 따라서 타인의 의견에 '사로잡히지' 않는다는 것과 그것을 완전히 거부한다는 것 사이에는 중요한 차이점이 있다. 불가능한 일을 실행하는 것과 관련한 핵심 이슈들 중의 하나는 우리가 비판자들의 시각과 긍정적 의도를 너무 쉽게 받아들이거나 또는 평가 절하하지 않으면서 어떻게 그것들을 담아낼 수 있는가이다. 이것이 이 장에서 우리가 탐구할 주요한 과제들 중 하나이다. 어떻게 우리는 우리를 비판하는 사람들을 우리의 후원자들로 조언자들로 변화시킬 수 있을까?

패트리시아 딜츠는 유방암 4기를 놀라울 정도로 극복하는 동안 이 '불가능한 것을 해내기 위해' SFM시리즈에서 언급하는 다양한 스킬(그녀의 삶에 대한 비전, 미션 그리고 앰비션을 명쾌하게 하는 등)들을 적용했다.

불가능한 일을 실행하려면 혁신을 조율하고, 미래 적합성을 강화하고, 역경으로부터 다시 일어나는 것과 관련하여 그동안 우리가 탐구해온 모든 기술들뿐만 아니라, 추가로 몇 가지 다른 기술들도 필요하다. 우리가 지금까지 다루었던 일부 기술들은 다음의 것들을 포함하고 있다. (1) 비전, 미션, 앰비션 그리고 이에 정렬된 역할의 형태로 방향성을 표현하기 (2) 성공의 원 각 부분이 균형잡히도록 서로에게 이로운 상생의 마인드로 다가가기 (3) 정서 지능과 의식 리더십을 훈련하고 개발하기.

제5장에서 우리는 역경에서 다시 일어서기 위한 핵심 성공 요인으로써 '본보기 되기'와 '셰어링'의 중요성을 강조했었다. 이에 덧붙여, 불가능한 일을 실행하기 위해서는 '팀 협력 장려하기'과 '결과를 위해 다른 이들에게 영향 미치기'가 특별히 강조되어야 한다. 여기엔 효과적인 설득 능력과 '메타 리더십Meta Leadership'을 개발하는 것이 수반된다.

불가능한 것을 해내기 위한 중요한 핵심 기술 중 하나는 비평가들을 깎아내리거나 지나치게 그들의 의견을 제한하지 않으면서 그들의 관점과 긍정적인 의도를 통합하는 것이다.

• '메타 리더십' 필요성 •

The Necessity of "Meta Leadership"

메타 리더십은 다른 리더들을 고취시키고 이끄는 능력이다. 새로운 벤처의 설립자는 비전에 대한 열정을 공유할 수 있고, 이 열정을 현실로 만드는 일에 헌신할 수 있는 팀원들, 이해관계자들 그리고 파트너들의 마음을 끌고 나아가기 위해서 다른 이들 마음 속에 목적 의식과 비전을 불러일으킬 수 있어야만 한다.

디스플레이 리서치 래버러토리Disply Research Laboratories의 전임 CEO이자 '연쇄 창업가'임을 공언한 데이비드 구오David Guo에 의하면, "성공적인 기업가는 자신의 비전을 전달할 줄 알아야하고 사람들과 그들의 동기를 이해할 수 있어야 한다." 이러한 능력들이 '메타 리더십Meta Leadership'의 필수적인 특징이다. 메타 리더란 그들을 따르는 사람에게 단순히 지시하고 명령하는 것이 아니라, 다른 리더들이 자발적으로 따르도록 하는 사람이다. 불가능한 일을 실행하기 위해서는, 팀 내의 모든 구성원이 자신의 권한 안에서는 리더가 되어야만 한다.

데이비드 구오는 이렇게 주장한다. "나의 첫 번째 규칙은 언제나 나보다 더 뛰어난 사람들을 구하는 것이다. 당신이 누구를 고용하든 확실하게 당신보다 더 뛰어나야 한다." 이것은 물론 상당한 도전을 야기할 수도 있다. 구오는 종종 그가 자신의 팀에서 가장 젊은 멤버임을 지적한다. 따라서, 그는 자신을 사람들의 보스이거나 지휘자가 될 수 있다고 느끼지 않는다. 그는 "나는 나의 팀을 존중합니다."라고 말한다. "그들은 많은 것들에서 저보다 훨씬 더 많은 경험을 가지고 있습니다. 그래서 그들을 우리 팀에 오게 한 겁니다. 그들은 저에게 무엇이 필요한지를 저보다 잘 알고 있어요. 그들은 저에게 뭔가에 대한 허락을 구할 필요가 없습니다. 회사의 리더로서 내 역할은 그들이 자신들의 업무를 최고로 할 수 있도록 필요한 자원들을 제공하는 것입니다." 이런 의미에서, 메타 리더십은 '서번트 리더십Servant Leadership'과 많은 면에서 유사하다. 서번트 리더들은 다른 사람들의 업무를 편하고 쉽게 만들어주는 역할을 한다.

구오는 주장한다, "리더의 목표는 무엇이 사람들을 동기부여시키는지 알고 그것에 영향력을 행사하는 것이지, 사람들에게 길을 알려주는 것이 아니다." 그는 당신이 다른 리더들에게 뭔가를 하도록 만들 수는 없다는 점을 지적한다. 그들이 당신의 비전을 받아들이도록 해야 하고, "무엇이 그들을 움직이게 하는가?"를 자신에게 물어야 한다.

'연쇄 창업가'인 데이비드 구오에 따르면, "성공적인 기업가는 그의 비전과 생각에 대해 소통할 수 있어야 하며 사람들과 그들의 동기를 이해해야 한다."

데이비드 구오, 디스플레이 리서치 래버러토리 CEO.
데이비드 구오는 실리콘밸리에서 다수의 하이테크 벤처기업을 설립했다. 마이크로폴리스비디오MicropolisVieo의 공동 창업자로서, 구오는 업계가 시작된 이래 대화형 텔레비전 및 디지털 비디오 스토리지 분야에서 선구자였다. 디스플레이 리서치 래버러토리 CEO로서, 그는 2,000만 달러 이상의 벤처 금융을 조달했으며, DRL은 차세대 방사형 평면 디스플레이를 개발하여 플라스틱에 "인쇄 가능한" 박막 반도체 분야를 개척했다. 회사의 디스플레이 기술은 모바일 전자제품, 인터넷 가전제품, 비디오 광고판, 홈 시어터에서 사용할 수 있는 저비용 및 고해상도 디스플레이를 가능하게 했다.

하나의 사례로서, 구오가 디스플레이 리서치 래버러토리의 CEO이던 시절, 그는 인광물질 기술의 전문가와 같은 극도로 숙련된 사람들이 필요했다. 그런데 구오가 마음속에 구상하고 있던 디스플레이 타입을 만드는데 필요한 배경지식과 경험을 가진 사람들은 지구상에 단지 몇 명 밖에 없었다. 구오가 찾고 있는 사람들 중의 한 명은 이미 매우 성공한 사람이었고, 이전의 벤처에서 수백만 달러를 벌어서 은퇴한 뒤 수백 마일이나 떨어진 산속의 대저택에서 살고 있었다. 구오는 이 전문가가 은퇴 생활을 그만두고 다시 자신의 회사에서 일을 하도록 설득할 방법을 알아내기 위해 애를 써야 했다. 그 사람은 돈에는 더 이상 관심이 없었으며, 자신이 전문가임을 증명할 필요도 없었기에 구오는 이 사람이 다시 일을 하고 싶어질 만큼 충분히 흥미로운 무언가를 찾아야 했다.

결국 그가 찾은 가장 강력한 동기는 벤처에 대한 자신의 비전 그리고 인광물질 전문가가 자신의 이론과 아이디어를 탐구해 사람들이 불가능하다고 생각하는 일에 자신의 이론과 아이디어가 활용되는 것을 볼 가능성이었다. 식탁보 정도의 크기와 두께를 가진 고해상도 스크린을 만드는 것이 그의 비전이었다. 구오는 자신의 회사가 형광체 엔지니어가 자신의 이론을 구현할 수 있는 최적의 기회를 제공하는 회사라는 사실을 가지고 그를 설득했다. 결국 그 엔지니어는 팀에 합류하여, 일주일에 며칠씩 자신의 전용 비행기로 일터까지 날아오게 되었다.

데이비드 구오의 사례가 보여주는 바와 같이, 메타

리더십은 자신의 비전과 사명감을 통해 다른 리더들에게 영감을 불어넣고 고취시킴으로써 '그들을 이끄는 것'이다. 이는 극단적인 임파워먼트에 대한 하나의 예시다. 메타 리더십은 아마도 차세대 기업가들에게 필요한 새로이 떠오르는 형태의 가장 중요한 리더십 중 하나일 것이다. 기업의 직급 체계가 점점 사라져가고 더욱 '수평적'이 되어감에 따라서 그리고 사람들의 업무에 자주성이 증가하고 '재량의 공간'의 필요성이 늘어남에 따라, 팀과 회사 내에서 함께 일하는 사람들 사이의 관계들도 근본적으로 변화하고 있다. 전통적인 '리더와 부하' 관계가 아니라, 미래의 회사와 조직들은 '리더와 리더의 상호작용'이 더욱 중요해졌다. 그리고 '리더와 리더'의 상호작용 안에서 개개의 그룹 구성원들 또한 어떤 방식으로든 한 사람의 리더이다.

궁극적으로 메타 리더십은 미래를 상상하고, 그 미래에 전념하며, 다른 사람들에게 비전을 불러일으키고, 비전을 창조하기 위해 그들과 함께 일하는 것을 기반으로 한다. 따라서 메타 리더십은 '**파워**Power'보다는, 비전과 진정한 헌신의 '**영향력**Influence'에 기인한다. 메타 리더들은 타인을 더 크고 공유된 시스템의 상호연결된 귀중한 부분들로 바라본다.

메타 리더십은, 다른 사람들에게 명령을 하는 것이 아니라 그들과 함께 논의하고, 임파워링하며, 영감을 불어넣는 능력과 관련있다. 역동적인 환경에서 성공적이려면, 기업가는 '자신의 권한 내에서는 리더인 다른 사람들' 그리고 '주도적이면서 기꺼이 책임을 지고 행동을 취하는 다른 사람들'과 일해야 한다. 기업가는 다른 사람들을 관리하고 그들이 무엇을 할지를 계속 이야기하고 있을 시간이 없다. 데이비드 구오가 설명하는 바와 같이, "우리의 전략은 매 5분마다 변화한다. 우리의 비전과 목표는 변하지 않았지만 전략은 새로운 정보가 있을 때마다 변하는 것이다." 불가능한 것을 실행하기 위해서는, 팀원들이 신속하고 유연하게 행동할 수 있도록 임파워링 될 필요가 있다.

메타 리더십은 그가 가지고 있는 비전과 미션을 통해 타인에게 영감을 불러 일으킴으로써 '다른 리더들을 이끄는'것과 관련 있다.

불가능한 것을 하기 위해서는 팀 구성원들이 유연하게 빨리 움직일 수 있도록 임파워할 필요가 있다.

• 성공요인 사례 얀 스미스 – 디즈니 인터랙티브 스튜디오 •

Success Factor Case Example Jan E. Smith – Disney Interactive Studios

비전을 지켜내게 하는 임파워링과 코칭 *Coaching and Empowering People to Take Hold of the Vision*

얀 스미스Jan Smith가 2000년에 '디즈니 인터랙티브Disney Interactive'사의 사장이 되었을 때, 그녀는 자신에게 상당한 도전이 맡겨졌음을 깨달았다. 엔터테인먼트의 게임 부문이 잘 돌아가지 않았는데, 이는 '디즈니'에서 일어나서는 안될 일이었다.

디즈니 왕국은 1990년대에 꾸준하게 성장해 왔으며, 핵심 분야에서 성공 후 계속해서 좋은 성과를 쌓아오고 있다. 디즈니의 새로운 전략은 더 많은 고객들에게 팔기 위해 제품을 다양화하고 혁신하는 것이었으며, 디즈니라는 브랜드를 새로운 영역으로 확장하여 디즈니의 자본을 새로운 시장에 레버리징[10]Leveraging하는 것이었다. 이런 활동은 먼저 교육 분야에서 시작되었고, 이후 게임 분야와 소매사업으로 이어가려는 노력을 하고 있었다.

사실, 얀Jan은 디즈니 스토어를 만들고 창간하기 위해 1987년 월트 디즈니로 입사하였다. 그녀는 디즈니 스토어Disney Store의 첫 인상이 "오락 형태의 소매업" 같았다고 설명한다. 스토어의 목표는 "놀이공원 디즈니월드의 경험을 소매 사업분야에서도 할 수 있게 하는 것"이었다. 이를 구현하기 위해서 디즈니는 이제까지 해본 적 없는 방식으로 일을 해야 했다. 얀과 그녀의 팀은 스토어 점원들의 전형적인 역할을 재정의했다. 예를 들면 '직원'이라는 말 대신에 '배우'라고 불렀다. 점원들은 단순한 판매가 아니라 스토리텔링과 오락 형태의 마케팅 활동을 통해 고객들에게 추억을 만들어 주었다. 그렇게 하려면 점원들이 디즈니 제품들에 대한 역사는 물론 잡다해 보이는 정보와 기타 사실들까지 모두 알고 학습해야 했다. 이를 구현하기 위해 결국 디즈니대학까지 만들게 된다.

---

10 레버리징(Leveraging): 외부로부터 자본이나 다양한 형태의 자금을 들여와서 이용하는 일(역자주).

그들이 하고 있는 것은 완전히 새로운 것이었고, 얀이 강조하는 것은 "새로운 것은 흥미롭고 신나지만 위험한 것"이었다. 디즈니 최고 경영진으로부터 벤처 창업을 위한 허가를 얻는 것은 처음엔 "무척 힘들었다". 경영진들은 디즈니 스토어가 디즈니 브랜드에 부정적인 영향을 미칠 수 있다고 생각했다. 그러나 그녀는 팀원들과 끝까지 버텼다. 결국 프로젝트는 시작되었고 디즈니 스토어는 디즈니 그룹의 또 다른 대표작이 되었다.

그리고 나서 이후 얀은 디즈니 출판사의 사장이 되었고, 몇몇 새로운 출판 관련 사업을 도입하고 키우는 데 중요한 역할을 하였다.

얀 스미스 Jan E. Smith
전 디즈니 인터랙티브 스튜디오 사장

얀 스미스가 이루어낸 디즈니 인터랙티브 스튜디오의 변화는 혁신을 조율하고 불가능을 가능하게 하기 위한 의식 리더십과 기업가 정신의 원칙을 적용한 아주 좋은 사례이다.

여정의 시작 *Beginning the Journey*

얀이 인터랙티브 게임 부분에 착수하게 된 것은 다음과 같다. 그녀는 제품 개발, 마케팅, 재무관리, 비즈니스, 법률 업무, 고객 지원 등 디즈니 인터랙티브의 글로벌 운영 전반에 대한 책임을 수락했다. 얀의 임무는 사업의 전반을 바꾸는 것으로, 그 목표는 세계 최고의 쌍방향 엔터테인먼트 회사가 되는 것이었다. 그러나 글로벌 경기 침체로 인해 이미 많은 기업들이 위축되고 있었고, 적은 자원으로 기대 수준의 결과를 달성하기 위해서는 조직을 완전히 재구성해야 하는 상황이었다. 개인 PC 시장이 축소되고 있었기에 이전과는 전혀 다른 플랫폼용 콘텐츠에 맞는 포켓용 게임 장치를 개발해야 했다. 그들은 또한 이전에 아웃소싱했었던(예를 들면 제조,판매,마케팅 등) 주요 업무들을 내부로 들여와 사내에 정착시켜야 했다.

이상하게도, 얀이 직면한 가장 큰 문제는 컴퓨터 게임 고객과 디즈니 브랜드 사이의 괴리였다. 전형적인 디즈니 고객의 수요 인구 연령층은 8세 이하의 어린이

얀 스미스의 앰비션은 디즈니브랜드와 캐릭터를 레버레징을 통해 새로운 시장에 진출하여 디즈니 인터랙티브를 세계 제일의 엔터테인먼트 회사로 만드는 것이었다.

나 가족이었다. 반면에 컴퓨터 게임의 수요 인구 연령층은 15세 이상의 젊은 남성들이었다. 8세의 아이들은 게임을 할 때 인어공주가 글자를 쓰고 단어 읽는 것을 도와주면 행복해 했다. 반면 15세 이상의 사람들은 인어공주를 쏴 죽이는 것을 재미있어 했다.

한계점을 넘다 *Crossing the Threshold*

얀은 디즈니사의 시장을 키워 게임사업 부분까지 넓혀가도록 하기 위해서 회사가 나아갈 방법은 2가지라는 것을 깨달았다.

1. 전형적인 디즈니 고객을 컴퓨터 게임에 끌어들일 만한 제품을 만드는 것.
2. 회사의 가치에 손상 없이 높은 연령층의 그룹까지 포용할 만한 제품을 만드는 것.

얀의 해결 과제는 디즈니의 진실성과 가치를 유지하고 긍정적인 요소를 활용하면서 가능한 범주까지 생각을 넓히는 것이었다. 또 한 번, 그녀는 디즈니에서 이전까지는 누구도 시도해 본 적이 없는 것을 실행해야 했다. 이런 점에서, 디즈니라는 브랜드는 오히려 큰 장애물이었다. 새로운 제품 영역으로 나아간다는 것은 회사에게는 극도로 위험한 것이었고 최고 경영층을 긴장시켰다. 성공하기 위해선 회사 내부와 외부의 장벽을 부수는 것이 필요했다.

이런 얀의 업무는 쉽지 않은 것이었다. 그녀는 말했다. "영웅이 되거나 아니면 잘리거나 둘 중 하나라는 것을 알았어요", "만약 내가 성공하지 못한다면 나는 희생양이 되고 말 테죠."

얀 스미스의 비전은 전형적인 디즈니 고객과 좀 더 높은 연령층의 고객까지 디즈니의 가치에 타협하지 않고 컴퓨터 게임으로 끌어오는 것이었다.

비전의 등장 *A Vision Emerges*

2000년 7월, 얀은 디즈니 TV에서 방영될 '누가 백만장자가 되고 싶은가.'라는 새 TV쇼의 파일럿 사전 제작 영상을 보게 되었다. 얀은 이렇게 이야기했다. "그 쇼를 보고 저는 인터랙티브 제품에 대한 비전을 갖게 되었습니다. 분명 '이것은 앞으로 잘 될 것이다. 방법만 찾으면 돼'라는 직감이 올라 왔죠."

그러나 얀은 몇 가지 핵심 과제에 직면하게 되었다. 먼저 이러한 유형의 제품은 디즈니 인터랙티브사의 핵심 역량이 아니다. 그들은 TV쇼에 기반을 둔 게임을 위해 완전히 새로운 컴퓨터 플랫폼을 개발해야 했다. 둘째로, 인기 TV프로그램조차도 수명이 짧다. 그때가 7월이었고 컴퓨터 게임의 높은 판매를 이루어내기 위해서는 크리스마스 전까지 게임이 준비되어 있어야 했다.

장애물을 변형하다 *Transforming Resistance*

얀이 처음 그녀의 비전을 제안하기 시작했을 때 주변의 수많은 반대와 마주쳐야 했다. "CFO는 처음에 "안돼"라고 했어요"라며 얀은 회상했다. "사람들은 웃기 시작했죠." 일반적인 비디오 게임의 개발 주기는 18개월이었는데 크리스마스까지 남은 기간이 고작 3개월밖에 되지 않았기 때문이었다. 모두가 그녀에게 말했다. "당신이 제안하는 것은 불가능하다."

얀 스미스는 다각도로 문제점을 보려는 열정을 가지고 있었다.

그러나 얀은 포기하지 않았다. "나는 그것이 잘 될 것이라는 직관을 가지고 있었고 도전을 해낼 수 있을 것이라고 생각했다"라고 그녀는 설명한다.

CFO와 경영 윗선의 허가를 받기 위해서 그녀는 모든 디즈니 콘텐츠를 새로운 시장으로 진출시키기 위한 기업 차원의 전략적 목표가 있다며 그들을 설득했다. 그녀는 사람들에게 말했다. "이것은 어찌되었건 우리가 원하는 것이다. 단지 그 시기가 빨라진 것 뿐이다."

첫 번째 업무는 어떻게 '불가능한 일을 해낼 것인지'에 대한 방법을 찾아내는 것과 어떻게 일반적인 개발 기간의 6분의 1 밖에 안되는 시간을 가지고 제품 개발을 해내느냐였다. 얀은 다각도로 프로젝트를 검토해 볼 수 있도록 팀을 며칠 동안 외부로 출근하게 했다. "정해진 틀에서 빠져 나와서 생각하게 했다." "당신은 이것이 가능하다는 것을 보여줘야 한다. 그리고 '왜 안될 것이라고 생각하느냐'고 반문해야 한다."라고 그녀는 설명한다.

"첫째, 나는 그들과 대화하고 그들의 사업에 대한 견해를 듣는 것에 많은 시간을 보냈다." 그리고 나서 그녀는 자신만의 '가능한 그림'을 얻기 위해 그러한 견해들을 종합해야만 했다.

얀은 과거 선례도 없고 역사도 없는 해결책을 찾기 위한 자신만의 접근법을 이렇게 설명한다. "열린 토론장을 열고 다른 의견을 장려하며, 열띤 토론을 하고 그것을 중재하고 마침내는 결론을 도출했다."

얀은 말한다. "궁극적으로 리더는 좋은 일이 일어나든 나쁜 일이 일어나든 책임을 져야 한다." 또 그녀는 리더라면 "결과가 잘못되면 본인이 모든 책임을 지고, 만약 그것이 제대로 된다면, 팀원들에게 모든 공을 돌려야 한다"고 주장한다.

제약을 초월하다 *Transcending the Constraints*

얀의 획기적인 미팅의 결과, 팀은 열린 혁신의 원칙을 적용한다는 결론, 즉 처음부터 게임을 위한 테크놀로지 플랫폼 전체를 개발하는 것보다 해당 분야를 '선도하는' 회사로부터 사용권을 구입하는 것이었다. 이 방법은 개발 기간을 훨씬 단축시켜 주었다. 여기에다 팀은 근무 교대 시간을 겹치도록 짜서 '24시간 내내' 일을 하기로 결정했다.

얀의 비결은 '비전에 온전히 집중하는 상태'를 유지하는 것이었다. 그녀는 팀의 핵심 인원 및 업무 관계자(쇼호스트, 프로듀서, 프로덕션 실무자 등)와 회의를 열고 긴밀한 유통 파트너십을 구축했다.

'얀의 미친 아이디어'는 시간이 지나면서 점차 '우리 프로젝트'로 바뀌었고 얀은 그렇게 부르게 된 기억을 자랑스럽게 이야기했다.

불가능한 일을 가능하게 하다 *Achieving the Impossible*

이러한 결정들은 남은 기간동안 제품을 시장에 출시할 방법을 찾는데 있어서 돌파구가 돼주었다. 얀과 팀은 보통 18개월이 걸렸을 제품을 3개월 만에 완성했다. 얀의 디즈니 게임에 대한 직관이 성공한 것이다. 제품은 가족 단위의 TV시청자들로부터 폭넓은 인기를 얻었고, 디즈니 인터랙티브는 크리스마스 전에 3만 대의 제품을 판매하는 쾌거를 를 이루어 냈다.

이 첫 번째 성공을 기반으로, 얀은 디즈니의 소비 시장을 게임 시장으로 확장시키고 디즈니 고유의 가치에 손상 하나 없이 비디오 게임 이용자의 연령층을 높여 사업을 키울 수 있었다. 그녀의 팀은 회사 밖에서의 회의(워크숍)와 열린 마음으로 틀 밖에서 생각하기와 같은 전략을 가지고, 디즈니의 가치에 위배되지 않는 게임 시장, 그리고 그 시장에서 성공한 모델이 될 만한 회사가 있는지 찾아다녔다.

그들은 '총으로 사람을 죽이는 폭력적인 게임'이 아닌 종류의 게임으로 미국 시장에서 성공한 적이 있는 일본 비디오 게임 회사를 알게 되었다. 그 일본 기업은 미국에서 인기 있으면서 유해하지 않은 게임 몇 가지를 시판하고 있었는데 디즈니 인터랙티브는 이들과 전략적 제휴를 맺었다. 이를 통해 디즈니 인터랙티브의 미래를 바꾸는 또 다른 히트 게임이 만들어졌다.

얀은 디즈니 인터랙티브에서 세운 뛰어난 실적으로 글로벌 리더로서 사업 부분 책임자가 되었다.

저항을 바꾸고 전례가 없는 것을 달성해 내기 위해 얀은 "열린 포럼을 만들어 각기 다른 견해를 격려하며 열띤 토론으로 이끌고 중재하며 결론을 도출해 냈다".

얀은 "정말로 비전에 집중"했고, 핵심 멤버들 및 이해관계자들과 미팅을 가져 유통 파트너십을 구축함으로써 큰 제약을 초월할 수 있었다.

얀 스미스는 핵심 동맹과 파트너십을 형성함으로써 선구자들과 함께 일하는 창시자의 역할을 맡았다.

메타 리더십의 실행 *Meta Leadership in Action*

얀은 자신의 성공비법을 "사람들이 비전을 갖도록 코칭과 역량 강화를 하는 것"이라고 요약했다. 이것은 메타 리더십의 기본 공식이다. 얀에 따르면 "리더십이란 전략적인 계획의 과정이 빠르게 진행되도록 하는 것과 사람들이 새로운 길을 찾도록 도와주는 것"이다. 그녀가 설명하길, "그녀가 속해 있는 조직에는 특정한 방식으로 그들의 전략을 중점적으로 검토하는 현명한 임원들이 있었다." 효과적인 메타 리더가 되고 불가능을 해내기 위해서 기업가는 좋은 소통 기술을 가져야 하고 "비전이 확실하다면 사람들이 기회를 잡을 수 있다는 믿음을 갖도록 해야 한다."

얀의 경우가 리더와 기업가가 비전에 대해 사람들을 교육시킬 때 가장 효과적인 '소통'을 성공시킨 훌륭한 사례이다. 그녀는 말했다. "소통하고, 소통하고, 또 소통해야 한다." 즉, 새로운 벤처의 리더는 "소통할 수 있는 기반을 만들고 목적지를 바라보도록 도와주어야 한다"는 것이다. 얀이 설명하기를, 맨 처음에는 "전 세계를 날아다니며 사람들이 나를 알 수 있도록 많은 만남을 가지는 것이 필요하다. 처음에는 더 눈에 띄게 그 곳에 있어야 하며 분위기를 조성하고 본보기가 되어야 한다. 그 후에는 이를 이어갈 당신의 직원들이 필요하다."

얀 스미스는 사람들이 비전을 갖도록 코칭하고 역량 강화를 함으로써 그들의 미션 쪽으로 그녀의 팀을 동기부여하고 정렬했다.

스티븐 잡스와 유사하게, 얀은 일단 그들만의 '무엇인가'를 확보하고 공통된 비전을 공유하면 팀원들 스스로 해결할 수 있을 것이라고 느꼈다. 얀은 팀원들의 능력에 대한 강력한 믿음을 가지고 있었다. "만약 당신이 확실하다고 생각하는 사람들을 데리고 있다면 당신은 무엇이든 할 수 있을 것이다."라고 그녀는 말했다. 얀은 그들이 옳은 결정을 내릴 것을 믿고 있었다. 더 큰 그림이 공유되면, 그러면 "그들은 설사 다른 방법을 쓰더라도 비전에서 벗어나지는 않게 일을 할 것이다."

비전을 실행으로 옮기다 *Moving from Vision to Execution*

얀의 사례는 비전을 행동으로 옮기기 위해 성공 요인의 각기 다른 수준들을 조정하고 정의하는 것의 중요성을 보여준다. 그녀는 성공에 도달하기 위해서는 "작전을 실행하는 것이 비전을 얻기 위한 핵심 요소"라고 주장한다. 여기엔 비전을 전달하고 "계획을 짜며 각 단계를 잘 실행하는 것"을 포함하고 있다. 다시 말하면, 당신은 "운영과 관련된 전략적 계획을 세우는 것에서부터 시작해야 한다."고 말한다.

얀은 "정해진 틀 없이 창조하는 것은 그리 창의적이지 않다"라고 지적한다. 예를 들면, 디즈니 스토어의 도전 과제는 "틀 안에서 창의성을 발휘하는 것"이었다. 그 말은 즉, 비전의 매개변수들을 이해하고 그 매개변수의 범위 내에서 이전에는 없었던 무언가를 창조한다는 것이다. 반면에, 디즈니 인터랙티브의 도전은 가능한 것을 한다는 제한된 관점이라는 '정해진 틀 밖으로 벗어나' 비전이라는 더 큰 틀로 들어가는 것이었다. 비전이라는 큰 틀은 그 안에 전략적 계획이라는 '틀'을 포함하고 그 속에는 또다시 더 작은 운영 계획이라는 '틀'이 들어있는 구조로, 이는 마치 러시아 전통 인형과 같이 큰 인형 안에 작은 인형 그 안에 더 작은 인형이 중첩되어 들어있는 형태였다.

생성적인 협업을 촉진하다 *Promoting Generative Collaboration*

성공을 위해 벤처는 "의사소통을 위한 인프라와 창의력을 위한 인프라 둘 다 개발해야 한다."라고 얀은 충고한다. 그녀는 "창의력이 발휘되도록 시간을 충분히 쓰는 것"도 중요하다고 말한다. 그렇지 않으면 사람들은 하던 일을 하던대로 하기 때문이다. 이를 위해선 "정기적인 창조적 대화"를 하는 훈련이 필요하다.

얀의 명백한 핵심 성공 요인 중 하나는 "각기 다른 배경을 가진 사람들을 방안에 배치하고 그들을 스트레칭stretching 하는 것"이었다. 그녀는 워크숍을 위해서 "코치 컨테이너COACH Container"를 구축하고, "열린 토론장"을 만들었으며, "모두가 논쟁하고 주장할 수 있도록" 했다. 물론, 이를 위해선 각기 다른 시각을 가지고 비전에 강한 초점을 맞출 만큼 큰 여지는 필요했다. 얀은 불가능을 해내기 위해서는 "비판보다 꿈에 더 초점을 맞춰야 한다"고 말한다. 그녀는 월트디즈니가 첫 번째 디즈니 랜드를 건설할 당시 완공 전까지 3번이나 파산이 있었던 점을 언급했다.

생성적인 협업을 촉진하고 혁신을 조율하기 위해서 얀 스미스는 팀을 위해 "의사소통이 잘 이루어지고 창조적으로 일할 수 있는 토대를 개발하고, 시간에 여유를 갖도록 독려하였다."

성공적인 벤처 기업에서 실행은 비전과 조화를 이루어야 한다.

내면 게임을 마스터하다 *Mastering the Inner Game*

얀의 '내면 게임Inner Game'의 기본적인 자원은 그녀의 비전, 직관 및 "나는 성취할 수 있다"는 자기 자신에 대한 믿음이었다. "당신 자신을 믿지 않으면 링 위에 올라설 수 없습니다."라고 그녀는 주장한다. 그녀의 내면 게임의 또 다른 핵심 요인은 "목표 지점까지 달려가고자 하는 결단력"이었다. "만약 당신이 어떤 것을 꿈꿀 수 있다면 당신은 그것을 해낼 수 있다"고 그녀는 말한다. 얀은 "창의적인 방식으로 문제점을 바라보고 자신의 직관을 믿음으로써" 믿음과 마음가짐을 보완했다.

성공의 원 구축하기 *Building a Circle of Success*

요약하면, 얀은 분명 체계적으로 강력한 성공의 원을 구축했다. 성공의 원의 중심에는 그녀의 충분한 목적성과 직관, 그리고 '나는 할 수 있다'는 자신에 대한 믿음이 있었다. 그리고 각 사분면에 대해 독창적인 방법으로 문제점을 보는 데 그녀의 열정을 쏟아 부었다.

그녀는 자신의 열정을 비전에 적용하여 "다른 새로운 제품에도 디즈니의 품질 유지하기"에 도전했다. 여기엔 전형적인 디즈니 고객을 컴퓨터 게임으로 끌어오는 것과 디즈니의 가치에 손상을 주지 않고도 높은 연령대의 고객도 끌어올 수 있는 비디오 게임을 개발하는 것이 포함되어 있었다.

비전에 도달하기 위해서 그녀는 문제점을 새롭고 독창적인 방법으로 보기 위한 "소통 인프라와 창의력 인프라를 구축"하고 "사람들이 비전을 갖도록 코칭하고 임파워먼트 하는 것"에 그녀의 열정을 쏟아 부었다. 그녀는 팀원들의 능력을 키우고 각자의 미션을 맞춰 가도록 팀을 지원하였으며, 이를 위해 장애물을 찾아내고 이겨내며 새로운 해결책을 찾고자 진실한 대화를 나눌 수 있는 열린 포럼을 설립하였다.

세계 제일의 쌍방향 소통 엔터테인먼트 회사가 되고자 하는 앰비션에 그녀의 열정을 쏟아부었고, 디즈니의 '자본'을 독창적인 방법으로 다른 시장에 활용했고, '목표 수준까지 도달하기 위해' 강한 결심을 했다.

선구자들과 함께 일하는 창시자의 역할을 하게 되면서, 얀은 소프트웨어 개발 주기를 획기적으로 줄이기 위해 "열린 혁신"을 촉진하고, 기존 플랫폼으로 기술 특허를 받았으며 그 기술을 적용하여 드라마틱하게 소프트웨어 개발 주기를 단축시키는데 열정을 다했다. 또한 그녀는 일본 게임 회사와 강력한 전략적 제휴를 맺게 되었고, 핵심 유통 파트너십을 구축하게 되었다.

다음 그림에서는 얀의 성공의 원에 대한 핵심 요소를 보여준다.

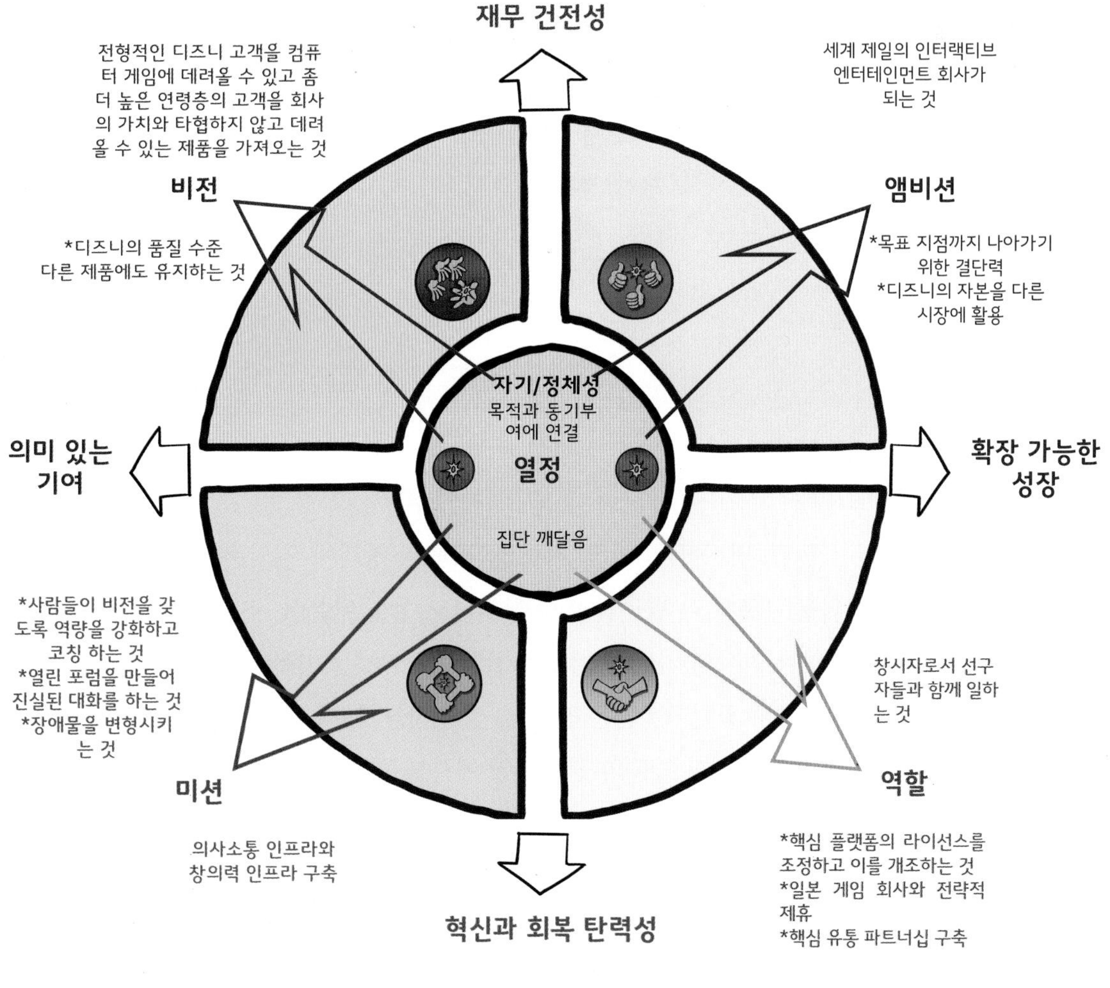

머리, 가슴, 배로부터 이끌기 *Leading from Head, Heart and Gut*

리더로서 얀Jan의 행동은 명백하게 의식 리더십의 기본 정의에 걸맞는 사례다. 그녀는 "지속 가능한 벤처 기업을 구축하고, 팀원들과 함께 집단 지성을 이끌어 내며, 더 큰 목표에 봉사하고 그녀가 가지고 있는 최상의 가치를 이루며 살았으며, 모든 이해관계자들의 이익을 위해 최상의 서비스를 제공할 수 있었다." 얀은 진정성, 정서 지능, 목적 의식과 책임감을 모두 보여주었다. 또한 의식 리더십의 핵심 활동의 전형적인 예시를 잘 보여주었다.

1. 모든 이해관계자들에게 해당되는 의미 있는 비전을 만들고 나눈다.
2. 보다 더 높은 목적에 중점을 둔다.
3. 영감을 통해 영향력을 미친다.
4. 자신과 공동의 이익 사이의 균형을 맞춘다.
5. 다양한 관점을 존중하고 통합한다.
6. 모범을 보인다(말 한대로 일한다).
7. 사려 깊게 셀프리더십을 발휘하며 경험에서 얻은 교훈을 신중하게 성찰한다.

또 다른 중요한 스킬은 팀 협동과 '생성적인 협업'을 장려하는 것이다.

얀은 머리와 가슴 그리고 배가 이끄는 것의 뛰어난 균형을 보여준다[11]. 자신이 해결해야 할 비즈니스 문제와 전략적 목표에 대한 인지적 이해력(머리)을 가지고 있었다. 이를 통해 그녀는 운영 계획과 연계된 전략적 계획을 수립하고 비전을 실행에 옮길 수 있었다. 또한 사람들과 관계를 맺고 감정을 파악하고 동기를 이해할 수 있는 정서 지능(가슴)을 가지고 있었고 이것은 그녀가 장애물을 식별하고 변형할 수 있도록 해 주었고 사람들이 비전을 갖도록 동기부여를 할 수 있게 해 주었다. 그녀는 또한 자신의 신뢰와 경력을 걸 가치가 있는 프로젝트를 선택하기 위해 엄청난 직관력(배)을 사용했다. 이로써 그녀는 비전을 행동으로 옮기고 디즈니에서 "이전까지 아무도 하지 못한 일을 해내었다."

11 이성으로 생각하고, 감성으로 느껴보고, 직관으로 통찰하여 이 세 가지를 모두 잘 활용했다는 표현이다. Gut를 직역하면 장기이지만 대개 몸에서 느껴지는 직관을 의미하는 것으로 이해하는 것이 보다 정확하다. '몸과 마음은 하나의 시스템이다'라는 전제를 가지고 있는 NLP에서는 마음의 문제는 몸이 먼저 알아차리고 반응한다는 의견을 가지고 있다. 따라서 몸의 어떤 반응을 통해 마음으로 다가갈 수 있다고 보며, 나아가 Gut feeling으로 분아(分我, part)를 활용한 기법들까지 개발하여 사용하고 있다. 한편, 최근엔 장기는 제2의 뇌로서의 기능을 하고 있고 할 수 있다는 의과학분야의 연구가 나오면서 Gut Feeling개념을 뒷받침 하고 있다(역자주).

혁신 조율

마지막으로 중요한 또 하나는, '불가능을 가능하게 한' 얀의 성공적인 여정이 우리에게 혁신 조율의 또 다른 핵심 단계를 보여주었다는 것이다.

1. 임파워링Empowering: **스스로를, 팀을, 그리고 당신의 비전을 믿어라. 일이 잘못되면 본인이 모든 책임을 지도록 하고, 일이 제대로 되었다면, 팀에게 모든 공을 돌려야 한다. 그것이 가능하다는 것을 보여주고, "왜 이것이 안 될 것이라고 생각하느냐"고 반문해야 한다.**

얀은 자기 자신과 팀 그리고 비전에 대한 믿음을 기반으로 팀 내에 해낼 수 있다는 믿음을 구축하는 것이 무엇보다 중요하다고 강조한다.

2. 코칭Coaching: **우선 분위기를 조성한 후 스스로 모범이 되고 눈에 띄도록 하며 현장에 있도록 하라. 사람들이 비전을 갖도록 역량을 강화하고 코칭하라. 그리고 비전이 명확하다면 "사람들이 빠르고 유연하게 대처할 능력이 있다"고 믿어라.**

얀에게 명백한 주요 도전 과제 중 하나는 디즈니 가치에 어떠한 손상도 없이 디즈니의 품질을 가진 새로운 비디오 게임을 만들어 내는 것이었다. 이는 가치를 행동으로 옮기는 기술과 비전을 실행으로 옮기기에 알맞은 얀의 상태와 팀의 상태를 만들어야 했다.

3. 셰어링Sharing: **비전에 대한 교육을 하고, 열린 포럼을 만들어 허심탄회한 의사소통과 창조적 대화를 나눌 수 있는 기회를 정기적으로 가져라.**

얀은 집단적으로 문제 해결을 촉진하고 생성적인 협업을 하는 것에 능숙했다. 얀이 탁월하게 해낸 것 중 하나는 열린 포럼을 만들어 각기 다른 견해를 격려하고 열띤 토론을 이끌어 내어, 마지막에는 결론을 도출해 내는, 즉 복합 스코어multi S.C.O.R.E. 모델에 참여하는 것이었다.

4. 스트레칭Stretching: **지금까지 누구도 한 적이 없는 것을 실행하라. 각기 다른 배경의 사람들을 함께 어울릴 수 있도록 하고 스트레칭하게 하라.**

사업을 크게 바꾸는 과정이, 얀 자신과 팀의 여정이 될 것이고, 그 여정에서 그들이 영웅이 되는 일임을 잘 알고 있었다. "나는 영웅이 되거나 또는 아무 의미 없이 잊혀지는 존재가 될 수 있다는 것을 알고 있었다"라고 그녀가 이야기한 것처럼, 소명을 받아들이고 한계를 초월하며 후견인을 찾고 '악마(장애물)'와 직면하여 변형시킴으로써 얀은 보통 18개월의 개발기간이 걸리는 제품을 3개월 만에 선적까지 해내는 "불가능을 해낼 수" 있었다.

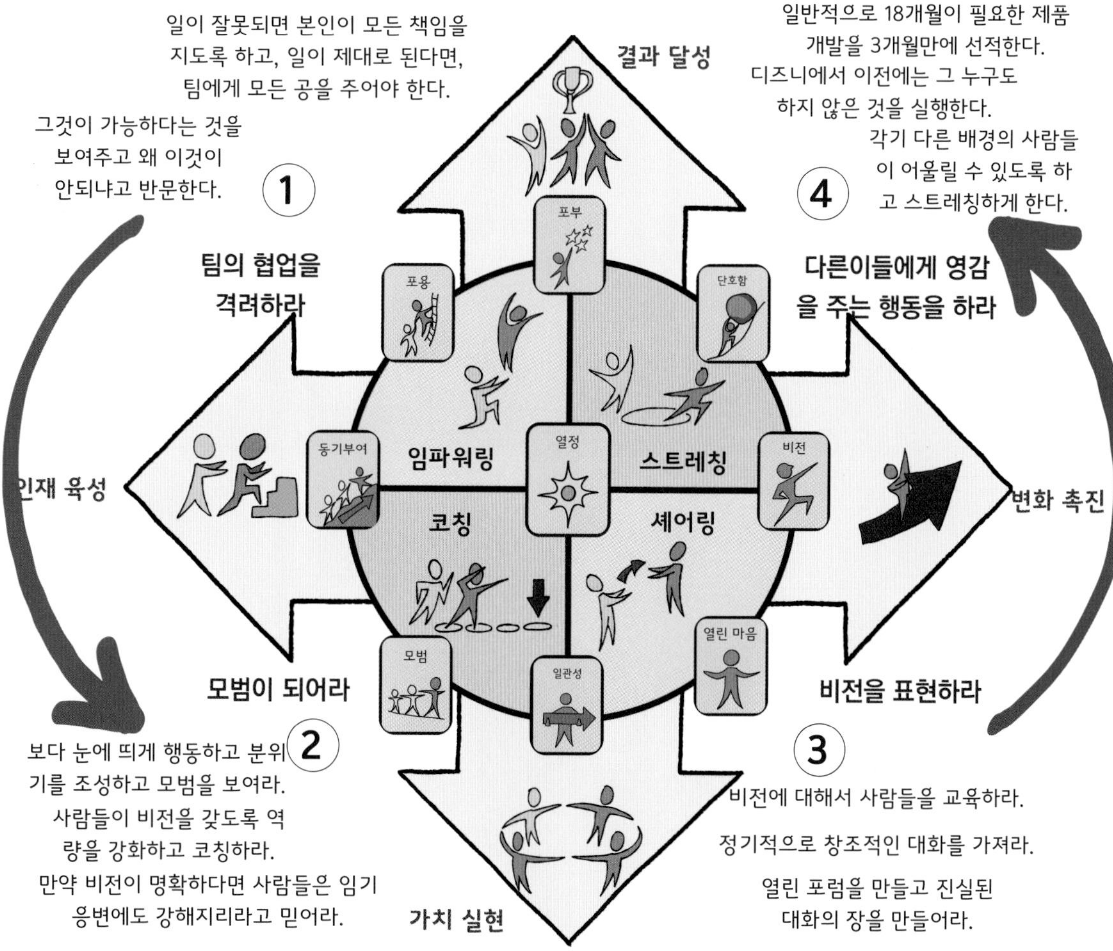

얀 스미스의 혁신 조율 공식

이 장의 남은 부분에서는, 당신이 머리, 가슴, 배로 성공의 원을 구축하고 벤처에서 혁신을 조율하는 얀 스미스의 공식을 자신의 벤처에서 구현하는데 도움이 되는 방법을 제시할 것이다.

• '불가능한 것들을' 구체화하라 •

"Imagineering" the Impossible

성공적인 기업가들과 리더들을 연구하고 인터뷰를 해보니 그들 대부분의 견해는 역동적이고 변화하는 세계에서 미래를 예측하는 것은 불가능하다는 것이었고 대신에 미래는 만들어져야 한다고 지적했다. 미래를 창조하려면 "돌아올 수 없는 순간에 도달할 때까지 지속적이고 반복적으로 그 곳까지 성공적으로 도달하는 일"을 해내야 한다. 내가 얀 스미스가 비전을 실행으로 옮기는 과정을 러시아 인형에 비유한 것처럼, 미래를 창조하기 위해서는 비전의 형상을 한 보다 더 큰 틀을 우선적으로 정의해야 한다. 비전은 전략적 계획이라는 더 작은 '틀'을 포함하고 있고 전략적 계획은 또다시 더 작은 '틀'인 운영 계획을 내포하고 있다. 이 운영계획의 실행은 비전을 얻는 핵심 요인이다.

얀 스미스가 성공적인 벤처 창출을 해낸 과정과 불가능으로 보이는 것을 완벽하게 해낸 사례는 월트 디즈니로부터 모델링 되었던 '이미지니어링Imagineering'전략(Genius Volume 1, 1995)과 꽤 맞아 떨어진다. '이미지니어링'은 월트 디즈니가 창안한 용어인데 ('상상력imagination'과 '엔지니어링 engineering'이라는 단어를 결합한 것으로), 꿈을 형상화하고 현실로 전환시킴으로써 미래를 창조하는데 사용한 과정을 말한다. 이미지니어링 과정은 본질적으로 미래를 창조하기 위해 필요한 모든 단계에 꿈을 하나하나 쪼개 보고 묶어보는 청킹Chunking을 포함하고 있다.

나의 여러 전작에서 이미 충분히 다루었던 디즈니의 독창적인 프로세스는, 이제 전세계의 관리자, 코치, 기업가들이, 자신의 벤처를 성장시킬 새로운 아이디어와 프로젝트 개발에 핵심적인 도구로 사용되고 있다. 이 디즈니 전략은 리더와 기업가들의 성공을 위한 필수적인 과정이기에 이 책에서 다시 언급할 만한 가치가 있다고 믿는다.

몽상가, 현실주의자, 비평가들의 사고를 통합하다 *Coordinating Dreamer, Realist and Critic Mindsets*

이미지 구체화 과정인 이미지니어링Imagineering 과정의 본질은 월트 디즈니의 직장 동료 중 한 명이 표현한 말에 가장 잘 반영이 되어 있다. "회사에는 실지로 몽상가The Dreamer, 현실주의자The Realist, 방해자The Spoiler(나는 비평가Critic로 재명명 한다)" 이렇게 세 가지의 다른 월트인들이 있었고, 항상 어떤 유형의 사람이 미팅에 참여할 것인가? 하는 질문이 있었다. 얀 스미스(이 책 시리즈에서 언급된 다른 많은 기업가들과 마찬가지로)의 사례가 보여주듯, 미래를 창조하고 역경을 극복하고 불가능한 일을 해내기 위해서는 이 세 가지 성격의 사고(몽상가, 현실주의자, 비평가)를 조합해야 한다.

몽상가는 새로운 아이디어와 목표를 형상화하기 위해 필요하다. 현실주의자는 아이디어를 구체적으로 표현하여 현실화하기 위해 필요했다. 비평가는 '미친듯이 훌륭한'(스티븐 잡스의 말에 따르면) 어떠한 결과를 내기 위해 필요한 필터와 자극이라는 결정적인 역할을 한다.

이미지니어링Imagineering은 월트 디즈니가 창안한 용어인데 상상력과 엔지니어링이라는 단어를 결합한 것으로, 꿈을 형상화하고 현실로 전환시킴으로써 미래를 창조하는데 사용한 과정을 말한다.

현실주의자 없는 몽상가는 아이디어를 확실하게 표현해낼 수 없다. 비평가와 몽상가는 현실주의자 없이는 끊임없는 충돌만 계속할 것이다. 몽상가와 현실주의자는 어떤 것을 창조할 수는 있지만, 비평가 없이는 그것이 필요로 하는 훌륭한 수준에 도달하기 어렵다. 비평가는 제품의 능력을 평가하고 수정하는 것을 도와준다. 여기에는 한 보스boss에 관한 굉장히 재미있는 사례가 있는데, 그는 혁신적인 사고 능력면에서는 뛰어났지만 현실성과 비판적으로 꿰뚫어보는 능력이 부족한 보스였다. 그 회사에 다니는 사람들은 이렇게 말하곤 했다. "그는 1분에 한 개씩 아이디어를 내놓는데 쓸 만한 게 거의 없었다."

요약하자면:

- 현실주의자 및 비평가와 함께 하지 않는 몽상가는 단순히 꿈만 꾸는 자이다.
- 몽상가 및 비평가와 함께하지 않는 현실주의자는 로봇에 불과하다.

- 몽상가 및 현실주의자와 함께하지 않는 비평가는 방해꾼일 뿐이다.
- 비평가와 함께하지 않는 몽상가와 현실주의자는 연구 개발 부서에서 기본적인 원형은 만들어내겠지만 성공시킬 수준의 품질은 만들어 낼 수 없다.
- 몽상가가 없는 현실주의자와 비평가는 관료주의자가 될 뿐이다.
- 현실주의자가 없는 몽상가와 비평가는 롤러코스터를 타는 조울증 환자와 같다.

효과적인 메타 리더십과 기업가 정신은 이러한 여러 사고의 균형을 맞추고 통합할 수 있어야 한다. 데이비드 구오는 다음과 같이 설명한다. "기업가는 한 명의 영원한 낙관론자이면서도 실용주의자가 되어야 한다." 낙관론자는 항상 이것을 할 수 있다고만 말하지만 실용주의자는 이렇게 말한다. "내가 일정한 시간까지 이것을 하지 않으면 때를 놓치게 되므로 일단 진행하는게 좋다." 기업가는 반드시 비평가들에게 주의를 기울이고, 그 피드백을 반갑게 받아들여야 한다. 비평가를 존중하는 것은 또한 자신이 아닌 다른 사람들의 실수로부터 배우는 것을 의미한다.

이미지 구체화의 과정인 이미지니어링은 세 가지 사고방식(몽상가, 현실주의자, 비평가)을 통합하고 있다.

스트림씨어리Stream Theory의 창립자이자 CEO이며, 클라우드 베이스 게임과 어플리케이션 스트리밍의 선구자인 스테이그 베스테르베르그Steig Westerberg(SFM Volume1, pp.82-83 참조)는 기업가가 몽상가, 현실주의자, 비평가들 사이에서 균형을 잡는 것에 대해 다음과 같이 말한다.

> 꿈은 결코 죽일 수 없는 것이다. 꿈은 문자 그대로 나의 일부다. 꿈은 내가 언제나 항상 생각하는 것이다. 꿈은 내가 하는 모든 것에 스며들어 있다.
> 한편, 현실주의 또한 이와 동등한 강도로 늘 다가온다. 당신은 결국 복합적인 성격의 소유자가 된다. 이상한 일이다. 그래서 당신은 현실주의에 비평주의도 가지고 온다. 그리고 그것을 가지고 매 순간 자신은 무엇을 하고 있고 회사는 어디로 나아가야 할지를 분석하면서 앉아 있다. 그러다 막상 실행을 하려는 순간이 오면 시장에서 일어날 수 있는 다른 변수들과 시장에 들어와 회사와 상호작용하는 힘들을 근거로 그것이 적합하지 않다는 것을 알 수 있는 자신을 알아차릴 것이다. 물론, 실행하려 했던 그것도 꿈의 일부이다. 현실이 꿈에 영향을 줄 수 있다는 것을 깨달았을 때 당신은 무엇을 할까? 꿈과 현실은 함께 작용한다. 변화를 만들고 가능한 한 빠르게 전진하는 것이다.
> 몽상가, 현실주의자, 비평가 세 가지 역할 각각이 모두 동등하게 중요하다. 그러나 만약 당신이

전반적인 꿈을 잃고 직면하는 일상의 현실과 문제들이 당신을 압도하고 강해지도록 그냥 둔다면 당신은 곤경에 빠지게 될 것이다.

기업가 스테이그 베스테르베르그는 말한다. "몽상가 현실주의자, 비평가 세 가지 사고방식이 모두 동등하게 중요한 역할을 한다. 그러나 만약 당신이 전반적인 꿈을 잃고 일상의 현실과 당신이 직면하는 문제들이 압도적으로 강하게 되면 당신은 곤경에 빠지게 될 것이다."

스테이그의 의견은 얀 스미스가 디즈니 스토어와 디즈니 인터랙티브에 대해 취했던 접근 방식, 즉 꿈이나 비전이 전략 계획, 운영 계획 및 실행을 위한 더 큰 상자 역할을 한다는 내용을 잘 반영해 주고 있다. 이것은 효율efficiency(일을 바르게 하는 것)과 효능efficacy(올바른 일을 하는 것)을 맞추어서 꿈을 가능하게 만든다는 말이다. 스테이그는 역시 얀의 주장과 동일하게, 사람들이 실행에만 몰두하게 되지 않도록 창의력을 발휘할 시간을 주는 것이 중요하다고 판단했다. 그러기 위해서는 정기적으로 이루어지는 창조적인 대화가 필요하고, 그러한 창조적인 대화는 꿈을 어떤 비판도 뛰어넘게 하고 확신에 다가가게 해 줄 것이다.

이미지니어링 질문들 *Imagineering Questions*

대부분의 사람들은 몽상가, 현실주의자, 비평가 중 하나의 성향을 강하게 가지고 있다. 성공요인 모델링의 도구와 방법은 기업가와 팀이 이 세 가지 사고방식을 모두 개발하고 균형 잡힌 방식으로 운용하도록 지원하는데 적용할 수 있다. 예를 들어 몽상가, 현실주의자, 비평가의 과정은 특정 유형의 질문과 어울릴 수 있다. 기업가가 어떤 팀의 특정 프로젝트 또는 아이디어에 있어서 현명하고 균형있는 접근방식을 가지고 있는지 알기 위한 한 가지 방법은 다음과 같은 질문들에 팀이 명확하게 대답하는지 확인하는 것이다. 다음 질문들은 프로젝트나 비전이 구현되도록 효과적으로 '이미지니어링' 하기 위한 기본적인 질문들의 요약이다.

당신의 프로젝트나 벤처(개인적으로 또는 팀으로)를 성찰하고 몽상가, 현실주의자 그리고 비평가와 관련된 모든 질문에 대답할 수 있는지 확인해 보라.

몽상가: *Dreamer*

무엇이 이 프로젝트/벤처의 장기적인 비전인가?

프로젝트/벤처의 목적이 무엇인가?

무엇이 이 프로젝트/벤처의 크고, 대담하고 도전적인 목표인가?

고객/투자자/이해관계자/파트너/팀원의 잠재적인 혜택이 무엇인가?

미래에 프로젝트/벤처가 도출할 수 있는 또 다른 가능성은 무엇인가?

몽상가 사고방식은 디즈니의 이미지 구체화 과정의 중대한 역할을 한다.

현실주의자: *Realist*

프로젝트/벤처의 일정은 어떻게 되는가?

누가 핵심 주체(고객, 투자자, 이해관계자, 파트너, 팀 멤버)인가?

일을 진척시키기 위해 필요한 구체적인 다음 단계(운영 계획)는 무엇인가?

당신이 일을 진척시켰다는 증거나 피드백이 있는가?

프로젝트/벤처의 성공을 돕기 위해 어떤 자원을 사용할 수 있는가?

현실주의자 사고방식은 꿈에 도달하기 위한 각 단계를 계획하는 역할을 한다.

비평가: *Critic*

누가 프로젝트/벤처 기업에 의해 긍정적으로 또는 부정적으로 영향을 받을 수 있는가?

(이해관계자가 될 가능성이 있는 모든 사람을 고려해야 함)

그들이 필요로 하고 기대하는 것은 무엇인가?

왜 누군가(고객, 투자자, 이해관계자, 파트너, 팀원)가 프로젝트/벤처에 반대하는가?

무엇이 비전과 전략, 계획에서 빠져 있는가?

당신은 어떤 상황이면 프로젝트/벤처를 진행하지 않을 것인가?

이러한 질문은 프로젝트 또는 벤처 초기에 한 번만 고려해 봐야 할 것이 아니라, 스테이그가 말하는 것처럼 프로젝트/벤처를 시작하고 진행하는 내내 지속적으로 재검토되어야 한다는 점을 명심해야 한다.

비평가 사고방식은 그 계획이 효율성과 생태성이 확실해지도록 하는 데 필요하다

• 꿈으로 향하는 단계 '스토리보딩Stroyboarding'하기 •

"Storyboarding" the Steps to the Dream

불가능을 가능하게 하는 열쇠는 몽상가에서 현실주의자로 이동하는 데 있다. 현실주의자로 이동한다는 것은 전략적으로 계획을 수립하고 현재에서 가고자 하는 목적지로 이끌어 줄 경로를 설정하는 단계에 해당하는 실행 계획까지 수립한다는 의미이다. 스토리보딩Stroyboarding은 그러한 경로를 정의하는 과정으로 월트 디즈니Walt Disney가 개발했다. 디즈니에서 매우 중요하게 여기던 이미지니어링 전략과 그의 강점인 현실주의를 활용해 월트 디즈니는 자신의 꿈을 감당할 수 있는 정도의 크기로 한 덩어리씩 차례로 쪼개는 방법을 고안했다. 월트 디즈니는 스토리보딩 과정(이제는 모든 주요 영화 개발자가 쓰는)을 만들어낸 혁신가였다. 그의 스튜디오에 있는 이야기 방Story Room("꿈꾸는Dreaming"방)에 디즈니는 누구나 자신의 생각이나 제안을 쓸 수 있는 벽을 만들어 두었다. 어느날, 그가 벽을 다시 칠한 지 얼마 되지 않아 만화가들로 구성된 한 그룹이 새롭게 정리한 깨끗한 벽에 한가득 그림을 붙였다. 처음엔 약간 충격을 받았지만, 디즈니는 붙여져 있는 그림들을 순서대로 차례차례 바라보는 것만으로도 쉽게 이야기의 흐름을 따라갈 수 있다는 사실을 알아챘다. 그는 방안 전체 벽에 코르크 보드를 세워두었고 그렇게 해서 자신의 아이디어 개발에 가장 중요한 형식이 되는 '스토리보딩'을 만들었다.

스토리보드는 내용을 시각화한 것이라고 할 수 있는데, 조금 더 자세히 말하면 현재의 상황에서 이루고자 하는 결과로 움직여 가기 위해 일어나는 주요한 일들을 차례로 배열한 정지된 그림들이라 할 수 있다. '스토리보딩'은 새로운 프로젝트나 기업을 설립하고 불가능을 실현하려 할 때 특별히 중요한 과정이고 일을 계획하고 정리하는 데 특화된 강력한 방법이다. 효과적인 파워포인트 발표는 스토리보드 형식의 좋은 예다.

자신만의 스토리보드 만들기 *Making Your Own Storybaord*

당신의 사업을 위해 자신만의 스토리보드를 만들려면 팀원들과 함께 앞에서 했던 현실주의자 문항에서 한 답변을 살펴보라. 그 답변들을 어떻게 순서대로 배열할 것인가? 우리는 보통 두 번째 단계로 내려갈 때 7개 전후의 단계로 나눠보라고 권유한다(즉, 5~9단계 정도). 심리학적 실험 연구를 통해 7개 전후의 숫자가 사람들이 쉽게 유지할 수 있는 단기 기억의 '덩어리' 수임이 확인되었기 때문이다.

연습하려면 아래에 제시된 워크시트를 사용해 당신이 도달하려는 상태나 꿈에 필요한 주요 경로의 각 단계를 나타내는 그림을 그려라. 제목이나 설명을 그림 아래 칸에 달아 주어라.

스토리보드는 내용을 시각적으로 표현한 워크시트로 현 상황에서 원하는 결과에 이르기까지 중요한 사건들을 배열한 지도이다.

일반적으로 맨 마지막 네모 칸에 꿈이나 도달하고 싶은 상태를 먼저 채워 놓고 시작하는 것이 유용하다. 그런 다음 첫 번째 네모 안에 현재 상태나 시작 단계를 나타내는 그림을 그려라. 이는 주요 단계를 인지하고 연결이 용이해지도록 돕는 계획에 "북마크"를 만드는 것이다. 그런 다음, 스코어S.C.O.R.E. 모델의 측면에서 생각해 보라. 증상과 원인은 보통 현 상태에 있다. 최종적으로 바라는 상태는 효과적인 상태일 것이다. 자원을 알아내고 결과를 이끄는 해결책을 만드는 데 자원을 적용하는 것이 스트리보드의 단계이다.

주요 단계를 채우는 아주 효과적인 방법은 역계획Reverse Planning 과정이다. 먼저, 당신이 미래에 도달하고자 하는 상태에 완전히 개입하여 원하는 것을 이미 달성했을 때의 기분을 최대한 생생히 그려보아라. 그 미래의 상태에서 여기 오기까지 당신이 취했던 가장 중요한 행동들을 돌이켜 보아라.

돌아봤을 때, 원하는 상태에 다다르려 취한 주요 단계들은 무엇인가?
돌아봤을 때, 원하는 상태에 다다르려 내린 가장 중요한 결정이나 선택지에는 무엇이 있는가?

이 단계에서는 '큰 덩어리', 즉 현재에서 원하는 단계로 이동하는 과정에 필요한 주요 단계에만 집중하라.

1. ____________________
현재/시작 상태

2. ____________________

3. ____________________

4. ____________________

5. ____________________

6. ____________________
꿈/바라는 상태

스토리보드를 만들고 나서, 그룹이나 다른 사람들에게 계획의 각 단계들을 설명해 보라. 사람들이 당신이 정의한 경로나 순서에 어떤 질문과 제안을 하는가?

스토리보드 예시: 디즈니 인터랙티브 얀 스미스의 개입 *Example Storyboard: Jan Smith's Intervention at Disney Interactive*

디즈니 인터랙티브 사업에 개입한 얀 스미스의 스토리보드를 몇 단계로 나누어 보도록 하자. 당시 디즈니는 비디오 게임을 즐겨하는 전형적인 십대 청소년들이 가지고 있는 가치와 회사가 가지고 있는 가치 사이에 충돌이 있어 수익 감소가 발생했다. 디즈니가 도달하고자 했던 상태는 상호 소통할 수 있는 쌍방향 게임회사로서, 업계 최고의 자리에 올라서는 것이었다. 이를 위해서는, 일반 디즈니 고객들을 컴퓨터 게임으로 끌어들일 수 있는, 새로운 형식의 비디오 게임과 그에 대한 비전을 먼저 제시해야 했다. 얀 스미스가 비전을 생각해냈을 때, 다음으로 필요한 단계는 "세계를 돌아다니며 다양한 사람들을 만나고, 다양한 주주들에게 그녀의 비전을 교육시키고, 그들의 지지를 구하는 것"이었다. 얀 스미스는 팀원들에게도 "비전을 명확히 하고, 전달과 창의성을 기반으로 콘텐츠를 구축하라"고 임파워링해 주어야 했다.

얀 스미스의 스토리보드에서 또 주목해야 할 핵심 부분은, 사업을 방해했던 주요 장벽과 장애물을 파악하고, 비전을 추구하며 나아가 장애물과 싸웠다는 것이다. 특히 불가능해 보이는 것이라면 더더욱 해내기 위해, 얀 스미스와 그녀의 팀은 며칠 동안 프로젝트에 매달려 모든 관점에서 고려해 보았고, "정해진 프레임에서 벗어나 생각할 수 있게끔" 했다. 이러한 과정에서 개발 시간을 단축시키고, 게임의 생산 및 개발 과정은 가속화시킬, 뛰어난 해결책을 찾을 수 있었다. 얀 스미스가 만들어낸 비디오 게임은 대히트를 쳤고, 디즈니 인터랙티브가 세계 최고의 쌍방향 엔터테인먼트 회사로 부상하는 중요한 초석이 되었다.

현재 상태: 디즈니의 사업과 비디오 게임을 즐겨하는 전형적인 십대 청소년들 사이에서 발생한 가치 충돌과 그로 인한 수익 감소

1단계: 일반 디즈니 고객들을 컴퓨터 게임으로 끌어들이기 위해, 새로운 형식의 비디오 게임과 관련된 비전 형성

2단계: 더욱 가시적이고, 현재에 집중하며, 다양한 이해관계자들에게 비전을 교육시킴으로써, 지지를 구하려 함

3단계: 팀 구성원들에게 "비전을 명확히 할 수 있도록" 임파워링 해줌

4단계: 주요 장벽과 장애물을 파악하고, 비전을 추구하며 앞으로 나아감

5단계: 팀 전체가 며칠간 사무실 밖에서 프로젝트를 진행하면서 모든 관점을 고려해 보는 시간, "정해진 틀 밖에서 생각하는" 시간을 가짐

6단계: 개발 시간을 단축시키고, 게임의 생산 및 개발 과정은 가속화할 뛰어난 해결책을 찾게 됨

도달하고자 하는 상태: 만들어낸 비디오 게임이 대히트를 쳤고, 세계 최고 쌍방향 엔터테인먼트 회사로 부상하는 초석이 됨

스토리보드 '하향 유목화' *"Chunking Down" the Storyboard*[12]

경영 계획과 실행을 위해서는 앞서 러시아 인형에 비유한 바와 같이, '상자 속의 상자'를 명확히 할 수 있도록 스토리보드를 보다 자세한 단계로 '하향 유목화'할 필요가 있다. 프로젝트를 위해 정한 스토리보드 프레임 1, 2에 잠시 집중해 보자. 그리고 프레임 1에서 정한 것과 프레임 2에서 정한 것 사이의 7(± 2)단계를 살펴본다.

아래 도식과 같이, 프레임 1, 2 사이의 작은 단계들에서도 하향 유목화Chunking Down 과정을 각각 반복해서 적용할 수 있을 것이다.

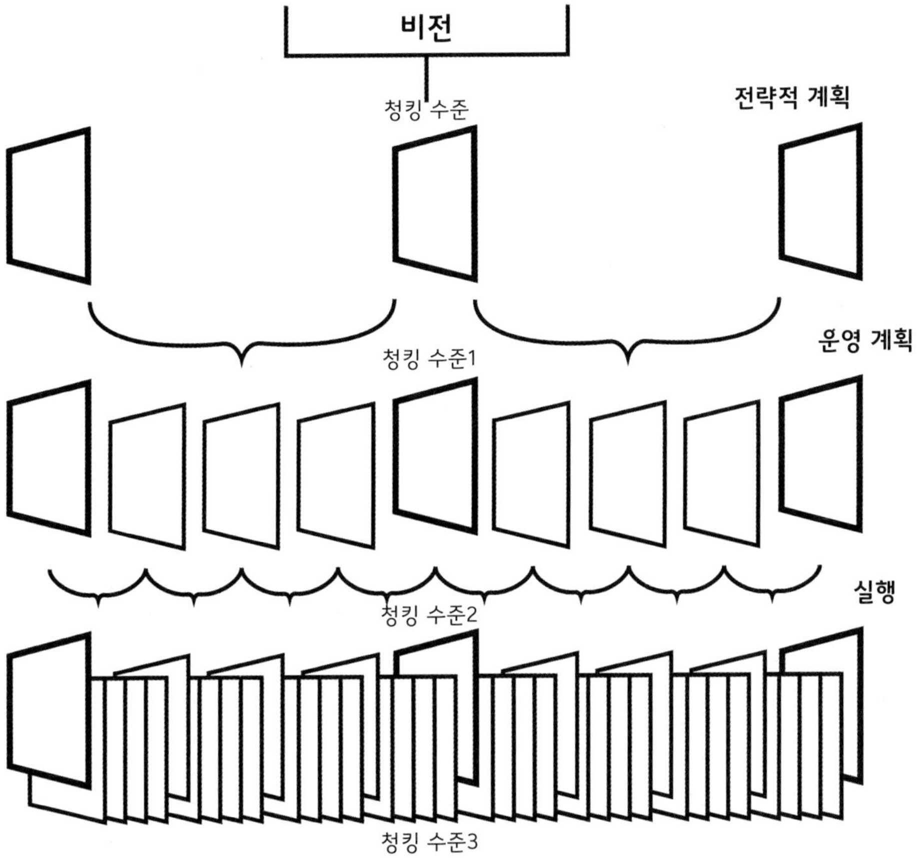

비전부터 실행까지

스토리보딩 과정에서의 다양한 청킹 단계

---

12 Chunking은 덩어리, 하나의 더미라는 말이다. NLP에서는 깊은 소통을 위해 경우에 따라 Chunking Down, 즉 하향 유목화를 하고 때에 따라서는 Chuking Up, 즉 상향 유목화를 활용한다. 상담 또는 코칭 대화를 할 때 이 두가지 기법은 의사소통의 명료화는 물론 알아차림과 통찰에 도움이 된다. 더 자세한 내용은 〈NLP의 원리 1, 박영스토리〉를 참조하면 된다.(역자주)

예를 들어, 한 스토리보드의 주요 단계 중 '특정 주제에 관한 회의 소집하기'가 있다고 해보자. 하위 단계로는 (1) 일정 짜기, (2) 주요 발표자들에게 연락하기, (3) 행사 자료 구성하기가 있을 것이다.

'일정 짜기'는 보다 구체적으로 (a) 회의의 목적 명확히 하기, (b) 다양한 행사 편성하기, (c) 활동 순서 배열하기로 나누어 볼 수 있다.

'주요 발표자들에게 연락하기'는 (a) 주요 역할 정하기, (b) 발표에 대해 정의하기, (c) 잠재적 발표자 약속 확인하기로,

'행사 자료 구성하기'는 (a) 발표순서 정하기, (b) 각 발표에 활용가능한 자료 수집하기, (c) 수집된 자료로 소책자 만들어보기로 다시 분류할 수 있다.

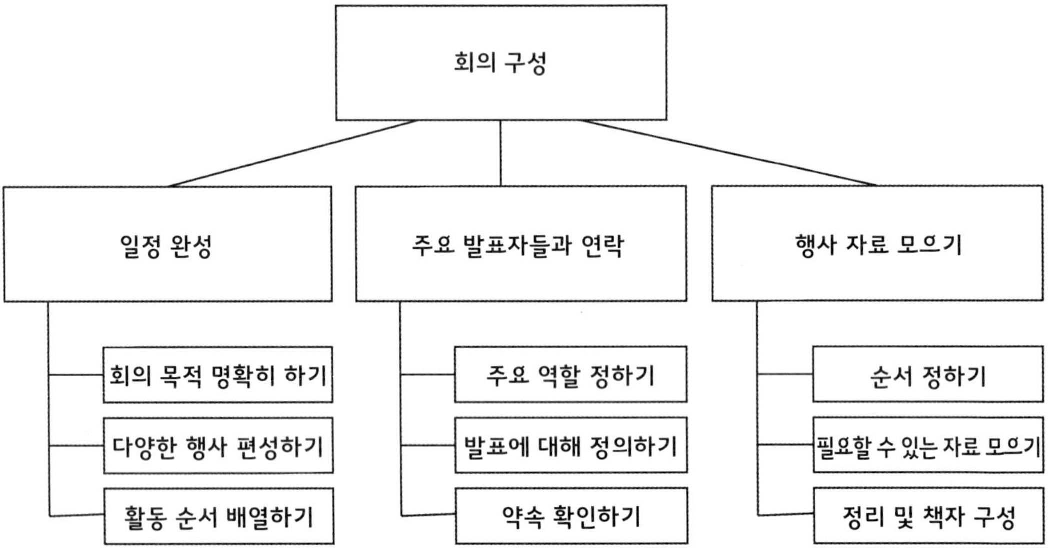

행동을 '하위 행동'으로 유목화한 사례

이러한 유목화는 애니메이션 제작자가 애니메이션 영화를 만드는 과정과 똑같이 이루어진다. 전체 스토리에서 스토리를 구성하는 각각의 장면으로, 그리고 각 장면에 생명을 불어넣는 구체적인 움직임으로 옮겨가는 것이다.

성공적인 기업가가 벤처 창업을 하는 과정도 이와 동일하다. 이러한 접근법은 '나무에만 집중해, 숲의 전망을 놓치는 일'이 없도록 하는 균형 잡힌 시각을 가지는 데 도움을 준다.

'비전'을 '운영 계획'으로 세분화하는 과정에 도움이 되는 특별하고 유익한 과정 중 하나

는 '비즈니스 모델 제너레이션business model generation'인데, 이는 도서 「비즈니스 모델의 탄생(Business Model Generation, 2010)」과 「10년 후 미래를 바꾸는 단 한 장의 인생 설계도(Business Model You, 2012)」에 소개된 내용이기도 하다. '비즈니스 모델 생성 캔버스의 아홉 가지 빌딩 블록'(부록 A 참조)은 기업가가 자신의 프로젝트나 사업이 재정적으로 유지 가능하도록 하는 '논리' 설정에 도움을 준다. 문제 해결과 니즈 충족, 그리고 프로젝트나 사업으로부터 창출되는 수입을, 고객에게 제공하는 가치를 확인하고 탐색하는 과정을 통해 파악할 수 있다. 고객에게 가치를 제공하는 데 필요한 주요 경로와 자원, 활동 및 파트너가 필요한 자원을 획득하고, 주요 활동을 수행하며, 주요 파트너들과 협업하는 데 소모되는 비용도 함께 파악할 수 있다.

마이크로소프트의 스토리보딩 리더십 사례 *Example of Storyboarding Leadership at Microsoft*

앞서 설명한 '하향 유목화Chunking Down'를 벤처 사업에 어떻게 적용할 것인가에 관해, 필자가 2007년 마이크로소프트의 주요 리더십 개발 프로젝트에 참가했던 경험을 이야기해 보려고 한다. 바헤 토로시안Vahé Torossian 마이크로소프트 부회장이 주도했던 그 프로젝트에는 중앙 유럽과 동유럽 30개국 이상에서 마이크로소프트를 이끌고 있는 리더들이 함께 참여했다. 당시 나의 역할은 각 참가자[13]에게 맞는 실용적 리더십 개발을 위해 목표를 세우고 이를 위한 일련의 활동들을 구성하는 것이었다.

활동들은 다음과 같다.

1. 사업을 위한 장기적 비전 수립하기(크고, 담대하며, 호기로운 목표)
2. 그 비전을 달성하기 위한 핵심 경로와 주요 도전 과제 확립하기
3. 리더십 순간Leadership Moment을 찾아보고 일하는 과정에서 리더십 개발 기회 파악하기
4. 스스로를 변화에 맞추기
5. 리더십 실천 사항 정하기
6. 리더십 개발 과정에 전념하기

프로젝트 활동에서는 이 책에서 다루고 있는 다양한 원리와 과정들을 실제로 적용하는 방

13 당시 프로젝트에 참가했던 리더들이 속한 마이크로소프트의 특정 지부가 이 기간 동안 수익이 가장 높았던 지부였다는 사실이 흥미롭다.

법들이 자세히 나타난다.

각 활동들은 (아래 예시와 같은) 플립 차트 한 장에 기록된다. 전체적인 계획과 결과(도면, 질문, 설명)에 포함될 모든 계획이 한 장에 정리되는 것이다. 이런 식으로 참여자들은 각 활동의 결과를 추적하고 통합할 수 있었으며, 이런 워크숍에서 노력해서 만든 이 한 장의 결과물을 현실에서 구현할 수 있도록 자료로 가져갈 수 있었다.

딜츠전략그룹Dilts Strategy Group이 마이크로소프트의 리더십 개발 프로그램을 위해 스토리보딩을 한 과정은 비전을 행동으로 하향 유목화Chunking Down의 좋은 예 중 하나다.

이 프로젝트는 지금까지 이 책에서 살펴본 많은 원칙들이 얼마나 유용한지를 보여준다. 다음은 당시 시행한 주요 개발 활동들에 대한 간략한 설명이다.

미래를 위한 전략적 비전 수립

1. 참가자들에게 본인들의 장기적 비전과 미션, 앰비션에 대해 생각해 보고, '어떤 미래를 만들고 싶은가?'라는 질문에 대하여 탐색해 보도록 했다.
2. 그 후 각 참가자는 자신의 미래를 표현하는 그림을 그리고, 짧은 문장들이나 문구들로 주요 요소들을 적는다. 이 그림은 플립 차트 페이지의 맨 위에 놓았다.
3. 인터비전Intervision(「실리콘밸리의 최고 기업은 어떻게 협업하는가」, pp. 138~142 참조): 3~4명을 한 그룹으로 하여 각자 자신의 비전을 설명하도록 했다. 구성원들의 비전을 들으면서, 각자 그 비전에 대해 자신이 생각하는 바를 그림으로 옮겨 보았다. 이후 발표자가 설명한 비전에 대해 각자 생각한 그림을 구성원들과 공유하고, 다음 항목과 같은 요소들을 공유했다.
   a) 발표자의 비전에 대해 어떻게 느꼈는지 보여주는 짧은 단어나 문구
   b) 발표자의 비전에 대한 질문
   c) 발표자가 자신의 비전에 도달할 수 있도록 돕는 자료(기사, 책, 연락처, 사이트 등)

장기 비전과 '당신은 어떤 미래를 만들고 싶은가?'라는 질문에 답을 찾아보기

4. 발표자들은 자신의 비전에 대한 다양한 그림들을 플립 차트 페이지 상단에 부착했다.

핵심 경로와 주요 도전 과제 스토리보딩 하기

1. 디즈니의 스토리보딩 방법론을 접목하여, 각자에게 카드 세트를 제공했다. 이 카드에는 극복해야 하는 주요 도전들과 핵심 경로 5~9단계(7±2) 그리고 비전에 도달하기 위해 밟아야 하는 단계들의 목록이 적혀있다. 참여자들은 그들의 비전 작성문 아래에 있는 플립차트에 이 카드를 부착했다.

비전에 도달하는 데 필요한 5~9가지 주요 단계를 스토리보딩 한다

2. 그 다음, 참여자들이 각자 파트너 한 명과 팀을 이루어, 자신의 비전과 스토리보드를 검토해 보는 시간을 가졌다. 파트너는 의문과 우려사항을 표현하고, 그것을 포스트잇에 써서 스토리보드 하단에 붙였다.

리더십 순간 설정하기

1. 새로운 리더십 방법을 활용해볼 수 있도록, 각 참가자들은 리더십을 필요로 하는 미래 상황과 사건에 대해 알아볼 수 있는 워크시트를 제공받았다.
2. 참가자들은 스토리보드 밑의 플립 차트 페이지에 리스트를 붙이고, 해당 문제 상황을 효과적으로 풀어나가기 위한 방법을 파트너와 함께 공유했다.

스토리보드에 관하여 도전 과제와 "리더십 순간"을 정의한다.

성공에 자신을 정렬하기[14]

1. 참가자들은 '정렬을 위한' 워크시트를 받고, 본인의 리더십이 필요한 순간에 성공적으로 발휘돼야 할 변화와 경험 그리고 리더십 순간[다양한 레벨의 변화와 경험(환경, 행동, 능력, 믿음, 가치, 정체성, 목적)]으로 내용을 채웠다.(pp. 275~277에서 설명한 '수준 맞추기 과정' 참조)

중요한 리더십 순간에 효과적으로 대처하기 위해, 성공 요인의 핵심 레벨에 맞추기

참가자들은 정렬을 위한 워크시트를 받고,(환경, 행동, 능력, 신념, 가치, 정체성, 목적 등의) 리더십 순간에 대처하기 위해, 변화 및 경험과 관련된 여러 질문들에 대한 답을 채웠다.(pp. 209~211 '레벨 맞추기 과정' 참조)

2. 참가자들이 작성한 워크시트는 본인의 플립 차트 페이지 하단에 부착했다.

지속적인 리더십 실천 사항 수립하기

1. 참가자들은 자신이 세운 비전 달성을 위하여, 그들의 현업에 일관되게 적용해야 할 핵심 리더십 가치와 원칙, 그리고 능력을 먼저 설정하도록 안내되었다.
2. 이후, 각자 비전 달성을 위해 설정한 가치와 원칙, 능력을 어떻게 실현할 것인지 실천 방법을 생각해 보는 시간을 가졌다. 참가자들에게 '무엇을', '왜' 하는지 명확히 할 것을 강조했는데, 이는 '해야 할

필요한 능력과 원칙, 가치를 실제 환경에서 실현시키기 위해, 리더십 실천사항 수립하기

14 여기서 정렬은 NLP의 로지컬 레벨logical level을 맞춘다는 말이다. 영성 Spirituality에서 시작하여 정체성을 거쳐 환경까지 정렬 하는 과정은 매우 중요한 자기 점검 과정이다.(역자주)

일과 그 논리적 근거'를 확실히 하기 위함이었다. (앞 장에서 설명한 "가치를 행동으로 옮기기" 과정 참조)

3. 참가자들에게는 플립 차트 페이지의 오른쪽 하단에 실천 사항 리스트를 붙이도록 했다.

과정의 실천에 전념하기

마지막으로, 스토리보드에서 각자 정한 리더십 실천 방법과 변화 과정에 대한 그들의 결단과 관련하여, 최소 1명 이상의 '책임 파트너'와 계약을 맺을 수 있게 하였다. 구체적인 계약 기한 외에, 계약 사항을 따르지 않아 발생할 수 있는 결과 및 우발 상황에 대해서도 사전에 명시해 두었다.

원활한 계획 수행을 위해 '책임 파트너'와 계약 맺기

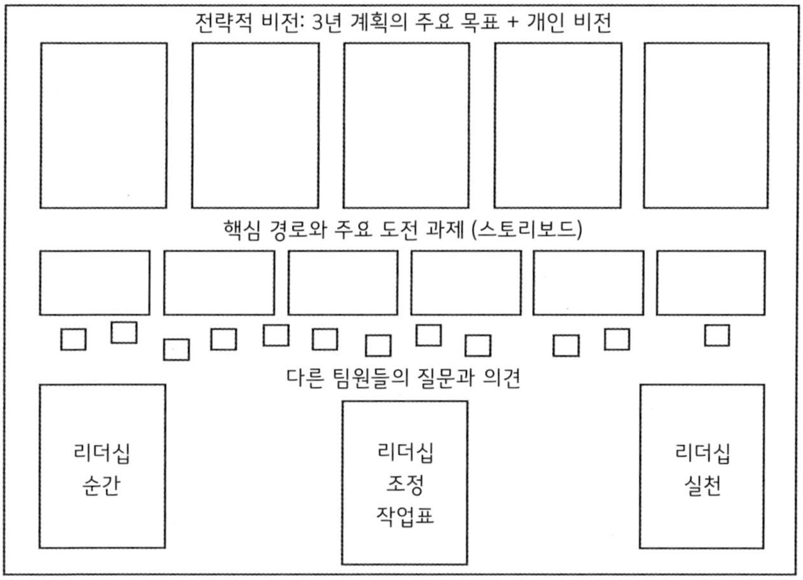

마이크로소프트 리더십 개발 스토리보드의 다양한 유목화 단계 예시

• 비평가와 비판 환영하기 •

Welcoming Critics and Criticism

이미지니어링Imagineering 과정의 가장 마지막 요소이고, 보통 가장 어려워하는 부분이 바로 비평가의 참여이다. 일론 머스크는 다음과 같이 이야기한 바 있다.

> 끊임없이 비판을 구하라. '무엇'에 관한 것이든, 충분한 숙고에서 나온 비판은 금처럼 귀하다. 가능한 모든 사람으로부터 비판을 구하라... 어떤 아이디어를 가지고 있든, 가능한 많은 사람들로부터 가능한 많은 피드백을 받아라.

피드백을 구하고, 진솔한 피드백을 자주 제공받는 법을 익히는 과정은 효과적인 '메타 마인드셋Meta Mindset'의 일환으로, 앞선 제3장에서 알아본 성공의 다섯 가지 습관 중 하나에 해당한다. 앞서 강조했듯, 문제와 장애물을 피하고, 필요에 따라 궤도를 수정을 하기 위해서는, 진솔한 피드백을 자주 받는 것이 중요하다.

좋은 비판을 통해 효과적으로 성과를 일구고 높은 만족도의 성과물을 기대할 수 있다. 하지만, 비평가들은 대개 부정적인 면에만 집중하는 것처럼 보이고, 타인의 아이디어와 제안에서 문제점을 찾아내려는 성향이 있어서 사람들에게, 상호작용하기 '힘든' 부류의 사람으로 여겨진다. 또한 비평가의 활동이 '문제의 프레임'이나 '실패의 프레임' 내에서 이루어지기에, '방해꾼'으로 인식되기도 한다.

변화에 대한 저항 *Resistance to Change*

찰스 매튜스와 얀 스미스의 사례에서 보았듯이, 비판은 종종 부정적 반응, 또는 변화에 대한 저항으로 나타난다. 그 변화가 꼭 필요한 것이라고 해도 말이다. 사람들이 변화에 저항하는 이유를 찾아보면 대체로 다음의 4가지 유형으로 나타난다.

- **다름**Different - 새로운 것은 본질적으로 생소하게 느껴진다. 따라서 오랜 습관에 의해 생긴 자연스러운 관성이 작동한다.
- **어려움**Difficult - 일반적으로 변화는 부가적인 노력을 필요로 하며, 이로 인해 심적 압박감을 느낄 수 있다.
- **파괴적인**Disruptive - 새로운 방법으로 무언가를 한다는 것은 현재 상황에 혼란을 주고, 불안감과 불확실성을 야기할 수 있다.
- **위험함**Dangerous - 무언가를 다르게 할 때는 다방면에서 위험이 존재한다. 성공 가능성이 확실치 않으며, 이전보다 더 나아질 것이라고 확답할 수도 없다.

비평가의 사고방식은 높은 질의 계획과 결과를 효과적으로 '이미지니어imageneer'하기 위해 필수적이다.

변화에 대한 저항을 이해하고 해결하는 것은 리더와 기업가의 필수적인 능력이다.

비판, 그리고 변화에 대한 저항은 종종 이해관계자의 주요 관점 중 감안되지 않았거나 충분히 인정되고 고려되지 않은 부분이 있음을 드러낸다.

이 중 몇몇 어려움은 불가피하게 겪을 수밖에 없는데, 이 때는 정서 지능을 활용하여 사람들이 걱정하는 바를 인정하고, 일론 머스크의 이야기처럼 "어떻게 하면 더 잘 할 수 있을지"를 지속적으로 생각하는 것이 중요하다. 때때로, 비판은 주요 이해관계자의 관점을 충분히 고려하지 않고 간과해 생긴 문제점을 보여주기도 한다. 사람들은 자신이 배제되거나 인정받지 못했다고 느낄 때 더욱 비판적으로 변하며, 스스로를 더 큰 홀론Holon의 일부로 생각하기보다는 자신의 관점에 강하게 집착하는 경향을 보인다.

여타 행위처럼 비판 또한 긍정적인 의도에서 시작했음을 유념해야 한다. 비평가의 목적은 몽상가와 현실주의자들의 생각을 평가라는 과정을 통해 가치를 부여하는 데 있다. 유능한 비평가는 어떤 것이 잘못될 수 있고, 어떤 것을 피해야 하는지 제안된 계획이나 방침의 분석을 통해 알아낸다. 비평가는 '만약 문제가 생기면 어떻게 될지'를 논리적으로 생각하며, '잃어버린 고리'를 찾아낸다.

좋은 비평가는 일련의 계획이나 활동에 직접 관여하지는 않는다. 다만, 그로부터 영향을 받을 수 있거나 해당 계획이나 활동을 실행하는 데에 영향(부정적이든 긍정적이든)을 미칠 수 있는 사람의 관점을 취한다. 즉, 더 큰 홀라키Holarchy의 생태계를 유지할 수 있도록 기여하는 것이다. 생태적으로 바람직하면서 효과적인 변화를 도모하고, 그 기저에 있는 조직적 성과를 얻기 위해서, 리더는 진심으로 비평가와 비판을 환영해야 한다.

파괴적인 비판은 '실패의 프레임'으로부터 발생하고, 무엇이 틀렸는가에 집중한다. 반면, 건설적인 비판은 '피드백의 프레임'에서, 어떻게 하면 더 나아질 수 있을지 보완점을 제시한다.

• 이해관계자 분석하기 •

Making a Stakeholder Analysis

건설적인 비평가가 맡는 역할은 모든 이해관계자들이 고려되었는지, 이해관계자들이 우려하는 바가 해결되었는지, 아니라면 그러한 우려가 최소한 주변에 인지되었는지 명확히 하는 것이다. 앞선 디즈니의 이미지니어링 사례에서, 처음으로 비평가가 했던 질문은 "이 프로젝트/사업으로 인해 긍정적 혹은 부정적인 영향을 받을 것 같은 대상은 누구인가"였다. 이해관계자를 더 깊게 정의해 보자면 다음과 같은 특징을 가진 개인 또는 조직이라고 할 수 있을 것이다.

- 결정에 영향을 미칠 수 있다.
- 의도된 결과 및 파급력에 의해 긍정적, 또는 부정적으로 영향을 받는다.
- 기대 결과에 도달하는 것을 방해하거나, 더 빨리 도달할 수 있도록 촉진하기도 한다.
- 결과의 질에 중대한 영향을 줄 수 있는 자원이나 기술을 보유하고 있다.

이해관계자 분석을 하는 것은 당신의 벤쳐와 프로젝트를 둘러싼 모든 이해관계자들을 홀라키의 관점에서 명확히 하는 것을 돕는다.

우리는 의식 리더십의 결정적 특징이 "모든 이

해관계자들의 이익을 고려하여 상위 목적을 추구하고, 상위 가치를 통해 삶을 영위하는 것"이라고 이야기했다. 그리고 이를 진정으로 달성하기 위해서는, 프로젝트나 자신의 사업을 둘러싼 홀라키Holarchy 내의 주요 이해관계자들을 완벽하게 파악하는 것이 중요하다.

이후 이해관계자들의 요구와 기대를 확실히 하고, 프로젝트나 사업에 반대할 만한 이유가 있는지 확인하는 것이 중요하다. 이 과정을 통해, 자신의 전체적인 비전이나 스토리보드, 전략적 계획을 돌아보며, 빈틈이나 잃어버린 고리가 존재하는지 파악할 수 있다. 또한 이해관계자들을 대상으로 하는 지원의 수준을 높이기 위해, 무엇을 분명히 하고, 추가하거나 강화해야 하는지 등, 개선점을 정리하는 데 도움을 받을 수 있다.

주요 이해관계자들과 그들의 현재 지원 수준 파악하기 *Identifying Key Stakeholders and Their Current Level of Support*

다음 활동은 프로젝트나 사업과 관련된 주요 이해관계자들의 자세한 도해(圖解)를 만들어보고, 이해관계자들의 의견에 주목하며, 성공적인 프로젝트 혹은 사업을 위한 지원의 수준과 그 정도를 적절하게 설정할 수 있도록 돕는 것을 목적으로 한다. 이후 이해관계자들을 대상으로 하는 지원 수준을 높이기 위한 전략과 방법에는 무엇이 있는지 살펴볼 것이다.

이 과정은 다음을 전제로 한다.

1. 특정 프로젝트나 벤처 사업에서 일을 수행하고 성공을 이루기 위해서 '비판적인 사람들'이 존재하거나 형성되어 있다.
2. 한 명 이상의 이해관계자가 더 높은 수준을 지원할 수 있다.
3. 일부 이해관계자들은 프로젝트나 벤처 사업이 성공하기 위해서 단순히 '중립적'이거나 '적당히 반대하는' 선에 위치해 있다.

첫 번째 단계는 다음 질문들을 탐색하는 것이다.

이해관계자를 분석하는 것은 자신의 프로젝트나 벤처 사업과 관련된 주요 이해관계자들의 자세한 도해(圖解)를 만들고, 계획에 관한 그들의 현재 의견에 초점을 맞추며, 프로젝트나 벤처 사업이 성공하기 위해 필요한 지원 수준을 정하는 데 도움이 된다.

"누가 나의 프로젝트나 벤처 사업에 관여가 되어 있고 누가 관심을 가지고 있으며, 혹은 누가 내 프로젝트나 벤처로 인해 영향을 받는가?"

"그들은 현재 내 프로젝트나 벤처 사업에 관해 어떻게 생각하고 어떻게 느끼는가?"

"내 프로젝트나 벤처 사업의 성공을 위해 그들은 어느 정도 수준의 지원을 할 것인가?

다음에 이어지는 워크시트를 이용하여 아래 단계들을 수행한다.

1. 도해에 포함될 이해관계자 즉, 주요 협업자들을 확인한 후 차트의 좌측 열에 나열한다. 다시 말하지만 이해관계자란 결정적인 자원을 관리하는 사람, 혹은 프로젝트나 벤처 사업의 진행이나 성공에 직접적, 혹은 간접적으로 영향을 미칠 수 있는 사람을 의미한다.
2. 프로젝트나 벤처 사업과 관련한 각 이해관계자의 현재 입장에 대하여 재고한다. 그 사람과 '2차 포지션Second Position'을 취함으로써 얻는 직접적인 피드백이나 객관적 증거, 또는 직관을 이용하여 협업자의 현재 지원 수준을 가장 잘 나타내는 열에 X를 기입한다.
3. 프로젝트나 벤처 사업을 진행시키고, 성공할 수 있게 하기 위해 다양한 주요 협업자들이 도달해야 할 지원 수준을 고려한다. 현재의 지원 상태에서 희망 지원 상태를 향해 화살표를 그린다.

	지원 수준				
이해관계자	매우 비판적인	적당히 비판적인	중립적인	적당히 호의적인	매우 호의적인

이해관계자 분석을 위한 워크시트

아래 워크시트는 얀 스미스가 디즈니 인터랙티브에서 사업을 수행하면서 마주한 몇몇 주요 이해관계자들을 나타낸 것이다. 화살표는 초기 지원 수준 대비 필요 지원 수준을 나타낸다.

	지원 수준				
이해관계자	매우 비판적인	적당히 비판적인	중립적인	적당히 호의적인	매우 호의적인
쇼 진행자					X
제작자			X →	→	→
최고 재무 책임자	X →	→	→		
개발팀		X →	→	→	
디즈니 임원진		X →	→	→	

이해관계자 분석 예시: 얀 스미스의 디즈니 인터랙티브 사업 개입을 중심으로

먼저 이해관계자 그룹을 하나의 시스템으로 보는 것이 중요하다. 종종 이해관계자 한 명의 태도가 다른 이해관계자들에게 긍정적이거나, 부정적인 영향을 미치기도 한다. 가령, 한 명의 이해관계자가 지원을 확대했을 때, 또 다른 이해관계자로 하여금 더욱 호의적인 태도를 보이도록 영향을 미칠 수 있다. 역효과가 나타날 수도 있다. 한쪽이 과도하게 열성적일 때, 다른 한쪽은 오히려 더욱 부정적으로 변할 수 있다. 때로는 이해관계자에게 추구하던 지원의 수준을 낮추도록 설득해야 하는 경우가 생길 수도 있다.

• 비판을 변형시키고, 이해관계자의 지원 수준을 높이는 전략 •

Strategies for Transforming Criticism and Increasing a Stakeholder's Level of Support

지금부터는 이해관계자의 지원 수준을 높이기 위한 몇 가지 전략을 제시해 보려 한다. 전략들의 근거가 되는 핵심 구조는 기본적으로 두 가지 단계를 바탕으로 하고 있다.

1. 사람들과 그들의 동기를 이해하기
2. 사람들과 그들의 동기를 더 큰 홀라키와 연결 짓는(또는 다시 연결 짓는) 정신적, 정서적 교감 형성하기. (이러한 과정은 '나'의 관점에서, 공동의 목적을 가진 '우리'라는 더 큰 관점으로 나아가기 위함이다.)

사람들과 그들의 동기를 이해하려면, 비판과 저항을 접했을 때 그 비판과 저항에 숨어 있는 긍정적인 의도를 읽어내는 정서 지능 기술을 구사할 수 있는 능력이 필수적이다.

'긍정적 의도'의 원칙 *The Principle of "Positive Intention"*

비평가의 비판을 원활히 풀어내는 방법은 '긍정적 의도Positive Intention'를 활용하는 것이다. 특히 저항과 반대를 마주하는 상황이라면, 긍정적 의도는 더욱 유용한 개념일 것이다. 기본적으로 긍정적 의도는 "일정 수준에서 행동은 의도적으로 나타낸 결과이며, '긍정적 의도'가 그 바탕에 있다"라는 원칙에 기반한다. 긍정적 의도의 원칙에 따르면, 저항과 반대 또한 내면의 '긍정적 의도와 목적'에서 나온다. 예를 들어, '새로운 것을 시도하는 건 바람직하지 않다'는 과하게 일을 벌이거나, 실패를 겪게 되는 사태로부터 나를 보호하기 위한 '긍정적 목적'으로부터 시작될 수 있다는 것이다. '바뀌는 건 불가능하다'와 같은 저항도 사실 '잘못된 희망'을 사전에 깨닫거나, 아무 보상 없는 노력을 미리 피하려는 등 긍정적 의도에서 나온 것일 수 있다.

비판을 변형시키는 과정은 이해관계자의 단순한 반대를 넘어서, 비판 또는 저항의 바탕에 숨어있는 긍정적 의도를 살피는 것을 포함한다.

반대나 저항에 대처할 때 효과적인 전략은 먼저 그 사람이나 그들의 긍정적인 의도를 인정하고 그 사람이 제기하는 문제는 별도의 문제로 대응하는 것이다.

긍정적 의도의 원칙은 저항이나 비판에 적절하게 대처하기 위해 그 바탕이 되는 긍정적 목적을 인지하고, 어떻게 풀어 나가야 할지 그 방향을 제시한다. 저항, 비판의 내면에 있는 긍정적 의도를 찾아 직접적으로 해결하거나, 또는 상황을 바라보는 시야를 넓힘으로써 저항하고, 반대하는 이유가 결과적으로 본인의 긍정적 의도를 만족시키기 위한 행동이라고 이해할 수도 있다.

사실 긍정적 의도로 발생한 저항은 종종 제한을 만들어 내는(동시에 흔히 자각되지 않는), 다른 가정들로부터 발생한다. 예를 들어, 누군가 변화하는 것에 위협을 느낀다고 했을 때, 그 변화가 가져올 개인적, 사회적 영향에 대처할 기술 및 자원을 가지고 있지 않아서 변화를 거부하는 것일 수도 있다. 그리고 이 때에는 필요한 자원을 개발하기 위해 적절한 코칭 또는 지침을 제공해 주거나, 필요한 능력을 이미 함양하고 있음을 인식시켜주고, 스스로 지원책을 찾아볼 수 있도록 도움을 주는 등의 방법이 있다.

긍정적 의도의 원칙은 '보통 사람들은 자신이 가지고 있는 세상 모델 내에 존재하는 가능성과 능력을 감안하고, 자신에게 가능한 최선의 선택을 한다'는 깊은 차원의 가정에서 시작된다. 의식 리더십의 목적 중 하나는 다른 사람들로 하여금 상황을 보는 시야를 넓혀주고, 다른 선택지도 존재한다는 것을 인식할 수 있도록 돕는 것이다.

따라서 반대나 저항에 대처할 때는 긍정적 의도가 깔려있음을 먼저 고려하고, 보다 넓은 인식과 생각을 가지는 것이 도움이 된다. 특히 개인의 정체성과 긍정적 의도를 행동과 구별하는 것이 중요하다. 저항이나 침묵에 대처할 때 효과적인 전략은 먼저 타인의 긍정적 의도를 인정한 후 그 부분을 별도의 문제로 대응하는 것이다.

그 사람에 동의하지 않고도 그 사람의 견해를 인정할 수 있다는 것을 깨닫는 것이 중요하다. 즉 "네게 동의해"라고 말하는 것과 "네게 이러한 관점이 있다는 것을 이해해"라고 말하는 것은 다르다. 앞선 4장에서 설명한 찰스 매튜스Charles Matthews의 롤스로이스의 예처럼 "네 우려를 알겠어." 또는 "그건 중요한 질문이야."라고 말하는 것은 꼭 그들이 가지고 있는 세상을 바라보는 전체 지도가 옳다고 동의하지 않고도 그 사람 또는 그들의 의도를 인정하는 방법이다.

요약하자면, 긍정적 의도의 원칙에 따르면 저항이나 반대에 대처할 때에는 다음 항목을 고려하는 것이 중요하다는 것을 알 수 있다.

1. (저항과 극단적 신념을 포함한) 모든 행동은 긍정적 의도를 근거로 시작된다는 것을 가정할 것
2. 행동의 부정적 측면과, 그 바탕에 있는 긍정적 의도는 별개로 볼 것
3. 저항하는 사람의 긍정적 의도를 파악하고, 그에 반응할 것
4. 그 사람에게 동일한 긍정적 의도를 바탕으로, 할 수 있는 다른 행동 선택지를 제공할 것

긍정적인 의도로부터 나온 긍정적인 표현 듣기 *Getting Positive Statements of Positive Intentions*

'부정적인' 사고를 하게 된다는 것과 더불어, 비판의 문제점 중 하나는 부정적인 언어를 구사하게 된다는 것이다. 즉, 나 자신을 부정적 표현으로 드러내게 된다. "스트레스 받는 일은 피하겠다"와 "더 여유롭고 편한 상태가 되겠다"란 두 표현을 보도록 하자. 얼핏 듣기엔 서로 다른 말 같지만, 사실 비슷한 심리상태를 언어적으로 달리 표현한 두 가지 방식인 셈이다. 한 쪽(스트레스 피하기)은 본인이 원치 않는 것에 초점을 둔 반면, 다른 쪽(더 여유롭고 편안 상태가 되겠다)은 바라는 것에 비중을 둔 표현 방법이다.

이 때, 대다수 많은 비판들이 본인이 원하는 것보단, 원치 않는 것을 이야기하는 데에 더 초점을 두고 이루어진다. 한 예시로, '시간 낭비다'란 비판도 '가용 자원을 보다 현명하고, 효과적으로 사용하고 싶다'는 긍정적 의도(기준)를 품고 있을 수 있다. 하지만, 원치 않는 것을 중심으로 표현되었기 때문에, 언어의 표면 구조상만으로 긍정적인 의도를 품고 이야기한 것인지 파악하기 쉽지 않다. 그렇기에 긍정적인 의도에서 나온 긍정적인 말을 캐치해낼 수 있는 능력이야말로 비판을 능숙하게 대하고, 문제의 프레임을 성과의 프레임으로 바꿀 수 있는 핵심 언어 기술이라고 할 수 있을 것이다.

물론, 비평가들은 주로 문제의 프레임 내에서 생각하고 활동하는 사람들이기에, 이런 방법이 쉽지 않을 수도 있다. '비용이 너무 많이 듦'이란 비평가의 소견에, 그 속에 숨은 긍정적 의도가 뭐냐 묻는다 해도 "의도한 바는 과도한 비용을 피하기 위함이다"란 대답만 돌아올 수도 있다. 하지만, '긍정적 의도'를 갖고도 (성취할 것보다 피해야 할 것을 이야기하는 경우와 같은) 부정적인 언어로 표현되거나, 부정적으로 프레임화 될 수 있다는 것에 유념하도록 하자. 긍정적인 의도로부터 나온 긍정적인 대답은 '적당한 가격인지 확인하기 위함'이나 '예산 범위 안인지 명확히 하기 위함'이 되어야 할 것이다.

의도와 기준을 긍정적인 표현으로 이끌어내기 위해서는 "만약 스트레스/경비/실패/낭비가 당신이 원치 않는 것이라면 원하는 것은 무엇입니까?" 혹은 "당신이 원치 않는 것을 피하거나 없앨 수 있다면 당신은 무엇을 얻습니까(당신에게 어떤 이익이 있습니까)"와 같은 질문을 던져야 한다.

다음은 부정적 표현을 긍정적으로 재구성한 몇 가지 예시이다.

부정적 표현	긍정적 재구성
너무 비싸다	감당할 수 있다
시간 낭비다	가용 자원을 현명하게 쓴다
실패의 두려움	성공하고 싶은 바람
비현실적이다	실제적이고 성취 가능하다
수고스럽다	쉽고 편하다
멍청하다	현명하고 지적이다

비판을 질문으로 전환 *Turning Criticisms into Questions*

비판에 대응하는 가장 도움이 되는 방법 중 하나는 그것을 판단에서 질문으로 바꾸는 것이다. 이것은 비판의 이면에 있는 긍정적인 의도를 다루는 더 많은 선택을 할 수 있게 한다.

언어적 차원에서 비판의 또 다른 주요한 문제는 일반적으로 "이 제안은 너무 많은 비용이 든다", "그 아이디어는 통하지 않을 것이다", "현실적인 계획이 아니다 ", "프로젝트에 너무 많은 노력이 소요된다", 등 일반화된 판단의 형태로 형식화된다는 데에 있다. 이렇게 형식화되는 것의 문제점은 사람들이 동의한다, 동의하지 않는다 두 가지 틀에 제한될 수 있다는 점이다. 누군가 "그 아이디어는 통하지 않을 것이야" 또는 "너무 비싸다"라고 이야기한다면, 여기에 직접 대답할 때는 "당신의 말이 옳다고 생각한다", "효과가 있을 것이다" 또는 "너무 비싸지 않다"와 같은 표현에 국한된다. 따라서 비판은 주로 양극화, 불일치 그리고 그 비판에 동의하지 않는다면 결국 갈등을 불러올 수도 있다.

하지만, 비판에서 긍정적인 의도가 확인된다면, 긍정적인 측면에서의 비판은 하나의 질문으로 바뀔 수 있다. 비판이 질문으로 바뀌었을 때, 비판에 대응하는 방식이 일반적으로 형식화된 비판이나 자의적 판단에 따른 제한적인 표현의 대응인 것에 반해, 질문에서는 우리가 고를 수 있는 선택지가 비판과는 사뭇 다르다. 예를 들어, 비평가가 "너무 비싸다"고 말하지 않고 "어떻게 감당할 것인가?"라고 묻는다고 하자. 이 질문을 받았을 때 상대방은 비평가와 의견을 달리하거나 비난하는 것 대신에 계획의 세부사항을 간략히 설명할 수 있다. 이것은 사실상 모든 비판에 해당된다. "그 아이디어는 결코 효과가 없을 것이다"란 비판은 "실제로 그 아이디어를 어떻게 구현할 것인가?"라는 질문으로 바뀔 수 있다. "현실적인 계획이 아니다"란 비평은 "어떻게 계획을 구체적이고 실제적으로 만들 수 있는가?"라는 질문으로 바꿀 수 있다. "너무 많은 노력이 소요된다"라는 불평은 "어떻게 더 쉽고 간단하게 행동하게 할 수 있는가?"란 질문으로 재구성해 볼 수 있을 것이다. 일반적으로 이렇게 질문을 던지는 방식은 비판과 동일한 목적을 수행할 뿐 아니라, 사실상 더 생산적이다.

위의 질문은 모두 '어떻게'가 들어가는 문장으로 이루어지고 있는데, 이 같은 질문 유형은 일반적으로 유용하게 작동한다. "왜"로 시작하는 질문은 종종 다른 기준을 전제로 할 수 있어서, 갈등이나 불일치로 이어질 수 있기 때문이다. "이 제안이 왜 그렇게 비싼가?" 혹은 "왜 더 현실적일 수는 없는가?"와 같은 질문 방식은 여전히 문제라는 프레임 안에서 추정하고 있다. "본 제안의 비용이 이렇게나 비싸지는 이유는 무엇인가?" 또는 "비용을 지불할 사람은 누구인가?"와 같은 질문도 마찬가지이다. 일반적으로 '어떻게'를 사용한 질문이 목표에 재집중시키고, 잠재적 문제를 피드백으로 전환시키는 데 가장 효과적이다.

비평가가 조언자가 될 수 있도록 돕기 *Helping Critics to Be Advisors*

요약하자면, '건설적인' 비평가 또는 조언자가 되기 위해서는 다음과 같은 단계를 따라가는 것이 도움이 된다. 1) 비판의 이면에 있는 긍정적인 목적을 찾는다. 2) 긍정적인 의도가 확실하게 명시되었는지 확인한다. 3) '어떻게'를 사용해 비판을 질문으로 바꾼다.

그리고 위 단계는 다음과 같은 일련의 질문으로 연습해 볼 수 있을 것이다.

1. 비판이나 반대에는 무엇이 있는가?
   예 : "당신이 제안하는 것은 너무 위험합니다."
2. 그 비판에 숨어 있는 가치 또는 긍정적 의도는 무엇인가?
   비판을 통해 달성하거나, 유지하고자 하는 것은 무엇인가?
   예 : "보안 및 안정성. "
3. 그것이 의도라는 것을 감안할 때, '어떻게'를 이용해 질문해야 하는 것은 무엇인가?
   예 : "어떻게 하면 프로젝트나 벤처 사업이 우리가 성취한 안보와 안정성을 위협하지 않을 수 있다고 확신할 수 있을까?"

궁극적으로 비평가의 목표는 새로운 프로젝트 또는 벤처 사업이 현재 긍정적인 이득을 취하거나, 기타 관련된 일들이 흠 없이 잘 보존되고 보호되는 것에 도움을 주는 것이다. 비평가가 '어떻게'라고 질문을 함으로써, '스포일러' 또는 '킬러'라는 존재는 '조언자'로 바뀐다.

먼저 비판이 올라올 때 비판을 질문으로 변형시켜 보는 과정을 연습하는 것도 중요하다. 예를 들어, 프로젝트 또는 벤처사업 투자와 같은 계획이나 프레젠테이션을 이해관계자와 잠재적 이해관계자에게 설명한다 가정하고, 이에 대해 비평가의 입장을 취해 보면 된다. 어떤 이해관계자와 문제점을 발견할 수 있는가? 발표가 너무 길지는 않는가? 열정적으로 전달되지 않았는가? 현실화가 가능한가? 잠재적 이해관계자에게도 매력적으로 들리는가?

잠재적인 문제 또는 이의 제기를 확인한 후에는 자신이나 파트너와 함께 위에서 정의한 세 단계를 거쳐 비판을 질문으로 전환하면 된다.

비판이 질문의 형식으로 바뀌는 과정에서, 질문에 대한 적절한 대답을 구하기 위해 '몽상가'나 '현실주의자'의 관점을 가지고 찾아볼 수도 있다.

다음으로는 워크시트에서 확인한 것과 같이, 높은 수준의 지원을 필요로 하는 이해관계자 중 한 명을 통해 이 과정을 점검해 보면 된다. 당신이 직접 이해관계자의 입장인 '2차 포지션'으로 들어가 보고 그 안에서 어떤 반대, 저항이 이루어지고 있는지 직관적으로 느낄 수 있길 바란다.

잠재적 반대가 나타난다는 것이 확인되면, 반대를 질문으로 바꾸기 위해, 위에 정의된 세 단계를 거쳐야 한다. 반대 의견과 관련해 긍정적인 의도를 찾고, '어떻게'를 이용한 질문을 다시 찾아보아야 한다. 다시 말해, 반대 의견을 질문으로 바꾸고 나면, '몽상가'나 '현실주의자'의 입장으로 돌아가 다른 가능성과 선택지를 찾을 수도 있다.

비평가가 조언자가 될 수 있도록 도움을 주는 것으로는 1) 비판의 이면에 있는 긍정적인 목적을 발견하고, 2) 긍정적인 의도가 긍정적인 표현을 통해 나타나는지 확인하며, 3) 비판을 질문으로 바꾸는 과정이 중요하다.

• 원칙적 설득의 예술 •

The Art of Principled Persuasion

핵심 이해관계자의 저항이나 비판을 인식하고, 긍정적인 의도를 확인한 뒤, 비판적 표현을 질문의 형태로 전환하면서 이해관계자들의 더 높은 지원을 이끌어 내는 것이 설득의 핵심 과제다. 이 책의 초반에 우리는 리더십의 네 가지 주요 기능 중 하나가 사람들이 결과에 도달할 수 있도록 영향을 줄 수 있는 능력이라고 명확히 한 바 있다. 의식 리더는 자신보다 큰 무언가를 위해 봉사하며, 매우 윤리적이고 정서 지능이 충만한 상태로 일을 진행한다. 의식 리더는 위협이나 압력, 인위적인 조작보다는 좋은 기술을 가지고 원칙에 충실한 설득을 하는 데 더 능하다.

설득Persuasion이라는 용어는 '설득력Persuadere'이라는 라틴어에서 나온다. 설득은 라틴어 per(철저히)와 suadere(충고 또는 충동)에서 파생된 것으로, 문자 그대로 '철저하게 조언하는 것'을 의미한다. 좀 더 현대적으로는 '논증, 간청 또는 항의에 의해 행동의 신념, 지위 또는 과정으로 이동하는 것(웹스터사전)'을 의미한다. 설득은 근본적으로 언어(및 비언어적 의사 소통)를 사용하여 가치관, 신념 및 동기에 호소하고, 다른 사람의 생각과 행동에 영향을 미치려는 시도이다.

원칙적 설득은 다른 사람들이 윤리적, 감정적으로 지능적이며, 더 높은 목적을 위해 행동하는 데 영향을 미친다.

위대한 그리스 철학자 아리스토텔레스는 세 가지 설득 방법을 규정했다.

1. 이성에 대한 호소(Logos)
2. 감성에 대한 호소(Pathos)
3. 화자의 성품을 통한 호소(Ethos)

머리, 가슴 그리고 배 동원하기 *Engaging the Head, Heart and Gut*

성공 요인 모델링에서 이성(또는 로고스Logos)은 멘탈 능력에 해당하며, 머리에 호소하는 방법이다. 감성 즉, 파토스Pathos는 정서와 신념, 가치의 수준에서 이루어지는 방식이며, 정체성 수준인 성품에 호소하는 에토스Ethos에서는 직관과 직감이 드러난다.

스티브 잡스가 '매력, 카리스마, 허세, 과장, 마케팅, 유화 및 지속성의 융합체'로 묘사되는 소위 '현실 왜곡'의 영역을 창출해 낸 것은 위의 세 가지 방법을 모두 조합해 만들어낸 효과적인 설득의 결과이고 그 대표적인 예시이다. 앞서 디즈니 스토어와 디즈니 인터랙티브의 사례에서 소개한 얀 스미스Jan Smith의 성공 스토리도 효과적인 메타 리더십과 '불가능한 일을 해내는' 설득의 힘을 보여준다.

아리스토텔레스의 정의를 바탕으로, 우리는 로고스logos(이성)가 방향을 제시하는 주된 통로라는 것을 알 수 있다. 파토스Pathos(감성)는 이를 위한 에너지원이며, 에토스Ethos(리더의 성품과 모범)는 사람들에게 불가능과 위험의 영역을 시도해보도록 설득하는 데 필요한 '비밀 자원Secret Source'이라고 할 수 있다. 아리스토텔레스의 말을 빌리자면 다음과 같다.

> 설득은 사람의 성품에 기반하여, 듣는 이에게 신뢰감이 들 수 있게끔 의사를 전달할 때 이루어진다. 우리는 선량한 사람들을 다른 사람들보다 더 많이, 더 쉽게 믿는다. 이러한 설득의 특징은 어떤 질문에도 들어맞는다. 확신이 불가능하고 의견이 분분한 경우에는 더 절대적으로 들어맞는다.

'불가능한 일을 시도하는 경우'에 사실 '성공을 확신하긴 매우 어렵고, 달성에 대한 의견이 분분한' 상황인 것은 분명하다. 그러므로 진정성, 목적 의식과 책임감, 일관성과 모범을 보이는 것이 의식 리더십 특성으로 더더욱 중요한 이유가 된다. 존 맥스웰John Maxwell은 "사람들은 비전을 믿기 전에 리더를 먼저 믿는다."고 말했다.

더 높은 목적을 이루기 위해 동기부여 정렬하기 *Aligning Motivations in the Service of a Higher Purpose*

원칙적인 설득의 주된 목표는 사람들이 서로 동기를 맞추며 비전과 더 높은 목적에 함께 집중하는 것이다. 데이비드 구오David Guo가 인광 물질 생산 분야의 퇴직 엔지니어를 벤처 기업에 합류시키면서 이루어 낸 성공은 본 장의 초반에서도 설명한, 설득의 힘을 보여주는 좋은 사례다.

원칙적인 설득은 감성 지능과 한쪽에 치우치지 않고 공정하게 다양한 관점들을 유지하는 능력에 기초한다. 메타 리더십 기술로서, 효과적인 설득을 위한 핵심은 누가 옳고 그른지 시시비비를 따지는, 에고ego 싸움에 빠지지 않는 것이다. 기업가와 리더에게 가장 중요한 것은 논쟁에서 이기는 것이 아니라 더 큰 비전과 목표를 향해 나아가는 것을 지원하는 것이다.

원칙적인 설득은 이해관계자의 동기와 가치, 그리고 나의 동기와 가치 사이에 견고한 다리를 만들어 나가는 것에서 시작된다.

효과적인 설득은 이성(머리), 감성(가슴) 및 직관(배)에 호소하는 방법이다.

가치와 신념 표현을 통한 동기부여 *Motivation as an Expression of Values and Beliefs*

동기부여는 주로 가치와 신념에 의해 주도된다. 즉, 우리가 생각하는 방식과 행동하는 방식은 성공 요인의 수준과 관련이 있다. 가치와 신념은 개인이 상황에 따라 어떻게 '마무리 할 것인지' 결정하고 거기에 '의미'를 부여한다. 가치와 신념은 계속해서, 사람이 어떤 상황에 접근하기 위해 어떤 전략과 행동을 선택하고 실행할지를 결정한다. 따라서 우리의 신념과 가치는 특정 역량과 행동을 지지하거나 억제하는 내면 강화의 기회를 제공한다. 그리고 사람들의 노력의 정도와 수행의 질에 중요한 영향을 미친다.

우리의 가치와 신념은 우리가 생각하고 행동하는 것을 지지하거나 억제하는 내면 강화의 기회를 제공한다.

이전 장에서 강조했듯이, 개인의 가치와 신념은 현실에서 행동하는 방식을 결정하는 데에 적지 않은 영향을 미친다. 또한 개인의 가치는 다양한 행동과 경험

프로젝트 또는 벤처를 핵심 가치와 동기에 맞게 조정할 수 있는 방법을 찾음으로써 이해관계자의 지원 수준을 높일 수 있다.

에 대해 얼마만큼 중요성과 의미를 두는지 기준이 되기도 한다. 예를 들어, '관계'를 중시하는 사람은 다른 사람과 좋은 관계와 상호작용을 유지하는 삶을 살려고 하는 반면에, 관계보다 '업적'을 더 중시하는 사람은 과업과 결과를 만들어내는 데에 더 중점을 둔다. 그래서 때론 결과를 만들어 내기 위해 타인과의 관계를 희생할 수도 있을 것이다.

이해관계자의 지원 수준을 높이는 가장 직접적인 방법은 프로젝트 또는 벤처 사업을 핵심 가치와 동기에 부합시킬 수 있는 방법을 찾는 것이다.

핵심 가치 발견을 위한 '메타 아웃컴Meta Outcomes' 발굴 *Eliciting "Meta Outcomes" to Find Core Values*

앞에서 '핵심 가치'와 '수단적 가치'를 구별한 바 있다. 원칙적 설득은 회사와 이해관계자가 공유하는 중요한 핵심 가치를 발견하고 인지하며 연계하는 과정이다. 이를 위해서는 먼저 가치와 우선순위를 명확히 할 필요가 있다. 이를 위한 효과적인 방법 중의 하나는 '메타 아웃컴Meta Outcomes'을 추출하는 것이다.

메타 아웃컴은 '아웃컴의 아웃컴'이라고 할 수 있다. 어떤 구체적인 결과나 과제는 우선순위가 더 높은 상위의 결과나 과제의 맥락 안에서 규정된다. 이때 기준이 되는 상위 프레임을 조직 원리 또는 '메타 아웃컴'이라고 정의할 수 있다. 메타 아웃컴은 개인과 조직, 시스템의 '보존과 생존', '성장과 진화', '보호', '개선', '적응' 등과 같은 일반적인 장기 목표에서 시스템의 행동을 조직하는 것이다. 이전 장에서 설명한 '긍정적 의도'도 메타 아웃컴을 근거로 하고 있다. 메타 아웃컴은 특정 결과, 특정 목표의 요망 효과라고 이해되기도 한다. 생태학적 관점에서 특정한 목적이나 전략은 개인과 전체 홀라키Holachy의 기본적인 메타 아웃컴으로부터 기인해야 한다.

메타 아웃컴은 "결과의 결과"로, 보다 즉각적인 결과 또는 목표달성을 위한 장기 계획이자, 바람직한 효과이다. 메타 아웃컴은 자주 핵심 가치로 표현되기도 한다.

따라서 특정 행동, 과제 또는 프로젝트의 메타 아웃컴을 확인하고, 행동과 과업이 실제로 상위 수준의 메타 아웃컴에 도움이 되고 있는지 판단하는 단계는 시스템 무결성과 생태계를 원활히 유지하는 데 중요하다. 또한 효과적인 원칙적 설득을 원한다면, 메타 아웃컴을 확인하는 것이 중요하다. 사람들은 종종 구체적인 목표

사람들은 종종 구체적인 목표와 목적에는 동의하지 않지만, 상위 수준의 메타 아웃컴에 대해서는 합의점을 찾는다.

에 대해서 동의하지 않지만, 상위 수준인 메타 아웃컴의 수준에서는 합의점을 찾는 경우가 많다. 예를 들어, '확장'과 '축소'와 같이 목표가 상충하고 있을 때, 메타 아웃컴의 수준에서는 '변화하는 세상에 대한 적응과 생존'과 같은 합의점을 도출해 낼 수도 있다.

얀 스미스의 사례에서도 보았듯이, 얀은 프로젝트 지원을 더욱 강화하기 위해 디즈니 인터랙티브의 CFO 및 경영진들에게 디즈니의 콘텐츠 확장을 위한 전사 차원의 전략 목표(메타 아웃컴)를 세우는 것이 중요하다고 계속해서 강조했다. 얀 스미스는 이에 대해 "어찌 되었든 이게 바로 우리가 되고 싶어하는 모습이었다. 계획한 것보다 빨리 이뤘지만 말이다."라고 이야기했다.

머릿속 지도와 전제를 명확히 하고, 새로운 선택지를 탐색하기

Clarifying Mental Maps and Assumptions and Exploring New Choices

합의점을 찾을 수 있는 메타 아웃컴으로 향하는 과정에서, 대개 특정 전략이나 경로에서 견해 차이가 생기는 이유는 상황에 대해 '머릿속으로 생각하는 것'과 실제가 다르기 때문이다. 서로 합의한 메타 아웃컴에 이르기 위해선, 머리 속으로 생각하는 것과 실제의 차이점을 인지하고, 소통으로 나아가는 과정이 필요하다.

메타 아웃컴을 찾는다는 것은 의사결정과 협상에서 더 많은 선택권을 가져갈 수 있다는 것을 의미한다. 이는 동일한 메타 아웃컴이라 하더라도 다양한 경로로 도달할 수 있기 때문이다. 메타 아웃컴은 더 핵심적이고 중요한 목표이기 때문에, 특정 행동 및 위치에 대한 메타 아웃컴을 먼저 정의하게 되면, 동일한 메타 아웃컴에 도달할 수 있는 경로들을 다른 방법을 통해 찾아낼 수 있다는 것이다. 여기서 다른 방법이란, 메타 아웃컴에 도달하는 방법과 마찬가지로 효과적이지만, 여타 문제와 도전들을 피하는 방식을 말한다.

예를 들어, 누군가 '복권 당첨'이란 결과를 세웠다고 가정해 보자. 하지만, 결과를 실제로 달성할 가능성은 작아서, 실망하게 될 것이다. 하지만, "복권에 당첨되면 어떻게 될까"란 질문을 고민해 본다면, 결과의 '메타 아웃컴'을 찾을 수 있을 것이다. 그렇다면 "목돈이 생겨서, 청구서에 대한 걱정이 사라질 것이다"라는 대답을 할 수 있을 것이다. 그리고 "복권에 당첨되어, 청구서에 대한 걱정이 사라진다면 어떻게 될까"라고 되묻는다면, "삶이 더 편안해지고, 스트레스가 없어질 것이다."라는 대답에 이를 것이다. 결국, '복권 당첨'의 핵심적인 메타 아웃컴은 '더 편안하고, 스트레스 없는 삶'이 되게 된다. 복권 당첨은 이 메타 아웃컴에 도달하는 하나의 수단이 될 뿐이다. 그리고 동일한 메타 아웃컴에 도달하는 데 도움이 될 수 있는 다양한 전략과 결과(스트레스 관리 능력, 건전한 투자, 효과적인 재무 계획과 자금 관리 능력 함양 등)가 있다면, 메타 아웃컴에 더 쉽게 도달할 수 있을 것이다. 메타 아웃컴을 인지하고 추구하는 과정에서 앞서 명시한 결과(복권 당첨)를 포기해야 할 필요는 없다. 다만, 궁극적으로 메타 아웃컴을 달성하는 데에 도움이 되는 선택지들을 늘릴 수 있을 것이다.

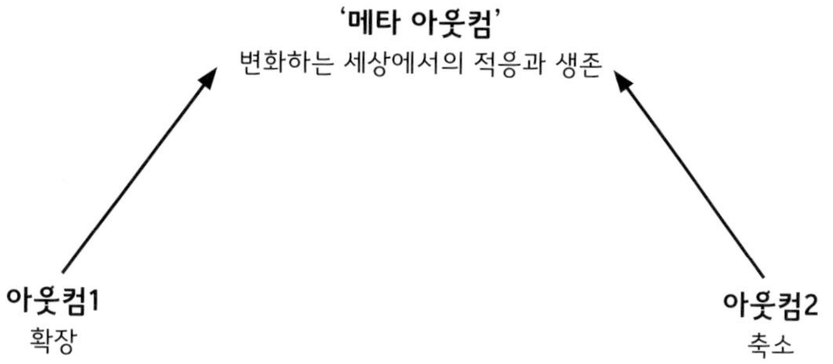

상충되는 아웃컴이 동일한 메타 아웃컴을 공유할 수 있음

메타 아웃컴 질문 *The Meta Outcome Question*

메타 아웃컴은 "그 아웃컴을 통해 당신은 무엇을 얻게 되는가?"라는 질문을 던짐으로써 도출된다. 질문에 대한 대답은 곧 아웃컴의 아웃컴이다. 이러한 질문을 수차례 반복하게 되면, 일반적으로 더 높은 수준의 메타 아웃컴으로 이어진다. 예를 들어, 누군가 '다른 사람을 처벌한다'는 결론에 이르렀다고 가정해보자. '처벌'의 메타 아웃컴은 '그들에게 교훈을 준다'이다. 이어 다시 질문을 던졌을 때, '그들에게 교훈을 준다'의 메타 아웃컴은 '행동 변화'가 된다. '행동 변화'라는 메타 아웃컴은 다시 '더 높은 수준의 안전함'으로 이어지고, '더 높은 수준의 안전함'은 다시금 '자아를 실현할 수 있는 자유'라는 메타 아웃컴에 도달한다.

자신의 메타 아웃컴을 찾기 위해 다음 항목에 대답해 보자.

1. 달성하고자 하는 특정 목표 또는 아웃컴을 생각해 보라. (이 결과를 'A'라고 하자)
2. 자신에게 이렇게 질문해 보라. "만약 내가 그 아웃컴을 성취한다면, 어떤 결과가 나타날 것인가? 내가 얻는 것은 무엇인가? "(아웃컴 A의 아웃컴 또는 A의 "메타 아웃컴" 아니면 아웃컴 'B' 라고 하자)
3. 이제 자신에게 이렇게 질문해 보라. "만약 내가 이 아웃컴(B)를 달성하면, 어떤 결과

가 나타날 것인가?", 그것이 내게 무엇을 해 줄 것인가? (B의 메타 아웃컴을, 아웃컴 'C'라고 하자).

4. 이전 결과에서 확인한 '메타 아웃컴'을 새로운 아웃컴으로 사용하여, 이 질문을 여러 차례 반복해 보라. 어떤 메타 아웃컴에 도달했는가? 가치관과 기준에 대해 새롭게 이해된 것이 있는가?

아래의 문항은 나의 메타 아웃컴을 발견하는 데 도움이 된다.

당신은 무엇을 원하는가?
나는 ______________________________ (하기)를 원한다.

그것을 얻는(하는)것으로 당신은 무엇을 얻는가?
만약 내가 그것을 얻는다면, 나는 ______________________________ 할 것이다.

그것을 얻는(하는)것으로 당신은 무엇을 얻는가?
만약 내가 그것을 얻는다면, 나는 ______________________________ 할 것이다.

그것을 얻는(하는)것으로 당신은 무엇을 얻는가?
만약 내가 그것을 얻는다면, 나는 ______________________________ 할 것이다.

그것을 얻는(하는)것으로 당신은 무엇을 얻는가?
만약 내가 그것을 얻는다면, 나는 ______________________________ 할 것이다.

데이비드 구오David Guo는 이러한 전략을 적용해, 퇴직한 인광 물질 전문가를 자사에 합류할 수 있도록 설득하는 방법을 찾아냈다. 구오가 원했던 전문가는 높은 연봉이 주된 관심사가 아니었고, 자신의 전문성을 증명할 필요도 없었기에, 일을 다시 하게끔 하기 위한 흥미와 동기를 찾아야 했다. 구오는 인광 물질 전문가의 '메타 아웃컴'으로서, 그가 세운 이론과 아이디어의 일부를 찾아낼 수 있었고, 사람들이 불가능하다고 여기는 영역에 적용할 수 있다는 걸 알아낼 수 있었다. 구오는 곧 인광물질 전문가에게 고화질 스크린 크기이면서 식탁보 두께 만한 제품 개발이라는 비전을 실현시키고, 이론을 실천에 옮길 수 있는 기회를 제공하겠다며 설득할 수 있었다.

• 가치를 조정하기 위해 말로 리프레이밍Reframing하기 •

Verbal Reframing as a Tool for Aligning Values

핵심 가치와 동기를 서로 공명시키고, 정렬하는 방법 중 하나는 '말로 리프레이밍verbal reframing'하는 것이다. 말로 하는 리프레이밍verbal reframing 과정은 특정 개념 및 생각을 표현하는 단어나 문구를 빌려오는 것으로, 그 개념이나 생각을 더 긍정적이거나 부정적으로 표현할 수 있는 다른 단어나 문구를 찾는 것이다. 철학자 버트런드 러셀Bertrand Russell은 "나는 확고하다, 너는 고집스럽다, 그는 고집 센 바보다."란 재밌는 말을 남겼다. 러셀이 남긴 말에서 찾은 공식을 빌려, 언어를 재구성한 몇 가지 예시를 만들어 보았다.

> 나는 정당하게 분개한다, 너는 짜증을 낸다, 그는 아무것도 아닌 것에 소란을 피우고 있다.
> 나는 재고했다, 너는 마음을 바꿨다, 그는 말을 번복했다.
> 나는 순전히 실수했다, 너는 사실을 왜곡했다, 그는 터무니없는 거짓말쟁이다.
> 나는 자비롭다, 너는 부드럽다, 그는 '만만한' 사람이다.

위 문장들은 각각 특정한 개념이나 경험을 통해 다른 단어들로 '재구성'시킴으로써 여러 관점을 제시하고 있다. 예를 들어 '돈'이라는 단어를 생각해보자. '성공', '도구', '책임', '부패', '녹색 에너지' 등은 모두 '돈'이라는 개념을 다른 '프레임'으로 표현한 단어나 문구로, 다양한 잠재적 관점을 제시한다. 다음의 유용한 단어들 중 몇 개를 재구성해 자신만의 한 단어로 만들어보자.

- 책임감있는 (예 : 안정된, 엄격한)
- 장난기있는 (예 : 유연한, 성실하지 않은)
- 안정 (예 : 편안한, 지루한)
- 검소한 (예 : 현명한, 인색한)
- 친절한 (예 : 착한, 순진한)

- 독단적인 (예 : 자신감, 고약한)
- 예의 바른 (예 : 사려 깊은, 타협하는)
- 글로벌 (예 : 광대한, 다루기 힘든)

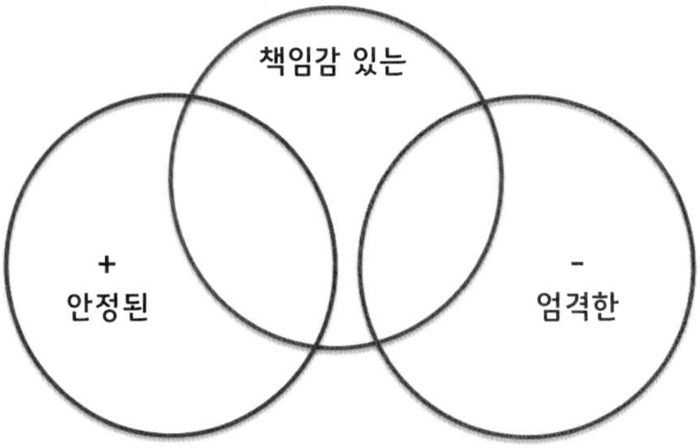

이러한 언어 리프레이밍은 겉으로는 양립할 수 없는 가치와 동기 사이에 다리를 놓는 데 도움이 된다. 예를 들어, 기업가는 '성장'을 원하는데 반면, 투자자는 '안전'을 원한다. 투자자는 성장 촉진에 필요한 조치가 자신의 안전을 위협한다고 생각할 수 있다. 외적으로 양립이 불가한 양상이 드러나고 있는 이러한 유형은 원만하게 해결되지 않을 경우, 충돌과 저항을 야기할 수 있다.

말로 하는 리프레이밍은 특정 아이디어나 개념을 표현하는 단어나 문구를 가져 와서 그 의미와 겹치는 개념에 대해 다른 단어나 문구를 찾은 다음 그 개념에 보다 긍정적이거나 부정적인 견해를 도출해 내는 활동이다.

언어 재구성은 겉으로는 양립할 수 없는 가치와 동기 사이의 다리를 만드는 데 도움이 될 수 있다.

말로 하는 리프레이밍을 적용하여 가치의 다리 만들기

Applying Verbal Reframing to Build a Values Bridge

외적으로 상충되는 가치들을 보다 잘 정렬하는 다른 한 가지 방법은 말로 하는 리프레이밍을 사용하여 그들을 잇는 '다리'를 만드는 것이다. 예를 들어, 기업가는 '기여'를 핵심 가치로 생각하는 반면, 잠재적 투자자는 '지배'를 핵심 가치로 생각하고 있을 수 있다. 처음에는 잠재적 충돌만 존재하는 것처럼 보인다. 하지만, '기여'는 쉽게 '만족스러운 요구'로 재구성될 수 있다. '지배'는 '사업을 돌보는 것'으로 재구성될 수 있다. 여러 면에서 '만족스러운 요구'와 "사업 돌보는 것'은 매우 유사하다. 따라서 단순한 언어 재구성은 겉으로 보기에는 양립할 수 없는 두 의미 사이에 있는 틈을 메웠다고 할 수 있다.

또 하나의 예로, 이해관계자가 '품질'이라는 핵심 가치를 지니고 있다고 가정해 보자. 반면, 기업가는 '창의성'에 열중하고 있다. 이 두 가치는 처음에는 서로 상충되는 것처럼 보일 수 있다. ('품질'은 상품의 '현재' 수준을 떨어뜨리지 않아야 하지만, '창의성'은 '변화'에 대한 이야기다) 여기서 '품질'은 '지속적인 개선'으로 재구성해 볼 수 있다. 또 '창의력'은 '더 나은 대안을 만들어내는 것'으로 재구성될 수 있다. 언어의 재구성이 의미의 차이를 좁히고, 서로 다른 두 가지 가치 사이에 다리를 만든 것이다.

가치의 다리는 겉으로 보기에 양립할 수 없는 동기 사이의 간격을 좁혀 준다.

• 원칙적 설득에 대한 다양한 지각적 입장의 중요성 •

The Importance of Multiple Perceptual Positions to Principled Persuasion

전작인 「실리콘밸리의 최고 기업은 어떻게 협업하는가」(pp. 185~188)에서 여러 '지각적 입장'을 통합하는 기술을 제시했다. 지각적 입장은 어떤 상황에서든 당신과 타인 또는 그룹의 사람들과의 관계를 고려하여 당신이 취할 수 있는 기본이 되는 입장을 말한다.

- **1차 포지션** 1st position: 자신의 관점과 신념, 가치관 및 가정에서, '자신'의 눈으로 외부 세계를 바라보는 것 - '나' 입장 또는 '자기' 입장
- **2차 포지션** 2nd position: 다른 이의 관점과 신념, 가치 및 가정에서, 외부 세계를 다른 이의 눈으로 바라보는 것 - '너' 입장 또는 '다른' 입장
- **3차 포지션** 3rd position: 상호작용을 관찰하는 증인으로서, 나와 다른 이의 관계 밖에서 바라보는 것 - '그들' 입장 또는 '관찰자' 입장
- **4차 포지션** 4th position: 더 큰 시스템(홀라키|holarchy)에서 바라보는 것 - '우리' 입장 또는 '장'field 입장.

효과적이고 윤리적인 가치관의 다리를 만들어 내기 위해, 리더십 순간leadership moment에서 이러한 '입장'들을 이해하고 적절하게 취하는 것이 중요하다. 1차 포지션은 자신의 가치와 메타 아웃컴이 명확하게 만들어 준다. 2차 포지션은 이해관계자의 동기를 이해할 수 있도록 도움을 주며, 감성 지능의 바탕이 되는 요소로서 작용한다. 3차 포지션은 이해관계자와의 관계에서 신중하게 행동하고, 공명 지점을 찾을 수 있는 가이드 역할을 해준다. 마지막 4차 포지션은 이해관계자와 상호작용하는 것이 상위 시스템의 목표에 어떻게 기여하는지, 그 과정을 이해할 수 있도록 해준다.

특히 4차 포지션은 의식 리더십과 메타 리더십에 영향을 미치는 중요한 관점 중 하나이다. 4차 포지션을 통해, 우리는 상위 시스템 내에서 자신의 정체성을 확립할 수 있으며, '우리'(1인칭 복수형)와 같이 표현되는 '집단의 영역'에서 구성원으로서의 경험을 형성하는 데에 도움을 준다. 가령 필자가 그간 수행한 연구에선, 많은 리더들이 '리더십'을 종종 중요한 의사결정을 내리기 위한 '사내 직책' 또는 '시스템 내 직책'을 취하는 과정으로 생각하고 있는 것으로 나타났다. 4차 포지션은 '그룹 정신'과 '팀 정신'을 형성하는 데에 필수적인 요소이기도 하다. 동시에 원칙적 설득의 궁극적인 목표이다. 사람들이 '얀 스미스가 기획한 획기적인 아이디어'를 '우리의 프로젝트'로 받아들이는 과정에서 프로젝트가 성공했음을 확인했다는 얀 스미스의 이야기를 참고해 보자.

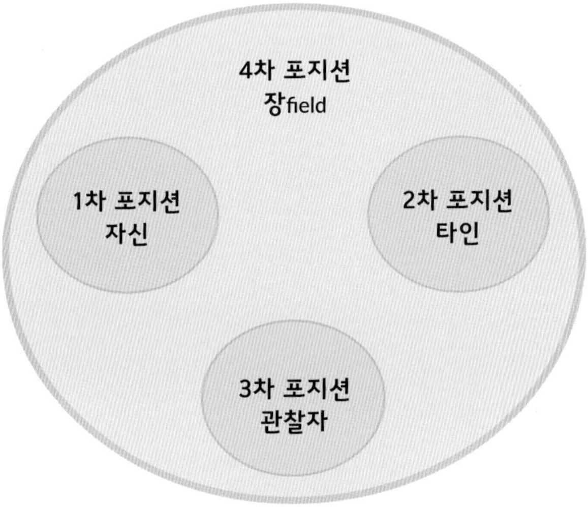

리더십의 동기를 인지할 수 있는 네 가지 기본 지각적 입장이 있다.

• 원칙적 설득 과정에서 소매틱 마인드로 몰입하기 •

Engaging the Somatic Mind in Principled Persuasion

가치 간에 다리를 만드는 소위 브리징bridging 즉, 다리 만들기와 원칙적 설득의 과정에서 성서 지능과 신체 지능이라 할 수 있는 소매틱 마인트somatic mind에 집중시키는 것은 매우 중요한 절차다. 집중을 위한 좋은 방법 중 하나는 먼저 자신과 이해관계자 사이에 신체 감각적인 '다리를 놓아 보는' 것이다. 이 책의 제2장에서 소개한 원칙을 적용해 보면, 역할 연기와 같은 간단한 게임으로 체험해 볼 수 있을 것이다.

1. 먼저 1차 입장에서 시작해 보는데 예를 들어 '성장'과 같은 자기 자신과 벤처 사업에 중요한 영향을 미치는 가치를 찾는다. 이때, 가치를 대표하는 몸짓이나 움직임을 만들어야 한다. 이번엔 지원 확대의 대상이 되는 이해관계자와 함께 다른 곳으로 이동해 보자. 그리고 '안전'과 같이 그 이해관계자가 가장 중요하게 생각하는 가치를, 당사자의 관점에서 생각해 보자. 이번에도 그 가치를 나타내는 몸짓과 움직임을 만드는 것을 놓치지 말아야 한다. 대개의 경우, 옆의 그림에 나타난 것처럼 만든 동작들이 서로 많이 다르다는 걸 알 수 있을 것이다.

"안전함"
이해관계자

"성장"
자신

2. 신체 감각으로 다리를 놓는 소위 소매틱 브리징somatic bridge을 위해 1차 포지션으로 되돌아와, 자신의 가치와 관련지어 몸짓이나 움직임을 만든다. 그런 다음 이해관계자가 중요하게 여기는 가치를 생각했던 위치로 몇 걸음 다가간다. 그리고 몸짓과 움직임을 살짝 바꾸어 보는데, 지원 확대의 대상이 되는 이해관계자의 몸짓, 움직임과 비슷하게 바꾸어 본다. 동시에 몸짓, 움직임이 내적 상태나 가치를 반영할 수 있도록 하자. 우측 그림에 나타난 "가능성이 열려 있음"과 같은 몸짓, 움직임이 나올 것이다.

3. 이해관계자의 입장에서 동일한 과정을 반복한다. 이해관계자를 대변하는 위치에 서서, 몸짓 또는 동작을 자신의 가치와 관련지어 보자. 그런 다음 자신의 입장을 나타내는 위치에 한 걸음 더 가까이 다가가 보자. 이번엔 몸짓 또는 움직임을 자신의 몸짓이나 움직임에 조금 더 가깝게 바꿔 보도록 한다. 내적 상태 또는 가치를 몸짓과 자세에 반영해 보도록 하자. 그럼 우측 그림의 "신중함"과 그 몸짓, 자세가 될 것이다.

4. 마지막 단계로, 그림과 같이 방금 만든 두 개의 새로운 동작 사이에 있는 몸짓이나 동작을 찾아 '다리를 놓도록' 하자. 그 몸짓 혹은 자세가 상징하는 내적 상태와 가치는 무엇인가? 아마 우측 그림의 '현실에 기반을 둔'과 비슷할 것이다. 이제 강력한 직관의 상징이자, 이해관계자와의 유익한 대화를 하기 위한 소매틱 다리somatic bridge가 완성되었다.

• 가치 다리 만들기 연습 •

Values Bridging Exercise

다음 활동에서는 강력한 잠재적 가치들의 다리를 창조하는데 바탕이 되는 지각적 입장, 신체 지능 및 말을 통한 리프레임이란 세 가지 기술을 동시에 활용한다.

1. 더 많은 지원을 받고 좋은 관계를 만들고자 하는 이해관계자를 차트에서 선택한다. 자신과 이해관계자가 각각 위치할 곳을 설정한다.
2. 자신의 지각적 관점(1차 포지션)에서 시작한다. 프로젝트와 벤처 사업에서 어떤 가치와 동기가 중요할지 고려해 본다. 그 동기와 가치를 위해 어떤 지지를 받기 원하는가? 가장 중요한 것을 선택하고, 몸짓 또는 움직임으로 표현해 보자. 아래의 양식에서(예를 들어 그림에서 혁신 처럼) 가치#1 상단에 자신의 가치나 동기를 가장 잘 설명할 수 있는 단어나 문구를 작성해 보도록 하자.
3. 이번엔 이해관계자의 관점(2차 입장)이 되어 보자. 이해관계자의 관점에서 당사자가 중요하게 여기는 것이 무엇일지 생각해 보자. 의사 결정을 내리는 데에 중요한 가치나 동기에는 무엇이 있는가? 이전 단계에서 **가치#1** 상단에 작성한 가치나 동기와 충돌하는 것은 무엇인가? 이해관계자가 중요하게 생각하는 가치를 몸짓과 움직임으로 표현하고, **가치#2** 상단에 (예를 들어 그림에서의 명성과 같이) 단어나 문구로 작성해 보자.
4. 당신과 이해관계자를 바라보는 관찰자의 관점(3차 입장)에서 바라보도록 하자. 둘의 관점과 중요하게 여기는 가치들 간에 공명이 일어나는 부분은 어디인가? 두 사람은 어느 부분에서 연결되고 합의될 수 있겠는가?
5. 당신과 외부세계 사이의 관점(4차 입장)에서, 당신과 이해관계자를 상위 목표를 위해 봉사하는 팀("우리")으로 생각해 보자. 두 입장 사이에 들어가서 "우리 둘이 원하는 것은 무엇인가? 우리가 공유하는 메타 아웃컴은 무엇인가?"에 대해 생각해 보자. 몸짓 또는 움직임으로 표현해 보고, **메타 아웃컴** 하단에(그림에서 특별한 일을 함과 같이) 단어나 문구로

작성해 보자.

- 어떤 단어나 문구를 사용하면 가치 또는 동기부여를 '재구성'하고, 다른 사람과 당신이 공유한 메타 아웃컴을 더 가깝게 보이게 할 수 있는가? **리프레임 # 1** 상단에 (그림에서 성취와 같이) 단어나 문구로 작성해 보자.
- 다른 사람의 가치나 동기를 '리프레임reframe'해서 당신과 공유한 메타 아웃컴에 더 가깝게 보이게 할 수 있는가? **리프레임 # 2** 상단에 (그림에서 인식과 같이) 단어나 문구로 작성해 보자.

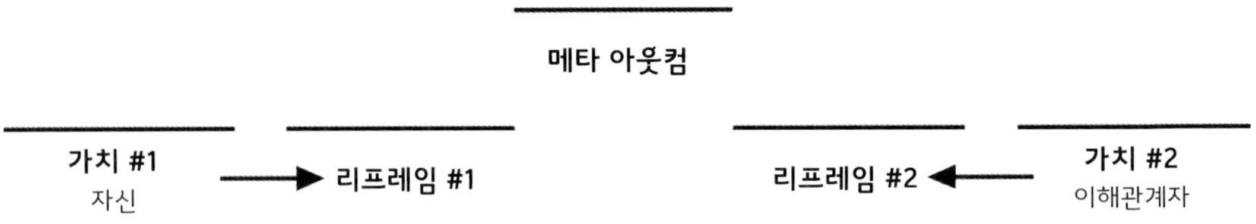

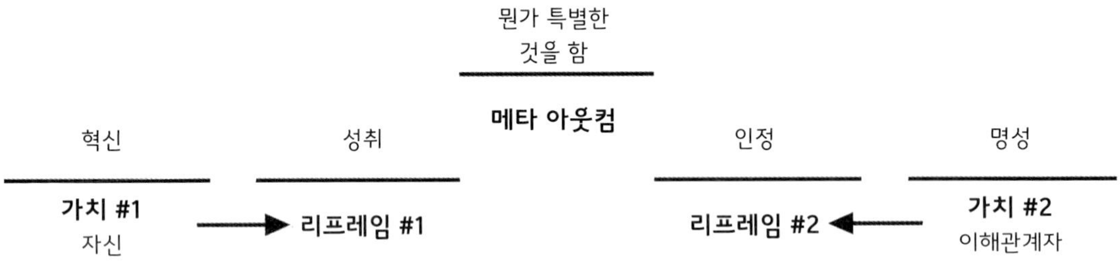

가치의 다리를 형성한 예시

6. 이해관계자의 관점으로 돌아가서 마무리한다. 신체적 및 언어적 리프레임을 통해 만들어진 다리를 어떻게 체험할 수 있는가? 프로젝트나 벤처를 바라보는 당신의 관점에 어떤 영향을 줄 수 있는가? 당신의 지원 수준에 어떤 영향을 줄 수 있는가?

겉으로 보기에 양립할 수 없는 가치를 조화롭게 보완해 주는 신체적 몸짓과 언어적 리프레임을 발견할 때까지, 서로 다른 신체적 자세와 언어적 리프레임을 계속 시도해 보고, 서로 다른 인지적 위치로 이동해 보자.

디즈니와 은행가의 사례 *The Example of Disney and the Banker*

이러한 과정이 어떻게 적용되는지 월트 디즈니의 일화를 통해 확인할 수 있다. 디즈니가 백설공주를 제작하던 즈음, 예산 부족으로 파산의 위기를 겪은 때가 있었다. 디즈니는 자신의 투자자 중 한 명인 은행 관리자를 찾아가 대출을 요청하려 했다. 하지만 1930년 당시 미국은 한창 경제 대공황에 허덕이던 실정이었고 당시 누구도 애니메이션 장편 영화를 만든 적이 없어서 해당 산업에 대한 전망이 불확실해 은행권의 반대 의사도 만만치 않을 것으로 예상되었다.

은행에 찾아 가기 전에, 디즈니는 회사의 재무 관리자였던 형 로이Roy와 함께 역할연기를 진행했다. 한 명이 은행원 역할을 맡으면, 다른 한 명은 대출이 승인될 수 있도록 은행원을 설득해야 했고, 두 번째 입장이자 은행원 역할을 맡은 쪽은 해당 대출에 대한 우려와 질문을 생각해 내었다. 일정 시간 후에는 입장을 서로 바꾸어 역할 연기를 이어갔다.

이러한 과정을 여러 번 반복하면서, 디즈니 형제는 은행 관리자의 비전과 동기 사이에 다리를 놓는 방법을 찾을 수 있었고, 이를 통해 역사에 길이 남을 결과를 이루어 낼 수 있었다. 대출을 받아 완성한 영화, 백설공주는 엄청난 성공을 거두었다.

• 신념 장벽과 신념의 다리 •

Belief Barriers and Belief Bridges

효과적인 원칙적 설득은 가치들 사이의 공명resonance을 찾는 과정이지만, 사실 이 역시 똑같이 신념을 다루는 절차인 셈이다. 이해관계자가 특정 프로젝트나 사업, 비전에 관한 신념에 한계를 느끼고, 해당 분야에 대한 지원을 보류하는 일이 종종 일어나곤 하는데, 이러한 경우에 의식 리더와 기업가는 가치 다리value bridges와 신념의 다리belief bridges를 창조할 수 있어야 한다.

이전 장에서 우리는 '해낼 수 있는 신념 체계'의 개념을 탐구했는데, 다음과 같은 특징을 알아볼 수 있었다.

- 긍정적인 미래에 대한 기대
- 능력과 책임감
- 자기 가치와 소속감

신념 장벽이 비전을 향한 진행을 방해하는 경우 *Belief Barriers Interfere with Progress Toward the Vision*

제한된 신념, 즉 '신념 장벽'이 미래에 대한 두려움, 의심과 자신감 부족 등 자기자신에 대한 부정적인 판단을 내리게 만들 수 있다. 신념 장벽은 프로젝트 또는 벤처 사업을 성공적으로 완수하기 위한 우리의 동기나 진전을 방해하거나, 저해하는 신념 혹은 가정을 말한다. 이전 장에서 이야기한 4분 장벽을 깬 이야기의 예시는 신념 장벽이 어떤 것인지 잘 보여주고 있다. 실제 가능한 일에 달성이 어려울 것이라는 인위적인 제한을 만든 것이다.

제한된 신념은 비전과 미션, 앰비션 등이 본질적으로 (1) 바람직하지 않거나, 가치가 없다고 느끼는 경우, (2) 불가능하거나, (3) 적절치 않은 경우 (4) 목표를 달성할 능력이 부족하고, (5) 이에 대한 책임이 없거나, 지지를 받을 자격이 없거나, 동의를 구하지 못하는 경우에 발생한다.

프로젝트나 벤처 사업의 상위 목적을 위해, 신념의 다리를 재연결하는 사람들

Belief Bridges Reconnect People to the Higher Purpose of the Project or Venture

성공적인 기업가와 리더는 이해관계자와 주요 협력자들에게 동기를 부여하고, '불가능한 일'을 실행하기 위해서, 제한된 신념과 신념 장벽을 바꾸거나, 우회할 수 있는 '신념의 다리'를 만들도록 도울 수 있는 스킬을 갖춰야 한다. 매우 효과적인 신념의 다리는 사람들을 더 넓은 관점에서 재연결하고, 해당 프로젝트나 벤처 사업의 상위 목적에 초점을 맞추게 하여 과업을 성취하도록 이끈다.

예를 들어, 얀 스미스가 디즈니 CFO 및 경영진에게 "디즈니의 모든 콘텐츠를 확장하는 전략적 목표"를 강조하고, 디즈니 스토어와 디즈니 인터랙티브가 "우리가 되고자 하는 모습이며, 단지 계획보다 빠르게 달성했을 뿐"이라며 이야기할 수 있었던 것은 곧 그녀의 아이디어가 반대와 우려 속에서 신념의 다리를 형성하는 데 성공했다는 것을 의미한다. 얀 스미스의 프로젝트에서, 신념의 다리는 기존 디즈니의 사업과(디즈니 스토어의 전례 없는 특징과 디즈니 인터랙티브의 열악한 역사를 감안했을 때) 관련이 없으므로 굳이 위험을 감수할 필요가 없다는, 우려의 형태로 나타났다. 하지만, 얀 스미스는 자신의 프로젝트가 전사 주요 전략 및 목표(본질 수준에서의 메타 아웃컴)와 밀접한 관계가 있으며, 프로젝트를 통해 상위 차원의 목표를 더 빠르게 달성할 수 있다는 것을 보여주면서 그 가치를 증명했기에, 신념의 다리를 형성할 수 있었다.

신념 장벽은 우리의 프로젝트나 벤처 사업이 성공하는 데에 필요한 동기와 진전을 방해하거나 훼손하고, 신념과 성공의 가정을 제한한다.

신념의 다리는 사람들을 보다 넓은 시각에서 재연결시켜주며, 프로젝트나 벤처 사업의 상위 목적에서 사람들을 활용함으로써, 신념과 신념 장벽 사이의 한계를 변형시키거나, 우회해서 갈 수 있게 해준다.

얀 스미스는 자신의 프로젝트가 전사 주요 전략 및 목표(본질 수준에서의 메타 아웃컴)와 밀접한 관계가 있으며, 프로젝트를 통해 상위 차원의 목표를 더 빠르게 달성할 수 있다는 것을 보여주면서 그 가치를 증명했기에, 신념의 다리를 형성할 수 있었다.

자신의 신념 장벽으로 신념의 다리 만드는 연습 *Practicing Creating a Belief Bridge With Your Own Belief Barriers*

신념의 다리를 형성하는 연습을 시작하기에 좋은 대상은 바로 나 자신이다. 스스로 자신의 프로젝트나 벤처에 대해 신념을 가지고 있지 않다면, 다른 누구도 설득시키기 어려울 것이기 때문이다. 자신의 신념 장벽을 뛰어 넘기 위해, 신념의 다리를 공부하는 시간을 가져 보자. 다음은 우리가 의식 있는 리더와 기업가들을 위한 코칭 세션에서 활용하는 방법이다.

1. 프로젝트 또는 벤처와 관련해, 동기부여는 명확하지만, 자신감을 유지하는 것이 어려운 도전적 상황을 생각해 보자. 그 상황을 위한 물리적 위치를 만들고 들어가 몸짓을 취해 보자. 책의 제2장에 나오는 '어려운 생각 버티기Holding Difficult Feelings' 연습과 마찬가지로 지금 상황을 어떻게 경험하는지에 대한 지각적 인식을 불러일으킨다. 즉, 상황에서 보는 것을 보고, 듣는 것을 듣고, 느끼는 것을 느껴 본다. 직면하고 있는

외부 게임Outer game에 대한 응답으로 내면 게임Inner game의 질을 확인해 보자.

2. 그 상황에서 벗어나 새로운 위치로 들어가 본다. 상황을 숙고하고 자신에게 물어 본다. "어떤 신념이 그 상황에서 자연스럽게 자신감을 갖지 못하게 하는가? 그 상황에 대한 명확성과 확신을 얻지 못하게 하는 '신념 장벽'은 무엇인가?" 이전 장에서 탐구한 신념 목록을 사용하여 신념 장벽을 찾는 데 도움을 받을 수 있다. 즉, 바람직하지 않거나 가치가 없는 신념이 있는가? 가능하지 않은가? 적당하지 않는가? 이뤄낼 능력이 없는가?? 책임이 없는가? 마땅하지 않은가? 허락을 받지 못했는가?

예를 들어, 당신이 "나의 비전과 야망이 너무 크다. 나는 너무 작고/미숙하고/준비가 되어 있지 않다."는 신념이 있다면. 이것은 본질적으로 "나는 능력이 없거나 충분히 괜찮지 않다"는 믿음에 이르게 한다.

어려운 상황에 처했을 때 빈번하게 일어나는 신념 장벽.

3. 신념 장벽을 파악한 후에는 코치 상태COACH state로 중심을 잡고, 비전과 연결된 상태를 만든다. 그리고 앞의 제1장에서 더 큰 '홀라키'와의 연결 찾기 활동에서 확립한 앵커anchor 또는 트리거trigger를 활용해야 한다. 명확하고 자신감이 있는 이 입장에서 자신에게 질문해 본다. 그 상황에서 확실한 자신감을 갖기 위해서는 어떤 신념이 필요하겠는가? 신념 장벽에 직면했음에도 불구하고, 그 상황에 대한 확신을 가져다 줄 수 있

는 '신념의 다리'는 무엇인가? 어떤 신념이 더 높은 목적에 연결되고 그것을 유지하는 데 도움이 될 수 있을까? 이때 중요한 것은 머리로 이해하려 하기보다 코치 상태에 몰입해 알아낼 수 있도록 하는 것이다. 예를 들어, "나의 비전은 필연적이고, 내 상위 목적은 가치가 있다. 내가 어떤 결과를 만들어 내든 모두 가치가 있다."와 같이 말이다. 신념의 다리를 통해 머리와 마음, 직관이 확실히 정렬될 수 있도록, 신념 평가 과정과 이전 장에서 다룬 멘토와 역할 모델을 사용하여 신뢰를 구축하고 신념을 강화하는 단계를 적용해야 한다.

4. 이성, 감성 및 직관에 '신념의 다리'와 연관된 신념을 가지고 현존하며 센터링을 유지한다. 신념들에 주의를 기울이면서 도전적인 상황으로 다시 돌아가 보자. 그리고 그 상황에서 내가 경험하는 것이 어떻게 변화되었는지 확인해 보자.

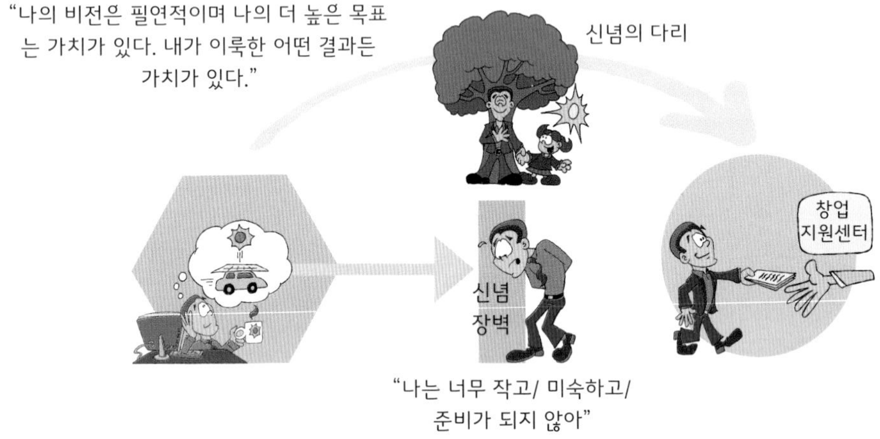

'신념의 다리'를 형성하는 것은 명확한 자신감을 갖지 못 하는 어려운 상황에서 '신념 장벽'을 벗어날 수 있도록 도와준다.

• 신념의 다리를 만들기 위한 'As if'프레임 적용법 •

Applying the "As If" Frame to Create Belief Bridges

'as if'프레임은 신념의 다리를 만들기 위한 효과적인 도구다. 'as if'프레임은 개인 또는 조직이 원하는 결과outcome가 '달성된 것처럼' 행동하는 방법이다. 동시에 'as if'프레임은 그들의 지각적 세계를 명확하게 하고 풍요롭게 하며, 미래에 그들이 이루고자 하는 상태를 그려보는 방법이다. 이는 사람들이 현재 지각하는 세상 지도 느끼는 한계와 저항을 극복할 수 있도록 효과적으로 돕는 방법이다. 얀 스미스가 주장한 것처럼, "당신은 충분히 가능하다는 것을 보여주고, '왜 효과가 없을 것'이라 단정지었는지 되물을 수 있어야 한다."

예를 들면, 만약 누군가, "우리는 X를 할 수 없다"라든가 "X를 실행에 옮기는 것은 불가능하다"라고 했을 때, "X를 할 수 있게 된다면 어떨까" 혹은 "X가 가능했다면 어땠을까"와 같이 질문을 던져 봄으로써 'as if'프레임을 적용시켜 볼 수 있다. 가령, 어떤 회사의 중역이 특정 프로젝트에서 본인이 바라는 상태가 무엇인지 설명할 수 없다고 했을 때, SFM 코치나 컨설턴트는 "지금으로부터 5년이 지났다고 했을 때, 무엇이 달라져 있을까? 5년 뒤엔 무엇을 성취했을 것 같은가? 어떤 자원과 신념이 그러한 변화를 가능케 했는가"라고 질문을 던져 볼 수 있을 것이다.

이미 '다 이루어진 것처럼' 행동함은 현실의 제약에서 벗어나, 상상력을 더욱 풍부하게 사용할 수 있도록 한다. 이는 이미 성취한 것처럼 흉내내고 또 상상할 수 있는 우리의 내적 능력을 활용하는 것이다. 또한 이는 우리의 '에고ego'를 뛰어넘게 하고 오랫동안 가지고 있던 우리의 제한적인 한계 수준을 뛰어넘게 한다. 마치 이미 다 이룬 것처럼 하는 'as if' 기법은 사람들이 '현실 왜곡 분야'라고 불리기도 하는데, 스티브 잡스가 주로 사용한 창조법이기도 하다.

비전 및 앰비션에 도달하기 위해선, 우선 그것이 가능하다는 'as if' 프레임을 사용해야 한다. 먼저 바라고 있는 모습을 마음의 눈을 통해 그려보는데, 최대한 원하는 수준에 준하는 만큼 충분히 그려본다. 그리고 이미 '다 이룬 것처럼' 자신감을 가지고, 꿈과 목표에 맞게 행동으로 옮겨 보는 것이다.

'신념의 다리' 창조하기는 마치 그것은 가능하다는 것처럼 행동하는 것에 의해 그리고 미래에 모든 것을 다 이룬 관점에서 돌아보는 활동을 통해 촉진된다.

신념의 다리를 만들기 위한 "as if" 프레임 연습 *"As If" Exercise for Creating Belief Bridges*

'as if' 프레임은 의식 리더와 차세대 기업가들을 위한 핵심 도구 중 하나이다. 다음 활동을 통해, '신념의 다리'를 형성하기 위해 'as if'의 프레임을 어떻게 활용할 수 있는지 살펴보자.

1. 본인이 속한 팀, 이해관계자 또는 파트너와 함께 당신이 의심하고 있는 혹은 확신하지 못하고 있는 이슈를 먼저 파악해 보자. "우리만으로는 불가능하다.", "우리는... 할 수 없다." 혹은 "우리는 적합하지 않다" 등 완전히 믿지 못하고 있는 제한된 신념을 찾아 말로 표현해 본다.
2. 그룹으로 나누어 'as if' 프레임을 적용해 본다. "그것이 가능했다면/해낼 수 있었다면/적합했다면"이라 가정해보고, 그럴 경우엔 어땠을지 생각해 보자.
   이번엔 신념(불가능하다/능력이 없다/당신은 그럴 자격이 없어요)과 관련된 문제들을 이미 잘 다루어서 극복했다고 상상해 보자. 그럴 경우엔 어떻게 했고, 어떻게 행동했으며 또는 어떻게 다른 신념을 가졌을까?
3. 작업 도중에 주변에서 이의를 제기하거나 간섭이 일어날 경우, 다음 질문들을 던져 보자.
   "이미 그런 이의나 간섭을 경험하고 대처했던 것처럼 행동해 보자. 그럴 경우엔 어떤 방식으로 다르게 대처할 수 있을까?" 그런 뒤, 다음 질문들을 던져 보자.

미래로 간다. 그리고 미래에서 뒤를 돌아보며…

- 당신의 행동으로 인해 어떤 일이 벌어졌고 어떤 변화가 있었는가?
- 어떻게 당신/다른 사람들이 그 결과/변화를 알아차릴 수 있었는가?
- 가장 자랑스러운/짜릿했던 것은 무엇인가?
- 어떤 부분을 새롭게 인식했는가?
- 과거 또는 현재의 자신에게 어떤 조언을 해 줄 수 있을까?
- 신념 장벽을 어떻게 바꿀 수 있었는가? 어떤 신념들이 당신이 신념 장벽을 넘어설 수 있도록 도움을 주었는가?

'마치 다 이룬 것처럼' 행동함으로써 현실의 제약에서 벗어나, 상상력을 더욱 풍부하게 사용할 수 있다. 이는 궁극적으로 신념의 다리를 만드는 데에도 도움이 된다.

바니 펠*Barney Pell*의 성공 사례

성공적인 사업가 바니 펠**Barney Pell**(SFM Vol. I, pp. 102~115 참고)은 자신만의 자연 언어 검색엔진 사업을 육성하는 과정에서 이러한 방법을 적용해 성공한 좋은 사례다. 바니 펠은 '사업을 하지 말아야 하는 이유'를 목록으로 정리해, 신념 장벽을 넘기 위한 계획을 세웠다. 그가 생각한 사업을 하지 말아야 하는 주된 이유는 자사에서 고안한 아이디어를 다른 회사에서 더 잘 활용할 수 있지 않을까 하는 두려움 때문이었다. 하지만, 바니 펠은 그 두려움에 맞서기로 결정했다.

바니는 "만약 해낸다면"이라는 "as if" 프레임을 활용했고, 이 방법을 통해 자신의 아이디어를 "입증"할 수 있을 거라고 생각했다고 이야기한다. "세계 거물들을 감동시킬 수 있었다"고 말하며 "세상이 더 나은 곳이라는 사실이 나에게는 가장 중요하다"고 덧붙였다. 사실 그는 "네가 아니면 더욱 좋다"고 혼자 생각했다. "더 나은 세상을 만들기 위한 아이디어의 힘에 관한 것이다." 다른 큰 기업들이 검색 기술을 개발하고자 치열하게 경쟁하고 있는 가운데, 다른 사람들은 내가 가진 아이디어를 간절히 원할 것이라고 말하기도 했다.

궁극적으로 바니는 "다행히 긍정적인 면은 무한했던 반면, 부정적인 면은 거의 없었다"고 결론 내린다. 그는 설명한다. "설령 최악의 경우라도, 우리는 투입된 것보다 더 많이 회수할 수 있는 멋진 기술과 팀을 조직했을 것입니다."

흥미롭게도, 딱 그런 일이 일어났다. 바니는 회사를 창업한 지 3년이 지난 후에 그의 회사 파워셋Powerset을 마이크로소프트에 1억달러 이상을 받고 팔아, 억만장자가 되었다. 파워셋 기술의 일부와 일처리 방식은 마이크로소프트와 야후가 사용하며 구글에도 채택된 빙Bing에 통합되었다. 파워셋의 개발은 많은 주요 영역에서 사용자의 경험을 크게 변화시켰으며, 정보 검색 산업에 지대한 영향을 미쳤다. 예를 들어, 파워셋의 기술은 아이폰**과 아이패드에 사용되는 시리Siri음성 안내 시스템의 기반이 되었다.**

기업가 바니 펠은 'as if'의 프레임을 활용해 주요 신념 장벽을 바꿔보려 했었다. 바니 펠은 회사 설립일 이후 3년도 안 된 시점에, 자사 파워셋을 마이크로소프트에 1억 달러 이상을 받고 판매할 수 있었다

• 원칙적 설득을 위한 다른 자원들 •

Other Resources for Principled Persuasion

메타 아웃컴을 확인하고 말로 하는 리프레임을 연습하며, 가치의 다리를 형성하고, 신념의 다리를 구축하는 것은 원칙적 설득을 위한, 몇 안 되는 기법들 중 하나이다. 자원이 풍부한 다른 하나는 솜S.O.M. 기법으로 불리는 솜 패턴Sleight of Mouth Patterns[15]이 있다(부록 B참조).

솜 패턴Sleight of Mouth Patterns(Dilts, 1999)은 리더들과 기업가들이 사용하는 언어 설득의 형태로, 자신 또는 주요 협력자, 이해관계자들의 제한된 신념을 우회하거나, 바꿀 수 있는 신념의 다리를 형성하는 데 도움이 된다. 솜S.O.M. 기법은 신념과 믿음이 형성된 정신적 지도에 영향을 미치는 '언어적 재구성'의 범주로 특징지어질 수 있다. 솜S.O.M. 패턴은 기업가들과 리더들, 그리고 그들의 협력자들이 "걱정하고 있는 것에 대해 대한 진솔하게 대화를 나누고, 장애물을 극복하거나 변형시키는 등 다양한 방법을 찾아낼 수 있도록" 돕는다.

15 Sleight of Mouth Patterns은 NLP University를 이끌며 전세계 NLP분야의 리더로 활동하고 있는 로버트 딜츠가 만든 개념으로 사전적으로 '교묘한 말로 속임'이란 의미를 가지고 있다. NLP를 활용하는 분야에서는 효과적인 교육/상담/코칭을 위한 언어의 기교를 뜻하는 말로 이니셜을 활용해 솜 S.O.M으로 표현한다.(역자주)

제6장 요약

◇

성공적인 기업가나 리더가 된다는 것은 불가능한 일을 해내는 능력을 필요로 한다. 비전과 꿈은 지금까지 존재하지 않았으며, 지금의 도구와 노하우로는 달성할 수 없다고 여겨지는 '미래 시나리오'를 상상할 수 있게 해준다. 하지만, 이러한 새로운 가능성에는 종종 "불가능한", "비현실적", "부적절한"이라는 딱지가 따라붙는다. 이는 이러한 가능성들이 현재 사람들에게 익숙하거나 편안한 것 너머에 있는 개념이기 때문일 것이다.

의식적인 인지 마인드cognitive mind와 에고ego를 통해 미래를 들여다보면, 일반적으로 우리가 이미 알고 있는 것을 통한 미래만 상상할 수 있다. 이는 우리의 미래의 가능성에 매우 제한적인 견해만을 제공한다. 이것이 바로 알버트 아인슈타인이 "지식보다 더 중요한 것은 상상력이다"라고 주장한 이유이다. 불가능한 것을 시도하는 것은 '창조적 무의식'과 '장field'간의 밀접한 연관성을 요구한다.

역사를 들여다보면, 과거 우리 인류는 자신의 인지 필터의 한계에 갇혀, 부정확하고 불완전하게 미래를 그려온 사례가 가득하다. 또한 나중에야 해낼 수 있거나 또는 가치가 있는 것으로 밝혀졌지만, 당시에는 비현실적이거나 불가능해 보여 적절치 않은 것으로 생각된 사건들로 가득하다.

불가능을 가능하게 만들기 위해서는 '미래를 창조하는' 능력과 '더 큰 파이를 만들어낼 수 있는' 역량, '역경으로부터 극복하는' 능력을 필요로 한다. 이외에도 몇 가지 능력들을 더 필요로 하는데, 메타 리더십과 실행, 그리고 효과적인 설득을 위한 '하향 유목화 기법chunking down'이 여기에 해당한다.

메타 리더십은 다른 리더들을 만들어 내고 이끄는 능력이다. 성공적인 기업가 데이비드 구오가 했던 말을 빌려 말하면, 자신의 비전과 아이디어를 전달하고, 그들이 책임감을 가지고 스스로 리더가 될 수 있도록 하기 위해 '그들과 그들의 동기를 이해'하는 것이 중요하다.

성공 요인 모델링에서 얀 스미스의 성공 사례는 불가능한 일을 가능케 할 때, 의식 리더십과 메타 리더십이 어떻게 동시에 발휘될 수 있는지 보여준다. 얀 스미스가 디즈니 스토어와 디즈니 인터랙티브에서 성공을 이뤘던 경험은 코칭과 임파워링의 진가를 보여주고, 명확한 비전만 가지고 있다면, 신속하고 유연한 대처가 가능함을 보여준다.

월트 디즈니의 사례에서 나타난, 몽상가, 현실주의자 그리고 비평가의 마인드셋 사이에서 균형을 잡아가는 과정인 이미지니어링imagineering은 생각을 실행으로 옮길 수 있는 '경로'를 새롭게 만들어내는 데에 효과적인 방법이다. 이미지니어링 질문법은 개인 또는 팀이 프로세스의 각 단계와 그와 관련된 주요 쟁점들을 고려하고, 효율성(올바르게 수행하는)과 효능(올바른 일을 수행하는)을 정렬시키는 데에 도움을 준다. 꿈에 이르는 단계를 스토리보드로 만드는 것은 리더, 기업가 및 팀이 상상력을 발휘하는 과정에서 결과를 포착하고, 비전을 핵심 경로와 운영 계획으로 '하향 유목화Chunk down'하는 역할을 한다. 마이크로소프트의 스토리보딩 리더십 사례는, 앞서 다뤘던 여러 형식들이 '스토리보딩'과 의미덩어리로 세분화해서 쪼개고 나누는 '하향 유목화 Chunking down'라는 두 과정에 어떻게 통합되는지 보여준다.

비평가와 비판을 환영하는 것은 불가능한 일을 가능케 하는 중요한 기술이다. 좋은 비판이 효율적인 결과를 내고, 높은 질적 수준을 보장해주는 데 필요하긴 하지만, 비평가들은 부정적인 것에 초점을 맞추고, 다른 사람의 제안이나 아이디어에서 문제점을 찾아내는 경향이 있기 때문에, 대체로 함께 하기 '어려운' 사람들로 생각한다. 하지만, 비판은 이해관계자들이 인식하지 못했거나 충분히 고려하지 않았던 점을 알려주는 신호가 되기도 한다.

비판이 궁극적으로 긍정적인 의도임을 유념하는 것이 중요하다. 좋은 비평가들은 타인의 관점이나 입장을 빌려 본인의 의견을 표출하는데, 주로 긍정적으로든, 부정적으로든 영향을 받을 수 있으면서, 해당 계획이나 활동에 직접적으로 관여하지 않는 사람들의 관점을 빌린다. 이러한 비평가의 역할은 상위 시스템인 홀라키holarchy의 생태계를 유지하는 데 도움이 된다.

이해관계자의 분석 과정은 특정 프로젝트나 벤처 사업에 대해 상세한 지도를 제공하고, 프로젝트나 사업에 대해, 현재 입장 및 의견을 강조하며, 성공을 향해 전진하기 위해 각 이해관계자들의 지원 수준을 정의한다. 이러한 정보는 어떤 이해관계자가 더 높은 수준의 지원을 받아야 하는지 파악하는 데 사용할 수 있다.

핵심 이해관계자들의 의견과 비판은 바탕에 깔려 있는 긍정적 의도를 파악하고, 그들의 입장을 이해하고 대응함으로써 해결할 수 있다. 이러한 과정은 긍정적 의도에 보다 집중해, 비판에 내포된 긍정적 의도와 긍정적 언어표현에 귀를 기울이는 것이며, 비판을 '어떻게' 질문으로 바꿀 수 있을지 고려해보면서 이루어질 수 있다. 긍정적인 의도를 확인하고, 이해관계자들을 존중하면, 비평가를 조언자의 역할로 전환시키는 데에 보다 큰 도움이 된다.

전략을 계획하고 실행하고, 유지하는 데에 필요한 에너지는 해당 전략과 관련된 구성원들의 '동기'와 밀접한 관련이 있다. 운영 계획을 효과적으로 시행하고, 설정한 결과에 도달하기 위해서는 자발적인 협력과 이를 위한 동기부여가 필요하다. 동기부여는 주로 가치와 신념에서 나오는데, 이러한 가치과 신념은 특정 역량이나 행동을 적용하려 할 때 이를 지지하거나, 못 하도록 억제하는 내적 강화의 역할을 수행한다.

원칙적 설득은 사람들의 가치와 동기를 정렬시키고, 비전에 집중시키기 위해 언어를 사용해야 하는 기업가와 리더들에게는 핵심 능력으로서 요구된다. 메타 아웃컴meta outome을 파악하는 단계는 구성원들이 동기부여하고, 목표를 설정하는 과정에서 그 이면에 존재하는 상위 목적을 이끌어내고, 핵심 가치에 주의를 집중시키는 강력한 방법이다.

핵심 가치가 확인되고 명확하게 규정되면, 이해관계자의 동기부여, 리더와 기업가, 그리고 그들의 프로젝트나 사업을 잇는 '가치의 다리'를 형성할 수 있다. 가치의 다리가 형성되기까지 말로 하는 리프레임verbal reframing과 지각적 위치perceptual position, 신체 지능somatic intelligence 등의 과정이 이루어진다. 이러한 과정을 통해, 이해관계자의 동기와 리더, 기업가, 수행하는 프로젝트, 사업 등 다양한 개념 사이에서 가치의 다리를 형성bridging할 수 있다.

반대와 저항, 비판은 종종 '신념 장벽belief barriers'의 결과로 나타나기도 한다. '신념 장벽'은 프로젝트 또는 벤처 사업을 성공적으로 완수할 수 있도록 해주는 동기나 진전을 약화시키는 제한된 신념 또는 가정을 말한다. 또 다른 효과적인 설득의 방법으로는 상위 목적에 집중함으로써 더 넓은 시각으로 구성원들을 다시 연결시키고, 제한된 신념과 신념 장벽을 우회하거나 돌아가거나, 바꿔버리는 신념의 다리belief bridge를 형성하는 것이다. '신념 장벽'과 '신념의 다리' 개념은 리더와 기업가들로 하여금 본인들의 신념 장벽을 재검토하고 상위 목적과의 연결을 유지하면서 더욱 명확하고 신뢰가 생기는 경험을 하도록 도와주는 잠재적 신념의 다리를 발견하게 해준다.

Conclusion

결론

리더십은 더 많은 추종자를 만드는 것이 아닌, 더 많은 리더들을 만든다는 전제로부터 시작한다.

랄프 네이더Ralph Nader

만약 우리가 기다렸던 사람이 다른 사람이거나, 혹은 다른 시간을 기다렸던 거라면, 결코 변화가 찾아오는 일은 없을 것이다. 우리가 기다렸던 사람은 바로 우리 자신이다. 우리 자신이야말로 우리가 그토록 찾아 헤매던 변화이다.

버락 오바마Barack Obama

• 결 론 •

Conclusion

이 책은 구성원 개개인이 주체가 되어 다양한 지식을 접할 수 있는 기회를 마련하고, 모든 이해관계자들을 고려한 '상위 목적'과 '상위 가치'를 추구하는 삶을 위한 기틀을 제공하고, 상위 가치를 추구함으로써 함양할 수 있는 '의식 리더십'과 지속가능한 사업을 위한 '숙련도와 적성 개발'에 필요한 자료와 토대를 중점적으로 다루고 있다.

우리는 도전적이고, 끊임없이 변화하고 있는 세상에 살고 있다. 변화의 속도가 더 빨라질수록 그로 인한 불안정성과 불확실성, 위험성도 늘어난다. 급변하는 환경 속에서 지속 가능하고 성공적인 사업을 창출해 내기 위해서는, 의식 리더십과 혁신 그리고 회복 탄력성이 절실하게 필요하다. 강건하고 인내심 있는 구성원, 그리고 그러한 특징을 가진 팀과 기업만이 '미래에 적합한' 조직이라고 할 수 있을 것이다. 분명 이들만이 피할 수 없는 '변화의 파도'를 타고, 위험에서도 기회의 길을 탐색해 나아갈 수 있을 것이다.

이 책의 주된 목적은 의식 리더십의 원리와 모델을 설명하고 훈련을 포함한 기타 다양한 자원을 제공하여 당신이 의식 리더십에 더욱 익숙해지고 잘 활용할 수 있도록 하는 데 있다. 의식 리더십은 지속 가능한 벤처를 설립하고 당신과 팀원들이 언제나 현존 상태에서 시작할 수 있도록 돕고, 집단지성을 활용하며 최고의 가치를 가지고 사업을 영위할 수 있는 방안을 제시하며, 나아가 모든 이해관계자들을 고려한 '상위 목적'과 '상위 가치'를 추구할 수 있는 이정표 역할을 한다. 바라건데, 이 책을 통해 독자가 전문성과 정서 지능을 함양하고, 분명한 목적과 책임 의식을 갖출 수 있으며, 보다 생산적이고 생태적으로 지속 가능한 팀을 만들어 사업을 이룰 수 있기를 기원한다.

핵심 주제 검토 *A Review of Key Themes*

제1장에서는 진정한 의식 리더들은 자신을 몸 속의 세포와 장기에서부터 시작해 가족, 직업, 공동체, 사회 등 더 큰 '홀라키holarchy'에 기여하는 구성원으로서 인식한다고 이야기했었다. 의식 리더의 '의식consciousness'은 미래를 계획하고, 결정을 통해 행동으로 옮기는 과정에서, '홀라키'를 어느 정도 수준까지 인지하고 있는가에 따라 결정된다. 그렇기에, 나와 상위 세계인 '홀라키' 간의 연결점을 찾아내고, 에고ego와 소울Soul의 균형을 맞추며, 지혜를 계발하는 것은 의식 있는 삶을 영위하고, 타인을 이끌며, 의사 결정을 내리는 데에 큰 도움이 된다.

제2장에서 우리는 역경으로부터 다시금 회복하기 위해 필요한 리더십 능력에 대해 탐색했다. 필자는 의식 리더십과 회복 탄력성에서 중요한 정서 지능을 강조했으며, 핵심 과정과 활동을 통해 정서 지능(자기 인식, 자기 조절, 자기 동기 부여, 공감, 사회적 관계 기술)의 다섯 가지 요소를 강화하는 법을 제공했다. '부정적인' 감정 및 머리, 가슴, 배로 대표되는 감각들을 다루고, 내면 게임inner game을 마스터하며, 대문자 코치COACH 상태와 붕괴CRASH 상태를 구별하는 법을 다루었다. 세부적으로는 자원 앵커 만들기, 에너지 관리, '내면의 탁월한 영역'에서 우수한 점 찾아내기, 나와 그룹 내에서 갈등에 맞서기, 힘든 감정 인내하기, 붕괴 상태에서 벗어나기 등을 다루었다.

정서 지능 및 의식 리더들을 이해하기 위해서는, 어떤 변화를 추구하든 필연적으로 발생할 수밖에 없는 반대나 보완점을 받아들이거나 아니면 반대의 의견을 설명할 수 있어야 한다. 가령, 세상에 더 많은 행복을 가져오길 바란다면, 슬픔과도 좋은 관계를 맺고 있어야 한다. 세상에 조화로움을 가져오길 원한다면, 세상의 불협화음이나 갈등과의 관계를 이해하고 있어야 할 것이다.

제3장은 사업을 위한 '성공의 원'을 구축하고, 성공 마인드셋을 개발하는 것에 중점을 두었다. 메타 마인드셋(큰 그림 선명도)과 매크로 마인드셋(성공 습관), 마이크로 마인드셋(지속적인 우선 순위), 이 세 가지 핵심 영역을 확인했으며, 당신이 선천적으로 보유한 강점을 평가하고 메타 목표를 설정하거나, 사업을 위한 개발의 핵심 영역을 식별하는 데 도움이 되는 마인드셋 맵과 마인드셋 나침반을 만들어 보는 시간을 가졌다.

4장과 5장에서는 SFM 리더십 모델을 중점으로 다루었다. SFM 모델은 4가지의 필수 조직 성과와, 4가지 기본 리더십 행동, 전 세계 유능한 리더들이 공통적으로 함양하고 있는 9가지 주요 내적 자질들을 정의했다. 가령, 리더십 행동을 적용해 혁신을 추구하고자 할 때, 의식 리더는 능력 발휘 이전에, 먼저 팀 구성원들에게 임파워링empowering을 한 후 코칭Coaching하고 셰어링Sharing하며 궁극적으로는 자신과 구성원을 스트레칭Stretching하는 과정을 거쳤다. 다른 리더십 행동들을 선행하지 않고, 스트레칭만 적용했을 때에는 스트레스와 압박감만 늘어나는 등 역효과가 나타난다는 것을 확인했다.

임파워링Empowering은 개성을 인정하고, 자부심을 길러주는 단계이자, 자율성을 권장하고, 성장 동기를 자극함으로써 구성원이 잠재력을 개발할 수 있도록 하는 과정이었다. 해낼 수 있다는 신념 체계Winning Belief System는 기업가와 리더가 이러한 임파워링을 해낼 수 있도록 돕는 방법 중 하나로, 개인의 신념을 평가하고, 멘토와 역할 모델을 활용함으로써 자신감을 키우고, 신념을 강화하는 핵심 기술이다.

코칭Coaching은 사람들의 경험과 역량을 개발하고, 신뢰 관계를 구축하며, 타인의 의견을 귀 기울여 듣고, 학습 과정을 토대로 사람들을 지도하고 성장시키고자 하는 '팀 정신team spirit'을 포함하는 과정이었다. 특히 자신이 모범이 되어 핵심 가치를 명확하게 설명하고, 실현할 수 있도록 지원하는 것은 코칭의 핵심 기술이다. 정렬된 상태로 만드는 과정 또한 자기답게 존재하면서 다른 사람들을 효과적으로 코칭할 수 있는 방법이다.

셰어링Sharing은 혁신을 자극하고, 정보와 아이디어, 자원과 에너지의 교환을 통해 탄력성을 강화한다. 셰어링은 사람들 간의 소통을 촉진하고, 효과적으로 문제를 해결하는 것을 주된 목적으로 하고 있다. 셰어링의 방법 중 하나인 스코어S.C.O.R.E. 모델은 문제 공간과 솔루션 공간을 정의하고, 간단하면서 전반을 포괄할 수 있는 워크시트를 제공한다. 워크시트는 증상 및 원인을 진단하고, 증상의 원인을 변형시키는 데 필요한 '자원'과, 증상을 대신할 바람직한 효과를 불러올 수 있는 '결과' 등을 제공한다.

스트레칭Stretching을 할 때 리더와 팀은 기대치를 높이고, 혁신을 자극하며, 지속적인 개선을 추구하고, 강화된 습관에 계속해서 맞서야 한다. 영웅의 여정Hero's Journey은 상황이 우리에게 요구하는 행동을 소명으로, '악마demons'를 새로운 경계로 건너가야 할 한계점으로 정의하고, 그림자는 우리가 맞서서 변화시켜야 하는 것, 자원과 후견인을 성공적인 여정을 위해 필요한 것이라 설명하며, 스트레칭을 성공적으로 수행할 수 있도록 강력한 로드맵을 제공한다.

6장에서 다룬 주제는 불가능한 것 하기doing the impossible였다. 비전이 존재하지 않고, 기존의 경험 없이 무언가를 창조하거나 달성하려고 할 때, 현재의 도구와 노하우로 어떻게 달성해야 할지를 모를 때에 필요한 내용을 담고 있다. 6장의 새로운 아이디어와 목표는 종종 '불가능함', '비현실적임' 또는 '부적절함'으로 분류되곤 한다. 새로운 것들은 '사람들이 현재 친숙하거나 편안하게 생각하는 것 그 너머에 있기' 때문이다. 하지만, 이 책에서 소개하는 리더십 기술 이외에도 불가능한 일을 수행하려면, 메타 리더십, 즉 다른 리더를 만들어 내고, 이끌수 있는 역량이 필요하다.

모든 리더십은 자신과 팀 구성원에게 필요한 지침과 동기(방향 및 에너지)를 제공할 수 있는 능력에 기초한다. 메타 리더십은 자신의 비전과 아이디어를 전달할 수 있어야 하고, 책임감을 가지고 리더가 될 수 있도록 '다른 사람들과 그들의 동기'를 이해하는 능력이 필요하다. 월트 디즈니의 이미지니어링Imagineering과 스토리보딩storyboarding과정을 통해서, 비전을 실행으로 옮기는 능력이 메타 리더십에 필수적이라고 이야기한 바 있다.

반대하는 사람과 그들의 의견을 수용하는 것은 불가능한 일을 해내는 중요한 기술 중 하나이다. 주요 이해관계자들의 의견과 비판은 이면에 숨은 긍정적 의도를 파악하고, 파악된 비판을 질문형으로 바꾸는 과정에서 다시금 검토할 수 있다. 원칙적 설득은 사람들의 가치와 동기를 일치시키고, 더 큰 비전과 목적을 향해 초점을 맞추며, 가치의 다리와 신념의 다리를 형성하기 위해 말로 하는 리프레임verbal reframe과 여타 언어 패턴을 재구성하는 핵심 기술이다.

• '문화'리더십 대(対) '컬트'리더십 •

Leadership "Culture" Versus "Cult" of the Leader

분명히 의식 있는 메타 리더십의 주요 목표는 구성원들을 단순히 복종하는 사람들이 아니라 임파워된 리더들로 창조하는데 있다. 이는 단순히 효과적인 성과 달성에 있어서 중요한 것만이 아니다. 궁극적으로 해당 사업의 생존을 위해서 필수적이다. 만약 벤처 기업이 사업 방향과 동기를 잃고 설립자나 현재 리더가 회사를 떠나버리면, 그 이후의 파멸은 곧, 리더십을 발휘할 수 있는 여건을 조성하지 못한 리더의 실패를 의미하는 것이다.

견고하고 지속가능한 사업과 조직은, 특정 리더를 중심으로 구성된 '컬트Cult'와 달리, 임파워먼트된 리더십 문화를 기반으로 하고 있다. 컬트는 상대적으로 수준이 낮고 불완전하며, 본질적으로 일시적인 조직 구조로, 컬트 리더십을 창조한 사람이 퇴사할 경우 금세 사라지게 된다. 컬트 리더십에서는 조직이나 그룹의 성공이 주로 리더의 에고와 개성에 바탕을 두고 있다. 리더는 조직의 비전, 미션, 가치 및 동기 부여의 핵심 원천이다. 따라서 조직의 존재와 성공은 리더의 아이디어, 에너지 및 카리스마에 달려 있다고 할 수 있을 것이다.

컬트 리더십은 종종 사람들을 차별적인 존재로 보는 것에서부터 시작된다. 컬트는 최상위 계층에 위치한 사람들이 다른 계층의 사람들보다 '더 낫다'는 인식에 기초하고 있으며, 다른 사람들을 쉽게 교체할 수 있는, '그저 그런 개체'로 간주하는 경우도 있다.

반면, 문화 리더십은 생존과 성장이 한 개인의 존재와 개성에만 의존하지 않기 때문에, 컬트보다 훨씬 내구성이 강하고 견고하다. '문화'는 일반적으로 조직이나 사회 시스템 내 모든 구성원들로부터 발생하고, 공유될 수 있다. 메리엄 웹스터스 사전Merriam-Webster's Dictionary에서는 일반적으로 문화를 '인간의 지식과 신념 및 행동의 통합된 패턴'으로 정의하고 있는데, '다음 세대에 지식을 전달할 수 있는지'가 중요하다고 설명한다. 정리하자면, 문화의 핵심은 지식과 관련된 기술을 다른 구성원에게 전달할 수 있는지, 그 전달 능력의 여부에 달려 있다.

문화는 한 번 공유되면, 처음 문화를 만들어낸 창시자가 사라지고 나서도, 오랜 기간 동안 영향력을 유지할 수 있다. 엄밀히 문화는 조직이나 사회 체제 안의 구성원들이 이루고 있는 상호 관계에서 발생한다고 할 수 있지만, 궁극적으로는 더 상위 세계인 홀라키holachy와 그 안의 시스템적 관계에 의해서 결정된다고도 할 수 있다.

조직 및 벤처에선 분명하게 '문화 리더십'과 '컬트 리더십'을 구별하는 것이 중요하다. 컬트가 바탕이 되는 시스템에서, 리더는 결정권을 가지고 회사가 나아갈 방향을 확정 짓는 강력한 개인이다. 그렇기에 조직의 행동과 계획은 카리스마 있는 한 명의 인물에 의해 통제된다. 조직 내 구성원들의 계획과 행동은 카리스마를 지닌 리더에 대한 두려움이나 사랑에 의해 이루어지는 경우가 많다. (예를 들어, 독재 국가는 일반적으로 두려움에 근거를 둔 컬트 리더십의 유형이라고 볼 수 있다.)

컬트 리더십 상황에서는, 소수의 사람들만이 리더가 될 수 있으며, 성공에 대한 신념은 리더나 소수 상위층과 핵심 인물들에게만 국한되어 있다. 미래의 리더를 기르기 위한 계획이나 지속적 노력은 거의 전무하며, 오히려 주도권을 행사하고 리더십을 만들고자 하는 사람들은 억압당하거나, 징계를 받을 위험이 높아진다.

결과적으로 컬트 리더십의 상황에서, 사람들은 리더나 리더와 가까운 인물의 허락을 받을 때까지 행동하기를 유보하고, 질문을 던지는 일 없이, 지시와 명령에만 따르는 경우가 많다. 또한 컬트는 정확한 의사 전달과 진정성 있는 소통이 아닌 다양한 미사여구로 표현되는 경향도 있다. 지도자가 주변의 목소리를 경청하지 않기에, 사람들 역시 본인의 생각을 터놓고 이야기하는 것을 두려워하게 된다.

문화 리더십의 특성 *Characteristics of a Leadership Culture*

반면, 문화 리더십에서는 모든 구성원들이 어느 정도 핵심 리더십 행동과 자질을 함양하고, 또 표현할 수 있어야 한다. 물론 구성원들 더 큰 책임감을 갖고, 문화적 가치와 리더십의 모범이 되는 '눈에 띄는 인물'들도 존재한다. 하지만, 다른 사람들 역시 조직의 원동력이 되는 공통 비전 외에도, 자신만의 비전을 가지고, 자율적으로 결정을 내릴 수 있는 권리를 존중 받는다.

문화 리더십에서 조직의 성공은, 공통 비전을 지향하는 수많은 구성원들의 에너지와 노력에 그 초석을 두고 있다. 조직의 행동과 계획은 모든 구성원들의 욕구와 노력에 의해 결정되고, 성공의 신념 역시 조직의 성공에 이바지한 구성원들에게 환원된다.

구성원들은 서로 다른 역할을 맡고 있더라도, 본질적으로는 모두 평등하다. '역할'은 개인별 역량 개발을 고려한 것이지, 개인의 본질적 가치를 반영하는 것이 아니기 때문이다. 그렇기에 조직 내 모든 계층의 사람들은 저마다 가치를 품고 있으며, 조직에 꼭 필요한 기여자로 인정받는다.

문화 리더십에서는 많은 사람들이 자신의 아이디어와 비전을 마음껏 표현할 수 있다. 진솔한 대화가 가능해지고, 리더는 구성원들의 이야기에 경청한다. 조직 내 모든 계층의 사람들이 저마다 생각하는 바를 솔직하고 정직하게 이야기할 수 있으며, 구성원 모두 이러한 방식을 지지하고 장려한다.

미래의 리더들을 훈련시키고, 발전시키기 위한 진정성 있는 지속적 노력도 존재한다. 모든 구성원들에게 적극적으로 자신의 리더십을 함양하는 것이 권장되며, 리더의 부재 시에도 조직은 효과적이고 원활하게 굴러갈 수 있게 된다.

따라서, 문화 리더십을 다음과 같은 '해내는' 문화로 정리할 수 있을 것이다.

- 모든 구성원의 기여를 촉진하는 문화
- 구성원 개개인을 인식하고, 개인의 성장과 성공을 지원하며, 각 구성원 역시 상위 시스템의 성공에 기여하는 문화
- 지속적으로 개선점을 추구하는 문화(시대를 앞서 나가기)
- 모든 구성원들이 의견을 제안할 수 있는 열린 환경을 조성하는 문화(피드백)
- 구성원들이 혜택을 받고, 기여할 수 있는 문화(그 안에 속하길 원하는 세상)
- 단순히 합친 것보다 더 큰 협력작용을 만들어 낼 수 있는 문화

필자가 책에서 묘사한 다양한 지도자과 모범 사례 - 일론 머스크(스페이스엑스, 솔라시티), 림 수에트운 박사(탄톡생 병원, 싱가포르), 존 요코야마(파이크 플레이스 생선 가게), 찰스 매튜스(롤스로이스), 윌리엄 맥나이트(3M), 데이비드 구오(Display Research Laboratories), 얀 스미스(디즈니 스토어, 디즈니 인터랙티브), 바헤 토로시안(마이크로소프트) - 를 확인하면, 이해하는 데에 보다 용이할 것이다.

요약하자면, 리더의 성공을 오로지 리더 자신의 힘만으로 이루어 냈다고 한다면, 그건 절반만 이룬 것이나 다를 바 없다. 평론가 월터 리프먼Walter Lippmann은 리더에 대해서 "리더가 통과해야 할 마지막 관문은, 구성원들에게 회사를 맡기고 떠나더라도, 그들이 일을 완수해 나갈 신념과 의지를 견지할 수 있도록 하는 것"이라고 이야기했다. 유능한 리더라면, 후계자가 될 리더들을 계속해서 물색하고, 조직 전체를 조망할 수 있는 '넓은 시각의 리더십'을 함양할 수 있도록 노력해야 할 것이다.

문화 리더십은 효과적인 리더십이 모든 구성원들에게 분산되기 때문에, 다소 자립적인 성격을 띤다. 컬트 리더십은 권력 투쟁 등의 갈등이 종종 발생해, 조직이 분열되거나 해체되어 종국에는 리더가 더 이상 존재하지 않게 되는 경우도 생긴다.

본인의 조직이 문화 리더십과 컬트 리더십 중 어디에 가까운지 확인하기 위해, 다음 체크 리스트 넘어가보자. 체크 리스트를 작성한 뒤, '컬트Cult'란에 표시한 개수를 세어보자. 6개 이상의 '컬트'란에 작성했다면, 현재 조직이 이미 컬트 리더십에 해당하거나, 추후 그렇게 될 수 있는 잠재적 위험의 가능성이 있다는 것을 유념하자.

• 문화 리더십 vs. 컬트 리더십 진단 •

Leadership Culture Versus Cult Assessment

문화 리더십	컬트 리더십
- 많은 사람들이 자신의 아이디어와 비전을 이끌어 내고 표현하는 것을 권장한다.	- 소수의 사람만이 리더가 될 여지가 있다.
- 조직은 리더가 없는 경우에도 원활하고 효과적으로 운영된다.	- 조직은 권력 투쟁과 같은 갈등과 많은 문제를 겪을 것이며, 리더가 떠난다면 붕괴될지도 모른다.
- 리더는 조직의 모든 계층에 있는 사람들이 공유하는 비전, 미션 및 가치를 반영한다.	- 리더는 조직의 비전과 미션, 가치의 원천이다.
- 가치, 목표 및 행동은 조직의 모든 계층에 있는 사람들이 물색하고 공유할 수 있다.	- 가치와 목표, 행동은 일부 윗사람이 결정하고 시행한다.
- 조직의 성공은 공통 비전을 향한, 많은 사람들의 에너지와 노력에 주로 바탕을 두고 있다.	- 조직의 성공 여부는 주로 리더의 개성에 달려 있다.
- 성공에 대한 기여는 많은 기여자에게 전파된다.	- 성공에 대한 신뢰는 리더나 소수의 핵심 인물에게만 유효하다.
- 사람들은 스스로 생각하고 조직의 성공을 위해 중요하다고 이해한 것에 근거하여 책임감 있는 행동을 하도록 격려된다.	- 구성원들은 리더나 리더와 가까운, 소수의 핵심 인물들의 허락이 내려질 때까지 기다린다.
- 조직의 목표와 가치는 조직 내 모든 계층의 사람들의 목표와 가치를 반영한다.	- 조직의 목표와 가치는 주로 리더의 관심사와 아이디어를 반영한 것이다.

- 사람들은 자신의 생각대로 이야기할 수 있도록 장려되고, 조직의 성공을 위해 중요하다고 생각하는 것을 바탕으로 책임감을 갖고 행동한다.	- 구성원들은 의문이 생길 여지도 없이, 리더의 지시를 따라야 한다.
- 모든 계층의 사람들은 자신이 생각하는 것을 진솔하고 정직하게 말할 수 있도록 장려하고 지지한다.	- 구성원들은 자신이 생각하는 것을 공개적으로 말하기를 두려워한다.
- 진정한 대화가 이루어질 수 있으며, 리더는 다른 사람들의 말을 경청한다.	- 공개적 발언 시 많은 미사여구가 붙으며, 리더는 다른 이들의 말에 경청하지 않는다.
- 조직의 행동과 계획은 조직의 모든 계층에 있는 사람들의 욕구와 노력을 고려하여 결정된다.	- 조직의 행동과 계획은 카리스마 있는 단일 인물에 의해 통제된다.
- 조직 내 구성원들의 행동은 리더와 조직 자체를 넘어선, 상위 목표 추구 또는 서비스 제공을 주된 목적으로 한다.	- 조직 내 구성원들이 행동할 때, 리더의 말에서 주된 목적을 찾는다.
- 조직 내 구성원들은 공통 가치관과 비전을 공유함으로써, 계획과 행동이 계속해서 동기 부여된다.	- 조직 내 구성원들의 계획과 행동은 주로 리더에 대한 두려움이나, 맹목적인 사랑에 의해 이루어진다.
- 조직은 주로 모든 수준의 사람들의 비전과 권한 부여 덕분에 성공한다.	- 조직은 리더의 비전과 에너지로 주로 성공한다.
- 미래 리더를 양성하고, 개발하기 위해 진정성 있는 지속적 노력이 이루어지고 있다.	- 미래의 리더를 양성하기 위한 계획이나 지속적인 노력이 전무하다.
- 모든 계층의 구성원들이 적극적으로 주도하고 리더십을 발휘할 수 있도록 격려한다.	- 사전 대책을 세우고, 리더십을 발휘하려 하는 사람들은 억압을 받으며, 징계를 받는다.

• 마무리 성찰 •

Closing Reflections

성공 요인 모델링에서 중요한 결론은 세상에서 더 많은 것을 성취하기 위해서는, 개인적인 성장과 발전이 선행되어야 한다는 것이다.

오늘날 전 세계적으로 진정한 의미의 '리더십', 그 필요성이 계속해서 커지고 있음은 분명하다. 그리고 그 필요성에는 우리 개인, 가족, 고객, 팀, 지역 사회에 대한 고려뿐만 아니라, '나'의 사업을 적절하게 이끌어가는 것도 포함된다. 그러한 점에서 이 책은 리더십을 위한 알맞은 원칙과 나아갈 방향 그리고 실천해야 하는 활동들을 제공하고 있다. 나는 일련의 학습을 통해 의식 있고, 효과적인 리더로 거듭나고, 회복 탄력성과 지속 가능성을 추구하는 벤처 기업을 육성하는 데 도움이 되고자 이 책을 집필하였다.

서문에서 설명했듯이, 자신의 영역에서는 물론 세상으로 나아가 더 많은 것을 성취하기 위해서는 개인적인 성장과 발전이 선행되어야 한다. 더 많이 기여하기 위해, 더 많은 것을 개발해야 한다. 이러한 생각은 곧 지적 이해력을 바탕으로, 정서 지능과 지식량을 늘리는 것으로 귀결된다. 충분히 사유하고 신체 지능과 연계함으로써, 다가올 미래를 보다 적합하고, 혁신적인 통찰력으로 바라볼 수 있을 것이다.

이 책에 소개된 내용을 모두 익혔다면 이제 배웠던 것들을 실행에 옮길 때이다. 자신과 다른 사람들을 임파워링하고, 혁신을 주도하며, 역경에서 회복하고, 자신의 비전을 실전에 적용함으로써 프로젝트와 벤처 사업을 원활히 진행해 볼 때인 것이다. 꿈을 실현하고, 프로젝트와 벤처 사업을 통해 더 나은 세상을 만들고자 하는, 여러분의 여정에 무수한 성공이 가득하기를 기원한다. 함께 미래를 창조해 나가자!

• 후기 •

Afterword

나는 여러분이 SFM 시리즈와 SFM 집단 지성 모델을 탐색하는 것을 즐겼기를 바란다. SFM 모델의 원칙과 기술에 대해 더욱 깊이 있는 탐구와 학습 그리고 다양한 도구들의 사용에 대해 관심이 있으신 분들께 소개한다. 다양한 자원과 도구가 제공되는 곳이다.

Dilts Strategy Group

딜츠전략그룹은 기업교육, 컨설팅 그리고 코칭에서 SFM 모델을 활용할 수 있는 다양한 방법과 도구를 개발하고 제공하고 있다. 우리 사회의 사회적, 경제적, 정신적 발전을 위해 SFM을 기반으로 한 연구 개발을 지원하고 있으며 교육 훈련을 보급하고 있다. SfM을 활용한 기업 특강, 워크숍, 전문가 양성을 진행하고 있다. SFM을 공식적으로 알리고 훈련할 수 있는 인증받은 전문가를 위한 정보 및 다양한 교육 프로그램에 대한 정보 등은 홈페이지 www.diltstragegygroup.com을 방문하면 된다.

Journey to Genius

저자는 NLP는 물론 성공 요인 모델링 SFM에 대한 많은 글을 썼고 오디오를 제작했다. 모짜르트Mozart, 월트디즈니Walt Disney, 레오나르도 다빈치Leonardo Da Vinci 등을 모델링한 책과 오디오를 만날 수 있다. 관련된 정보는 www.journeytogenius.com에서 확인하면 된다.

NLP University

저자는 NLP University의 공동 설립자이자 책임자이며 마스터 트레이너로 활동하고 있다. NLP가 탄생한 캘리포니아 산트크루즈에 위치한 NLPU는 교육, 의료, 비즈니스, 교육, 컨설팅, 코칭 등 다양한 분야에서 전 세계 NLP의 표준을 만들고 있으며, 국제공인 NLP 전문가를 양성하고 인증하고 있다. 국제공인 인증 NLP 전문가 명단과 자세한 교육 내용은 www.nlpu.com을 방문하면 보다 자세한 정보를 얻을 수 있다.

Success Factor Modeling™ illustrations and products

안토니오 메자Antonio Meza와 나는 이 책을 저술하면서 보다 재미있고 시각적으로 풍부한 내용을 담기 위해 다양한 일러스트를 활용했다. SFM에 나오는 다양한 일러스트 등은 홈페이지를 방문하면 찾을 수 있다. www.successfactromodeling.com. 그리고 SFM을 활용한 다양한 제품은 http://society6.com/successfactormodeling에서 구입할 수 있다. 만약 안토니오 메자Antonio Meza와 함께 작업을 하고 싶다면 www.antoons.net을 방문하면 된다.

미키 페허Midkey Feher와 저자는 성공 요인 모델링을 활용한 성공 마인드셋 지도Success Mindset Map를 제공하기 위해 마인드맵 인터네셔널Mindset Maps International을 설립하였다. 여기서는 큰 그림을 명쾌하게 보여주는 메타 마인드셋, 성공의 습관을 나타내는 매크로 마인드셋, 우선적인 것을 진행할 수 있도록 돕는 마이크로 마인드셋 지도를 구비하고 있다. 자세한 것은 www.mindsetmaps.com을 방문하면 된다.

Conscious Leaders Mastermind

의식 리더 동맹Conscious Leaders Mastermind은 나와 미첼Mitchell Stevko(실리콘밸리 사업가들을 지원하고 돕는 최고의 전문가) 그리고 올가 박사Dr. Olga(러시아 출신 의학박사)가 설립한 회원제 클럽이다. 의식 리더십을 실천하는 세계에서 가장 성공적인 사람들의 7가지 핵심 전략을 함께 나눈다. 누구에게나 개방되어 있는 클럽이 아니기에 가입하기 위해서는 신청서를 내고 심사를 받아야 한다. 관심이 있는 분은 www.consciousleadersmm.com을 참고하면 된다.

Logical Levels Inventory

Logical Levels Inventory는 SFM을 포함한 다양한 리더십 진단 도구를 개발하고 제공한다. 특히 온라인 기반의 진단을 통해 빠르고 정확한 정보를 제공한다. SFM의 진단과 활용에 관심이 있다면 홈페이지 www.logicallevels.co.uk를 방문하면 된다.

Quantum Awakening School

퀀텀어웨이크닝스쿨은 한국교육컨설팅코칭학회 부속기관이자 (사)한국상담학회 분과 한국 NLP상담학회 인증기관으로 개인과 조직의 변화 및 성장에 대한 연구 및 교육 훈련 프로그램을 개발하고 제공하고 있으며, NLP University의 공식파트너affiliate partner로서 국제공인 NLP 전문가 과정practitioner, master, trainer을 운영하고 있다. 또한 딜츠전략그룹Dilts Strategy Group(DSG) 공식 한국 파트너로서 SFM을 활용한 다양한 교육 및 코칭과정을 운영할 수 있는 권한을 가지고 있으며 DSG인증 〈SFMIII 의식 리더십과 회복 탄력성〉전문 교수 및 코치를 양성하고 있다. 자세한 내용은 www.nlpu.com 및 www.qnaschool.com을 방문하면 된다.

• 부록 A: 비즈니스 모델 생성 캔버스 •

Appendix A: Business Model Generation Canvas

비즈니스 모델 생성 캔버스The Business Model Generation Canvas는 벤처 기업의 비전을 운영 계획까지 세분화하는 과정에 유용한 도구다. 도서 비즈니스 모델 생성Business Model Generation(2010)과 비즈니스 모델 유Business Model You에서 저자는 기업이 재무적으로 유지할 수 있는 논리를 '비즈니스 모델'로 정의한 바 있다. 비즈니스 모델은 곧 기업이 생계를 유지하는 논리인 것이다.

비즈니스 모델은 기업이 고객에게 가치를 제공하는 방법을 설명하는 9가지 빌딩 블록에 기초한다. 다음 항목은 프로젝트와 벤처 사업과 관련된 9가지 빌딩 블록에서, 각각의 블록들을 명확히 구별하기 위한 개념과 질문들이다.

1. 고객

고객에게 봉사하는 기업...
누구를 위해 가치를 창조하고 있는가?
가장 중요한 고객은 누구인가?

2. 제공되는 가치... 고객의 문제를 해결하거나,

고객의 요구를 충족시키는 과정에서 이루어진다.
고객에게 어떤 가치를 제공하는가?
고객의 문제 중 해결하려는 부분은 무엇인가?
각각의 고객군에 어떤 제품이나 서비스를 제공할 수 있는가?
고객의 어떤 요구에 만족하는가?

3. 경로... 기업은 서로 다른 경로를 통해 소통하고, 가치를 전달한다. ...

어떤 경로를 통해 고객들에게 다가가길 원하는가?

현재 고객들에게 연결되는 경로는 무엇인가?

경로들은 어떻게 통합되어 있는가?

어느 것이 가장 효과적인가?

어느 것이 가장 비용 대비 효율적인가?

고객들과 연결하기 위해 경로들을 어떻게 통합할 것인가?

4. 고객 관계... 고객과 다양한 관계를 형성하고 유지한다.

고객들과 만들고 유지하고 싶은 관계는 어떤 모습인가?

어떤 관계를 형성했는가?

다른 비즈니스 모델과 어떻게 통합될 수 있는가?

비용이 얼마나 드는가?

5. 수익... 고객이 제공된 가치에 대한 비용을 지불했을 때, 수익이 들어온다.

고객이 어떤 가치를 위해 기꺼이 돈을 지불할 것인가?

현재 고객은 무엇에 돈을 지불하고 있는가?

고객은 어떤 형태로 돈을 지불하고 있는가?

고객은 어떤 형태로 지불하기를 바라는가?

각각의 수익 패턴들이 전체 수익에 얼마나 많은 영향을 주었는가?

6. 핵심 자원... 앞서 말한 요소들을 만들어내거나 / 전달하는 데 필요한 자산을 말한다.

가치를 추가하기 위해 필요한 핵심 자원은 무엇인가?

경로인가? 고객과의 관계인가? 수익원인가?

7. 핵심 활동... 앞서 말한 요소들을 만들어내거나/ 전달하는 데 필요한 실제 작업과 행동을 말한다.

가치를 제안하기 위해 필요한 핵심 활동은 무엇인가?

경로인가? 고객과의 관계인가? 수익원인가?

8. 핵심 파트너... 일부 활동은 아웃소싱으로 대체되고, 일부 자원은 조직 외부에서 확보한다.

핵심 파트너는 누구인가?

핵심 공급 업체는 누구인가?

파트너로부터 얻을 수 있는 핵심 자원에는 어떤 것이 있는가?

파트너가 수행할 수 있는 핵심 활동에는 어떤 것이 있는가?

9. 비용... 핵심 자원을 획득하고, 핵심 활동을 수행하며, 핵심 파트너와 협력하는 데 발생하는 비용을 말한다.

비즈니스 모델에 포함된 가장 중요한 비용은 어떤 비용인가?

어떤 핵심 자원이 가장 비용이 많이 드는가?

어떤 핵심 활동이 가장 비용이 많이 드는가?

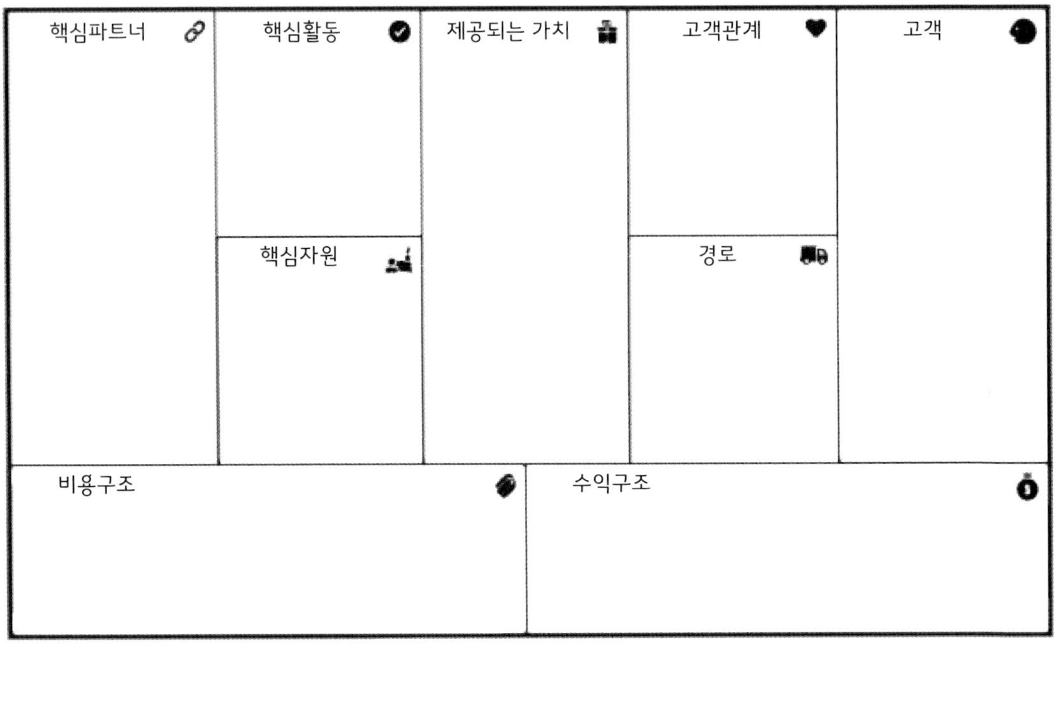

'비즈니스 모델 생성 프로세스'의 저자는 기업가들에게, 이러한 질문에 대한 답변을 '캔버스'라 불리는 형식에 맞추어 정리해 보라고 조언한다. 핵심 경로를 보여주는 스토리보드와 달리, 비즈니스 모델 생성 캔버스는 프로젝트 또는 벤처 사업에 대한 전략적 개요와 몇 가지 유형들을 제공하는, 그림에 좀 더 가깝다.

캔버스에 권장되는 구조는 다음과 같다.

비즈니스 모델 생성 캔버스는 SFM 성공의 원Circle of Success과 연속되는 수준의 스토리보드에서 매우 유용하게 활용될 수 있는 보완 도구이다. (BusinessModelGeneration.com/canvas에서 무료로 다운로드 가능)

비즈니스 모델 생성 캔버스의 9가지 빌딩 블록은 성공의 원 관점에서, (팀 구성원과 이해관계자와는 또 다르게) 고객과 파트너를 고려한 활동과 자원을 정의하는 데 초점을 둔다.

• 부록 B: 솜 S.O.M. - 언어의 재구성, 설득 그리고 대화를 통한 신념 변화 •

Appendix B: Sleight of Mouth - Verbal Reframing, Persuasion and Conversational Belief Change

솜S.O.M. 패턴은 종종 극적인 인식 변화와 특정한 인식을 바탕으로 가정되는 '말로 하는 리프레임' 종류 중 하나다.

효과적이고, 원칙에 입각한 설득은 '신념 장벽'을 재구성하는 과정과 해내는 '신념 시스템'을 구축하는 단계 사이에 '신념의 다리'를 형성할 수 있도록 도움을 준다. 「솜S.O.M.(Sleight of Mouth): 대화를 통한 신념 변화의 마술(1999)」에서는 효과적인 설득의 과정을 특정 언어 패턴이 가지고 있는 특징을 설명하고 있다. 솜S.O.M. 패턴의 목적은 사람들에게 말로 표현하는 방식, 즉 강조하는 타이밍이나 쉬는 타이밍 등을 평소와 다르게 하여, 신념을 형성하거나 재구성하고 변형시킬 수 있는 새로운 관점을 취할 수 있도록 돕는 것이다.

교묘한 말재주 패턴이라고도 불리는 솜S.O.M.은 일반적으로, 신념과 그 바탕이 되는 정신적 지도(map)에 영향을 미치는 '동사 재구성'의 범주로 분류될 수 있다. '솜S.O.M.'이라는 단어는 '교묘한 손재주Sleight of Hand'에서 시작한다. '교묘한(하다)sleight'이란 단어는 '술수가 뛰어난crafty', '교활한cunning', '기교 있는artful', '손재주가 뛰어나다dexterous'는 뜻의 고대 노르웨이어에서 파생됐다. 교묘한 손재주는 근접 카드 마술에서 유래된 개념이다. 근접 카드 마술은 '눈 앞에 있던 카드가 금세 사라지는 것'을 목격하는 하나의 경험이다. 가령 에이스를 카드 제일 위쪽에 두고, 마술사가 손을 움직이면, 에이스가 퀸으로 '바뀌는' 그런 경험인 것이다. 솜S.O.M. 언어 패턴verbal pattern은 이러한 '마술'과 유사한데, 지각과 지각을 바탕으로 한 추정에서 극적인 전환을 만들어 내기 때문이다.

불가능한 것을 해야 할 때 신념의 다리를 창조하고, 솜S.O.M. 언어 패턴을 적용하는 방법은 여러 가지가 있다. 하지만, 메타 리더십의 관점에서는, 코치와 같은 협업하는 사람이 파트너가 스스로 자신의 신념의 다리를 발견하고 만들도록 자극을 주는 것이 더 좋다. 즉, 직접적인 정답을 알려주는 대신에, 사람들에게 질문을 하는 것이 더 유익하다는 것이다. 질문은 불가능한 것을 시도하게 하는, 새로운 현실을 창조하는 효과적인 방법이다. 그레고리 베이트슨Gregory Bateson은 "우리가 알고 있는 정답이 너무나도 확실하다고 믿기 때문에 질문을 하지 않는 것이 오늘날의 문제"라고 이야기했다. 불가능한 것을 가능케 하기 위해서는, 정확한 정답을 찾으려는 것보다는, 더 자유롭고 대담하게 질문을 던질 필요가 있다. 얀 스미스Jan Smith가 강조했듯이, 충분히 가능한 일이라는 것을 보여주고, "왜 안 된다고 할까? 하고 다시금 질문해 보는 것이다.

앞서 말했듯, 신념 장벽을 극복하거나 바꾸는 가장 좋은 방법은 사람들이 다른 관점과 다른 지각을 할 수 있도록 솜SOM에서 분류하고 있는 관련된 질문들을 사용해 보는 것이다. 이렇게 질문을 던지는 과정에서도, 얀 스미스가 말했던 것처럼 "꿈은 비판보다 커야 한다"는 것을 놓치지 말아야 한다. 결국, 효과적인 설득을 할 수 있는 비결은 더 큰 비전과 꿈에 대한 관심에 지속적으로 집중하는 것일 것이다.

솜SOM 질문들

다음 활동들은 수행하고 있는 프로젝트나 벤처 사업에서 겪고 있는 문제와 이해관계가 있는 사람들이나 조직 또는 팀 구성원과 함께 하는 것이 가장 좋다. 신념 장벽을 우회해 지나가거나, 바꿀 수 있게 하는 잠재적 '신념의 다리'를 형성할 수 있는 질문들을 탐구하는 과정이 여기에 포함된다. 자아를 방어하거나, 혹은 충돌에 사로 잡히는 것을 피하기 위해서는 이러한 질문을 탐구하기 전에 강력한 코치COACH 컨테이너(90페이지 참조)가 중요하다.

당신이 전환하거나 변형시키고자 하는, 프로젝트나 기업의 이해관계자, 핵심적인 동료 또는 당신이 가지고 있는 제한적인 신념 혹은 '신념 장벽'을 인지한다.

"그 목표를 달성하는 것을 불가능하다. 왜냐하면 충분한 시간과 자원이 없기 때문이다."

의도 대답의 예시:
긍정적 의도 = "거짓 희망 만들지 않기"와 "우리의 적은 자원들을 헛되이 쓰기".

우리가 가진 시간과 자원을 현명하게 사용해서 우리의 큰 비전으로 계속 진전하려면 현실적으로 어떻게 할 수 있을까?

대답을 재정의하는 예시:
키워드/구문 = "가능하지 않음" "목표 달성" "시간" "자원"

신념 장벽: ____을 하는 것은 불가능하다.

왜냐하면 ____ 때문이다.

예: 그 목표를 달성하는 것을 불가능하다. 왜냐하면 충분한 시간과 자원이 없기 때문이다.

신념 장벽 예시

"그 목표를 달성하는 것은 불가능하다. 왜냐하면 시간과 자원이 충분하지 않기 때문이다."

"불가능하다"라고 말하기보다, "다소 힘들다" 혹은 "아직은 어떻게 가능할지 잘 모르겠다"라고도 표현할 수 있다.
"목표를 달성하는 것은 불가능하다"고 말하기보다, "일반적으로 하던 방법으로는 불가능하다"라고 표현할 수 있다. "자원"이라는 단어 대신에 "일반적인 자원"이라고 표현할 수 있다.

이어지는 결과 대답의 예시:

만약 목표를 달성하는 것이 진짜로 불가능하다면, 우리가 최선을 다하려고 집중했을 때, 그 경험을 통해 가능한 모든 것을 배워볼 수 있는 기회가 주어질 것이다.

청크 다운 대답의 예시:

우리가 가진 시간과 자원을 가지고 달성할 수 있는 목표가 어느 정도인지에 먼저 초점을 맞추는 것이 가장 좋은 시작점일 수 있다. 정확히 어느 정도의 시간과 자원을 가지고 있는가? 목표의 절반을 달성할 수 있는가? 2/3? 3/4?

반대 예시 답변의 예시:

희박한 자원과 시간으로 성공한, 다양한 프로젝트 및 기업 사례가 존재한다. 예를 들어, 애플과 휴렛패커드는 모두 차고에서 사업을 시작했다. 반면, 풍부한 시간과 자원으로도 큰 성과를 거두지 못한 기업 사례도 많이 있다. 시간과 자원만이 차이점을 만들어내는 요인이 아닐 수 있다.

그룹의 다른 사람들의 도움으로, 다음의 틀을 탐구하고 가능한 새로운 관점을 찾거나 새로운 관점을 열 수 있는 질문에 대한 대답을 해본다. 코치COACH 상태에 들어가 다음의 질문에 당신의 대답을 탐색해 본다:

1. **의도**Intention: 긍정적인 의도 혹은 신념 장벽의 목적에 직접적으로 주의 보내고 집중하기.

질문: 이러한 반대의 긍정적 목적과 의도는 무엇인가?

____

어떻게 비전으로 가는 길을 멈추지 않는 긍정적인 의도를 인정하고 이끌어낼 수 있을까?

____

2. **재정의**Dedefine: 신념 장벽 문구에 쓰여진 단어와 유사하지만 개방적인 의미를 가진 다른 단어로 바꾸거나 전환하기.

질문: 제한적 신념 문구에서 주요 단어나 구절은 무엇인가?

____

비전을 향한 진전을 멈추지 않고도 바꿀 수 있거나, 혹은 부가적으로 더 개방적인 느낌을 줄 수 있는 핵심 단어나 문구에는 어떤 것이 있을까?

____

3. **이어지는 결과**Consequence: 신념 장벽의 긍정적인 효과 혹은 신념 장벽에 의해 정의된 관계에 직접적인 주의를 보내며 집중하기

질문: 신념 장벽이 불러올 수 있는 긍정적인 효과나, 비전으로 향하는 진전을 실제로 지원할 수 있는 (신념 장벽에 의해 정의된) 관계에는 무엇이 있는가?

____

4. **하향 유목화**Chunk Down: '신념 장벽에 의해 정의된 관계'를 변화시킬 수 있는 '신념 장벽'을 아주 작은 단위로 세분화하기.

질문: 제한된 신념의 영향을 받은 아주 작은 요인이나 덩어리이지만, 비전을 향한 진전에 실제로 도움이 되는 신념보다 더 풍부하고 긍정적인 관계를 가진 것에는 무엇이 있는가?

____

5. **반대 예시**Counter Example: 신념 장벽을 통해 정의된 규칙에 도전하는 예시 찾기.

질문: 비전을 추구하는 과정을 지원하는, '제한된 신념'이 규정한 원칙이 있다. 이 원칙의 예외가 될 수 있는 사례나 경험이 있다면?

____

신념 장벽 예시

"우리는 충분한 시간과 자원이 없기 때문에 그 목표를 달성하는 것은 불가능하다."

또 다른 결과 대답의 예시:

어쩌면 목표를 달성하는 것은 우리가 집중해야 하는 결과가 아닐 수도 있다. 하지만 대신에 가지고 있는 시간과 자원에서 달성할 수 있는 것이 무엇인지에 대해서 호기심을 가질 수 있다.

비유 대답의 예시:

성서에 나오는 "빵과 물고기" 이야기인 작은 빵과 몇 마리의 물고기로 5천명이 넘는 사람들을 먹였다(그리고도 12바구니가 남았다)는 이야기를 생각해 보라. 이 이야기는 제한된 자원이 우리가 예측하는 것 이상으로 갈 수 있고, 큰 시스템에는 우리가 계산하지 않은 자원이 있을 수 있다는 흥미로운 은유이다.

이것은 발생 협력의 "기적"과 자원 간의 시너지를 그려준다. 예, 1+1=3

"1마일 달리기 4분장벽"은 사람들이 수년 동안 달성 할 수 없다고 믿었던 것에 대한 흥미로운 유추이다.

기준의 계급 답변 예시:

달성이란 우리의 가치와 비전을 향해 가는데 최선을 다한다는 우리의 헌신만큼 중요한 것은 아니다. 스티브 잡스가 말한 대로, "가장 중요한 것은 우리가 밤에 잠자리에 들면서 "우리는 멋진 것을 했다"라고 말하는 것이다.

6. **또 다른 결과**Another Outcome: 비전에 도달하는데 더 적절한 또 다른 결과나 이슈로의 전환

질문: 비전을 실현하는데 실제로 도움이 되는 제한적 믿음에서 기술되고 암시된 것보다 더 관련 있는 다른 문제나 결과들은 무엇이 있는가?

____

신념 장벽 예시
"우리는 시간과 자원이 충분하지 않기 때문에, 그 목표를 달성하는 것은 불가능하다."

프레임 사이즈 변경 대답의 예시:
결국, 누군가는 결과를 이뤄낼 것이다. 만약 우리가 아니라면, 이뤄낼 사람은 누구인가? 지금이 아니면 언제할 것인가? 어쩌면 어떤 고난이 있어도 할 수 있다고 믿는 누군가가 그것을 제일 먼저 이룰 것이다.

메타 프레임 대답 예시:
어쩌면 목표를 달성하는데 기여하는 모든 수준의 성공 요인을 고려하지 않기 때문에 불가능한 것처럼 보일 수 있다. "그것은 불가능해" 라고 하는 믿음이 현실보다 우리를 더 제한하는 것일 수도 있다.

7. **비유**Analogy: 신념 장벽에 의해 정의된 것과 유사한, 하지만 이 상황과 배경은 다른 암시를 가지고 있을 수 있는 상황이나 맥락을 찾기.

질문: 제한된 신념에 의해 정의된 것에서 유추된, 하지만 다른 암시를 가지고 있을 수 있는 다른 유사한 상황은 무엇인가? (신념에 대한 메타포)

____

8. **계층의 위계**Hierarchy of Criteria: 신념에 의해 쓰여진 것보다 더 중요한 기준(혹은 가치)에 따라 신념 장벽을 재평가하기.

질문: 아직 고려되지 않았지만 비전으로 진행하는데 실제로 지원이 되고, 제한된 신념에 의해 제기된 것보다 잠재적으로 더 중요한 기준(가치)은 무엇인가?

____

9. **프레임 크기 변경**Change Frame Size: 장기적(혹은 단기적) 시간의 배경 안에서, 더 큰 그룹의 배경 안에서(혹은 개인의 관점에서) 혹은 더 큰 혹은 더 작은 관점의 배경 안에서, 신념 장벽의 영향을 재평가하기.

질문: 비전으로 향하는 진행에 더 긍정적인, 제한적 신념의 영향에 변화를 주는 더 장기적인 혹은 더 단기적인 시간 틀, 더 큰 또는 더 작은 관점에는 어떤 것이 있고, 더 많은 또는 더 적은 사람은 누구인가?

____

10. **메타 프레임**Meta Frame: 신념 장벽을 가정과 다른 신념 뒤에 숨겨진 인식을 가지고 오는 방법으로 신념을 돌아보기

질문: 비전으로 진행하는 것을 지원하는 방법으로, 이 제한적 신념을 바꾸거나 풍부하게 할 수 있는 제한적 신념에 대한 믿음은 무엇인가?

____

연습으로, 동일한 질문을 다른 여러 신념 장벽에 적용해 본다.
예를 들어, “지금까지 한번도 해낸 적이 없으니까 당신이 원하는 일을 하는 것은 불가능하다.”

참고문헌 및 추가 읽기

1장

- 빌 클린턴의 리더십, 포춘, 2014년 4월 7일
- 일론 머스크: 테슬라, 스페이스엑스 및 환상적인 미래를위한 탐구, Vance,
- Ashlee, HarperCollins Publishers, 뉴욕, 뉴욕, 2015
- http://vator.tv/news/20 10-1 2-23-elon-musk-work-twice-as-hardas-others
- http://www.inc.com/jana-kevic/google-hangout-advice-elon-musk-richard-branson.

2장

- 제5수련 ; Senge, P.; Doubleday, New York, NY, 1995
- 정서지능 : 왜 그것보다 더 중요할 수 있습니다. IQ; Goleman D. Rantam Books New York, NY, 1995
- 테니스의 내면 게임, Gallway, Random House, New York, NY, 1974
- 내면 게임 : 초점, 학습, 기쁨과 직장에서의 이동성 Gallway, Random House Trade Paperback, New York, NY, 2000
- Obama는 그의 주머니에서 무엇을 가지고 있습니까? 행운의 부적 중 Hanuman 동상, AP통신, 2016년 1월 16일 http:www.ndtvcom/world-news/what-dose-barak-obama-carry-in-his-poket-find-out-on-you-tube-1266454
- 차세대 NLP : Inner Game(오디오 CD, Dilts Robert 및 Bacon Dilts, Deborah, Journey to Genius, Santa Cruz, CA, 2011.
- 차세대 NLP : 어려운 필링(오디오 CD, Dilts Robert 및 Bacon Dilts, Deborah, Journey to Genius, Santa Cruz, CA, 2011. www.journey togenius.Com

3장

- 성공 요인 모델링, 볼륨 1 - 차세대 기업가 : 비즈니스를 통해 꿈을 꾸고 더 좋은 세상을 만든다. R., Dilts 전략 그룹, santa cruz, CA, 2015
- SFM 마인드 나침반, 마인드 맵스 인터내셔널, http://www.mindsetmaps.com
- 50명의 기업가는 귀중한 조언을 공유. youtube.com에서 사용 가능.
- www, pikeplacemarket.org
- www.illy.com
- www.benjerry.com

6장

- Skills for the Future, Dilts, R., Meta Publications, Capitola, CA, 1993.
- Strategies of Genius Vol I, Dilts, R., Meta Publications, Capitola, CA, 1994.
- Business Model Generation, Osterwalder, A. & Pigneur, Y, John Wiley &
- Sons, Inc., Hoboken, New Jersey, 2010.
- Business Model You: A One-Page Method For Reinventing Your Career
- The Lean Startup, Reis, E., Crown Business, New York, NY, 2011.
- NLP II: The Next Generation, Dilts, R. and DeLozier, J. with Bacon Dilts, D,
- Meta Publications, Capitola, CA, 2010.
- Dilts, R., Sleight of Mouth: The Magic of Conversational Belief Change.
- Meta Publications, Capitola, CA, 1999.

결론

- Sleight of Mouth: The Magic of Conversational Belief Change, Dilts, R., Meta Publications, Capitola, CA, 1999

색 인

인명색인

사항색인

〈의식 리더십〉 교육프로그램에 대한 라이선스는 NLP University의 공식파트너이자 DSG(Dilts Strategy Group)의 한국 공식파트너인 퀀텀어웨이크닝스쿨에 있습니다. 기업의 자체 사내강사양성에 관심이 있으시거나 전문 강사로 활동하시는데 관심있는 전문가들을 지원해 드리고 있습니다. 자세한 내용은 www.qnaschool.com을 참고하십시오.

Q&A
QUANTUM AWAKENING
SCHOOL

Root consulting
Learning Solution Provider

㈜루트컨설팅은 리더십과 온보딩, 조직개발 등 기업 내 콘텐츠 솔루션을 제공하는 기업교육 전문컨설팅 기관입니다. 〈의식 리더십〉은 루트컨설팅의 대표 리더십 프로그램으로 임원 및 팀장 등 기업의 리더에게 서비스를 제공하고 있습니다. 최고의 전문 컨설턴트들이 제공하는 콘텐츠와 다양한 Tool Kit으로 〈의식 리더십〉을 체험해 보시기 바랍니다. www.rootconsulting.co.kr

루트컨설팅 의식 리더십(Conscious Leadership) 프로그램 소개

리더로서 중심을 잡고 방향을 설정하려면 어떻게 해야 하나요?

#의식리더의 자기인식 #의식리더 내적자질과 핵심행동 #나만의 리더십 로드맵 작성

■ 프로그램 특징

- 실리콘밸리 성공 리더들이 갖는 핵심원리를 기반으로 체계화한 리더십 프로그램입니다.
- 내적 자질(Inner Quality) 진단 리포트와 현업 실천 Tool Kit을 제공합니다.
- 루트컨설팅 강사진은 DSG 'SFM III Authorized User' 라이선스를 보유하고 있습니다.

■ 이런 리더들께 추천합니다

- 불확실한 상황에서 방향을 명확히 제시하고 성과를 창출하고 싶은 리더
- 누군가를 단순히 모방하는 리더십이 아닌, 자신만의 리더십 모델을 만들고 싶은 리더

■ 프로그램 학습목표

- 리더로서 자기인식을 바탕으로 성공의 개념과 조건을 명확히 할 수 있습니다.
- 의식 리더십의 Frame을 이해하고 성공리더에게 필요한 4가지 결과(Outcome), 핵심행동(Fundamental Action), 내적자질(Inner Quality)의 실천방법을 연습할 수 있습니다.

■ 프로그램 주요 내용

Module 1 리더의 자기인식 강화 : Self Awareness (3H)

- 최근 나의 상태 점검하기(COACH vs CRASH)
- 변화와 성장을 위한 의식레벨 이해(Neurological Level)와 실습
- Self Awareness 확대와 정렬을 위한 질문 작성과 나누기

Module 2 성공리더 모델링 : Success Factor Modeling(5H)

- Fitness for the Future : 나의 균형 상태 점검
- 조직건강의 우선순위 점검하기(4 ORGANIZATIONAL OUTCOMES)
- 의식 리더의 Fundamental Action Case Study
- 의식 리더의 내적 자질(Inner Quality) 셀프 진단 및 시사점 도출
- 나만의 리더십 스토리 작성과 엘리베이터 피치

저자 소개

로버트 딜츠 *Robert B. Dilts*

로버트 딜츠Robert Dilts는 1970년대 말부터 선도적인 행동기술 트레이너이자 경영컨설턴트로 세계적인 명성을 얻고 있다. 특히 신경언어프로그래밍(NLP: Neuro-Linguistic Programming) 분야의 주요한 연구개발을 하고 있으며 탁월한 전문성으로 전 세계 다양한 개인과 조직에게 코칭, 컨설팅 그리고 NLP훈련을 제공해오고 있다.

그의 동생 존 로버츠John Robert와 성공요인모델링Success Factor Modeling의 기술과 원칙을 개척하였고, 어떻게 그것이 리더십, 창의성 및 소통을 더욱더 잘 할 수 있게 하고 팀을 발전시키는지에 대한 많은 논문과 책을 출간하였다. 그의 저서 「비전리더십 스킬Visionary Leadership Skills」은 로버트가 역사속의 리더 및 기업 지도자들을 폭넓게 연구하여 '사람들이 소속되고 싶은 세상을 만드는 데 필요한 도구와 기술'을 제시하였다. 책 「알파리더십Alpha Leadership」을 통해서는 스트레스를 줄이고 만족감을 고취시키는 가장 최신의 효과적인 리더십 훈련을 제공하였다. 「코치에서 어웨이크너까지From Coach to Awakener」에서는 클라이언트가 다양하고 다른 학습과 변화의 수준에서 목표를 달성할 수 있도록 돕는 도구와 경로를 코치들에게 제공했다. 「영웅의 여정The Hero's Journey」은 자신만의 깊은 소명이 어떻게 연결되며 이를 통해 자신의 이미지를 개선하고 고착화된 습관과 제한된 신념을 뛰어넘을 수 있도록 하였다.

그는 애플, 마이크로소프트, 휴렛패커드, IBM, 더 올드 뮤추얼, 소시에테 게네랄, 뱅크 오브 아메리카, 더

로버트 딜츠 Robert B. Dilts

Email: rdilts@nlpu.com
Homepage: http://www.robertdilts.com

월드뱅크, 알리탈리아, 텔레콤 이탈리아, RAI 이탈리아, 루카스필름스 주식회사, 언스트 & 영, Kneyear 등 기업을 지도했으며 스폰을 받았다. 또한 그는 국제코칭연맹(ICF), HEC 파리, 국제연합, 유럽품질경영포럼, 세계보건기구, 밀턴 에릭슨 재단, 하버드 유니버시아드 등 코칭, 리더십, 조직학습, 변화관리 등에 대해 폭넓게 강의했다. 그는 ISVOR Fiat Management School의 부교수로 15년 이상 근무하면서 리더십, 혁신, 가치관, 체계적 사고에 관한 프로그램을 개발하는 데 도움을 주었다. 2001년부터 2004년까지 ISVOR Fiat(Fiat Group의 법인 대학)와 합작한 ISVOR Fiat(ISVOR DILTS Leadership Systems)의 수석 연구원 겸 이사회 의장을 역임하여 글로벌 규모의 대기업에 광범위한 혁신적 리더십 개발 프로그램을 제공하였다.

그는 딜츠전략그룹Dilts Strategy Group의 공동설립자이자 딜츠 전략 그룹의 공동 창립자인 로버트는 또한 학습 전략과 행동 변화를 강조하는 컴퓨터 소프트웨어와 하드웨어 응용 프로그램을 개발한 회사인 행동 공학의 설립자 겸 CEO였다. 그는 또한 국제생성변화협회(IAGC)의 스티븐 길리건 박사와 공동 설립자이기도 하다. 로버트는 산타 크루즈의 캘리포니아 대학에서 행동 기술 학위를 받았다.

일러스트. 안토니오 메자 *Antonio Mesa*

안토니오 메자는 그가 기억할 수 있을 때부터 만화를 그려왔으나, 작가로서의 삶은 최근이다. 멕시코의 파추카 원주민인 안토니오는 NLP 트레이너이다. 그는 파리 3대학에서 영화학 석사학위와 프랑스 다큐멘터리 영화학으로 학위를 받았다. 그는 로버트 딜츠와 스테판 길리건에게 Generative Coaching 자격을 취득했고, 또한 딜츠전략그룹과 NLP University에서 SFM(Success Factor Modeling) 코치 자격을 받았다.

안토니오 메자 Antonio Mesa

Email: hola@antoons.net
Homepage: http://www.antoons.net

그는 마케팅 조사, 광고, 브랜등, 기업 이미지, 영화산업 그리고 시나리오작가 등의 분야에서 경력을 쌓아왔다. 멕시코, 프랑스, 벨기에 등에서 그의 사진전이 열리기도 했다. 그는 멕시코에서 만화영화 스타트업 기업을 운영했었고, 프랑스로 이주하고 나서는 창의적 사고와 집단지성을 전문으로 하는 컨설턴트, 코치, 트레이너로 일하고 있다.

그의 NGO단체 고객으로는 유럽 AIDS 치료그룹(EATG), OXFAM, 유럽 HIV/AIDS 펀트그룹, Open Society Foundations(OSF) 그리고 유럽 공공건강연합(EPHA) 등이 있다. 그는 ESCP유럽과 같은 경영대학이나 그리고 IABC(International Association of Business Communicators)같은 국제기구에서 다양한 훈련을 제공하고 있다.

안토니오는 국제 토스트마스터스 회원으로서 노련한 대중 연설가다. 2015년에는 59구역의 국제 스피치 콘테스트에서 남서부유럽을 아우르는 최우수연사상을 받았으며 국제 강연대회 4강에 오르기도 했다. 그의 만화와 일러스트는 다양한 책으로 출간되기도 했는데, 판테 아사스(파리2) 출판사에서 나온 장에릭 브라나와 공동 저술한 책 3권, 파리의 엘리프스에서 출간한 「영국법 단순화」, 「미국정부 단순화」 2권이 대표작이다.

만화가로서의 기량과 트레이너로서의 실력을 발휘해 세미나, 컨퍼런스, 브레인스토밍 세션 등에서 그래픽 촉진자로서 협업하고, 애니메이션 영상을 제작해 복잡한 정보를 재미있게 설명하기도 한다. 안토니오는 로버트 딜츠와 협력하여 성공 요인 모델링 시리즈의 세 권에 삽화를 그렸다.

역자. 이성엽

아주대학교 교수, Ph.D

'개인과 조직의 변화와 성장'을 화두로 가슴 뛰는 하루하루를 보내고 있는 성인교육 및 평생교육 분야의 대표적인 전문가다. KB국민카드 인사부과장, KB국민은행 인재개발원 HRD전략기획책임자, KB국민은행 평생학습기업추진TF팀장으로 근무했다. KB평생학습기업추진팀을 이끌던 시절 조직의 인사제도 및 교육부분에 평생교육 철학을 다양한 제도로 구현한 것을 인정받아 KB국민은행은 2004년 제1회 대한민국 평생학습대상(기업부문-대한상공회소장상)을 수상했다. 직장생활을 하던 중 Australian Executive Award수상자로 선정되어 호주정부의 후원을 받아 The University of Sydney에서 한국인 최초로 Coaching전문가 과정을 마쳤으며, 한국코치협회 창립이사회 멤버로 참여하여 우리나라에 코칭을 알리는 데 일조했다. 조직의 팀장으로 매일같이 야근하던 여의도에서의 어느날 밤… 한국은행 연수원 부장이 쓴 책(「똑똑한 자들의 멍청한 짓」)의 한구절(*'자기 나름대로의 이론적 체계가 서 있지 않고서는 현실을 이해하거나 변화시키기는 커녕, 오히려 현실의 어두음에 매몰되어 음침한 세계에 자신을 내던질지도 모른다'*)에 밑줄 긋고 반복해 사색하던 중 그 문장이 쌓여 있던 그 무엇인가의 트리거가 되었는지 며칠간 끙끙 앓다가 사직서를 제출하게 된다. 이렇게 10여 년간의 직장 생활을 뒤로 한 채, '인간의 변화와 성장'을 화두 삼아 늦깎이 풀타임 박사과정 학생으로 4년 6개월을 보냈다. 이후 고려대, 단국대, 명지전문대, 선문대, 숙명여대, 인하대, 중앙대 등에서 수년간 시간강사로 활동했으며 (주)휴넷의 사외이사, 한국통합교육의 자문교수, 인재육성전략연구소 소장, 킹웨이인재개발그룹 감사 등을 역임하며 평생교육과 인재육성분야의 현장실천가로 활동하였다.

역자 이성엽

Email: hicoach@ajou.ac.kr
Homepage: www.coach.kr
일러스트: 안토니오 메자

역자의 강연은 국가정보원, 기획재정부, 국가인재개발원, 국민권익위원회, 중앙선거관리위원회, 국민은행, 신한은행, 우리은행, 하나은행, LG전자, 삼성전자, SK텔레콤, 현대자동차, 대한항공, 하이닉스반도체, 아시아나항공, CJ 그룹, 대상 그룹, 진학사, 한국철도공사, 한국토지주택공사, 한화그룹 등 수많은 조직에서 뜨거운 반응을 일으켜왔으며, 그가 개발한 리더십 과정은 코오롱그룹, 금호아시아나그룹, 미래에셋생명, 한국후지제록스, 하이닉스반도체 등의 기업에선 승진자 필수과정으로 운영되기도 했다.

2010년부터 아주대학교 교수로 재직중이며 대학원 교육학과 '평생교육 및 HRD'전공 주임교수로 석/박사 학생들을 지도하고 있다. 현재 아주대학교 평생학습중심대학추진본부 본부장, 아주대학교 글로벌미래교육원 원장, 아주대학교 기업지원센터 센터장, 한국교육컨설팅코칭학회 회장, 한국NLP상담학회 고문, 한국초월영성학회 이사, 한국평생교육학회 이사, 중앙선거관리위원회 민주시민교육자문위원, 한중협회 교육위원장, 재단법인 한국지역사회교육재단 이사 등으로 학교와 사회에서 봉사하고 있다.

삶 속에서의 평생학습을 실천하는 공동체를 꿈꾸며, 그 일환으로 수원시 평생학습가들의 모임 '와글와글 포럼'의 단장을 맡아 3년간 봉사했다. 지난 10여년간 文質彬彬(문질빈빈)하는 마음으로 人文과 天文을 함께 살피면서 자아초월 및 코칭 분야의 전문가를 육성하는 일에 정성을 쏟고 있으며 특히, 노자와 장자 및 영성분야의 통합적 연구에 관심을 가지고 있다. 관련하여 배움공동체 〈修心團〉에서 이웃사촌(師村)들과 함께 사색과 묵상훈련을 하고 있다. 2020년엔 시민교육분야에 대한 공헌으로 대통령표창을 받았다.

미국 NLP University의 공인파트너로 NLP전문가 육성을 함께 하고 있고, 세계적인 코치들의 클럽국제코치연맹(ICC: International Coaching Community)의 인증코치이자 트레이너로 ICC인증 국제코치 훈련을 하고 있으며, SFM(Success Factor Modeling)프로그램의 공인 트레이너로서 이 책의 저자 로버트 딜츠Robert Dilts와 함께 의식 리더십 및 회복 탄력성(Conscious Leadership and Resilience) 워크숍을 진행하고 있고, 국내에서 '의식 리더십 및 회복 탄력성' 전문코치와 교수를 육성하고 있다.

저서로는 「NLP의 원리 1」, 「이미 완전한 당신, 어웨이크너」, 「낯선 길에 서니 비로소 보이는 것들」, 「성인경험학습의 이해」, 「인적자원개발론」, 「일자리와 교육리더십」, 「코끼리여 사슬을 끊어라」, 「성인학습과 코칭」, 「교육성과관리와 HRD시스템 구축」 등이 있으며, 역서로는 「실리콘밸리의 최고 기업은 어떻게 협업하는가」, 「NLP로 신념체계 바꾸기」, 「타임파워」, 「팀장3년차」, 「스무살 여행, 내인생의 터닝포인트」, 「빅토리」 등이 있다.

의식 리더십과 회복 탄력성: 조화로운 혁신과 미래 적합성

초판발행 2022년 6월 15일

지은이 Robert B. Dilts
옮긴이 이성엽
펴낸이 노 현

편 집 배근하
기획/마케팅 이선경
표지디자인 BEN STORY
제 작 고철민·조영환

펴낸곳 ㈜ 피와이메이트
서울특별시 금천구 가산디지털2로 53 한라시그마밸리 210호(가산동)
등록 2014. 2. 12. 제2018-000080호

전 화 02)733-6771
f a x 02)736-4818
e-mail pys@pybook.co.kr
homepage www.pybook.co.kr
ISBN 979-11-6519-209-9 93370

* 파본은 구입하신 곳에서 교환해 드립니다. 본서의 무단복제행위를 금합니다.
* 역자와 협의하여 인지첩부를 생략합니다.

정 가 30,000원

박영스토리는 박영사와 함께하는 브랜드입니다.